高山仰止,景行行止。虽不能至,然心向往之。
——《史记·孔子世家》

恭贺高铭暄教授、王作富教授 80 华诞暨联袂执教 55 周年

欣逢北京师范大学刑事法律科学研究院名誉院长暨特聘教授高铭暄先生和特聘教授王作富先生 80 华诞暨联袂执教 55 周年之际,北京师范大学刑事法律科学研究院全体师生暨两位先生的弟子特此致贺。

京师刑事法文库 ㉝

中国刑法典型案例研究
STUDY ON TYPICAL CRIMINAL CASES IN CHINA

第三卷
破坏市场经济秩序犯罪

学术顾问／高铭暄　马克昌　王作富　储槐植

主　编／赵秉志

副主编／刘志伟

撰稿人（按姓名音序排序）

郭　健　黄俊平　刘　科　吴　丹　周洪波　周建军

北京大学出版社
PEKING UNIVERSITY PRESS

图书在版编目(CIP)数据

中国刑法典型案例研究.第三卷·破坏市场经济秩序犯罪/赵秉志主编.—北京:北京大学出版社,2008.1
 (案例评析系列)
 ISBN 978-7-301-13268-5

Ⅰ.中… Ⅱ.赵… Ⅲ.刑法-案例-研究-中国 Ⅳ.D924.05

中国版本图书馆CIP数据核字(2007)第197008号

书　　　名:中国刑法典型案例研究(第三卷)·破坏市场经济秩序犯罪
著作责任者:赵秉志　主编
责　任　编　辑:侯春杰
标　准　书　号:ISBN 978-7-301-13268-5/D·1949
出　版　发　行:北京大学出版社
地　　　　址:北京市海淀区成府路205号　100871
网　　　　址:http://www.pup.cn　电子邮箱:law@pup.pku.edu.cn
电　　　　话:邮购部62752015　发行部62750672　编辑部62117788
　　　　　　出版部62754962
印　刷　者:北京飞达印刷有限责任公司
经　销　者:新华书店
　　　　　　730毫米×980毫米　16开本　25.75印张　417千字
　　　　　　2008年1月第1版　2008年1月第1次印刷
定　　　　价:49.00元

未经许可,不得以任何方式复制或抄袭本书之部分或全部内容。
版权所有,侵权必究
举报电话:010-62752024　电子邮箱:fd@pup.pku.edu.cn

学术顾问

高铭暄 北京师范大学刑事法律科学研究院名誉院长、特聘顾问教授、博士生导师,中国人民大学荣誉教授,中国法学会刑法学研究会名誉会长,国际刑法学协会副主席暨中国分会主席

马克昌 武汉大学资深教授、博士生导师,北京师范大学刑事法律科学研究院特聘顾问教授,中国法学会刑法学研究会名誉会长

王作富 北京师范大学刑事法律科学研究院特聘顾问教授,中国人民大学荣誉教授、博士生导师,中国法学会刑法学研究会顾问

储槐植 北京师范大学刑事法律科学研究院特聘顾问教授、博士生导师,北京大学法学院教授,中国法学会刑法学研究会顾问

编审委员会

主　任

赵秉志 北京师范大学刑事法律科学研究院暨法学院院长、教授、法学博士、博士生导师,中国法学会刑法学研究会会长,国际刑法学协会中国分会常务副主席

委　员

卢建平 北京师范大学刑事法律科学研究院常务副院长、教授、法学博士、博士生导师,中国法学会刑法学研究会常务理事,中国法学会犯罪学研究会副会长,国际刑法学协会副秘书长暨中国分会秘书长

李希慧 北京师范大学刑事法律科学研究院中国刑法研究所所长、教授、法学博士、博士生导师,中国法学会刑法学研究会秘书长,北京市崇文区人民检察院副检察长

张智辉 最高人民检察院检察理论研究所所长、研究员、法学博士,天津市人民检察院常务副检察长,中国法学会刑法学研究会常务理事,北京师范大学刑事法律科学研究院兼职教授、博士生导师

胡云腾 最高人民法院研究室副主任、应用法学研究所所长、法学博士,北京师范大学刑事法律科学研究院兼职教授、博士生导师

张远煌 北京师范大学刑事法律科学研究院犯罪学与刑事政策研究所所长、教授、法学博士、博士生导师,中国法学会犯罪学研究会常务理事

李汉军 北京师范大学法学院刑法教研中心主任、教授、法学博士,中国法学会犯罪学研究会理事

刘志伟 北京师范大学刑事法律科学研究院院长助理、中国刑法研究所副所长、教授、法学博士、博士生导师,中国法学会刑法学研究会副秘书长

王秀梅 北京师范大学刑事法律科学研究院院长助理、国际刑法研究所副所长、教授、法学博士、博士生导师,中国法学会刑法学研究会副秘书长

王志祥 北京师范大学刑事法律科学研究院教授、法学博士

于志刚 中国政法大学刑事司法学院教授、法学博士、博士生导师,中国法学会刑法学研究会理事,北京市顺义区人民检察院副检察长

编写说明

判例的功能与作用是显而易见的,在习惯法向成文法的发展过程中,判例起到了经验总结的作用;在成文法的发展与完善过程中,现实判例的出现往往是法律改革的起因和前奏。现今的我国,虽然并不实行判例制度,但典型案例的选编、发布与研究,对指导司法,乃至完善立法也发挥着极为重要的作用。为此,我国有关司法机关非常重视典型案例的选编和发布,早在1983年,最高人民法院就开始以各种形式发布案例。目前,除了最高人民法院通过《最高人民法院公报》选编和发布一些典型案例之外,最高人民法院、最高人民检察院乃至诸多地方的司法机关还有计划地定期选编一些具有参考性、借鉴性、示范性的案例并进行一定的解释或评析,如最高人民法院刑一庭和刑二庭定期编辑的《刑事审判参考》、最高人民检察院公诉厅定期编辑的《刑事司法指南》、最高人民检察院研究室定期编辑的《典型疑难案例评析》等。刑法理论界近年来也积极开展对案例的整理和研究,至今已编撰、出版案例研究的著作数十部。毋庸讳言,各级司法机关和刑法理论界对刑法案例的选编、研究,对于科学理解和适用刑法、提升司法质量乃至促进立法完善发挥了极其重要的作用。但是,客观而言,已有的案例研究成果也存在诸多不尽如人意之处:或者案例选编不具有典型性、疑难性,或者案例内容介绍不全面、不规范,或者理论解析不是过于简单、浅显,就是过于散乱而缺乏针对性,或者缺乏对案例研究结论的概括和提炼,等等。显然,这些不足在一定程度上妨碍了案例研究成果对司法实践的参考、借鉴、指导作用的充分发挥。

基于以上考虑,经过充分的准备,我们决定组织一批具有较高理论水平和司法实务经验的中青年刑法学者编写一套能够涵盖刑法分则中规定的主要罪名、反映司法实践中主要疑难问题的案例研究著作。经过一年多的努力,终于完成了这套名为《中国刑法典型案例研究》的五卷本著作。

在本书中,我们力图体现如下特点:第一,案例选取真实、典型、疑难,使案例研究的成果在实践中具有可参照性;第二,案情介绍与裁判结论全面、准确,使读者能够充分地把握案件的特点和关键问题;第三,理论评析精当、深入、有针对性,实现理论研究与案例分析的妥当结合;第四,案例研究结论概括准确、简明,方便对司法实践发挥例示和借鉴作用。此外,为了方便读者了解和研究,本书还在每个问题之后设立相关链接,收录了与该问题相关的法律、法规、司法解释与指导性意见、参考案例。

需要说明的是,本书选取的案例基本上来自已经公开出版的案例研究书籍和法律专业网站,特向整理案例资料的原作者与相关的出版机构、网站表示崇高的敬意和诚挚的感谢!

北京大学出版社及蒋浩先生、苏燕英女士与各位责任编辑等同仁,从本书的策划到编辑、出版,付出了大量的心血和劳动,在此一并表示衷心的感谢!

赵秉志
2007年12月于北京师范大学刑事法律科学研究院

目 录

1. 如何区分走私普通货物、物品罪中单位犯罪与自然人犯罪的界限?
   ——曹毅走私普通货物、物品案 ………………………………… (1)
2. 走私珍贵动物制品罪中的对象是否包括非野生的濒危动物制品?
   ——李细牛、文善启、依光走私珍贵动物制品,非法收购、运输、
   出售珍贵濒危野生动物制品案 ………………………………… (8)
3. 如何处理走私珍贵动物制品罪中的认识错误问题?
   ——比恰亚戈隆、敏巴哈都加利、李昌权等走私毒品案 ……… (14)
4. 对单位走私罪中的直接负责的主管人员和直接责任人员如何认定与处罚?
   ——肇庆市肇港客运合营有限公司、伍卓良、甘启源等走私普通物品案 …… (22)
5. 公司总经理全权办理工商登记时虚报注册资金的行为如何定性?
   ——余侠虚报注册资本案 ……………………………………… (28)
6. 如何认定提供虚假财会报告罪中的直接责任人员?
   ——董博等提供虚假财务会计报告案 ………………………… (34)
7. 国有公司劳务人员"监守自盗",从中收取货款的行为如何定性?
   ——付玲公司、企业人员受贿罪案 …………………………… (43)
8. 筹建中的企业工作人员索取、收受贿赂的行为如何定性?
   ——杨志华企业人员受贿案 …………………………………… (50)
9. 企业内部清算期间擅自处置公司库存资产的行为如何定性?
   ——沈卫国等挪用资金、妨害清算案 ………………………… (54)
10. 销售汽车时收受的对价为伪造的汇票之行为如何定性?
    ——陈国强签订、履行合同失职被骗案 ……………………… (60)

11. 合资公司营业部副部长以家人名义成立公司并销售任职公司产品的行为如何定性？
　　——杨文康非法经营同类营业案 ……………………………… (64)

12. 如何认定伪造货币罪的既遂与未遂？
　　——唐方俊等伪造货币案 ………………………………………… (69)

13. 未制止他人购买假币并事后使用的，是否构成共同犯罪？
　　——姜长远购买假币案 …………………………………………… (76)

14. 如何区分购买假币罪与持有假币罪的界限？
　　——黄世国持有假币案 …………………………………………… (80)

15. 侦查陷阱下出售假币的行为如何定性？
　　——梁盛进、丁玉娥出售假币案 ………………………………… (84)

16. 贩运伪造的国家货币罪是否需以营利为目的？
　　——张继全贩运伪造的货币案 …………………………………… (89)

17. 代购假币未牟利的行为如何定性？
　　——蔡少群等出售、购买假币案 ………………………………… (93)

18. 用假币充抵欠款如何定性？
　　——吴振兴等出售、持有、使用假币案 ………………………… (97)

19. 刚开始使用假币就被抓获的行为如何定性？
　　——叶杰俊持有假币案 …………………………………………… (100)

20. 如何区分擅自设立金融机构罪与非法吸收公众存款罪的界限？
　　——李晓光擅自设立金融机构案 ………………………………… (102)

21. 如何理解非法吸收公众存款罪的对象范围？
　　——龙港镇池浦村村委会、赵典飞等非法吸收公众存款案 …… (107)

22. 如何理解非法吸收公众存款罪的客观行为与主观罪过内容？
　　——张敦恩等非法吸收公众存款案 ……………………………… (111)

23. 帮他人窃取客户信用卡内信息的行为如何定性？
　　——王群涛等伪造金融票证案 …………………………………… (115)

24. 如何认定内幕交易罪的主体？
　　——叶环保等内幕交易、泄露内幕信息案 ……………………… (122)

25. 如何理解编造并传播证券、期货交易虚假信息罪与操纵证券交易价格罪的区别?
 ——李定兴编造并传播证券交易虚假信息案 …………………… (128)

26. 如何认定操纵证券交易价格的行为及其目的?
 ——赵喆操纵证券交易价格案 ………………………………………… (134)

27. 如何认定用账外客户资金非法拆借罪的主观要件?
 ——张海燕等用账外客户资金非法拆借案 …………………………… (140)

28. 如何区分非法出具金融票证罪与非罪的界限?
 ——莫京等信用证诈骗、黄永刚非法出具金融票证宣告无罪案 …… (148)

29. 如何认定刑法施行以前假冒他人身份使用伪造的票据诈骗的行为?
 ——董澄宙票据诈骗案 ………………………………………………… (153)

30. 窃取储户资料制作储蓄卡取款是否构成金融凭证诈骗罪?
 ——马球等金融凭证诈骗案 …………………………………………… (164)

31. 如何认定使用变造的金融凭证进行诈骗的行为?
 ——曹娅莎、刘锦祥金融凭证诈骗案 ………………………………… (171)

32. 模拟证券交易骗取股民资金能否构成集资诈骗罪?
 ——李文等集资诈骗、虚假出资案 …………………………………… (178)

33. 骗取贷款是否一定成立贷款诈骗罪?
 ——张福顺被控贷款诈骗宣告无罪案 ………………………………… (189)

34. 使用虚假的产权证明作担保贷款的行为是贷款诈骗还是合同诈骗?
 ——陈玉泉、邹臻荣贷款诈骗案 ……………………………………… (197)

35. 如何认定单位名义下的信用卡恶意透支诈骗?
 ——羊蕊信用卡诈骗案 ………………………………………………… (205)

36. 伪造银行债券骗取银行资金是否构成有价证券诈骗罪?
 ——涂序接、李贵仔有价证券诈骗案 ………………………………… (214)

37. 单位事后投保是否构成保险诈骗罪?
 ——某航运营业部等保险诈骗案 ……………………………………… (222)

38. 设置两套账,少缴税款的行为如何定性?
 ——张乐常犯偷税罪上诉案 …………………………………………… (232)

39. 福利企业发包部分资产收取管理费并享受国家减免税优惠的
    行为如何定性？
    ——沁阳市三亚玻璃钢厂、张杜娟、勒悦军偷税案 ………………（241）

40. 对抗税务人员乱征税的行为如何定性？
    ——赵源抗税宣告无罪案 ……………………………………（251）

41. 让他人为自己代开增值税专用发票的行为如何定性？
    ——于国胜虚开增值税专用发票案 …………………………（259）

42. 虚开增值税专用发票而以此骗取国家出口退税款的行为如何定性？
    ——蔡伟廷骗取出口退税案 …………………………………（266）

43. 既为他人虚开运输发票又为自己购买运输发票进行虚假纳税申报
    如何处理？
    ——上海航通船务有限公司、宝山民建线路管道安装队、唐熠、
    黄新祥虚开抵扣税款发票、偷税案 …………………………（274）

44. 如何认定假冒注册商标罪、销售假冒注册商标的商品罪与生产、
    销售伪劣产品罪的罪数形态？
    ——黄味金等假冒注册商标案 ………………………………（279）

45. 如何认定假冒注册商标罪、非法经营罪的罪数形态？
    ——郭嵘非法经营、假冒注册商标案 ………………………（286）

46. 如何认定假冒注册商标罪中的非法经营数额？
    ——张万平等假冒注册商标案 ………………………………（291）

47. 如何认定非法制造注册商标标识罪中的"他人"？
    ——张弘伪造国家机关印章案、非法制造注册商标标识案 …（295）

48. 非法实施他人专利的行为是否属于假冒专利罪的行为方式？
    ——周小波假冒专利案 ………………………………………（299）

49. 如何认定侵犯著作权罪和销售侵权复制品罪的罪数形态？
    ——葛权卫侵犯著作权案 ……………………………………（307）

50. 如何选择销售侵权复制品罪与非法经营罪竞合时的法律适用原则？
    ——顾然地等人非法经营案 …………………………………（311）

51. 如何认定侵犯著作权罪中的定罪情节？
    ——湖南大学财税远程教育中心等侵犯著作权案 …………（317）

52. 如何认定侵犯著作权罪中的非法经营数额？
    ——李渭渭等侵犯著作权案 …………………………………（325）

53. 如何理解侵犯著作权罪中"违法所得数额"的含义？
    ——王红星、赵坤侵犯著作权案 …………………………………（328）
54. 如何认定侵犯商业秘密罪中的"商业秘密"？
    ——马长根、马国庆、李国钢、袁永林侵犯商业秘密案 …………（332）
55. 技术信息是否属于侵犯商业秘密罪中的商业秘密？
    ——方顺龙、林耀章、向小祥、黄应中、李启兵、李如润侵犯商业秘密案 ……（341）
56. 如何认定侵犯商业秘密罪中的"重大经济损失"？
    ——朱家辉等侵犯商业秘密案 ……………………………………（347）
57. 非直接投标人以暴力威胁利诱等手段串标勒索的行为如何定性？
    ——徐淑华等串通投标案 …………………………………………（352）
58. 如何认定合同诈骗与经济合同纠纷的界限及与合同欺诈行为的区别？
    ——李庆吉合同诈骗案 ……………………………………………（357）
59. 预付小额合同押金并在得到对方预付货款后没能履行经济合同的行为如何定性？
    ——廖国万被控合同诈骗宣告无罪案 ……………………………（362）
60. 通过电话诈骗对方供货的行为如何定性？
    ——卞光斗等合同诈骗案 …………………………………………（366）
61. 骗取他人巨款经营国家限制流通棉花的行为如何定性？
    ——于军非法经营案 ………………………………………………（372）
62. 采用传销手段为单位进行非法集资的行为如何定性？
    ——王大江非法经营案 ……………………………………………（378）
63. 非法印制、销售法轮功类书籍的行为如何定性？
    ——覃皿等非法经营案 ……………………………………………（381）
64. 伪造假邮票冒充真邮票进行销售的行为如何定性？
    ——何超等伪造有价票证案 ………………………………………（385）
65. 为使对方交付合同定金而施以暴力、抢劫的行为如何定性？
    ——吴建林强迫交易案 ……………………………………………（388）
66. 将审计验证核定书盖章后的复印件交给委托方的行为如何定性？
    ——张昌祥等被控中介组织人员出具证明文件重大失实宣告无罪案 ……（392）

索引 ………………………………………………………………………（396）

1. 如何区分走私普通货物、物品罪中单位犯罪与自然人犯罪的界限？
——曹毅走私普通货物、物品案①

【案情介绍】

被告人:曹毅,中国天诚(集团)总公司(以下简称总公司)和北京中海贸海峡经贸公司为出资人。

1996年7月,被告人曹毅以中国天诚(集团)总公司(以下简称总公司)和北京中海贸海峡经贸公司为出资人,以注册资本1000万元向天津市工商行政管理局申请设立中天诚(天津)五金矿产有限公司(以下简称天诚公司),同年7月6日获发营业执照。1997年1月27日,天诚公司与澳大利亚BHP铁矿有限公司(以下简称BHP公司)签订两份一般贸易合同,其中MNM-9718号合同约定进口铁矿粉120万吨,MNM-9719号合同约定进口铁矿块30万吨。同年6月11日,天诚公司与澳大利亚哈默斯利炼铁有限公司(以下简称HI公司)签订编号为CTC-9701L的一般贸易合同,进口铁矿块30万吨。天诚公司签订上述合同后,以经营进口澳矿为由向总公司提请担保以开立信用证,获总公司批准。后被告人曹毅持上述合同及总公司为天诚公司出具的四份不可撤销还款担保函,以天诚公司及天津双龙矿业发展有限公司(以下简称双龙公司)的名义向中国银行天津市分行(以下简称天津中行)申请开立了4份不可撤销的即期信用证,执行一般贸易合同付款。1997年5月至1998年2月间,BHP公司及HI公司按前述一般贸易合同先后提供澳矿共计608 059吨并陆续运抵国内相关港口。天诚公司采用隐瞒一般贸易真相,伪签来料加工合同的手段,骗取来料加工手册,并将到港澳矿中的58万余吨逃避海关监管,以来料加工贸易方式报关进口,偷逃应缴税额共计人民币19 381 246.63元。

江苏省南京市中级人民法院经审理认为:天诚公司伪报进口货物贸易性质,逃避海关监管,偷逃巨额应缴税款,情节特别严重,被告人曹毅作为天诚公司的主管人员,其行为构成走私普通货物、物品罪。江苏省南京市人民检察院指控被告人曹毅犯走私普通货物、物品罪,事实清楚,定性准确;但指控被告人曹毅犯走私普通货物、物品罪为

---

① (2001)苏刑二终字第170号。案例选自中国法院网,http://www.chinacourt.org/html/article/200310/20/86064.shtml。

个人犯罪不当。被告人曹毅是以天诚公司名义对外签订合同,并由总公司担保开立信用证进行贸易活动,现有证据不能证实走私的利益归属于曹毅个人,应认定为天诚公司单位犯罪。辩护人关于本案的行为主体是单位的辩护意见予以采纳。天诚公司及被告人曹毅为逃避海关监管,隐瞒一般贸易的事实,采用伪报来料加工贸易方式,偷逃海关税款的行为,符合走私普通货物、物品罪的犯罪构成,进口的澳矿是否在国内销售不影响其犯罪性质。被告人曹毅及其辩护人关于走私故意不明确的意见不能成立。依照《中华人民共和国刑法》第12条、第153条及第2条之规定,对被告人曹毅以犯走私普通货物、物品罪判处有期徒刑15年。① 宣判后,公诉机关未提出抗诉。被告人曹毅不服,提出上诉。江苏省高级人民法院经审理,依法裁定驳回上诉,维持原判。

【法理分析】

处理本案涉及的主要问题在于:如何区分单位犯罪与自然人犯罪的界限?

刑法中的犯罪主体是指实施危害社会的行为,依法应当负刑事责任的自然人和单位。② 可见,刑法中的犯罪主体有着这样共同的要件:一是实施了危害社会的行为,二是应当负刑事责任。因此,犯罪主体有着这样两层隐含的意思:一是犯罪主体必须具备一定的资格;二是其实施的违法行为被确认为符合犯罪构成并需要承担刑事责任。能否成为犯罪主体,首要的是考察其资格。就自然人而言,其必须具备一定的刑事责任能力,只有这样才能具备成为犯罪主体的资格。与刑事责任能力相关的因素包括年龄和精神状况,我国刑法以这两个因素作为行为人是否具备犯罪主体资格的判断因素。但是,对于单位应该以什么作为判断其是否具有犯罪主体资格的因素呢?根据犯罪主体所有的共性,并以自然人的刑事责任能力为蓝本,我们也应当把刑事责任能力扩展到单位中,并把它作为判断单位是否能成为犯罪主体的资格。根据《刑法》第30条规定:公司、企业、事业单位、机关、团体实施的危害社会的行为,法律规定为单位犯罪的,应当负刑事责任。根据《刑法》第151条、第152条、第153条的规定,单位可因走私行为定罪处罚。

一、单位犯罪的认定

笔者认为,认定单位犯罪,必须同时具备如下几个条件:

1. 单位犯罪中的"单位"必须符合刑法规定的五种单位形式,即公司、企业、事业单位、机关、团体。如果涉案单位形式不在这五种之中,自然不符合罪刑法定的要求。这里的单位既包括具有法人资格的单位,也包括不具有法人资格的单位。③ 借鉴《民法

---

① 本案属单位犯罪,但是对单位没有处罚,原因不知。
② 高铭暄、马克昌主编,赵秉志执行主编:《刑法学》,北京大学出版社、高等教育出版社2000年版,第87页。
③ 参见最高人民法院于1999年6月18日通过的《关于审理单位犯罪案件具体应用法律有关问题的解释》

通则》有关法人的规定，笔者认为，成立单位走私犯罪的主体必须具有下列特征：① 单位必须依法设立、合法存在，即具有合法性。非法设立的单位，或者单位在未经合法批准成立之前，或者单位在经合法撤销、解散之后实施犯罪的，不以单位犯罪论处。② 单位必须是具有一定组织结构形式的组织，即具有组织性。③ 单位必须是能够独立承担法律责任的组织，即具有独立性。④ 单位必须有独立的财产。本案中天诚公司为依法成立，具有一定组织性，能够独立承担责任的公司，自然可以成为单位走私犯罪的主体。

2. 必须满足单位犯罪的主观方面特征。单位犯罪的主观方面要件是指犯罪单位对于犯罪的主观心理状态。单位犯罪在一般情况下，应该是故意犯罪，是有意识、有目的的活动①，过失不能构成单位走私犯罪应是我国刑法理论在走私罪主观方面的共识。单位虽然其并不具有自然人所具有的生物上的意识能力和控制能力，但是单位可以根据其单位中的机关和成员活动来形成单位的意思，也就是说，单位中的机关和成员的意思可以上升到单位意思。一般认为只有决策机关或决策性的人员的罪过才能上升为单位罪过。单位走私犯罪与自然人走私犯罪一样，主观上都应具备犯罪故意。其区别在于单位走私犯罪的主观故意是一种集体意志的体现，而自然人走私犯罪的故意是一种个人意志的体现。这是因为单位作为一个法律上拟制的"人"，其本身无法思维，其意志必须通过组成单位的个人予以体现。在这里必须强调走私犯罪意志的整体性，是以单位名义实施的，即单位走私犯罪是经单位集体研究决定或由负责人决定的。由此体现的才是单位的集体意志，即单位整体的罪过。本案中被告人曹毅作为天诚公司的主管人员，其主观意志可以表现为单位意志。

3. 利益归属的团体性，即违法所得实际归属于单位。实践中，单位中的个别成员通过集体决定或者决策实施犯罪行为，最终为个人牟利。这些人的主观罪过并不能转化为单位的罪过。因为，他们最终的意思并不符合单位自身的目标，而是对单位利益的一种侵害。应当注意到，为单位牟利是否是单位犯罪罪过中所包含的内容。如果单位成员的意思中包含有为单位牟利的情况，其意思当然与单位自身的目标在某种程度上存在着共同点，可以上升为单位意思。那么，对于不为单位牟取利益的情况，只是为了个人牟取利益的，其并不符合单位自身的目标，所以不能转化为单位意思。笔者认为，单位犯罪的主观罪过中并不包含有"为单位牟利的目的"，单位是独立于单位中的自然人的一种独立的主体，单位成员的意思与单位的意思仍然是相互独立的。单位的意思来源于单位成员，但是其自身对意思的形成有着一定的制约。"为单位牟利的目的"只是单位成员的一种目的，但是并不能当然地成为单位犯罪的目的。例如，实践中的单位非法出租、出售枪支罪并没有要求以牟利为目的，但是，并不否认单位成员会有

---

① 在学术界，一般认为过失也可能构成单位犯罪。

此目的。把"为单位牟利的目的"作为单位故意的必要要件,是没有看到单位成员意思与单位意思之间的区别。

单位走私犯罪非法利益归单位所有,这是认定单位走私犯罪的实质条件。如果仅仅盗用单位名义实施走私犯罪、违法所得由实施犯罪的个人私分的,则按照自然人犯罪的规定处理。有些个人通过挂靠单位进行营业,以该单位的名义,借用其进出口经营权,使用该单位的印章或账号等进行营业活动。对这种个人挂靠单位进行的走私活动,根据《对外贸易经济合作部、国家税务总局关于重申规范进出口企业经营行为严禁各种借权经营和挂靠经营的通知》(〔2000〕外经贸发展发第450号文)和《财政部、国家工商行政管理局、国家经济贸易委员会、国家税务总局关于印发〈清理甄别"挂靠"集体企业工作的意见〉的通知》(财清字〔1999〕9号文)等多个文件规定内容,认定挂靠单位是一种违法行为,个人挂靠单位所进行的走私活动实际上是盗用单位名义实施犯罪,违法所得由实施犯罪的个人私分,属于自然人走私犯罪。本案中被告人曹毅是以天诚公司名义对外签订合同,并由总公司担保开立信用证进行贸易活动,在现有证据不能证实走私的利益归属于曹毅个人的情况下,应认定天诚公司为单位犯罪。

二、单位走私犯罪中自然人主体的认定

单位犯罪中的自然人主体是直接负责的主管人员和其他直接责任人员(下统称为责任人员)。所谓直接负责的主管人员,是指在单位犯罪中起组织、策划、指挥、决策作用的人员,一般是单位负责人员,如厂长、法定代表人、主管负责人等。在认定直接负责的主管人员时,一方面应当根据法律规定或公司章程来认定究竟属于谁的职责权限,另一方面根据犯罪单位运行的实际情况。审判实践中,经常遇到的问题是,单位第一负责人(如厂长、董事长、实际控制人)只是概括地知道走私事情,并对该走私行为默许或纵容,是否应承担刑事责任。笔者认为,应追究其刑事责任,其情形属于刑法中的间接故意情形,应当负刑事责任。而不是像有学者所论述的将走私行为分为"大小",单位第一负责人默许或纵容"小的走私行为"不追究刑事责任,单位第一负责人默许或纵容"大的走私行为"追究刑事责任。所谓其他直接责任人员,是指在单位犯罪中具体实施犯罪并起较大作用的人员,亦即是将单位犯罪的意志付诸实施的人员,既可以是单位的经营管理人员,也可以是单位的职工,包括聘任、雇佣的人员。应当注意的是,对于受单位领导指派或奉命而参与实施了一定走私犯罪行为的人员,如果本身对于走私犯罪行为并不明知,一般不宜作为直接责任人员追究刑事责任。认定直接责任人员,应当符合下列两个条件:① 必须亲自实施了单位犯罪的具体行为;② 对自己所实施的单位犯罪行为主观上明知。这两个条件必须同时具备,缺一不可。在审判实践中,由于犯罪单位走私时间长、次数多,参与走私的部门和人员非常广泛,整个部门甚至整个公司的人员都不同程度地参与,这就给直接责任人员的认定带来了"两难"。对追究责任的人员范围,如果认定过窄,不利于打击犯罪;如果认定过宽,又不利于社会

稳定。① 对此,笔者认为应作如下处理:原则上只追究积极实施走私犯罪的直接责任人员,对于一般经手人如业务员、办公室文员、财务人员等,除非其在单位犯罪中的犯意明确、行为积极、作用重大,否则不追究其刑事责任。本案中被告人曹毅持上述合同及总公司为天诚公司出具的四份不可撤销还款担保函,以天诚公司及双龙公司的名义向天津中行申请开立了4份不可撤销的即期信用证,执行一般贸易合同付款。1997年5月至1998年2月间,BHP公司及HI公司按前述一般贸易合同先后提供澳矿共计608 059吨并陆续运抵国内相关港口。天诚公司采用隐瞒一般贸易真相,伪签来料加工合同的手段,骗取来料加工手册,并将到港澳矿中的58万余吨逃避海关监管,以来料加工贸易方式报关进口,偷逃应缴税额共计人民币19 381 246.63元。整个过程中被告人自始至终参与并明知,因此,被告人曹毅是直接负责的主管人员。

【结　论】

区分是单位犯罪还是自然人犯罪一般考虑以下三方面:
1. 涉案单位必须属于刑法中的公司、企业、事业单位、机关、团体。
2. 行为必须体现单位意志。
3. 违法所得必须归单位所有。

以上三方面缺一不可,必须同时具备。

【相关链接】

相关的法律、法规
中华人民共和国刑法

第三十条　公司、企业、事业单位、机关、团体实施的危害社会的行为,法律规定为单位犯罪的,应当负刑事责任。

第一百五十三条　走私本法第一百五十一条、第一百五十二条、第三百四十七条规定以外的货物、物品的,根据情节轻重,分别依照下列规定处罚:

(一) 走私货物、物品偷逃应缴税额在五十万元以上的,处十年以上有期徒刑或者无期徒刑,并处偷逃应缴税额一倍以上五倍以下罚金或者没收财产;情节特别严重的,依照本法第一百五十一条第四款的规定处罚。

(二) 走私货物、物品偷逃应缴税额在十五万元以上不满五十万元的,处三年以上十年以下有期徒刑,并处偷逃应缴税额一倍以上五倍以下罚金;情节特别严重的,处十年以上有期徒刑或者无期徒刑,并处偷逃应缴税额一倍以上五倍以下罚金或者没收财产。

(三) 走私货物、物品偷逃应缴税额在五万元以上不满十五万元的,处三年以下有

---

① 徐留成:《论走私犯罪案件中身份犯的认定》,载《河南师范大学学报》,2006年第1期,第23页。

期徒刑或者拘役,并处偷逃应缴税额一倍以上五倍以下罚金。

单位犯前款罪的,对单位判处罚金,并对其直接负责的主管人员和其他直接责任人员,处三年以下有期徒刑或者拘役;情节严重的,处三年以上十年以下有期徒刑;情节特别严重的,处十年以上有期徒刑。

对多次走私未经处理的,按照累计走私货物、物品的偷逃应缴税额处罚。

相关的司法解释与指导性意见

最高人民法院关于审理单位犯罪案件具体应用法律有关问题的解释(1999年6月18日最高人民法院审判委员会第1069次会议通过)(法释[1999]14号)

为依法惩治单位犯罪活动,根据刑法的有关规定,现对审理单位犯罪案件具体应用法律的有关问题解释如下:

第一条　刑法第三十条规定的"公司、企业、事业单位",既包括国有、集体所有的公司、企业、事业单位,也包括依法设立的合资经营、合作经营企业和具有法人资格的独资、私营等公司、企业、事业单位。

第二条　个人为进行违法犯罪活动而设立的公司、企业、事业单位实施犯罪的,或者公司、企业、事业单位设立后,以实施犯罪为主要活动的,不以单位犯罪论处。

第三条　盗用单位名义实施犯罪,违法所得由实施犯罪的个人私分的,依照刑法有关自然人犯罪的规定定罪处罚。

最高人民法院关于审理单位犯罪案件对其直接负责的主管人员和其他直接责任人员是否区分主犯、从犯问题的批复(已于2000年9月28日由最高人民法院审判委员会第1132次会议通过。法释[2000]31号,自2000年10月10日起施行)

湖北省高级人民法院:

你院鄂高法[1999]374号《关于单位犯信用证诈骗罪案件中对其"直接负责的主管人员"和"其他直接责任人员"是否划分主从犯问题的请示》收悉。经研究,答复如下:

在审理单位故意犯罪案件时,对其直接负责的主管人员和其他直接责任人员,可不区分主犯、从犯,按照其在单位犯罪中所起的作用判处刑罚。

最高人民法院、最高人民检察院、海关总署关于印发《办理走私刑事案件适用法律若干问题的意见》的通知(2002年7月8日法[2002]139号)

十八、关于单位走私犯罪及其直接负责的主管人员和直接责任人员的认定问题

具备下列特征的,可以认定为单位走私犯罪:(1)以单位的名义实施走私犯罪,即由单位集体研究决定,或者由单位的负责人或者被授权的其他人员决定、同意;(2)为单位谋取不正当利益或者违法所得大部分归单位所有。

依照《最高人民法院关于审理单位犯罪案件具体应用法律有关问题的解释》第二条的规定,个人为进行违法犯罪活动而设立的公司、企业、事业单位实施犯罪的,或者

个人设立公司、企业、事业单位后,以实施犯罪为主要活动的,不以单位犯罪论处。单位是否以实施犯罪为主要活动,应根据单位实施走私行为的次数、频度、持续时间、单位进行合法经营的状况等因素综合考虑认定。

根据单位人员在单位走私犯罪活动中所发挥的不同作用,对其直接负责的主管人员和其他直接责任人员,可以确定为一人或者数人。对于受单位领导指派而积极参与实施走私犯罪行为的人员,如果其行为在走私犯罪的主要环节起重要作用的,可以认定为单位犯罪的直接责任人员。

相关的参考案例

晋亿公司走私普通货物罪东莞市中级人民法院(2006)东中法刑初字第137号
载 http://bbs.city.tianya.cn/new/TianyaCity/Content_life.asp? idwriter = O&key = O&idItem = 44&idArticle = 609097。

(吴 丹)

2. 走私珍贵动物制品罪中的对象是否包括非野生的濒危动物制品？

——李细牛、文善启、依光走私珍贵动物制品，非法收购、运输、出售珍贵濒危野生动物制品案①

【案情介绍】

被告人：李细牛、文善启、依光。

2001年被告人李细牛经与日措、向运军（均另案处理）联系，决定从西藏日措处收购虎骨然后出售给向运军。2001年9月13日日措将5件重62.397公斤内装4架虎骨（价值152万元人民币）的包裹从拉萨市邮政局寄往云南省勐腊县尚勇乡邮电所给李细牛，由李细牛从邮电所取出后运至勐腊县尚勇村向运军家交给依光收藏，该批虎骨后由向运军带到老挝出售，李细牛从依光手中得货款20 000元，后向运军用21张水獭皮冲抵剩余的货款。

2002年2月至2002年6月间，被告人李细牛先后两次将14万人民币从瑞丽和勐腊汇款给西藏的日措购买虎骨，日措也先后将装有虎骨的14件重235公斤包裹内装14架虎骨（价值632万元人民币）寄到云南省磨憨镇给李细牛，李细牛伙同文善启取出虎骨后从中国磨憨口岸出境销售给向运军和越南人。

2002年6月25日，被告人李细牛从勐腊县农行给在拉萨的日措汇款5万元人民币作为收购虎骨的货款，后日措从西藏将4架（价值152万元人民币）虎骨寄往云南省勐腊县磨憨邮电所给李细牛。2002年7月8日文善启到邮电所领取虎骨时被当场抓获。7月9日李细牛在磨憨口岸被抓获。经鉴定，该批虎骨为4架（不完整）孟加拉虎的骨骼。

昆明市中级人民法院依照《中华人民共和国刑法》第151条第2款、第4款、第341条第1款、第57条第1款、第25条、第26条、第27条、第23条、第68条、第69条、第64条之规定，对被告人李细牛以犯走私珍贵动物制品罪，判处无期徒刑，剥夺政治权利终身，并处没收个人全部财产，犯非法收购、运输、出售珍贵濒危野生动物制品罪，判处有期徒刑12年，并处没收个人全部财产；决定执行无期徒刑，剥夺政治权利终身，并处没

---

① 案例选自云南省法院网，http://www.gy.yn.gov.cn/ynsgirmfy/237903090/204975616/20060614/45768.html.

收个人全部财产;对被告人文善启以犯走私珍贵动物制品罪,判处有期徒刑12年,并处罚金人民币50万元;被告人依光以犯非法收购珍贵濒危野生动物制品罪,判处有期徒刑7年,并处罚金人民币20万元;查获的赃物虎骨予以没收。

宣判后,被告人李细牛、文善启以一审量刑过重为由,被告人依光以一审认定事实不清为由,向云南省高级人民法院提起上诉。云南省高级人民法院经二审审理认为:被告人李细牛、文善启、依光的上诉理由均与查明的事实不符,不能成立。原审判决定罪准确,量刑适当,审判程序合法。据此,云南省高级人民法院依照《中华人民共和国刑事诉讼法》第189条第(1)项之规定,作出"驳回上诉,维持原判"的终审裁定。

【法理分析】

处理本案涉及的主要问题在于:① 非野生的濒危动物是否属于刑法规定的走私珍贵动物制品罪中的珍贵动物? ② 如何界定珍贵动物制品?虎骨是否属于动物制品? ③ 关于本案行为对象及行为人主观方面的证据认定问题。

一、非野生动物、濒危动物与珍贵动物的法律关系探讨

虎为世界高度濒危动物,国家一级重点保护野生动物,按常理推断,应该属于珍贵动物之列。但本案的辩护人提出,被告人走私的虎骨来源于动物园驯养的孟加拉虎,其虽属于濒危动物,但不是野生的,故不属于刑法所列的珍贵动物范围之内。一审法院虽然对其主张不予认定,但并未提出合理的法理依据。笔者在此试述之。

1. 珍贵动物不同于野生动物。有学者认为,珍贵动物是指具有较高科学研究价值、经济价值、药用价值或者观赏价值的野生动物。[①] 换言之,珍贵动物的外延应当小于野生动物的外延,所有的珍贵动物都是野生动物。但是笔者认为,野生动物不一定都是珍贵动物;同样的,珍贵动物也不一定都是野生动物。珍贵的野生动物经过驯养、繁殖之后会逐步丧失野生动物的属性,但是却不能改变其珍贵动物的属性。一个物种是否属于珍贵动物是由国家的法律法规所决定的,只要国家的法律法规将该物种列为珍贵动物,那么不论是野生的还是驯养的,都是珍贵动物。所以,珍贵动物应当包括野生的珍贵动物和非野生的珍贵动物。[②] 上述观点错误的根源在于仅仅根据我国《野生动物保护法》的规定来确定野生动物和珍贵动物的关系。我国《野生动物保护法》第2条第2款规定,本法保护的野生动物,是指珍贵、濒危的陆生、水生野生动物和有益的或者有重要经济、科学研究价值的陆生野生动物。根据我国《野生动物保护法》的规定,珍贵动物属于野生动物。但是很显然,我国《野生动物保护法》的立法目的是保护野生动物,因而不可能涉及非野生动物,所以不可能完整地说明珍贵动物和野生动物

---

① 参见黄芳:《走私犯罪的定罪与量刑》,人民法院出版社1999年版,第247页。
② 参见莫开勤、颜茂昆主编:《走私犯罪》,中国人民公安大学出版社1999年版,第172页。

的关系。2000年9月20日最高人民法院《关于审理走私刑事案件具体应用法律若干问题的解释》第4条明确规定,《刑法》第151条第2款规定的"珍贵动物"是由野生动物和驯养繁殖的上述物种构成的。所以,珍贵动物和野生动物的外延之间是交叉关系而不是种属关系。

2. 珍贵动物包括濒危动物。我国的《野生动物保护法》、《水生野生动物保护实施条例》以及《陆生野生动物保护实施条例》都将"珍贵动物"和"濒危动物"在概念上予以并列使用。一般意义上,珍贵动物是指具有较高科学研究价值、经济价值、药用价值或者观赏价值的动物,而濒危动物是指物种数量急剧下降或者物种存量很少,濒临灭绝的动物。两者的含义确实存在不同之处。我国于1981年加入《濒危野生动物物种国际贸易公约》,该公约在其三个附录中列出了应当对出口、再出口、进口和从海上引进加以限制的濒危野生动物物种,各参加国应当禁止三个附录所列物种标本进行贸易。我国的《野生动物保护法》第40条规定,中华人民共和国缔结或者参加的与保护野生动物有关的国际条约与本法有不同规定的,适用国际条约的规定,但中华人民共和国声明保留的条款除外。我国作为《濒危野生动物物种国际贸易公约》的参加国,应当积极履行国际义务,保护濒危的野生动物物种。1993年4月14日原林业部发布了《关于核准部分濒危野生动物为国家重点保护野生动物通知》,决定将《濒危野生动物物种国际贸易公约》附录一和附录二中所列举的不是原产于我国的所有野生动物分别核准为国家一级保护野生动物和二级保护野生动物。我国的司法解释也认为,珍贵动物的外延应当包括濒危动物。① 2000年9月20日最高人民法院《关于审理走私刑事案件具体应用法律若干问题的解释》第4条明确规定,《刑法》第151条第2款规定的"珍贵动物",是指列入《国家重点保护野生动物名录》中的一、二级保护动物和列入《濒危野生动物物种国际贸易公约》附录一、附录二中的野生动物以及驯养繁殖的上述物种。所以,在我国法律中,珍贵动物包括濒危动物。

可见,无论是野生的抑或驯养的孟加拉虎,基于其濒危的事实及法律的特殊规定,都属于刑法所规定的珍贵动物。所以,无论被告人的辩护人是否能够举出确定的证据证明被告人走私贩卖的虎骨来源于动物园所驯养的孟加拉虎,都不影响法院对本罪的认定。

二、"动物制品"的界定

在本案的处理过程中,对于虎骨是否属于动物制品,控辩双方展开了激烈的辩论。辩护人以缺乏明确的法律规定为由,主张虎骨不属于我国刑法规定的动物制品。对此,笔者不能苟同,分析如下:

---

① 参见马东:《〈关于审理走私刑事案件具体应用法律若干问题的解释〉的理解与适用》,载《刑事审判参考》2000年第6辑,法律出版社2000年版,第106页。

诚然,珍贵动物制品的含义目前并不是十分明确,需要进一步界定。我国的《野生动物保护法》、《水生野生动物保护实施条例》以及《陆生野生动物保护实施条例》都没有采用珍贵动物"制品"的概念,而是采用珍贵动物"产品"的概念。① 珍贵动物制品的概念首先出现在1988年1月21日全国人大常委会通过的《关于惩治走私罪的补充规定》中,在以后的若干刑法修改稿中没有将珍贵动物制品修改为珍贵动物产品②,1997年刑法原封不动地吸纳了《关于惩治走私罪的补充规定》中关于走私珍贵动物制品罪的规定,也采用珍贵动物制品的概念。在应然意义上,产品一般是指以进行交换为目的的物品,而制品则强调该物品上被赋予了一定的劳动,其含义更加中性化,制品的外延相对较大,所以使用制品的概念似乎更加合理,也更有利于打击犯罪。但是在实然意义上,笔者认为珍贵动物制品和珍贵动物产品的含义是一致的,两者没有任何区别,仅仅是用法不同而已。《水生野生动物保护实施条例》和《陆生野生动物保护实施条例》分别对水生野生动物产品和陆生野生动物产品的含义作了规定。根据《水生野生动物保护实施条例》第2条规定,本条例所称水生野生动物,是指珍贵、濒危的水生野生动物;所称水生野生动物产品,是指珍贵、濒危的水生野生动物的任何部分及其衍生物。根据《陆生野生动物保护实施条例》第2条的规定,本条例所称陆生野生动物,是指依法受保护的珍贵、濒危、有益的和有重要经济、科学研究价值的陆生野生动物(以下简称野生动物);所称野生动物产品,是指陆生野生动物的任何部分及其衍生物。可见,珍贵动物制品是指珍贵动物的任何部分及其衍生物,包括一切用珍贵动物的毛皮、羽毛、内脏、血液、骨骼、肌肉、角、卵、精液、胚胎等制成的标本、食品、药品、服装、装饰品、工艺品、纪念品等其他物品。

可见,我国通过立法的形式,列举了珍贵动物的种类,利用这些珍贵动物的皮、毛、骨等制作的物品即是珍贵动物制品。虎骨是虎的组成部分,自然应属于动物制品,法院对此问题的认定也是完全正确的。

三、有关证据的认定问题

本案涉及的另一个非常重要的问题是证据的认定问题。只有充分收集案件的证据,并对已收集的证据进行合法、合理的认定才能为最终的定罪和量刑提供有力的理由和依据。本案中主要涉及运用证据证明犯罪对象和行为人主观方面的问题。

1. 运用证据对犯罪对象的认定。本案中涉及的一个重要的物品——虎骨。走私何物将影响到该行为是否构成犯罪,是否成立走私珍贵动物制品罪。对此需要介入鉴定程序,但是,庭审中,辩方认为动物鉴定报告书鉴定过程违反鉴定程序,非法物品证明没有原始依据及科学技术鉴定支持,因而不能证明老挝警方查获的动物肢体为虎

---

① 参见《野生动物保护法》第22条、《水生野生动物保护实施条例》第2条以及《陆生野生动物保护实施条例》第2条。
② 参见高铭暄、赵秉志编:《新中国刑法立法文献资料总览》(中),中国人民公安大学出版社1998年版。

骨。但我们应看到《中国科学院昆明动物研究所动物鉴定报告书》不同于司法鉴定,它是公安机关聘请和委托具有专业知识并在该领域有权威影响的学者作出的结论,不仅内容客观真实,而且委托鉴定的程序合法,该证据应予以采信。同时,还有西藏人日措的证言均可予以证明。另外,虎骨是否为走私珍贵动物制品罪中所包含的珍贵动物制品也应当予以证明,只是这种证明需要引用相关的法律、法规来认定。上文已经作出论述,在此不予赘述。

2. 运用证据对被告人主观方面的认定。运用证据对行为主观方面的认定,其实是一件不容易的事情,我们无法进入行为人的内心世界。因此,只能通过行为人客观上实施的行为来推定行为人的主观心态。本案中,行为人最好的辩词就是其以不知道是虎骨来否定其主观上存在着走私的犯罪故意。实践中,对于行为人是否对该物明知,是不能够仅凭其个人说词来认定,需要对行为人的各方面进行考察。本案中,从行为人李细牛长期在中老边境从事野生动物制品的交易来看,其自身应当具备对该物的认知能力,另外,通过其他证人证言的证实,足以认定二被告人作案时的主观心态和对虎骨的认知能力。

【结　论】

1. 刑法规定的"珍贵动物"不仅包括野生动物,也包括非野生的驯养动物。
2. 动物制品与动物产品的含义基本一致,但需要法律加以明确界定。

【相关链接】

相关的法律、法规
中华人民共和国刑法

第一百五十一条第二款　走私国家禁止出口的文物、黄金、白银和其他贵重金属或者国家禁止进出口的珍贵动物及其制品的,处五年以上有期徒刑,并处罚金;情节较轻的,处五年以下有期徒刑,并处罚金。

(第四款)犯第一款、第二款罪,情节特别严重的,处无期徒刑或者死刑,并处没收财产。

单位犯本条规定之罪的,对单位判处罚金,并对其直接负责的主管人员和其他直接责任人员,依照本条各款的规定处罚。

中华人民共和国野生动物保护法(2004年修订)

第二条第二款　本法规定保护的野生动物,是指珍贵、濒危的陆生、水生野生动物和有益的或者有重要经济、科学研究价值的陆生野生动物。

中华人民共和国水生野生动物保护实施条例(1993年10月5日施行)

第二条　本条例所称水生野生动物,是指珍贵、濒危的水生野生动物;所称水生野生动物产品,是指珍贵、濒危的水生野生动物的任何部分及其衍生物。

相关的司法解释与指导性意见

最高人民法院关于审理走私刑事案件具体应用法律若干问题的解释(2000年10月8日起施行)

第四条 刑法第一百五十一条第二款规定的"珍贵动物",是指列入《国家重点保护野生动物名录》中的国家一、二级保护野生动物和列入《濒危野生动植物种国际贸易公约》附录一、附录二中的野生动物以及驯养繁殖的上述物种。

走私国家二级保护动物未达到本解释附表中(一)规定的数量标准或者走私珍贵动物制品价值十万元以下的,属于走私珍贵动物、珍贵动物制品罪"情节较轻",处五年以下有期徒刑,并处罚金。

走私珍贵动物及其制品,具有下列情节之一的,处五年以上有期徒刑,并处罚金:

(一)走私国家一、二级保护动物达到本解释附表中(一)规定的数量标准的;

(二)走私珍贵动物制品价值十万元以上不满二十万元的;

(三)走私国家一、二级保护动物虽未达到本款规定的数量标准,但具有造成该珍贵动物死亡或者无法追回等恶劣情节的。

具有下列情形之一的,属于走私珍贵动物、珍贵动物制品罪"情节特别严重",处无期徒刑或者死刑,并处没收财产:

(一)走私国家一、二级保护动物达到本解释附表中(二)规定的数量标准的;

(二)走私珍贵动物制品价值二十万元以上的;

(三)走私国家一、二级保护动物达到本解释附表中(一)规定的数量标准,并造成该珍贵动物死亡或者无法追回的;

(四)走私国家一、二级保护动物达到本解释附表中(一)规定的数量标准,并具有是犯罪集团的首要分子或者使用特种车进行走私等严重情节的。

走私《濒危动植物种国际贸易公约》附录一、附录二中的动物及其制品的,参照本解释附表中规定的同属或者同科动物的定罪量刑标准执行。

相关的参考案例

廖斌华、欧阳朝走私珍贵动物制品罪 广西百色中级人民法院(2004 百中刑初字第26号)

载人民法院报,http://oldfyb.chinacourt.org/public/detail.php? id=79038.

(吴 丹)

3. 如何处理走私珍贵动物制品罪中的认识错误问题？
——比恰亚戈隆、敏巴哈都加利、李昌权等走私毒品案①

【案情介绍】

被告人：比恰亚戈隆（BIJAYAGURUNG），男，1966年10月26日生，尼泊尔王国国籍（护照号码815054），大专文化程度，商人。因本案于1998年11月4日被刑事拘留，同年12月9日被依法逮捕。

敏巴哈都加利（MINBAHADURGHALE），男，1968年7月6日生，尼泊尔王国国籍（护照号码872783），高中文化程度，导游。因本案于1998年11月4日被刑事拘留，同年12月9日被依法逮捕。

李昌权（LEECHANGKWON），男，1938年10月19日生，大韩民国国籍（护照号码YP0363465），大学肄业文化程度，商人。因本案于1998年11月3日被刑事拘留，同年12月9日被依法逮捕。

严广永（UHMKWANGYONG），男，1954年5月7日生，大韩民国国籍（护照号码SC0198406），高中文化程度，无业。因本案于1998年11月3日被刑事拘留，同年12月9日被依法逮捕。

金荣式（KIMYOUNGSIK），男，1932年4月3日生，大韩民国国籍（护照号码NW0263857），高中文化程度，无业。因本案于1998年11月3日被刑事拘留，同年12月9日被依法逮捕。

1998年7、8月间，被告人比恰亚戈隆为了从中国境内走私大麻至日本国，在境外分别纠集被告人敏巴哈都加利及被告人李昌权两人，向两人谎称帮助其走私麝香，并许诺给予相应的报酬。同时让李昌权寻找他人一起参加。在比恰亚戈隆的具体策划下，1998年11月3日上午，敏巴哈都加利、李昌权、严广永、金荣式在上海市虹港大酒店232房间内将10.035公斤的大麻，由敏巴哈都加利和李昌权用白色胶布捆绑在被告人严广永和金荣式身上。尔后，李昌权带着严广永、金荣式来到上海市虹桥国际机场，欲乘CA929航班走私出境至日本国时，当场被虹桥国际机场海关抓获。

---

① (1999)沪一中刑初字第102号。案例选自觅法网，http://www.34law.com/lawal/case/131/print_2489462538.shtml。

3. 如何处理走私珍贵动物制品罪中的认识错误问题？

上海市人民检察院第一分院以沪检一分诉[1999]17号起诉书指控被告人比恰亚戈隆犯走私毒品罪，敏巴哈都加利、李昌权、严广永、金荣式犯走私珍贵动物制品罪（未遂），于1999年8月18日向上海市第一中级人民法院提起公诉。

上海市第一中级人民法院审理后认为：被告人比恰亚戈隆经事先预谋，指使他人以秘密携带毒品大麻的方式，逃避我国海关监管，违反我国对毒品的管理制度，将毒品大麻走私出境，据此足以认定比恰亚戈隆具有走私毒品大麻的主观故意与客观行为，其行为已触犯《刑法》第347条第1款之规定，构成走私毒品罪；被告人敏巴哈都加利、李昌权、严广永、金荣式明知系我国禁止携带出境的物品，为牟取非法利益，积极参与将毒品大麻走私出境，其行为均已触犯《刑法》第347条第1款之规定，构成走私毒品罪；上列五名被告人共同走私的毒品大麻共计10.035公斤，数量较大，应依照《刑法》第347条第3款之规定，处7年以上有期徒刑，并处罚金。公诉机关指控被告人比恰亚戈隆构成走私毒品罪的罪名成立；公诉机关根据被告人敏巴哈都加利、李昌权、严广永、金荣式的供述，认为上列四名被告人主观上仅有走私珍贵动物制品的故意，但不具有走私毒品的故意，据此认为上列四名被告人犯走私珍贵动物制品罪，本院认为上列四名被告人主观上明知其走私行为构成犯罪，客观上采取秘密携带毒品大麻的方式以逃避我国海关监管，将毒品大麻走私出境，其行为均符合走私毒品罪的构成要件，应以走私毒品罪论处。被告人主观上将毒品大麻误认为是麝香，并不影响其走私毒品罪的成立，被告人主观上的这种认识错误，可以作为犯罪行为中的具体情节，在对其量刑时酌情从轻处罚。据此公诉机关指控上列4名被告人构成走私珍贵动物制品罪的罪名不妥，应以走私毒品罪论处。据此判决如下：

1. 被告人比恰亚戈隆犯走私毒品罪，判处有期徒刑9年，并处罚金人民币两万元，并驱逐出境。
2. 被告人敏巴哈都加利犯走私毒品罪，判处有期徒刑7年，并处罚金人民币1万元，并驱逐出境。
3. 被告人李昌权犯走私毒品罪，判处有期徒刑6年，并处罚金人民币1万元，并驱逐出境。
4. 被告人严广永犯走私毒品罪，判处有期徒刑5年，并处罚金人民币1万元，并驱逐出境。
5. 被告人金荣式犯走私毒品罪，判处有期徒刑5年，并处罚金人民币1万元，并驱逐出境。
6. 查获的毒品大麻予以没收。

【法理分析】

处理本案涉及的主要问题是：如何处理走私珍贵动物制品罪中的认识错误问题？

本案中一个非常值得研究的问题在于犯罪构成主观要件中的认识错误对于犯罪认定的影响,对于被告人敏巴哈都加利、李昌权、严广永、金荣式将走私对象大麻误解为麝香这一认识错误,公诉机关与审判机关作出了不同的理解,进而在罪名认定上得出了不同的结论。虽然公诉机关并没有对判决结果提出抗诉,但这并不能表明其完全同意审判机关的意见,也难免以后会发生类似的情况。所以,对犯罪嫌疑人的主观认识错误与犯罪认定的关系进行一定的探讨并将二者理清,对于刑事司法实践是必要且具有积极的指导意义的。

刑法中的认识错误,指行为人对自己实施的犯罪行为或者对自己行为的社会危害性质,主观认识与客观事实不一致。对刑法中的认识错误有广义和狭义的理解,广义的理解不仅包括认识与实际的部分不一致,也包括对实际发生的事情完全无认识的情况。根据这种理解,错误论应是故意论和过失论派生的特殊问题,即发生错误在何种情况下排除过失。若对认识错误作广义的理解,很难界定过失论与错误论的范围,因为一切过失都可以归结为认识错误,认识错误乃是过失问题中应有之义,自不必于过失之后再予以特别讨论。狭义的理解,仅指认识与实际部分不一致的情况,根据这种理解,错误论仅是故意论派生的特殊问题,认识与实际不一致的情况下,对故意的成立产生何种影响。对刑法中的错误应作该种狭义的理解。①

研究刑法上的认识错误主旨在于解决发生认识错误是否排除因认识错误对实际发生的事实成立故意,或者对该事实具有社会危害性发生认识错误,是否排除承担故意罪责。由于犯罪的成立以行为人有故意或过失为条件,因此,如果行为人无故意又无过失,则属于意外事件,行为人无须承担刑事责任。如果行为人的认识错误并不阻却其故意的产生,那么需进一步研究行为人的认识错误是否影响其犯罪既遂或未遂。

我国刑法理论传统上将认识错误分为犯罪构成事实的认识错误和行为社会危害性的认识错误。基于本案的事实情况,在此只讨论犯罪构成事实的认识错误。所谓犯罪构成事实的认识错误,在笔者看来,是指行为人在着手犯罪时预见或设想的犯罪构成事实与实际发生的事实不符。至于行为人主观发生犯罪构成事实错误对于行为人犯罪心态的影响机制,外国学者创立了许多理论学说:

(一)关于同一构成要件内的事实认识错误

同一构成要件内的事实认识错误,又称具体的事实认识错误,是指行为人认识的事实与现实发生的事实不一致,是发生在某一构成要件范围内的情形。对于同一构成要件内的事实错误,主要存在具体符合说和法定符合说。

1. 具体符合说认为,行为人的认识事实与发生的事实完全相符合时,行为人才对实际发生的结果负故意的罪责,如果两者不一致,行为人对其行为结果就不负故意的

---

① 陈兴良:《刑事法评论》,法律出版社1998年版。

罪责。例如，甲意图杀害乙，但由于枪法不准，误中丙导致其死亡。由于某甲希望杀害乙，实际杀害了丙，两者不相一致，甲对丙的死亡不负故意罪责，只是过失杀人。具体符合说主张严格的个人责任，现在已经很少有人采纳。

2. 法定符合说认为，行为人认识的事实若与客观发生的事实属于同一构成要件，行为人对实际发生的危害结果负故意的罪责。按照这种学说，行为人的主观认识与现实发生的事实之间，虽然在侵害对象、手段上不一致，但只要侵害的是同一性质的法益（法益符合说或罪质符合说）或在构成要件上相符合，在法律上就有相同的价值，就可以认为有故意。例如，甲把丙当成乙杀害，虽然行为人搞错了对象，但仍然构成故意杀人罪。因为犯罪故意的内容以法律规定的构成事实为限，并不完全取决于行为人的自我认识。

（二）关于不同构成要件间的事实错误

不同构成要件间的事实认识错误，又称抽象的事实认识错误，是指行为人认识的事实与现实发生的事实不一致，存在于不同构成要件之间的情形。不同构成要件间的事实认识错误主要分为三种情形：一是以轻罪的故意造成了他罪重的结果。例如，行为人出于杀狗的意思而误将狗的主人杀死；二是以重罪的意思却实现了他罪轻的结果。例如，意图杀人却将他人的狗杀死；三是认识的犯罪与实现的犯罪是不同的罪，但法定刑相同。对于这些情形如何定罪处罚，学者们提出了各种主张，比较有影响的有法定符合说、抽象符合说。

1. 法定符合说认为，行为人认识的事实与客观实际发生的事实不一致，如果是发生在不同质的构成要件，就不认为是法定符合，对现实发生的结果应否定故意的成立。例如出于毁坏财物的目的，实施了侵害行为，却误伤了财物的主人。如果行为人认识的事实与客观实际发生的事实的不一致是发生在同质的构成要件之内，能否成立故意，对此，持法定符合说的论者又有各种不同主张，大致可以分为三种学说，即构成要件符合说、罪质符合说和违法责任符合说。

（1）构成要件符合说。此学说主张以构成要件作为法定符合的标准，当行为人认识的事实与实际发生的事实在构成要件上重合时，就重合部分而言肯定故意成立。只是在此种情况下，如何划定构成要件重合范围的问题上有两种不同的观点。一种观点认为，应该从严格意义上理解构成要件的"重合"，即只有二者具有法条竞合关系，或者属于量刑的加重、减轻事由的场合，才能认为在构成要件上"重合"，也就是要求在构成要件的形式上"重合"。另一种观点认为，构成要件的"重合"并不是形式上的"重合"，而应该理解为实质的"重合"，即只要侵害的法益和行为本身具有共同性，就可以认定为在构成要件上相重合。

（2）罪质符合说。此说主张，认识事实与发生事实之间，即使在构成要件上不重合，甚至侵害法益也不相同，但只要罪质相同，在相同罪质范围内，仍然可以成立故意。按照这种观点，在判断罪质的同一性时，不要求法益同一，只要预见事实与实现事实在犯罪现象上相类似,即使是不同质的法益间,也可肯定罪质的同一性。例如,尸体遗弃罪与单纯的遗弃罪二者不仅在构成要件上相异,而且作为严格意义上的法益也不相同,但罪质相同,在此范围内,故意犯罪可能成立。由于"罪质"的概念具有多意,有的学者把那种非严格意义上的构成要件重合,即前述所谓构成要件实质重合范围内肯定故意成立的观点,也称之为"罪质符合说",并把它同"法益符合说"等同起来这是不确切的,事实上,它仍然应包括在"构成要件符合说"之中。

(3)违法责任符合说。此说主张认识事实与现实发生的事实即使在构成要件上不符合,只要各构成要件的违法责任内容相符合,在此范围内,就可以肯定故意犯罪成立。持此说的论者认为,前述构成要件"实质重合"的观点是对构成要件概念的任意扩张,不外乎是对罪刑法定主义的根本否定。事实上,成立故意并非必须对构成要件的事实有认识,而是只要对作为构成要件内容的违法责任有认识即可。因此,行为人认识的事实与现实发生的事实也并非只有在具体构成要件上相符合才能成立故意,而只要在违法及责任的本质上相符合即可。

2. 抽象符合说认为,行为人认识的事实与实际所发生的事实不一致,即使是发生在不同罪质的不同构成要件之间也不一定阻却故意,只要其认识的事实与实现事实抽象地相符合,就可以肯定故意的成立。此学说又分为牧野说、宫本说和草野说。牧野说认为,在轻罪的意思下,造成了重罪的结果,不能按重罪处罚。对轻罪以既遂论处,对于重罪存在过失的情况下,把两者作为想象竞合犯论处。如果以犯重罪的意思而实现了轻罪之结果,则成立重罪之未遂(或不能犯)与轻罪之既遂两者合一,按其中的重罪处断。宫本说认为,在一般规范上的故意概念之内,虽然要求事实和观念必须具体地符合,但是从可罚性的立场看,主张结果和预见可罚地相符合的话,施以足够的刑罚就可以了。草野说认为,出于犯轻罪的意思引起重罪的后果,除成立轻罪的未遂之外。如对重罪存在过失,与轻罪是想象竞合,如不存在过失,就以轻罪未遂论处;出于犯重罪的意思引起较轻的后果,除成立重罪的未遂之外,如对轻罪存在过失,就产生两者的想象竞合,如对轻罪不存在过失,就以重罪论处。在较重之罪的未遂犯不受处罚的时候,就只应当在对轻罪事实的故意犯的刑罚限度内,追究责任。①

这些外国学者的观点基本上是立足于本国的立法现状,从传统的大陆法系刑法理论加以阐释的。其对我国的刑法学界对于"认识错误"理论的研究起到了很大的借鉴作用,我国刑法学界对于认识错误的研究都是基于大陆法系刑法理论的,尤其借鉴德国与日本学说颇多,并以此为基础形成了自己的理论观点。目前,我国刑法学界的通说观点将认识错误分为以下几个类别:行为对象认识错误,行为手段认识错误,行为性质认识错误,因果关系认识错误。通过对本案事实的了解,其只涉及行为对象的认识

---

① 〔日〕大谷实:《刑法总论》,黎宏译,法律出版社2003年版,第145页。

错误问题,因此,笔者以下仅围绕行为对象的认识错误展开。

行为对象认识错误,是指行为人对自己行为的实际侵害对象与意图侵害对象不一致的情形。根据发生错误认识的行为对象是否跨越不同的犯罪构成要件,可以将行为对象错误分为同一构成要件内的对象认识错误和不同构成要件间的对象认识错误。前者是指把甲对象误作乙对象加以侵害,两者体现的是同一性质的社会关系,如行为人欲杀甲却误将乙当作甲杀害;后者是指把乙对象误作甲对象加以侵害,两者体现的是不同性质的社会关系,如本案中的数名被告人以为自己走私的是麝香但其实却是大麻。对这两种不同类型的对象错误,处理原则也是不同的。

(一) 同一构成要件内的行为对象认识错误的处理

学者们普遍认为,同一构成要件内的对象认识错误不影响故意的成立,只是不同学派的学者认为不阻却故意的理由不同。具体符合说的主张者以"目的物在刑法上具有同一的价值"为理由,认为同一构成要件内的对象错误不阻却故意的成立。法定符合说的主张者认为,故意成立所要求的"事实性认识"中的"事实"不是行为人所具体认识的事实,而是构成要件中所设定的事实,只要行为人的认识达到了认知构成要件中所设定的对象物的程度,就应该说行为人具有事实性认识,而不要求行为人进而深入认知构成要件中所设定的对象物的具体细微之处。[①]

(二) 不同构成要件间的对象认识错误的处理

不同构成要件间的对象错误相对要复杂一些,对其处理原则的争议也比较激烈,为了便于说明问题,我们设定几则例子:

设例1:甲想猎杀一只国家特一级保护动物大熊猫,误把丛林中的游客当作大熊猫杀死。

设例2:甲想杀死自己的仇人乙,误把树林中的熊猫当作乙杀死。

设例3:甲想走私珍贵动物制品麝香,却误把毒品当作麝香走私并逃避海关监管。

根据抽象符合说,对于设例1,首先成立非法捕猎珍贵动物罪的既遂,再看其对实际发生的重结果有无过失,若有,就以非法捕猎珍贵动物罪的既遂和过失致人死亡罪的观念竞合来处理;对于设例2,应成立非法捕猎珍贵动物罪的既遂和故意杀人罪的未遂,两者从一重处断;对于设例3,首先成立走私珍贵动物制品罪的既遂,而过失走私毒品是不处罚的,就只能按走私珍贵动物制品罪的既遂处罚。在行为人本欲犯轻罪而出现了重的结果时,抽象符合说把本来没有实现的轻罪(如前例中想杀熊猫而没杀到,想走私珍贵动物制品而没走私到)作为既遂来处理;在行为人本欲犯重罪而出现了轻的结果时,抽象符合说把对轻的结果的过失心态(如前例中误杀熊猫)评价为故意。

根据法定符合说,对于设例1,甲应成立非法捕猎珍贵动物罪的未遂,对于游客的

---

① 冯军:《刑事责任论》,法律出版社1996年版,第180—181页。

死若存在过失,就成立过失致人死亡罪,两者是观念的竞合。对于设例2,甲应成立故意杀人罪的未遂或不能犯,和过失杀害珍贵动物罪,后者一般是不可罚的,结果只成立故意杀人罪的未遂。而在设例3中,虽然这种错误是不同构成要件间的错误,但是这两个构成要件在性质上存在着相互重合的部分,作为法定符合说的例外,在这种情况下,应在相互重合的限度内成立轻罪的故意,即成立走私珍贵动物制品罪的既遂。

抽象的符合说只是单纯、片面地强调主观恶性,完全无视甚至否定犯罪构成对于决定行为构成犯罪的意义,结果将犯罪构成完全不同的犯罪作为相同的犯罪处理,扩大了行为人承担故意责任的范围。因此,抽象符合说对不同构成要件间的事实错误的处理很难让人接受。法定符合说对于不同构成要件间的事实错误,原则上阻却行为人对实际出现的结果的故意,而又允许存在例外,即在不同构成要件之间存在相同性质的重合时,在相互重合的限度内成立故意。该学说既没超出构成要件的框架作过分的抽象,也没有拘泥于行为人认识的细枝末节而追求具体的符合,是妥当的。

基于以上分析,笔者认为对被告人敏巴哈都加利、李昌权、严广永、金荣式似乎定性为走私珍贵动物制品罪更为妥当。但这也只是笔者根据一般刑法理论得出的一家之言。关键的问题是,我国现行刑法对于犯罪故意中的事实认识错误规定得并不完善,缺乏相应的权威法律评价。所以,虽然本案的公诉机关对于法院的判决没有提出抗诉,但并不能认为法院的生效判决就一定是正确并合乎法理的,否则,无疑是变相扩大审判机关的立法权限。所以,笔者认为通过本案例所反映出来的问题是:作为刑事审判依据的认识错误理论亟待立法明晰。

【结　　论】

行为人对走私的对象产生错误认识的情形之下,应以其主观上认识的对象作为定罪的依据。

【相关链接】

相关的法律、法规

中华人民共和国刑法

第一百五十一条第二款　走私国家禁止出口的文物、黄金、白银和其他贵重金属或者国家禁止进出口的珍贵动物及其制品的,处五年以上有期徒刑,并处罚金;情节较轻的,处五年以下有期徒刑,并处罚金。

第四款　犯第一款、第二款罪,情节特别严重的,处无期徒刑或者死刑,并处没收财产。

单位犯本条规定之罪的,对单位判处罚金,并对其直接负责的主管人员和其他直接责任人员,依照本条各款的规定处罚。

第三百四十七条 走私、贩卖、运输、制造毒品，无论数量多少，都应当追究刑事责任，予以刑事处罚。

走私、贩卖、运输、制造毒品，有下列情形之一的，处十五年有期徒刑、无期徒刑或者死刑，并处没收财产：

（一）走私、贩卖、运输、制造鸦片一千克以上、海洛因或者甲基苯丙胺五十克以上或者其他毒品数量大的；

（二）走私、贩卖、运输、制造毒品集团的首要分子；

（三）武装掩护走私、贩卖、运输、制造毒品的；

（四）以暴力抗拒检查、拘留、逮捕，情节严重的；

（五）参与有组织的国际贩毒活动的。

走私、贩卖、运输、制造鸦片二百克以上不满一千克、海洛因或者甲基苯丙胺十克以上不满五十克或者其他毒品数量较大的，处七年以上有期徒刑，并处罚金。

走私、贩卖、运输、制造鸦片不满二百克、海洛因或者甲基苯丙胺不满十克或者其他少量毒品的，处三年以下有期徒刑、拘役或者管制，并处罚金；情节严重的，处三年以上七年以下有期徒刑，并处罚金。

单位犯第二款、第三款、第四款罪的，对单位判处罚金，并对其直接负责的主管人员和其他直接责任人员，依照各该款的规定处罚。

利用、教唆未成年人走私、贩卖、运输、制造毒品，或者向未成年人出售毒品的，从重处罚。

对多次走私、贩卖、运输、制造毒品，未经处理的，毒品数量累计计算。

相关的司法解释与指导性意见

最高人民法院关于审理走私刑事案件具体应用法律若干问题的解释（2000年10月8日起施行）第四条（参见本书第13页）

最高人民法院、最高人民检察院、海关总署关于办理走私刑事案件适用法律若干问题的意见（2002年7月8日 法[2002]139号）

六、关于行为人对其走私的具体对象不明确的案件的处理问题

走私犯罪嫌疑人主观上具有走私犯罪故意，但对其走私的具体对象不明确的，不影响走私犯罪构成，应当根据实际的走私对象定罪处罚。但是，确有证据证明行为人因受蒙骗而对走私对象发生认识错误的，可以从轻处罚。

相关的参考案例

奥特根赛汗·道尔吉苏伦走私珍贵动物[（2001）高刑终字第00735号]

载觅法网，http://www.34law.com/lawal/case/886/print_1625891789.shtml。

（吴 丹）

4. 对单位走私罪中的直接负责的主管人员和直接责任人员如何认定与处罚?
——肇庆市肇港客运合营有限公司、伍卓良、甘启源等走私普通物品案①

【案情介绍】

被告单位:肇庆市肇港客运合营有限公司。

法定代表人黄仲楷,该公司董事长。

诉讼代表人黄桂权,该公司副总经理。

被告人伍卓良,男,47岁(1956年7月19日出生),汉族,大专文化,广东省高要市人,是肇庆市肇港客运合营有限公司总经理兼肇庆口岸免税品商场法定代表人。因本案于2003年6月19日被拘留,同年7月25日被逮捕,8月28日被取保候审。

被告人甘启源,男,53岁(1950年8月20日出生),汉族,初中文化,广东省新兴县人,是肇庆市肇港客运合营有限公司商贸部经理。因本案于2003年6月19日被拘留,同年7月25日被逮捕,10月23日被取保候审。

被告人黄东,男,30岁(1973年5月4日出生),汉族,大学文化,广东省德庆县人,是肇庆市肇港客运合营有限公司商贸部仓管员。因本案于2003年6月19日被拘留,同年7月25日被逮捕,10月23日被取保候审。

肇庆市肇港客运合营有限公司是于1992年3月成立的中外合资经营企业,其下属的肇庆口岸免税商场和"肇庆号"港澳客船有权经营销售进口免税商品的业务。2001年1月,被告人伍卓良担任肇庆市肇港客运合营有限公司总经理后,因公司处于亏损状态,便与被告人甘启源和公司的其他负责人员商量,决定把公司只准在海关监管区内销售的部分烟酒偷运到公司设在海关监管区外的"办前商场"直接销售给境内顾客,所有收益由公司统一入账,用于公司的日常运作。事后,被告人甘启源根据"办前商场"烟酒销售的需要,指使被告人黄东和肇庆口岸免税品商场的其他员工,以"蚂蚁搬家"的形式,将存放在海关监管区内的免税进口烟酒,偷运到"办前商场"直接销售给境内顾客(具体做法:① 被告人甘启源将在香港向中港澳免税商店订购的烟酒利用"肇

---

① (2003)肇刑初字第50号。案例选自广州律师顾问网,http://www.mylawyers.cn/particular2.asp? id = 304.

庆号"港澳客船运回肇庆口岸码头,趁海关关员休息之机,伙同被告人黄东等人将免税进口的烟酒偷卸上岸,收藏在公司设在海关监管区外的仓库里,再分批将免税进口的烟酒偷运到"办前商场";②被告人甘启源偷配了由海关监管的免税仓库钥匙,趁海关关员下班之机,伙同被告人黄东,私自打开免税仓库,将免税进口的烟酒偷运到"办前商场";③被告人甘启源趁海关关员下班以后,指使肇庆口岸免税商场的员工,将免税进口的烟酒偷带到"办前商场")。被告人黄东将上述运到"办前商场"的烟酒以"调拨单"的形式记录,交由公司财务部入账。为了保持免税烟酒进口和销售的平衡,掩盖走私行为,被告人甘启源、黄东伙同公司其他员工,将偷运到"办前商场"内销的免税进口烟酒计入肇庆口岸免税商场和"肇庆号"港澳客船日常销售给进出境旅客的销售数量里,以应付海关的稽查。经查核,肇庆市肇港客运合营有限公司在2002年1月至2003年6月间,在未经海关许可且未补缴应缴税额的情况下,擅自将免税进口的"三五"、"南洋"、"万宝路"等牌子的香烟425万支和"轩尼诗"、"蓝带马爹利"、"路易十三"等牌子的酒6150瓶直接内销。案发后,肇庆海关缉私分局查获肇庆市肇港客运合营有限公司偷运出来准备销售的"三五"、"南洋"等牌子的香烟87 920支、"轩尼诗"、"蓝带马爹利"等牌子的酒592瓶。经海关关税部门核定,上述已销售的烟酒共偷逃应缴税额人民币5 614 786.35元。

被告人伍卓良、甘启源、黄东辩称在本案中个人无得益,代公司受过,请求对其从轻或减轻处罚。

肇庆市中级人民法院认为:被告人伍卓良、甘启源、黄东和被告单位肇庆市肇港客运合营有限公司违反海关法规,逃避海关监管,未经海关许可并且未补缴应缴税额,擅自将免税进口的烟酒在境内销售牟利,偷逃应缴税额人民币561万多元,其行为均已构成走私普通物品罪,情节特别严重。被告人伍卓良、甘启源、黄东为了单位利益,经集体研究决定走私作案,违法所得归单位所有,属单位犯罪,对被告单位肇港客运合营有限公司依法判处罚金。被告人伍卓良作为被告单位直接负责的主管人员,被告人甘启源、黄东作为被告单位的其他直接责任人员,依法应追究刑事责任。据此,依照《中华人民共和国刑法》第153条第2款、第154条第(3)项、第64条的规定,对被告单位肇庆市肇港客运合营有限公司以犯走私普通货物罪,判处罚金人民币532万元;对被告人伍卓良以犯走私普通物品罪,判处有期徒刑10年;对被告人甘启源以犯走私普通物品罪,判处有期徒刑10年;对被告人黄东以犯走私普通物品罪,判处有期徒刑10年;查获的香烟87 920支、酒592瓶予以没收,上缴国库。

【法理分析】

处理本案涉及的主要问题在于:① 如何认定直接负责的主管人员和直接责任人员的范围?② 单位犯罪中直接负责的主管人员和直接责任人员能否以自己未获利为由

而减轻处罚？

一、直接负责的主管人员和直接责任人员的认定

对于直接负责的主管人员，在理论界和实务界多是根据单位内部人员的地位和对单位意志形成的作用加以认定。根据学者研究，这种人员主要包括三种：① 单位犯罪的决策人；② 事后对犯罪予以认可、默认的领导人员；③ 对单位犯罪负有不可推卸责任的领导人员。①

也有学者区分两种情况：① 决策者，即单位犯罪意图、犯罪计划的策划者；② 对犯罪负有不可推卸责任的领导或决策人员，包括疏忽和放任两种心理态度。②还有学者认为，对单位犯罪直接负责的主管人员的理解，应具体情况具体分析，把他仅仅界定为某一种人是比较困难的，从司法实践看，单位犯罪中直接负责的主管人员有以下几种人：法定代表人、单位主要负责人、单位的一般负责人、单位的部门负责人。③《全国法院审理金融犯罪案件工作座谈会纪要》中将直接负责的主管人员界定为在单位实施的犯罪中起决定、批准、授意、纵容、指挥等作用的人员，一般是单位的主管负责人，包括法定代表人。

根据法律规定和司法实践中的经验，我们可以认为，认定是否是直接负责的主管人员（能够在单位犯罪中发挥上述作用的人员），应看其是否具备这样的条件：① 必须是犯罪单位的主管人员，即是单位的领导成员，同时也是该单位的决策机构成员，应当是行使单位决策权的单位领导班子成员等。只有单位决策层的成员才能谈得上决定、批准、授意、纵容、指挥他人实施走私行为。② 必须是对单位犯罪行为直接负责的单位领导班子成员。

在实践中，对犯罪行为直接负责的领导班子成员因为犯罪决策的形成形式有所不同，应当作出不同的认定：

（1）对于单位集体研究决定的单位犯罪，主要决策和分管领导成员成为直接负责的主管人员。也就是说，对集体领导制下的单位进行犯罪的，不能把所有单位的领导成员都作为单位犯罪的直接负责的主管人员，而应当看其在单位领导成员中的具体分工中，是否分管与单位犯罪行为相关的业务。在决策中是否起主要作用。同时，应当排除那些在决策中提出反对单位犯罪决策的领导成员。在集体领导制的单位中，对单位的法定代表人，也不能一概地把他作为单位犯罪的直接负责的主管人员加以追究刑事责任。通常情况下，他应当成为单位犯罪的直接负责的主管人员。如果其对单位意志的形成仅仅发挥了微弱的影响，或者其反对这种行为的话，当然可以不作为单位犯罪的直接负责的主管人员追究刑事责任。但是，在实践中，出现了这样的情形：单位领

---

① 俞利平：《单位犯罪若干问题研究》，载《刑法问题与争鸣》（第1辑），方正出版社2000年版，第259页。
② 陈炜、孙昌军：《试论单位犯罪中责任人的认定与处罚》，《法学评论》2000年第1期。
③ 田宏杰：《单位犯罪适用中疑难问题研究》，吉林人民出版社2001年版，第19页。

导班子对单位领导事务作了明确分工，一些分管领导全权负责某些职能业务，如果分管领导实施了单位犯罪的行为，而法定代表人对此疏于管理，那么法定代表人不应当成为直接负责的主管人员。实践中也出现这样的情况：某些单位犯罪，事先并未经过领导或决策机构的研究，也未经某个领导的决定，而由某个部门或某些人先行实施，事后向领导汇报。法定代表人事后追认。这是一种纵容行为，应将其作为"直接责任的主管人员"追究刑事责任。

（2）单位负责制或首长负责制的单位，这种情况在实践中很少，尤其在走私犯罪中。由于决策机构就是单位首长本人，一般是单位的法定代表人，这种情况下，该单位的法定代表人就是单位犯罪的直接负责的主管人员。结合本案，该公司为中外合资企业，判断该企业的法定代表人是否应当承担刑事责任，就应当充分考虑他是否与单位的走私行为有着直接的关系。即其是否知情，是否由其决策等。如果没有，则可以认定该单位的法定代表人不承担刑事责任。在本案中，伍卓良是肇庆市肇港客运合营有限公司总经理兼肇庆口岸免税品商场法定代理人，在整个犯罪活动中起到了决定、批准、授意、纵容的作用。因此，伍卓良是直接负责的主管人员。本案的法定代表人黄仲楷（该公司董事长），虽然其是该公司的法定代表人，是犯罪单位的主管人员，具备了成为直接负责人的第一个条件。但是，他并不是对单位犯罪行为直接负责的单位领导班子成员，其并未直接介入单位犯罪的行为。另外作为一个中外合资企业，该企业实行集体领导负责制。该公司在实施走私行为时，并不是由黄某进行决策，事后黄某也并未对该行为进行追认。黄某与整个走私行为并无直接关系，因此，应当排除黄某承担刑事责任。

对于其他直接责任人员，《全国法院审理金融犯罪案件工作座谈会纪要》将其他直接责任人员界定为在单位犯罪中具体实施犯罪并起较大作用的人员。认定其他直接责任人员，必须同时具备如下三个条件：① 必须亲自实施了单位犯罪的具体行为；② 对自己所实施的单位犯罪行为主观上明知；③ 在单位犯罪的实行过程中起了较大作用。甘启源是肇庆市肇港客运合营有限公司商贸部经理，在整个走私活动中，其承担了许多重要的工作（偷配了由海关监管的免税仓库钥匙，趁海关关员下班之机，伙同被告人黄东，私自打开免税仓库，将免税进口的烟酒偷运到"办前商场"），起了较大作用。而对黄东而言，其系肇庆市肇港客运合营有限公司商贸部仓管员，将上述偷运到"办前商场"的烟酒以"调拨单"的形式记录，交由公司财务部入账。黄东事前不仅参与整个走私计划的讨论，并且积极参与其中，起了很大的作用。因此，可认定甘启源、黄东为直接责任人员。

二、单位犯罪中直接负责的主管人员和直接责任人员能否以自己未获利为由而减轻处罚

这是本案在审理过程中，直接负责的主管责任人员和其他直接责任人员提出的减轻其刑罚的理由。这一理由的提出,也就为单位犯走私罪该如何处罚提出了问题。正如前文所述,对直接负责的主管责任人员和其他直接责任人员进行处罚不是因为其获得走私的利益,而是因为他是整个单位走私活动有机整体的一部分。同时,法律在设定法定刑的时候,也已经充分考虑到了这点,因而直接负责的主管责任人员和其他直接责任人员承担的最高法定刑要比自然人因走私犯罪而承担的最高法定刑低。所以,这不能成为其减轻处罚的理由。

【结　　论】

1. 直接负责的主管人员和其他直接责任人员的认定应体现"直接"和"负责"两层含义。尤其要注意,不是所有的法定代表人都应对单位犯罪负责。

2. 直接负责的主管责任人员和其他直接责任人员不能以自己未获利益为由减轻自己的处罚。

【相关链接】

相关的法律、法规

中华人民共和国刑法

第一百五十三条　走私本法第一百五十一条、第一百五十二条、第三百四十七条规定以外的货物、物品的,根据情节轻重,分别依照下列规定处罚:

(一)走私货物、物品偷逃应缴税额在五十万元以上的,处十年以上有期徒刑或者无期徒刑,并处偷逃应缴税额一倍以上五倍以下罚金或者没收财产;情节特别严重的,依照本法第一百五十一条第四款的规定处罚。

(二)走私货物、物品偷逃应缴税额在十五万元以上不满五十万元的,处三年以上十年以下有期徒刑,并处偷逃应缴税额一倍以上五倍以下罚金;情节特别严重的,处十年以上有期徒刑或者无期徒刑,并处偷逃应缴税额一倍以上五倍以下罚金或者没收财产。

(三)走私货物、物品偷逃应缴税额在五万元以上不满十五万元的,处三年以下有期徒刑或者拘役,并处偷逃应缴税额一倍以上五倍以下罚金。

单位犯前款罪的,对单位判处罚金,并对其直接负责的主管人员和其他直接责任人员,处三年以下有期徒刑或者拘役;情节严重的,处三年以上十年以下有期徒刑;情节特别严重的,处十年以上有期徒刑。

对多次走私未经处理的,按照累计走私货物、物品的偷逃应缴税额处罚。

第一百五十四条　下列走私行为,根据本节规定构成犯罪的,依照本法第一百五十三条的规定定罪处罚:

(一)未经海关许可并且未补缴应缴税额,擅自将批准进口的来料加工、来件装

配、补偿贸易的原材料、零件、制成品、设备等保税货物,在境内销售牟利的;

(二)未经海关许可并且未补缴应缴税额,擅自将特定减税、免税进口的货物、物品,在境内销售牟利的。

相关的司法解释与指导性意见

全国法院审理金融犯罪案件工作座谈会纪要(2001年1月21日施行,法[2001]8号)

单位犯罪直接负责的主管人员和其他直接责任人员的认定:直接负责的主管人员,是在单位实施的犯罪中起决定、批准、授意、纵容、指挥等作用的人员,一般是单位的主管负责人,包括法定代表人。其他直接责任人员,是在单位犯罪中具体实施犯罪并起较大作用的人员,既可以是单位的经营管理人员,也可以是单位的职工,包括聘任、雇佣的人员。应当注意的是,在单位犯罪中,对于受单位领导指派或奉命而参与实施了一定犯罪行为的人员,一般不宜作为直接责任人员追究刑事责任。对单位犯罪中的直接负责的主管人员和其他直接责任人员,应根据其在单位犯罪中的地位、作用和犯罪情节,分别处以相应的刑罚,主管人员与直接责任人员,在个案中,不是当然的主、从犯关系,有的案件,主管人员与直接责任人员在实施犯罪行为的主从关系不明显的,可不分主、从犯。但具体案件可以分清主、从犯,且不分清主、从犯,在同一法定刑档次、幅度内量刑无法做到罪刑相适应的,应当分清主、从犯,依法处罚。……

最高人民法院、最高人民检察院、海关总署关于办理走私刑事案件适用法律若干问题的意见(2002年7月8日 法[2002]139号)

十八、关于单位走私犯罪及其直接负责的主管人员和直接责任人员的认定问题

具备下列特征的,可以认定为单位走私犯罪:(1)以单位的名义实施走私犯罪,即由单位集体研究决定,或者由单位的负责人或者被授权的其他人员决定、同意;(2)为单位谋取不正当利益或者违法所得大部分归单位所有。

依照《最高人民法院关于审理单位犯罪案件具体应用法律有关问题的解释》第二条的规定,个人为进行违法犯罪活动而设立的公司、企业、事业单位实施犯罪的,或者个人设立公司、企业、事业单位后,以实施犯罪为主要活动的,不以单位犯罪论处。单位是否以实施犯罪为主要活动,应根据单位实施走私行为的次数、频度、持续时间、单位进行合法经营的状况等因素综合考虑认定。

根据单位人员在单位走私犯罪活动中所发挥的不同作用,对其直接负责的主管人员和其他直接责任人员,可以确定为一人或者数人。对于受单位领导指派而积极参与实施走私犯罪行为的人员,如果其行为在走私犯罪的主要环节起重要作用的,可以认定为单位犯罪的直接责任人员。

(吴 丹)

5. 公司总经理全权办理工商登记时虚报注册资金的行为如何定性？
——余侠虚报注册资本案[①]

【案情介绍】

被告人余侠，男，30岁，汉族，浙江省天台县人，原系上海华臣进出口有限公司总经理。1998年5月15日因本案被逮捕。

1996年5月，中国（福建）对外贸易中心集团与福建省榕江进出口公司共同决定成立"上海华臣进出口有限公司"（以下简称华臣公司），规定注册资本为人民币100万元，委派被告人余侠为总经理，全权办理华臣公司的工商登记等手续。嗣后，余侠擅自将中国（福建）对外贸易中心集团提供的净资产担保书中的投资额50万元篡改为550万元，并以私刻公章、伪冒他人签名等手法伪造了福建省榕江进出口公司投资给华臣公司450万元的净资产担保书，同时余侠将公司章程中的注册资本100万元改为1 000万元。此外，余侠又伪造收据、证明等材料，造成股东投资款已到位的假象。同年10月，余侠持上述虚假材料至上海东海联合审计师事务所进行验资，该事务所据此出具了验资证明。随后，余侠持该验资证明至浦东新区工商行政管理局骗取了公司登记。1997年1月，被告人余侠持华臣公司的营业执照及虚假的验资证明等向中国银行浦东分行贷款人民币1 000万元，至今无法还贷。

公诉机关上海市浦东新区人民检察院以被告人余侠的行为构成虚报注册资本罪向上海市浦东新区人民法院提起诉讼。上海市浦东新区人民法院经公开审理后对余侠以犯虚报注册资本罪判处有期徒刑1年6个月，并处罚金人民币9万元。

【法理分析】

处理本案涉及的主要问题在于：① 公司总经理全权办理公司登记，其虚报注册资本行为是单位犯罪还是自然人犯罪？② 如何认定虚报注册资本罪中的后果严重的情节？③ 行为时法与裁判时法不一致时，如何适用法律？

[①] 上海市浦东新区人民法院(1998)浦刑初字第1034号。案例选自《中国审判案例要览（1999年刑事审判案例卷）》，中国人民大学出版社2002年版，第96—99页。

一、由公司总经理全权办理公司登记，其虚报注册资本行为是单位犯罪还是自然人犯罪？

现行刑法中的虚报注册资本罪是吸收1995年2月28日全国人大常委会通过的《关于惩治违反公司法的犯罪的决定》第1条规定的罪名。所谓虚报注册资本罪是指申请人在申请公司登记时，使用虚假证明文件或者采取其他欺诈手段虚报注册资本，欺骗公司登记主管部门，取得公司登记，虚报注册资本数额巨大、后果严重或者有其他严重情节的行为。虚报注册资本罪的犯罪主体是特殊主体，即必须是申请公司登记的个人或者单位。也就是说，单位和自然人均可以构成本罪。所谓个人，在有限责任公司中，是指由全体股东指定的代表或者共同委托的代理人；在股份有限公司中，是指股份有限公司的董事长。所谓单位，是指申请设立有限责任公司或股份有限公司的机构或者部门。

对于单位可否作为犯罪主体，在我国曾有过激烈的争论，存在肯定说与否定说两种截然相反的观点。尽管1979年刑法中没有规定单位可以作为犯罪主体，但在1987年《海关法》中则首开先河地规定了单位可以成为犯罪主体并依法承担相应的刑事责任。直至1997年新刑法颁布前，共计在10余部单行刑法和2部非刑事法律中规定了60余个单位犯罪。1997年刑法采用总则规定与分则规定相结合的方式确立了单位犯罪。根据《刑法》第30条规定，单位犯罪具有三个基本特征：① 单位犯罪的主体范围包括公司、企业、事业单位、机关、团体。② 单位犯罪是在单位的意志支配下实施的。③ 并非一切犯罪都可以由单位构成，只有法律明文规定单位可以成为犯罪主体的犯罪，才存在单位犯罪。需要强调的是，尽管一般情况下单位犯罪都是以单位的名义实施的，但"以单位名义实施犯罪"并不是单位犯罪的必备特征。因为，一方面，某些单位犯罪无须以单位的名义就可以实施，如单位走私罪，另一方面，即使有的犯罪是以单位名义实施的，但因其非法所得归个人所有或者其他原因，也不能认定为单位犯罪。单位犯罪主体具有法律拟制的人格，单位犯罪主体的犯罪意志通常是通过其负责人（法定代表人、总经理等）为中介来传达的。单位犯罪主体与其负责人的犯罪意志常常具有混同性与一致性。因而导致司法实践中经常遇到认定单位的负责人实施的犯罪是否构成单位犯罪的问题，这一问题的解决对于确定被告人的行为罪与非罪，构成此罪或是彼罪以及对于刑罚的裁量都有着非常重要的意义。就本案而言，对于被告人余侠的行为是构成单位犯罪或是自然人犯罪存在着不同的看法：一种意见认为，本案属于单位犯罪。主要理由是：被告人余侠是经股东大会的决议，被任命为华臣公司的总经理，并被授权全权办理成立华臣公司的工商登记及其他手续，因此，其犯罪行为应视为单位的行为。另一种意见则认为，本案应是自然人犯罪，而非单位犯罪，尽管被告人余侠是华臣公司的总经理，全权代表中国（福建）对外贸易中心集团与福建省榕江进出口公司办理华臣公司的登记手续，但其虚报注册资金的行为不是单位的意志，而是擅自行为。

笔者认为，余侠虚报注册的犯罪行为属于自然人犯罪而非单位犯罪。被告人余侠虽然经股东大会的决议，被任命为华臣公司的总经理，并被授权全权办理成立华臣公司的工商登记及其他手续的，但余侠明知华臣公司章程规定注册资本为人民币100万元，由华臣公司的两个股东中国（福建）对外贸易中心集团、福建省榕江进出口公司各出资50万元，但其认为，在强手如林的经济大潮中，要想站稳脚跟，吸引更多的客户与华臣公司进行贸易往来，注册资本仅100万元人民币的华臣公司是很难有大的作为的，必须将华臣公司注册资本"放大"，利用资产规模较大的招牌来吸引客户，将生意做大，为自己创业绩。为达到这一目的，余侠擅自将中国（福建）对外贸易中心集团提供的净资产担保书中的投资额50万元篡改为550万元，同时，余侠又私刻了福建省榕江进出口公司的公章以及仿冒该公司法定代表人、财会人员的签名，伪造了该公司给华臣公司450万元净资产担保书，并将华臣公司章程中的注册资本100万元篡改为1 000万元。此外，余侠又伪造了有关的收据、证明等材料，造成股东投资款已到位的假象。余侠将上述虚假材料送至上海东海联合审计师事务所进行验资，该事务所据此出具了华臣公司的验资证明的验证报告，随后，余侠持该验证报告至上海市浦东新区工商行政管理局办理了华臣公司的营业执照，该份营业执照注明华臣公司的注册资本为1 000万元。余侠在办理公司登记注册过程中所采取的一系列欺骗、虚假的方法，均是其个人所为，华臣公司的其他董事均不知情也未参与，所以余侠的虚报注册资本行为应以自然人犯罪定罪。判决只处罚被告人余侠，不以单位犯罪追究两个股东中国（福建）对外贸易中心集团和福建省榕江进出口公司的刑事责任的做法是完全正确的。

二、关于虚报注册资本罪后果严重情节的认定问题

构成虚报注册资本罪不但要求具备法定的犯罪行为，即使用虚假证明文件或者采取其他欺诈手段虚报注册资本，欺骗公司登记主管部门，取得公司登记，而且还必须具备法定的情节，即虚报注册资本数额巨大、后果严重或者有其他严重情节，具备三者之一，即可成立本罪。至于数额巨大、后果严重及其他严重情节的具体认定标准，法条本身未作明确规定，属于司法裁量的范畴。根据2001年4月公布的《最高人民检察院公安部关于经济犯罪案件追诉标准的规定》的规定，"数额巨大"是指以下情形："实缴注册资本不足法定注册资本最低限额，有限责任公司虚报数额占法定最低限额的60%以上，股份有限公司虚报数额占法定最低限额的30%以上；实缴注册资本达到法定最低限额，但仍虚报注册资本，有限责任公司虚报数额在100万元以上的，股份有限公司虚报数额在1 000万元以上的。""后果严重"是指"虚报注册资本给投资者或者其他债权人造成的直接经济损失累计数额在10万元以上，或虽未达到上述标准，但因虚报注册资本受过行政处罚两次以上又虚报注册资本的，或向公司登记主管人员行贿或者注册后进行违法活动的。"就本案而言，被告人余侠在仅有一家股东中国（福建）对外贸易中

心集团提供的净资产担保书投资额 50 万元,而另一家股东公司尚未提供 50 万元的净资产担保书的情况下,采取一系列欺骗、虚假的方法虚报注册资本 1 000 万元,欺骗公司登记主管部门,取得公司登记,完全符合虚报注册资本数额巨大的情形,即已经完全构成了虚报注册资本罪。至于被告人余侠持华臣公司的营业执照及虚假的验资证明等向中国银行浦东分行贷款人民币 1 000 万元,至今无法还贷的问题,因华臣公司向中国银行浦东分行贷款人民币 1 000 万元属正常的经济往来关系,其贷款手续是合法、有效的,无法还贷是由东南亚金融风暴等诸多因素造成的,与余侠伪造注册资本犯罪无内在的必然的因果关系,余侠虚报注册资本的目的并非为了贷款,只是为了做生意方便,而后来的贷款行为又完全是为了生产发展的实际需要。余侠的行为并不符合"虚报注册资本严重后果"的情节。但被告人虚报注册资本的行为已经具备了虚报注册资本数额巨大的情节,即构成虚报注册资本罪。所以上海市浦东新区人民法院以虚报注册资本罪对被告人余侠进行定罪是正确的。

三、关于行为时法与裁判时法不一致时的法律适用问题

对于刑法的溯及力问题,理论上存在两种不同的主张:一种主张刑法应当具有溯及既往的效力,理由是刑事法律应当随社会发展情况而加以修改,新刑法更适合变化之后的情况,且新刑法中融入了新的进步的观念与思想,因而适用刑事法律通常应以新的刑法为准;另一种主张刑法不应具有溯及既往的效力,因为行为人是以行为当时的刑事法律为准则,对其适用新刑法是不教而诛,有悖情理。[①] 现代世界各国刑事立法中采用的溯及力原则主要有以下几种:从新、从轻、从旧、从新兼从轻、从旧兼从轻。法律不得强人所难,不得以今天的法律来要求人们昨天以前的行为。我国刑法对溯及力问题采取的是从旧兼从轻原则,即一般应适用行为时法,但如果裁判时法比行为时法较轻,根据"有利于被告人的原则",则适用裁判时法。对于"从旧兼从轻"中的"从轻"的理解,除了从新旧刑法关于刑罚制度规定的轻重不同方面来加以理解之外,主要还是从法定刑轻重方面加以考虑。根据 1998 年 1 月 13 日开始实施的《最高人民法院关于适用刑法第十二条几个问题的解释》(法释 1997 第 12 号)的规定,法定刑轻重应依具体适用的法定刑幅度按主刑种类、法定最高刑、法定最低刑、附加刑次序加以比较。本案被告人的行为发生在旧法即《关于惩治违反公司法的犯罪的决定》施行期间,但审判却是在 1997 年刑法施行之后,究竟是适用行为时法还是适用审判时法,应该根据刑法关于溯及力的规定来处理。而比较一下新旧刑法的轻重,不难看出新法与旧法对虚报注册资本罪规定的主刑完全相同,此时应进一步比较新旧刑法对本罪规定的附加刑的轻重,而针对本罪的附加刑即罚金,新旧刑法采用的都是百分比罚金制,但新刑法所规定的附加刑幅度及适用方式有所不同,新刑法在处罚上要比旧刑法轻,根据从旧兼

[①] 参见高铭暄主编:《刑法学原理》第 1 卷,中国人民大学出版社 1993 年版,第 327—328 页。

从轻原则,对被告人余侠的定罪处罚应适用1997年《刑法》第158条之规定。

综上分析,上海市浦东新区人民法院以虚报注册资本罪对被告人余侠进行定罪处刑是完全正确的。

【结　　论】

公司总经理违背股东意志,擅自伪造、篡改证明文件、虚报注册资本的行为不是出于单位意志,属于自然人犯罪。

【相关链接】

相关的法律、法规

中华人民共和国刑法

第十二条　中华人民共和国成立以后本法施行以前的行为,如果当时的法律不认为是犯罪的,适用当时的法律;如果当时的法律认为是犯罪的,依照本法总则第四章第八节的规定应当追诉的,按照当时的法律追究刑事责任,但是如果本法不认为是犯罪或者处刑较轻的,适用本法。

本法施行以前,依照当时的法律已经作出的生效判决,继续有效。

第三十条　公司、企业、事业单位、机关、团体实施的危害社会的行为,法律规定为单位犯罪的,应当负刑事责任。

第一百五十八条　申请公司登记使用虚假证明文件或者采取其他欺诈手段虚报注册资本,欺骗公司登记主管部门,取得公司登记,虚报注册资本数额巨大、后果严重或者有其他严重情节的,处三年以下有期徒刑或者拘役,并处或单处虚报注册资本金额百分之一以上百分之五以下罚金。

单位犯前款罪的,对单位判处罚金,并对其直接负责的主管人员和其他直接责任人员,处三年以下有期徒刑或者拘役。

全国人大常委会关于惩治违反公司法的犯罪的决定(1995年2月28日第八届全国人大常委会第十二次会议通过)

第一条　申请公司登记的人使用虚假证明文件或者采取其他欺诈手段虚报注册资本,欺骗公司登记主管部门,取得公司登记,虚报注册资本数额巨大、后果严重或者有其他严重情节的,处三年以下有期徒刑或者拘役,可以并处虚报注册资本金额百分之十以下罚金。

申请公司登记的单位犯前款罪的,对单位判处虚报注册资本金额百分之十以下罚金,并对直接负责的主管人员和其他直接责任人员,依照前款的规定,处三年以下有期徒刑或者拘役。

相关的司法解释与指导性意见

最高人民法院关于适用刑法第十二条几个问题的解释(1997年12月31日通过,法释1997第12号)

第一条　刑法第十二条规定的"处刑较轻",是指刑法对某种犯罪规定的法定刑比修订前刑法轻。法定刑较轻是指法定最高刑较轻,如果法定最高刑相同,则指法定最低刑较轻。

第二条　如果刑法规定的某一犯罪只有一个法定刑幅度,法定最高刑或者最低刑是指该法定刑幅度的最高刑或者最低刑;如果刑法规定的某一犯罪有两个以上的法定刑幅度,法定最高刑或者法定最低刑是指具体犯罪行为应当适用的法定刑幅度的最高刑或者最低刑。

第三条　1997年10月1日以后审理1997年9月30日以前发生的刑事案件,如果刑法规定的定罪处刑标准、法定刑与修订前刑法相同的,应当适用修订前的刑法。

最高人民检察院、公安部关于经济犯罪案件追诉标准的规定(2001年4月18日)

二、虚报注册资本案(刑法第158条)

申请公司登记使用虚假证明文件或者采取其他欺诈手段虚报注册资本,欺骗公司登记主管部门,取得公司登记,涉嫌下列情形之一的,应予追诉:

1. 实缴注册资本不足法定注册资本最低限额,有限责任公司虚报数额占法定最低限额的百分之六十以上,股份有限公司虚报数额占法定最低限额的百分之三十以上的;

2. 实缴注册资本达到法定最低限额,但仍虚报注册资本,有限责任公司虚报数额在一百万元以上,股份有限公司虚报数额在一千万元以上的;

3. 虚报注册资本给投资者或者其他债权人造成的直接经济损失累计数额在十万元以上的;

4. 虽未达到上述数额标准,但具有下列情形之一的:

（1）因虚报注册资本,受过行政处罚二次以上,又虚报注册资本的;

（2）向公司登记主管人员行贿或者注册后进行违法活动的。

相关的参考案例

孙潮伟等虚报注册资本案[浙江省嵊州市人民法院(1997)刑初字第217号]

载《中国审判案例要览(1998年刑事审判案例卷)》,中国人民大学出版社1998年版,第191—193页。

(郭　健)

6. 如何认定提供虚假财会报告罪中的直接责任人员？
——董博等提供虚假财务会计报告案①

【案情介绍】

被告人董博,男,1975年9月5日出生,原系天津广夏(集团)有限公司董事长兼财务总监。

被告人李有强,男,1941年2月22日出生,原系广夏(银川)实业股份有限公司董事局副主席兼总裁。

被告人丁功民,男,1961年7月10日出生,原系广夏(银川)实业股份有限公司董事、财务总监、总会计师兼董事局秘书。

被告人阎金岱,男,1962年5月16日出生,原系天津广夏(集团)有限公司副董事长兼总经理。

被告人刘加荣,男,1967年12月26日出生,原系深圳中天勤会计师事务所合伙人、审计二部经理。

被告人徐林文,男,1967年1月10日出生,原系深圳中天勤会计师事务所合伙人、审计二部会计师。

1999年底至2000年初,为达到夸大广夏(银川)实业股份有限公司(以下称银广夏公司)增资配股的目的,时任天津广夏(集团)有限公司(以下称天津广夏公司)财务总监的被告人董博,在被告人丁功民授意、被告人李有强的同意下,虚构进货单位谎称购入萃取产品原材料蛋黄粉、干姜、桂皮及产品包装桶,价值人民币6659.1646万元,并伪造上述单位的销售发票及天津广夏公司向上述单位汇款的银行汇款单。之后又伪造出口海关报关单4份(货值金额5610万马克),伪造德国捷高公司驻北京办事处支付的出口产品货款银行进账单3份,金额人民币5400万元。同时,被告人董博又指使时任天津广夏萃取有限公司总经理的被告人阎金岱伪造萃取产品生产记录,被告人阎金岱遂让天津广夏公司职工刘文军等人伪造萃取产品虚假原料入库单、班组生产记录、产品出库单等,由被告人董博编入天津广夏公司1999年度财务报表中。其中,制作虚假萃取产品出口收入人民币23898.60万元。后该虚假的年度财务报表经深圳中天

---

① 案例选自《刑事审判参考》总第37辑,法律出版社2004年版,第1—13页。

勤会计师事务所审计后,并入银广夏公司年报,导致银广夏公司向社会发布虚假净利润人民币 127 786 600.85 元。

2000 年底至 2001 年初,时任天津广夏公司董事长的被告人董博,在被告人丁功民授意、被告人李有强的认可下,虚构进货单位谎称购入萃取产品原材料蛋黄粉、干姜、桂皮及产品包装桶,价值人民币 24 526 万元;伪造虚假出口销售合同、银行汇款单(22笔共计人民币 24 526 万元)、销售发票、出口报关单及德国诚信贸易公司支付的货款进账单(五笔共计人民币 47 625.84 万元)等;指使天津广夏公司职工刘文军等人继续采取 1999 年度的造假手法,制作虚假财务凭据,后由被告人董博编入天津广夏公司 2000年度财务报表中。其中,虚做萃取产品出口收入人民币 72 400 万元,后该虚假的年度财务报表由深圳中天勤会计师事务所审计后,并入银广夏公司年报,导致银广夏公司向社会发布虚假净利润人民币 417 646 431.07 元。

2001 年初,被告人董博为达到虚构天津广夏公司 2001 年中期财会报告巨额利润的目的,采取虚报销售收入手段,从天津市北辰区国税局领购增值税专用发票 500 份。除向正常销售单位开具外,董博指使天津广夏公司职员以天津广夏公司名义向天津禾源公司虚开增值税专用发票 290 份,价税合计人民币 221 456 594.02 元,涉及税款人民币 37 647 619.98 元,后以销售货款没有全部回笼为由,仅向天津市北辰区国税局交纳"税款"人民币 500 万元。给天津广夏公司造成直接经济损失人民币 500 万元。

2001 年 5 月,为掩盖银广夏公司虚报利润的事实,被告人李有强承诺 2001 年银广夏公司中期利润分红资金由天津广夏公司承担。随后,以购买设备为由,向上海金尔顿投资公司拆借人民币 1.5 亿元打入天津禾源公司(系天津广夏公司萃取产品总经销),又以销售萃取产品回款的形式打回天津广夏公司,制造虚假销售收入。其中,人民币 1.25 亿元以天津广夏公司利润形式上交银广夏公司,作为利润分红,达到增资配股的目的,剩余人民币 2 500 万元天津广夏公司自留自支。

2001 年 8 月 2 日至同年 9 月 7 日银广夏公司因涉嫌违规,被中国证监会停牌。9月 10 日复牌后至 10 月 8 日期间连续出现跌停板,从停牌前的 8 月 2 日收市价人民币30.79 元/股,跌至 10 月 8 日收市价人民币 6.35 元/股。

深圳中天勤会计师事务所接受银广夏公司委托,在由被告人刘加荣、徐林文具体负责对该公司及其子公司 1999 年度和 2000 年度的财会报告进行审计中,未遵循中国注册会计师独立审计准则规定的程序,未实施有效的询证、认证及核查程序。该所在对天津广夏公司 1999 年度和 2000 年度财务报告审计过程中,依据天津广夏公司自制的销售发票,确认 1999 年和 2000 年出口产品收入分别为人民币 23 898.60 万元和人民币 72 400 万元,没有实施向海关询证的必要程序。该所在对天津广夏公司 1999 年度和2000 年度财会报告审计过程中,以天津广夏公司自制和伪造的银行对账单、银行进账单、银行汇款单和购货发票为依据,确认出口产品收款金额和购买原材料付款金额和入库数,没有实施向银行询证的重要程序,没有充分关注购进原材料发票均是普通发票这一重要疑点。该所未对天津广夏公司1999年12月31日和2000年12月31日银行存款余额实施有效的检查及函证程序。特别是被告人刘加荣指派的审计人员在对天津广夏公司进行审计时，严重违反审计规定，委托天津广夏公司被告人董博等人代替审计人员向银行、海关等单位进行询证，致使被告人董博得以伪造询证结果。被告人刘加荣、徐林文在不辨别真伪、不履行会计师事务所三级复核有关要求的情况下，仍先后为银广夏公司出具了1999年度、2000年度"无保留意见"的审计报告，致使银广夏公司虚假的财会报告向社会公众发布，造成投资者的利益遭受重大损失。该所签发的银广夏审计报告的负责人与签字注册会计师为同一人，未遵循审计准则中规定的会计师事务所三级复核的有关要求。同时，被告人刘加荣还违反注册会计师的有关规定，兼任银广夏公司财务顾问。在形式和实质上，均失去独立性。

银川市人民检察院以被告人董博、李有强、丁功民、阎金岱犯提供虚假财会报告罪，被告人董博犯虚开增值税专用发票罪，被告人刘加荣、徐林文犯提供虚假证明文件罪，向银川市中级人民法院提起公诉。银川市中级人民法院经公开审理后，依法判处董博犯提供虚假财务会计报告罪有期徒刑3年，并处罚金人民币10万元；判处李有强犯提供虚假财务会计报告罪有期徒刑3年，并处罚金人民币8万元；判处丁功民犯提供虚假财务会计报告罪有期徒刑2年6个月，并处罚金人民币8万元；判处阎金岱犯提供虚假财务会计报告罪有期徒刑2年6个月，并处罚金人民币3万元；判处刘加荣犯出具证明文件重大失实罪有期徒刑2年6个月，并处罚金人民币3万元；判处徐林文犯出具证明文件重大失实罪有期徒刑2年6个月，并处罚金人民币3万元。

【法理分析】

处理本案涉及的主要问题在于：① 如何划定提供虚假财务报告罪中直接负责的主管人员和其他直接责任人员？② 以虚开增值税专用发票的手段提供虚假财会报告的行为应如何定性？③ 提供虚假财务报告罪、提供虚假证明文件罪与出具证明文件重大失实罪的区别。

一、关于提供虚假财务报告罪中直接负责的主管人员和其他直接责任人员的划定问题

提供虚假财务会计报告罪在1979年《刑法》中没有规定，但随着我国市场经济的发展，规范公司行为的制度逐步确立，1995年全国人大常委会《关于惩治违反公司法的犯罪的决定》第4条最早规定了提供虚假财务会计报告罪。修订后的1997年《刑法》将该罪修正吸收、规定在第161条之中，为了严密刑事法网，2006年《刑法修正案（六）》第5条对刑法第161条又作了进一步修改。① 本案发生且审结于《刑法修正案

---

① 2006年《刑法修正案（六）》第5条对《刑法》第161条作了如下修改：（1）将犯罪主体从公司扩大到所有依法负有信息披露义务的公司、企业；（2）行为要件不仅仅包括提供虚假的或者隐瞒重要事实的财务会计报告，对"依法应当披露的其他重要信息不按照规定披露"的行为也规定在犯罪之列；（3）构成犯罪不再仅限于"严重损害股东或者其他人利益"，"有其他严重情节"也可构成犯罪。

(六)》通过之前,自然适用的也是修正前《刑法》第161条的规定。根据法律规定,所谓提供虚假财务会计报告罪,是指公司向股东和社会公众提供虚假的或者隐瞒重要事实的财务会计报告,严重损害股东或者其他人利益的行为。本罪在客观方面表现为向股东和社会公众提供虚假的或者隐瞒重要事实的财务会计报告,严重损害股东或者其他人利益的行为。"向股东和社会公众提供虚假的或者隐瞒重要事实的财务会计报告"与"严重损害股东或者其他人利益的行为"之间是一种限制关系,即后者是对前者的限定,公司只有在向股东和社会公众提供虚假的或者隐瞒重要事实的财务会计报告,并且发生严重损害股东或者其他人利益的时候才构成本罪,如果公司提供虚假财务报告的行为没有发生严重损害股东或者其他人利益的结果,其行为不构成本罪。[①]财务会计报告是由公司的业务部门或公司委托的其他有关会计、审计机构,按照国家规定定期制作的反映公司财务状况和经营情况的书面文件,财务会计报告应当包括下列财务会计报表及附属明细表:资产负债表;损益表;财务状况变动表;财务情况说明表;利润分配表等。"虚假的或者隐瞒重要事实的财务会计报告",是指在财务会计报告中伪造、虚构实际并不存在的情况,以此欺骗股东或者社会公众的行为。"严重损害股东或者其他人利益",主要是致使股东或者社会公众的经济利益遭受严重损失等情形。依照2001年《最高人民检察院、公安部关于经济犯罪案件追诉标准的规定》,公司向股东和社会公众提供虚假的或者隐瞒重要事实的财务会计报告,涉嫌下列行为之一的,应予追诉:① 造成股东或其他人直接经济损失数额在50万元以上的;② 致使股票被取消上市资格或者交易被迫停牌的。本罪犯罪主体是特殊主体,是纯正的单位犯罪,只有有限责任公司和股份有限公司才能构成本罪的主体,自然人不能构成本罪的主体。

提供虚假财会报告罪虽然是单位犯罪,但在处罚上实行代罚制,仅追究公司直接负责的主管人员和其他直接责任人员的刑事责任,单位则不再承担罚金刑,这主要考虑到公司的违法犯罪行为已经给股东和广大投资者的利益造成了严重损害,对公司再判处罚金则会进一步损害广大股东和投资者的利益。因此准确认定"直接负责的主管人员和其他直接责任人员"对于本罪具有极其重要的意义。一般来说,直接负责的主管人员是指公司的负责人,而其他直接责任人员是指具体参与行为实施的人员。但是,这里的直接负责,不是指公司领导工作上的分工,而是指对该罪之行为直接负责,因而直接负责的主管人员不是仅指公司领导人员中的具体分管人员,非分管人员中的公司主要领导者如果参与此事的策划、组织等行为的,也属于直接负责的主管人员。[②]本案中被告人董博、李有强、丁功民、阎金岱作为银广夏公司和天津广夏公司直接负责的主管人员和其他直接责任人员,明知提供虚假财会报告会损害股东利益却故意为

---

① 参见高铭暄、马克昌主编:《中国刑法解释》,中国社会科学出版社2005年版,第1181页。
② 同上注,第1182页。

之,采取伪造银行进账单、汇款单、海关报关单、销售合同、购货发票单及虚开增值税专用发票等手段,伪造天津广夏公司1999和2000年度及2001年中期虚假收入和利润,致使银广夏公司向股东和社会公众提供虚假的财会报告,向社会披露虚假利润,银广夏公司涉嫌违规被中国证监会停牌,股票急速下跌,严重损害了股东的利益,四被告人的行为都依法构成提供虚假财务会计报告罪。

在本案审理中,被告人阎金岱的辩护人提出,作为天津广夏萃取有限公司的总经理,被告人阎金岱既非天津广夏(集团)公司主管人员,亦非该公司的财务人员,不应对天津广夏公司的提供虚假财会报告行为承担法律责任。此辩护意见在提供虚假财会报告罪的客观行为的理解上存在一定的片面性,并因此对作为提供虚假财会报告罪处罚主体之一的直接责任人员的范围造成了不当限缩。提供虚假财会报告的客观行为不仅仅是提供行为,同时还内含着一个弄虚作假、制作虚假财会报告的行为,这也是提供虚假财会报告行为的应有之意,没有制假行为,自然无从谈起提供虚假财会报告的问题。所以,在认定提供虚假财会报告罪处罚主体时,需将虚假财会报告的制作和提供两方面的行为主体同时纳入分析、评价的范畴。具体言之,需对提供虚假财会报告罪承担刑事责任的直接负责的主管人员和其他直接责任人员,既包括对公司财务会计报告的真实性、可靠性负有直接责任的公司董事长、董事、总经理、经理、监事,同时还包括直接参与虚假财务会计报告制作的工作人员。前者一般表现为签署、审核财务会计报告的人员和授意、指使编制虚假的或者隐瞒重要事实的财务会计报告的公司负责人,但对制假、报假不知情的公司管理人员,工作过失致使虚假财会报告提供出去的,因无主观故意,不应视为直接负责的主管人员;后者一般表现为具体编制或者参与编制虚假的或者隐瞒重要事实的财务会计报告的公司财会人员,因为公司的财会报告通常是由财会人员制作完成的,但不以财会人员为限:① 凡是参与制作虚假报告的以及为直接编制虚假报告人员提供虚假凭证资料的人员均应视为相关责任人员;② 是否属于需要追究刑事责任的直接责任人员,取决于该人员在犯罪中的地位和作用,而非是否具有财会人员的身份。本案被告人阎金岱在被告人董博的指使下,明知相关的会计凭证、资料将用于编制虚假的财会报告并向社会公众公布,仍然组织他人制作1999年度虚假的原料入库单、班产记录、产品出库单,为天津广夏公司谎报萃取产品出口收入提供了重要的帮助,为银广夏公司虚假财会报告的最终得以完成并公之于众起到了关键性的作用,因而将之认定为本案直接责任人员是正确的,将其行为认定为提供虚假财务报告罪是完全正确的。

二、关于以虚开增值税专用发票的手段提供虚假财会报告的行为的定性问题

如前所述,提供虚假财会报告的客观行为不仅仅是提供行为,同时还内含着一个弄虚作假、制作虚假财会报告的行为,这也是提供虚假财会报告行为的应有之意,没有制假行为,自然无从谈起提供虚假财会报告的问题。制作虚假财会报告的行为多种多

样,除了直接的编制虚假的或者隐瞒重要事实的财务会计报告之外,还随附着诸多的制作虚假凭证的行为,如伪造银行对账单、银行进账单、银行汇款单和购货发票、虚开增值税专用发票等。这里的虚开增值税专用发票行为不构成虚开增值税专用发票罪,因为,虚开增值税专用发票罪是一种危害税收征管秩序的犯罪,其侵害客体是国家税收的征管秩序。作为一种抽象的危险犯,司法机关应以一般的经济运行方式为根据,判断虚开增值税专用发票行为是否具有骗取国家税款的可能性。如果虚开、代开增值税等发票的行为根本不具有骗取国家税款的可能性,则不宜认定为虚开增值税专用发票罪。① 本案中被告人董博虽然存在虚开增值税专用发票的行为,但不具备虚开增值税专用发票罪的成立要件,虚开的动机和目的是为了提供虚假财会报告,且所虚开的增值税专用发票没有流向社会,没有骗取税款,只是提供虚假财务会计报告的犯罪手段,对虚开增值税专用发票的行为应当作为提供虚假财会报告罪的犯罪情节予以考虑。因此,尽管检察机关以虚开增值税专用发票罪对被告人董博提起诉讼,审判机关最终没有采纳公诉意见,而只是以提供虚假财务报告罪定罪判刑,这是完全正确的。

三、关于提供虚假财务会计报告罪、提供虚假证明文件罪与出具证明文件重大失实罪的区别

根据《刑法》第 229 条规定,承担上市公司会计报表审计职责的会计师事务所及注册会计师,故意提供虚假审计报告,情节严重的;或者严重不负责任,出具的审计报告有重大失实,造成严重后果的,将分别构成提供虚假证明文件罪或者出具证明文件重大失实罪。在这里首先需要明确的一个前提是,审计报告与财务会计报告是相互独立的不同的两份文件,前者是会计师事务所等中介组织的证明文件,后者是公司财务文件,两者属于评价与被评价的关系,司法实践中应注意避免将两者混为一谈。一般而言,提供虚假财会报告罪与提供虚假证明文件罪或者出具证明文件重大失实罪是较为容易区分的。惟下述情形,即公司与承担审计职责的会计师事务所或其注册会计师合谋,由公司故意提供虚假的或者隐瞒重要事实的财务会计报告,同时由会计师事务所或其注册会计师出具虚假的审计报告,应如何对出具虚假审计报告的会计师事务所或其注册会计师进行定罪处罚,在实践中不无疑问,有必要在此稍加说明。笔者认为,尽管两者存在共同实施犯罪的故意,对于后者仍需按提供虚假证明文件罪处理:一方面,两者的故意内容有所不同,前者主要是出于虚夸业绩欺骗股东和社会公众,后者主要是出于业务考虑;另一方面,双方的行为在刑法上可以得到充分的、相应的评价,无需按共同犯罪处理。基于此,判决对董博等四被告人的提供虚假财务报告行为与刘加荣、徐林文二被告人的出具失实审计报告行为,分别予以评价是正确的。

提供虚假证明文件罪与出具证明文件重大失实罪的不同之处主要在于主观方面,

---

① 参见张明楷:《刑法学(第二版)》,法律出版社 2003 年 7 月版,第 646 页。

前者属故意行为,后者属过失行为。应当指出,这里的故意、过失是相对于证明文件本身的真假而言的,明知证明文件的内容虚假而提供,即可认定为故意提供,相反,因未尽必要的注意义务而未认识到所出具的证明文件与事实不符,则属过失。在本案中,公诉机关指控被告人刘加荣、徐林文犯提供虚假证明文件罪,但未就二被告人对于所出具的严重失实的审计报告具有主观明知提供相应证据,故法院不予支持。同时,对于审计报告的严重失实,有充分证据证明刘加荣、徐林文二被告人有义务、有能力预见到,之所以未预见到完全系不正确履行职责所致,且由此造成了严重的危害后果,故二被告人构成出具证明文件重大失实罪。在合理的范围内确保会计报表审计报告的真实性、合法性,是刘加荣、徐林文二被告人的法定职责。根据《注册会计师法》和《中国注册会计师独立审计准则》等规定,注册会计师负有维护社会公共利益,保护投资者和其他利害关系人的合法权益,促进社会主义市场经济的健康发展的社会责任。注册会计师应当恪守独立、客观、公正的原则,以应有的职业谨慎态度执行审计业务,对被审计单位会计报表的合法性、公允性及会计处理方法的一贯性进行审计时,应当按照独立审计准则的要求出具审计报告,保证审计报告的真实性、合法性。注册会计师的审计意见应合理地保证会计报表使用人确定已审计会计报表的可靠程度。

刘加荣、徐林文二被告人在执行审计业务时,违背了独立审计准则,未能遵循和实施必要的审计程序,所出具的审计意见以未经核实或者委托利害关系人核查的审计证据为依据,存在严重的失职行为。主要表现有二:① 被告人刘加荣兼任银广夏公司财务顾问的同时,委托被审计单位天津广夏公司被告人董博等人向银行、海关等代行审计询证事项,严重背离了注册会计师独立审计的要求。② 在已发现银广夏公司、天津广夏公司"利润增长过快"、"涉外货款以人民币的形式收付"及购进原材料发票均是普通发票等反常、违法情况时,未采取必要的审计程序,实施有效的询证、认证及核查程序,违反了《独立审计具体准则第1号——会计报表审计》关于"注册会计师在实施审计过程中,应当采用恰当的方法,包括检查、监督、观察、查询及函证、计算、分析性复核等,以获取充分、适当的审计证据"以及"注册会计师应当在实施必要的审计程序后,以经过核实的审计证据为依据,形成审计意见,出具审计报告"的规定。法院对二被告人以出具证明文件重大失实罪定罪处罚是正确的。

综上所述,银川市中级人民法院对被告人董博、李有强、丁功民、阎金岱以提供虚假财务会计报告罪定罪处刑,对被告人刘加荣、徐林文以出具证明文件重大失实罪定罪处刑是完全正确的。

【结　　论】

1. 直接参与制作公司虚假财务会计报告的工作人员属于对提供虚假财会报告罪承担刑事责任的其他直接责任人员。

2. 如果虚开增值税专用发票不是用于骗取国家税款的,不构成虚开增值税专用发票罪。

3. 公司与承担审计职责的会计师事务所或其注册会计师合谋,由公司故意提供虚假的或者隐瞒重要事实的财务会计报告,同时由会计师事务所或其注册会计师出具虚假的审计报告,构成犯罪的,公司成立提供虚假财务报告罪,后者成立故意提供虚假证明文件罪。

4. 提供虚假证明文件罪与出具证明文件重大失实罪的不同之处主要在于主观方面,前者属故意行为,后者属过失行为。

【相关链接】

相关的法律、法规

中华人民共和国刑法

第三十一条 单位犯罪的,对单位判处罚金,并对其直接负责的主管人员和其他直接责任人员判处刑罚。本法分则和其他法律另有规定的,依照规定。

第一百六十一条[1]公司向股东和社会公众提供虚假的或者隐瞒重要事实的财务会计报告,严重损害股东或者其他人利益的,对其直接负责的主管人员和其他直接责任人员,处3年以下有期徒刑或者拘役,并处或者单处2万元以上20万元以下罚金。

第二百零五条 虚开增值税专用发票或者虚开用于骗取出口退税、抵扣税款的其他发票的,处3年以下有期徒刑或者拘役,并处2万以上20万以下的罚金;虚开的数额较大或有其他严重情节的,处3年以上10年以下的有期徒刑,并处5万以上50万以下的罚金;虚开的数额巨大或有其他特别严重情节的,处10年以上有期徒刑或无期徒刑,并处5万以上50万以下的罚金或没收财产。

第二百二十九条 承担资产评估、验资、验证、会计、审计、法律服务等职责的中介组织的人员故意提供虚假证明文件,情节严重的,处5年以下有期徒刑或者拘役,并处罚金。

前款规定的人员,索取他人财物或者非法收受他人财物,犯前款罪的,处5年以上10年以下有期徒刑或者拘役,并处罚金。

第一款规定的人员,严重不负责任,出具的证明文件有重大失实,造成严重后果的,处三年以下有期徒刑或者拘役,并处或者单处罚金。

中华人民共和国刑法修正案(六)(第十届全国人大常委会第二十二次会议2006年6月29日通过)

第五条 将刑法第一百六十一条修改为:"依法负有信息披露义务的公司、企业向

---

[1] 《刑法修正案(六)》对原《刑法》第161条修改前。

股东和社会公众提供虚假的或者隐瞒重要事实的财务会计报告,或者对依法应当披露的其他重要信息不按照规定披露,严重损害股东或者其他人利益,或者有其他严重情节的,对其直接负责的主管人员和其他直接责任人员,处三年以下有期徒刑或者拘役,并处或者单处二万元以上二十万元以下罚金。"

相关的司法解释与指导性意见

最高人民检察院、公安部关于经济犯罪案件追诉标准的规定(2001年4月18日)

五、提供虚假财会报告案(刑法第161条)

公司向股东和社会公众提供虚假的或者隐瞒重要事实的财务会计报告,涉嫌下列情形之一的,应予追诉:

1. 造成股东或者其他人直接经济损失数额在五十万元以上的;
2. 致使股票被取消上市资格或者交易被迫停牌的。

相关的参考案例

马玉和等提供虚假财务会计报告案[北京市第一中级人民法院(1998)一中刑初字第1147号]

载《中国审判案例要览(2000年刑事审判案例卷)》,中国人民大学出版社2002年版,第113—116页。

(郭 健)

7. 国有公司劳务人员"监守自盗",从中收取货款的行为如何定性?
——付玲公司、企业人员受贿罪案[①]

【案情介绍】

被告人付玲,女,1965年9月9日出生,原系齐鲁石化公司胜利炼油厂一油品车间丙烯灌区的操作工,2001年5月21日因本案被捕。

2000年12月至2001年4月间,被告人付玲受山东世纪康有限公司副经理唐行利之托,利用其值班的机会,先后10余次关闭丙烯管道流量计,使其不显示数量,从本单位通过管道私下秘密向世纪康公司输送价值40万元的丙烯100余吨,并按约定每吨1500元的报酬从唐行利处先后收受现金人民币16.8万元。

山东省淄博市临淄区人民检察院以付玲犯贪污罪向淄博市临淄区人民法院提起公诉。山东省淄博市临淄区人民法院经公开审理后认为,被告人付玲身为公司、企业的工作人员,利用职务之便,将本单位的财物(丙烯)私自送与他人,收受他人贿赂,数额巨大,其行为构成公司企业人员受贿罪。被告人付玲是国有公司的操作工,是从事劳务的人员,而不是从事公务的人员,不属于国家工作人员或以国家工作人员论的人员,不符合贪污罪的犯罪主体;且被告人付玲并无占有本单位财物的目的,而是将本单位财物非法送给他人,从而收取他人财物,其客观行为和主观目的均不符合贪污罪的构成要件。对公诉机关指控被告人付玲犯贪污罪的意见,不予支持。依照《中华人民共和国刑法》第163条的规定,于2001年9月11日对被告人付玲以犯公司、企业人员受贿罪判处有期徒刑5年,并没收赃款16.8万元。宣判后,被告人付玲没有提起上诉,人民检察院也未提出抗诉。

【法理分析】

处理本案涉及的主要问题在于:① 公司公务与劳务如何区分? ② 如何区别公司、企业人员受贿罪与受贿罪,公司、企业人员职务侵占罪与贪污罪的界限?

一、关于公司中的公务与劳务的区分问题

无论是发生在公共领域的贿赂犯罪,还是私有部门中的贿赂犯罪,都会污染社

[①] 案例选自《人民法院案例选》总第44辑,人民法院出版社2003年版,第13—17页。

风气,助长社会腐败,所以都应受到法律规制与制裁。在原来的计划经济体制下,企业是整个国家机构中的一部分,不存在非国有制的企业,企业的管理人员属于国家工作人员,享有行政级别,因而当时立法只规定了受贿罪一种犯罪就足以规制一切国家机关、企业、事业单位和其他依照法律从事公务人员索取和收受贿赂的犯罪行为。但是随着改革开放政策的实施,特别是社会主义市场经济体制的建立,非国有性质的公司企业单位如雨后春笋般大量出现,而且在这些单位内部发生的受贿犯罪现象也呈蔓延趋势,为此,我国有关立法机关本能地采用"头痛医头,脚痛医脚"的对策,在1979年《刑法》之后的相应特别刑事立法中对后来出现的新的贿赂犯罪现象进行了特别的规定。1997年修订刑法时沿用吸收了原来的立法规定,对于受贿类犯罪,仍旧采用的是身份立法,针对国家工作人员及其他从事公务的人员索取贿赂或收受贿赂的行为,在分则第八章贪污贿赂罪之中规定了贿赂罪,而针对公司、企业的工作人员索取或收受贿赂的,在分则第三章破坏社会主义市场经济秩序罪的第三节妨害对公司、企业的管理秩序罪之中规定了公司、企业人员受贿罪。2006年6月29日第十届全国人大常委会第22次会议通过的《刑法修正案(六)》第7条为严密刑事法网,又进一步将本罪的主体扩展为"公司、企业或者其他单位的工作人员",为打击公司、企业以外的其他单位的工作人员的商业贿赂行为提供了法律依据。受贿罪和公司、企业及其他单位工作人员受贿罪的犯罪构成在犯罪客观方面和犯罪主观方面基本相同,只是犯罪主体及犯罪客体不同。但由于我国"重典治吏"的传统,刑法立法政策重打击公务人员受贿行为而轻非公务人员受贿行为,这样一来,实际立法就对两罪规定了轻重悬殊的法定刑。即使同是公司、企业的工作人员,对于国有公司、企业中从事公务的人员和国有公司、企业委派到非国有公司、企业从事公务的人员索取或收受贿赂的行为,法律规定的是受贿罪,其他公司、企业的工作人员索取或收受贿赂的则又按公司、企业人员受贿罪处理。司法实践中,极容易混淆二罪之间的界限,把公司、企业工作人员受贿罪认定为受贿罪的情况时有发生。

根据我国《刑法》第93条规定,国家工作人员是指国家机关中从事公务的人员,国有公司、企业、事业单位、人民团体中从事公务的人员和国家机关、国有公司、企业、事业单位委派到非国有公司、企业、事业单位、社会团体从事公务的人员,以及其他依照法律从事公务的人员,以国家工作人员论。也就是说,国家工作人员的本质特征就是依法从事公务,指的就是依法从事公务的人员。那么,什么是公务呢?公务和劳务如何界分呢?公务不同于劳务:① 公务活动具有管理性,它是对单位内部依照法律、法规、规章应当承担和执行的事务,进行组织、领导、监督、监察、办理等具有管理性的活动;② 公务活动具有职权性,它一般都是在一个机关、单位内部从事事务管理的职能部门中,由具有一定职权的工作人员依照法律、法规和规章的有关规定进行的。而劳务活动则是指物质生产和劳动服务活动,其与公务活动有着本质的区别,其中最重要的就是,劳务活动只是从事劳动生产或劳动服务,劳务人员一般无职务和职称,不享有对公共事务的管理权。当然,劳务活动中也不是没有任何管理,公务活动中也不是不存在任何直接经手公共财物的情况。但应当区分基于公共事务的管理与基于劳动服务活动的管理、基于管理职能而经管单位财物的情形与基于生产、经营、服务等工作性质而经管单位财物的不同性质。①

本案中被告人付玲的身份的认定,对于其行为的最终定性具有重要的意义。被告人付玲虽然是在一国有大型企业中工作,但她只是一名输送丙烯的操作工,从事的是直接的劳务活动而非公共事务的管理活动,所以其身份不应以国家工作人员论,只能是公司、企业工作人员。

二、关于公司、企业和其他单位人员受贿罪与受贿罪,职务侵占罪、贪污罪的区别问题

公司、企业和其他单位人员受贿罪与受贿罪、职务侵占罪、贪污罪都属于利用职务型犯罪,因此,法律对其构成要件均规定了"利用职务上的便利"这一要素。除此之外,它们还是有着其他方面各不相同的构成要件,即使都规定有"利用职务上的便利"这一要素,在不同罪名中对该要件的理解也是不一样的。

依据《刑法》第163条规定,公司、企业和其他单位人员受贿罪是指公司、企业和其他单位的工作人员利用职务上的便利,索取他人财物或者非法收受他人财物,为他人谋取利益,数额较大的行为。其侵犯的客体为公司、企业和其他单位的管理活动和职务行为的廉洁性;其客观方面表现为利用职务上的便利,索取他人财物或者非法收受他人财物,为他人谋取利益,数额较大的行为。这里的"利用职务上的便利",是指利用职权,利用本人职务范围内的权力,即利用自己主管、经营或者参与公司、企业某项工作的便利条件。所谓数额较大,立法中没有规定,而是留待司法解释根据社会实际情况进行明确。根据2001年4月最高人民检察院、公安部联合颁布的《关于经济犯罪案件追诉标准的规定》,受贿数额在5 000元以上的,应予追诉。其犯罪主体是公司、企业和其他单位的工作人员,但不包括公司、企业和其他单位中从事公务的人员。其主观方面是故意犯罪,并且行为人以非法占有财物为目的。公司、企业和其他单位人员受贿罪与其他相关犯罪的区别如下:

1. 公司、企业和其他单位人员受贿罪与受贿罪的区别。如前所述,公司、企业和其他单位人员受贿罪与受贿罪的客观方面和主观方面基本一致,二者的区别主要在于犯罪主体与客体上。公司、企业和其他单位人员受贿罪的犯罪构成主体与客体特征已经论述过了,这里不再赘述。而受贿罪的主体则只能是从事公务的人员,指国家机关中从事公务的人员,国有公司、企业、事业单位、人民团体中从事公务的人员和国家机关、国有公司、企业、事业单位委派到非国有公司、企业事业单位、社会团体从事公务的人

---

① 参见高铭暄主编:《刑法专论》(下编),高等教育出版社2002年版,第781—783页。

员,以及其他依照法律从事公务的人员;其犯罪客体是国家工作人员职务行为的廉洁性及党和政府的威信。事实上,公司、企业和其他单位人员受贿罪与受贿罪的客观方面"利用职务上的便利"的内涵与外延也很不相同。对受贿罪而言,所谓"利用职务上的便利",是指由本人的职权和职责而产生的便利条件,它不同于"利用工作的便利",但也并非仅指利用本人职务范围内的权力对他人所谋求利益的制约关系而收受索取贿赂。除了利用本人职务范围内的权力,即自己主管、负责或者承办某项公共事务的职权及其所形成的便利条件之外,还包括国家工作人员不直接利用本人职权,而是利用本人职权或地位形成的便利条件,通过其他国家工作人员职务上的行为为请托人谋取利益的情形。但公司、企业和其他单位人员受贿罪中的"利用职务上的便利"就只能是利用本人职务范围内的权力,而不包括利用本人职权或地位形成的便利条件的情形。

2. 公司、企业和其他单位人员受贿罪与职务侵占罪的区别。职务侵占罪是指公司、企业或者其他单位的人员,利用职务上的便利,将本单位财物非法占为己有,数额较大的行为。职务侵占罪与公司、企业和其他单位人员受贿罪都是特殊主体利用职务上的便利实施的贪利性犯罪,其区别在于:① 犯罪对象不同,公司、企业和其他单位人员受贿罪是索取或收受他人给付的财物;而职务侵占罪的犯罪对象则是本单位的财物。② 犯罪手段不同,公司、企业和其他单位人员受贿罪是一种"交易"行为,是利用本人职务上的便利为他人谋取利益收受贿赂的行为;而职务侵占罪的犯罪手段则表现为侵吞、窃取、骗取本单位财物。

3. 公司、企业和其他单位人员受贿罪与贪污罪的区别。贪污罪是指国家工作人员和受国家机关、国有公司、企业、事业单位、人民团体委托管理、经营国有财产的人员,利用职务上的便利,侵吞、窃取、骗取或者以其他手段非法占有公共财物的行为。贪污罪与公司、企业和其他单位人员受贿罪在犯罪主体,客体、客观方面、主观方面都不相同。贪污罪的客体是国家工作人员职务的廉洁性和公共财产的所有权。贪污罪的主体包括两大类:① 国家工作人员和准国家工作人员;② 受国家机关、国有企业、事业单位、人民团体委托管理、经营国有财产的人员。对于后一类人员的界定范围,理论上和司法实践中存在争议。笔者认为,这一类人员主要是指非国家工作人员通过国有单位的委托方式,从而取得了管理、经营国有财产的权利。

认定行为人属于此类受委托管理、经营国有财产的人员,应当符合下列条件:① 委托单位必须是国有单位;② 被委托人原本不是管理、经营国有财产的国家工作人员;③ 国有单位的委托必须是授权性委托而非民事平等委托合同,必须是明确委托某人一定的职权管理经营国有财产;④ 委托行为要合法,经过合法程序并且委托内容不是进行违法犯罪活动;⑤ 被委托人不具有国家工作人员身份,受委托期间,其与委托单位之间是一种行政隶属关系或监督关系。贪污罪的客观方面表现为行为人利用职务上的便利、侵吞、窃取、骗取或者以其他手段非法占有公共财物的行为。贪污罪的主观方面是直接故意，并且以非法占有为目的。

在审理本案过程中，有一种意见认为，被告人付玲身为国有公司从事公务的人员，利用其负责本单位输送丙烯的职务之便，先后10余次秘密窃取价值40余万元的丙烯100余吨输送给世纪康公司，收取货款16.8万元，其行为构成贪污罪。笔者认为，这种说法是错误的。主要原因在于，被告人付玲不符合贪污罪的主体条件，她只是一名输送丙烯的操作工，从事的是直接的劳务活动而非公共事务的管理活动，所以其身份不应以国家工作人员论，也不属于受国有单位委托管理、经营国有财产的人员，而只能是公司、企业工作人员。被告人付玲在客观上也没有侵吞、窃取、骗取或者以其他手段非法占有公共财物的行为，更无非法占有之目的。

还有一种意见认为，被告人付玲作为公司、企业的工作人员，利用职务之便，"监守自盗"，秘密窃取价值40余万元的丙烯100余吨输送给世纪康公司，收取货款16.8万元，其行为应构成职务侵占罪。这种看法也是不正确的，不符合本案的事实和法律规定。本案中被告人付玲虽然利用自己的职务便利将本单位价值40余万元的100余吨丙烯秘密输送给世纪康公司，并收受世纪康公司送给她的16.8万元人民币，但其目的不是"将本单位的财物非法占为己有"，不是将这些丙烯非法占为己有然后出卖给世纪康公司，她从世纪康公司所得的16.8万元也不是销赃所得的货款，其真实目的是将本单位的丙烯秘密送给世纪康公司，然后从该公司收取好处费，所以其行为不构成职务侵占罪。

本案被告人付玲既不是国家工作人员，也不是受国有单位委托管理、经营国有财产人员，其主观上也无非法占有公共财物的目的，其行为不构成贪污罪。她虽为国有公司、企业的职工，但没有将本单位的财产据为己有，其行为也不构成公司、企业人员职务侵占罪。但被告人付玲身为公司企业工作人员，利用职务上的便利，私自将本单位的财物送给他人，为他人牟取利益，而收受他人贿赂，数额巨大，其行为符合公司、企业和其他单位人员受贿罪的构成要件，所以法院以公司、企业人员受贿罪对其定罪判刑是完全正确的。

【结　论】

国有公司、企业的一般工作人员利用职务之便将本单位财物秘密送给他人，从中收取贿赂的，既不是贪污罪、职务侵占罪，也不构成受贿罪，而构成公司、企业和其他单位人员受贿罪。

【相关链接】

相关的法律、法规
中华人民共和国刑法

第九十三条　本法所称国家工作人员，是指国家机关中从事公务的人员。国有公司、企业、事业单位、人民团体中从事公务的人员和国家机关、国有公司、企业、事业单位委派到非国有公司、企业、事业单位、社会团体从事公务的人员，以及其他依照法律从事公务的人员，以国家工作人员论。

第一百六十三条[①]　公司、企业的工作人员利用职务上的便利，索取他人财物或者非法收受他人财物，为他人谋取利益，数额较大的，处五年以下有期徒刑或者拘役；数额巨大的，处五年以上有期徒刑，可以并处没收财产。

公司、企业的工作人员在经济往来中，违反国家规定，收受各种名义的回扣、手续费，归个人所有的，依照前款的规定处罚。

国有公司、企业中从事公务的人员和国有公司、企业委派到非国有公司、企业从事公务的人员有前两款行为的，依照本法第三百八十五条、第三百八十六条的规定定罪处罚。

第二百七十一条　公司、企业或者其他单位的人员，利用职务上的便利，将本单位的财物非法占为己有，数额较大的，处5年以下有期徒刑或者拘役；数额巨大的，处五年以上有期徒刑，可以并处没收财产。

第三百八十二条　国家工作人员利用职务上的便利，侵吞、窃取、骗取或者以其他手段非法占有公共财物的，是贪污罪。

受国家机关、国有公司、企业、事业单位、人民团体委托管理、经营国有财产的人员，利用职务上的便利，侵吞、窃取、骗取或者以其他手段非法占有国有财物，以贪污论。

与前两款所列人员勾结，伙同贪污的，以共犯论处。

中华人民共和国刑法修正案（六）

七、将第一百六十三条修改为："公司、企业或者其他单位的工作人员利用职务上的便利，索取他人财物或者非法收受他人财物，为他人谋取利益，数额较大的，处五年以下有期徒刑或者拘役；数额巨大的，处五年以上有期徒刑，可以并处没收财产。

公司、企业或者其他单位的工作人员在经济往来中，利用职务上的便利，违反国家规定，收受各种名义的回扣、手续费，归个人所有的，依照前款的规定处罚。"

相关的司法解释与指导性意见
最高人民检察院、公安部关于经济犯罪案件追诉标准的规定（2001年4月18日）

---

① 《刑法修正案（六）》对原《刑法》第163条修改前的条文。

八、公司、企业人员受贿案（刑法第163条）

公司、企业的工作人员利用职务上的便利，索取他人财物或者非法收受他人财物，为他人谋取利益，或者在经济往来中，违反国家规定，收受各种名义的回扣、手续费，归个人所有，数额在五千元以上的，应予追诉。

相关的参考案例

曾林被控公司人员受贿宣告无罪案［湖南省道县人民法院（1998）道刑初字第97号］

载《中国审判案例要览（2000年刑事审判案例卷）》，中国人民大学出版社2002年版，第116—120页。

付建强等商业受贿案［云南省安宁市人民法院（1996）安刑初字第46号］

载《中国审判案例要览（1997年刑事审判案例卷）》，中国人民大学出版社1998年版，第204—207页。

（郭　健）

8. 筹建中的企业工作人员索取、收受贿赂的行为如何定性？
——杨志华企业人员受贿案①

【案情介绍】

1994年至2002年间，被告人杨志华利用担任村党支部书记、村民委员会主任、经济合作社社长职务的便利，在管理本单位生产、经营活动过程中，为他人谋取利益，非法收受人民币计27.35万元。其中于1995年至2002年间，作为村办企业青园大酒店的筹建组负责人，被告人杨志华利用职务便利在建设与转让青园大酒店过程中，非法收受、索要施工单位、材料供应单位、酒店受让单位人民币计26.5万元；1996年至2000年间，南通达忆装饰材料有限公司（达忆公司）经理为感谢被告人将青园村的10余万元资金折借给达忆公司，以及调解达忆公司与青园村村民之间的矛盾，先后五次共计送给杨志华人民币8500元。

江苏省如东县人民检察院以被告人杨志华犯公司、企业人员受贿罪向如东县人民法院提起公诉，如东县人民法院经审理后认为，青园大酒店系经江苏省如东县人民政府批准设立的村办企业，被告人利用担任青园大酒店筹建组负责人的职务便利，在筹建与转让过程中为他人谋取利益，非法收受人民币26.5万元，数额巨大，其行为已构成企业人员受贿罪。而指控杨志华利用担任村基层组织领导职务的便利，在管理村集体事务过程中为达忆公司谋取利益，非法收受该公司人民币共计8500元的行为构成企业人员受贿罪，没有法律依据。依法对被告人杨志华犯企业人员受贿罪，判处有期徒刑3年，并处没收财产人民币5000元；已经追缴的27万3千5百元非法所得，予以没收，上缴国库。

【法理分析】

处理本案涉及的主要问题是：筹建中的公司、企业工作人员利用职务上的便利，为请托人谋取利益，非法收受、索取请托人财物的，能否构成公司、企业人员受贿罪？

村党支部系基层党组织，村民委员会系村民自我管理、自我教育、自我服务的基层群众性自治组织，均不属于公司或者企业；虽然村经济合作社是以本村村民为自然成

---

① 案例选自《刑事审判参考》2004年第6辑，法律出版社2004年版，第1—7页。

员,按照平等互利的原则组成,从事农工商综合经营的集体所有制合作经济组织,但村经济合作社系农村社区性合作经济组织,其本身无自有资金,不进行生产经营活动,不具有公司、企业性质,《中华人民共和国乡村集体所有制企业条例》第2条第2款也明确将农村生产合作社排除在村办企业之外。因此,本案中的被告人杨志华无论是利用担任村党支部书记、村民委员会主任的职务便利,还是经济合作社社长的职务便利,将青园村的10余万元资金拆借给达忆公司,以及协调达忆公司与青园村村民之间的矛盾,因其既不属于利用协助人民政府从事行政管理工作的职务之便,也不属于利用公司、企业工作人员的职务便利,对其收受达忆公司8500元的行为都不能以受贿罪论处。

本案处理过程中的法律适用难点是,被告人杨志华作为青园大酒店筹建组负责人,在建设与转让青园大酒店过程中,接受请托而为施工单位、材料供应单位、大酒店受让方谋取利益,非法收受、索要人民币26.5万元,其行为符合收受贿赂犯罪的客观特征,具有较大的社会危害性。但杨志华在为他人谋取利益时直接利用的职务情况比较复杂,如利用村民委员会主任的职务便利,与青园大酒店的施工、装修单位签订施工、装修合同;利用村办企业青园大酒店筹建组负责人的职务便利,与青园大酒店的材料供应单位签订购销合同;利用村民委员会主任和经济合作社社长的职务便利,与青园大酒店的受让单位签订转让合同,而青园大酒店还处于筹建阶段,村办企业还未正式成立,因此对其是否具有企业人员身份,能否以《刑法》第163条第1款规定的企业人员受贿罪追究被告人杨志华的刑事责任,存在较大分歧。

其辩护人认为,青园大酒店作为村办企业还处于筹建阶段,不属于《刑法》第163条第1款规定的公司、企业;村民委员会系自我管理、自我教育、自我服务的基层群众性自治组织,村经济合作社系农村社区性合作经济组织,其本身无自有资金,不进行生产、经营活动,不具有公司、企业性质,村民委员会和村经济合作社均不属于《刑法》第163条规定的公司、企业,所以被告人杨志华不具有公司、企业工作人员的主体身份,其收受贿赂行为虽不合法,但不构成犯罪。

控方认为,村民委员会等基层组织成员利用职务便利,索取或收受他人财物,为他人谋取利益的行为,严重损害了其职务行为的廉洁性,在人民群众中造成了极为恶劣的影响,具有较大的社会危害性,应当通过刑罚手段进行调整;村党支部书记、村民委员会主任和经济合作社社长具有本村生产经营活动的管理职能,在生产经营活动中利用职务便利,索取或收受他人财物为他人谋取利益的行为,与公司、企业中的工作人员利用职务便利,索取或收受他人财物,为他人谋取利益的行为,在性质上是相同的,应当适用刑法关于公司、企业人员职务犯罪的条款。被告人杨志华受贿所得主要基于其担任村党支部书记、村民委员会主任和经济合作社社长的职务便利,其在本村筹建酒店的项目中收受他人财物,并为他人谋取利益的行为,应当以公司、企业人员受贿罪处理。

还有一种意见认为,对于一人身兼多职的被告人,不能根据其利用职务便利为他人谋取利益时对外表明的身份,认定其是否具有刑法对某一犯罪所特别要求的主体身份,而应当依照其为他人谋取利益时所利用的职务便利是否属于刑法对某一具体犯罪所特别要求的身份职责。《刑法》第163条规定的企业人员应当包括乡村集体所有制企业人员,对于筹建中的公司、企业人员利用职务便利实施收受贿赂犯罪行为的,可适用《刑法》关于公司、企业工作人员受贿犯罪的条款进行处理。被告人杨志华是村办企业青园大酒店的筹建组负责人,虽然其对外签订合同、为请托人谋取利益时,没有全部利用青园大酒店筹建组负责人的身份,但为请托人谋取利益的内容均属于村办企业负责人的职责范畴,因此,对于杨志华在建设及转让青园大酒店过程中,接受请托、为他人谋取利益、非法收受26.5万元的行为,应当以企业人员受贿罪定罪处罚。

笔者基本同意最后一种意见,对于被告人杨志华在担任青园大酒店筹建组负责人期间,利用职务上的便利,在建设及转让村办企业青园大酒店的过程中,为他人谋取利益,非法收受、索要人民币26.5万元的行为,应当以企业人员受贿罪定罪处罚。主要基于以下原因:

1. 《刑法》第163条既没有限定企业的性质,也没有限定企业的存在状态,因此,只要是依法设立的企业,其工作人员利用职务便利实施犯罪活动的,就应当适用刑法关于企业工作人员犯罪的条款。同时,企业的成立需要一个过程,不能将依法设立理解为取得营业执照。本案中的青园大酒店是依照《中华人民共和国乡村集体所有制企业条例》第14条的规定,经掘港镇人民政府审核后,报请如东县人民政府批准成立的村办企业,没有领取《企业法人营业执照》或者《营业执照》,不应影响其村办企业的性质。实践中,筹建中的公司、企业因管理不规范,更容易出现侵占、受贿、挪用等腐败问题,如不将筹建中的公司、企业认定为刑法意义上的公司、企业,会放纵大量的此类犯罪行为。被告人杨志华作为村办企业青园大酒店筹建组的负责人,实际履行了青园大酒店的经营管理权,应当认定为企业工作人员。对于其利用职务上的便利实施犯罪行为的,应当适用刑法上关于企业人员犯罪的条款进行处理。

2. 被告人杨志华非法收受、索要他人财物26.5万元,与其在村办企业的筹建、转让方面为他人谋取的利益有直接的因果关系和对价性。虽然签订青园大酒店的施工、转让协议大多不是以村办企业负责人的名义,而是以村委会主任或经济合作社社长的名义,但协议的内容均属于村办企业负责人的职责范畴,同时,这种做法是村办企业管理体制的不规范,以及杨志华同时兼任青园村村委会主任、经济合作社社长、青园大酒店筹建组负责人的结果,不应影响杨志华作为村办企业负责人的认定。

【结　　论】

村办企业负责人在建设及转让村办企业的过程中,利用职务上的便利,为他人谋取利益,非法收受、索要巨额贿赂的行为,构成企业人员受贿罪。

【相关链接】

相关的法律、法规
中华人民共和国刑法第一百六十三条①(参见本书第 48 页)
中华人民共和国刑法修正案(六)第七条(参见本书第 48 页)

相关的司法解释与指导性意见
最高人民检察院、公安部关于经济犯罪案件追诉标准的规定(2001 年 4 月 18 日)第八条(参加本书第 48—49 页)

(郭　健)

---

① 《刑法修正案(六)》对原《刑法》第 163 条修改前的条文。

9. 企业内部清算期间擅自处置公司库存资产的行为如何定性？
——沈卫国等挪用资金、妨害清算案[①]

【案情介绍】

上海中山建设实业发展总公司（以下简称中山公司）是上海长宁区建设委员会管辖下的一个国有公司，上海和城实业有限公司（以下简称和城公司）系长宁区市政建设开发总公司的子公司，被告人沈卫国、徐金华、王瑞涛分别是和城公司聘用的五金分公司经理与管理人员，沈卫国承包经营五金公司的期限到1997年10月到期。1997年9月底，长宁区建委宣布由中山公司接管市政公司及其下属管理的企业，包括和城公司。中山公司决定对市政公司下属的全部三产企业进行自我清理和整顿，并于1998年4月成立清算小组负责和城公司的日常工作，五金分公司可继续经营，但其1万元以上的货款支付必须经清算小组同意，并收缴五金分公司的支票印鉴章。

1998年3月，三被告人为办理私营公司富劳公司注册登记，让王瑞涛伪造一份关于五金分公司现库存货物（价值113万元）归该3人所有的书面证明，连同分公司的10万元资金一并转入通过审计验资，同年4月底富劳公司注册成立，5月上旬用于验资的10万元归还分公司。

1998年7月份，中山公司决定关闭五金分公司，沈卫国3人向清算小组提出买断五金分公司要求，清算小组答应可以考虑。后来沈卫国等人以落实劳动关系和对中山公司要求其支付承包费47万余元的数额有异议为由，一方面与清算小组进行交涉，另一方面设立富劳公司第二门市部，将五金分公司的大部分库存物资转移隐匿到该门市部仓库内，并对转移的部分商品作退货处理，部分与供货单位重新签订销售合同。清算小组得知上述情况后，于10月9日书面通知沈卫国在7日之内移交五金公司全部资产及账册。10月13日再次当面通知沈卫国、徐金华移交决定，而3名被告人将账册全部转移，并成立富劳公司第三门市部，并将分公司剩余的库存物资全部搬空，直至案发。

上海市长宁区人民检察院以被告人沈卫国、徐金华、王瑞涛犯贪污罪、挪用公款罪向上海市长宁区人民法院提起公诉。长宁区人民法院经公开审理后认为，被告人沈卫

---

① 案例选自《刑事审判参考》总第35辑，法律出版社2004年版，第16—26页。

国、徐金华、王瑞涛系和城公司聘用人员,利用经营五金分公司的职务便利,挪用资金人民币10万元进行私营企业的验资活动,属于挪用资金归个人使用,虽未超过3个月但数额较大,并从事营利活动,构成挪用资金罪。被告人沈卫国、徐金华、王瑞涛作为五金分公司直接负责的主管人员和直接责任人员,在明知清算小组已经进驻和城公司依法对分公司进行清算的情况下,为谋取私利,未经清算小组的许可,在五金分公司未清偿债务前,隐匿财产,并擅自处分五金分公司资产,妨害清算程序的正常进行,严重损害了债权人和其他人利益,其行为构成妨害清算罪,应依法数罪并罚。一审宣判后,被告人徐金华、王瑞涛以和城公司不存在对方公司的破产清算、被告人隐匿财产,其转移的库存物资为代销产品,系债权债务的共同转移,没给债权人严重损失为由提出上诉。二审法院上海市第一中级人民法院审理后认为,中山公司在接管市政公司及其下属管理的企业之后,对所属企业进行内部调整和清理,派遣清算小组进驻和城公司进行清理整顿,决定关闭、清算和城公司下属分公司等行为,属于企业内部的资产调整,合法有据,虽然和城公司没有进入破产程序,但法律规定公司、企业的关闭、合并或破产均可以进行清算,除有破产清算的程序之外,还有非破产清算程序。三被告人在清算小组依法对分公司清算,要求其移交分公司财产、账册的情况下,仍有意隐匿公司的财会账册,擅自处置公司的财产,将库存物资转移,作退货处理或进行债权债务转移,其行为客观上妨害了清算程序的正常进行。但认定三被告人在清算期间转移财产等行为造成了和城公司巨额财产损失及严重损害债权人或其他人的利益的证据不足,故其行为不构成妨害清算罪,但其利用经营管理上海和城实业有限公司五金分公司的职务之便,擅自将分公司的人民币10万元挪用于私人开办公司验资,其行为构成挪用资金罪,应予维持。上海市第一中级人民法院依法判处:

1. 沈卫国挪用资金罪,有期徒刑6个月;犯妨害清算罪有期徒刑3年,并处罚金人民币4万元,决定执行有期徒刑3年,并处罚金人民币4万元。

2. 被告人徐金华犯挪用资金罪,有期徒刑1年;犯妨害清算罪有期徒刑2年,并处罚金人民币3万元,决定执行有期徒刑2年6个月,并处罚金人民币3万元。

3. 被告人王瑞涛犯挪用资金罪,有期徒刑6个月;犯妨害清算罪有期徒刑2年,并处罚金人民币3万元,决定执行有期徒刑2年,并处罚金人民币3万元。

【法理分析】

处理本案主要涉及的问题是:在企业内部清算期间处理转移库存物资的行为是否构成妨害清算罪?

根据《刑法》第162条规定,所谓妨害清算罪,是指公司、企业进行清算时,隐匿财产,对资产负债表或者财产清单作虚假记载,或者在未清偿债务前分配公司、企业财产,严重损害债权人或者其他人利益的行为。妨害清算罪的主体是特殊主体,作为纯正的单位犯罪,自然人不能构成本罪,但是本罪实行单罚制,只处罚对其直接负责的主管人员和其他直接责任人员,不处罚单位。那么,在本案中,沈卫国等三位被告人所在的五金分公司是和城公司下属的一个分支机构,不具有法人资格,能否构成单位犯罪的主体呢?由于我国刑法规定的是单位犯罪,而非法人犯罪,对于以单位的分支机构、内设机构、部门名义实施的犯罪,违法所得亦归分支机构或者内设机构、部门所有的,应认定为单位犯罪。这一点在2001年最高人民法院《全国法院审理金融犯罪案件工作座谈会纪要》中有明确规定。也就是说,单位犯罪的主体不以具有法人资格为要件,公司的分支机构照样可以实施单位犯罪。本案中沈卫国等人作为和城公司五金分公司的经理与管理人员,在上级公司决定对分公司进行清理、关闭期间,未经清理小组同意,擅自以分公司名义处理、转移分公司的库存物资,拒绝移交分公司的账簿的行为,完全可以认定为单位行为。易言之,沈卫国等三人的行为是以分公司名义实施的,代表的是分公司的意志,其行为应认定为单位行为。

妨害清算罪的客观行为要求是公司、企业进行清算时,隐匿财产,对资产负债表或者财产清单作虚假记载,或者在未清偿债务前分配公司、企业财产,严重损害债权人或者其他人利益的行为。本罪的行为有三个方面的内容:

1. 行为时间限在清算时,一般指清算已经开始且尚未结束,但不宜机械理解清算时间,只要是行为人因为与清算有关的理由处理财产的行为,都可以认为是清算时。这里还需要特别申明,我国法定的清算只有三种,包括普通清算、以行政程序进行的清算和破产清算,前两种也称为非破产清算,无论何种清算均具有法定的解散关闭事由。就本案而言,不得将中山公司接管清理和城公司的行为当然地认定为清算行为:① 对于和城公司的清理活动,系主管机构的变更,目的在于接管的顺利进行,不涉及和城公司的解散终止问题,本案所涉公司不存在清算的法定事由;② 五金分公司只是和城公司的一个内设分支机构,其关闭与开设,仅属于公司内部的机构调整问题,不发生清算行为;③ 清算的目的在于了结公司、企业的债权债务关系,使公司企业归于消灭,中山公司清算小组进驻和城公司的目的意在摸底整顿,而非终结公司,其清算行为对内不对外,不属于我国法定意义上的清算行为。

2. 具有法定的妨害清算的行为,具体包括的行为方式有:隐匿财产、对资产负债表或者财产清单作虚假记载、未清偿公司、企业债务前分配公司、企业财产。

3. 结果的严重性。妨害清算行为均要求具有严重损害债权人或者其他人利益的性质,否则,就不属于妨害清算罪行为。而本案中,三被告人在清算小组进驻和城公司,对分公司进行限制经营及至作出关闭决定期间,擅自处置分公司财产,将分公司的物资以退货等形式转移至他公司,因属债权债务共同转移,公司并未因之受到财产损失,债权人及其他利害关系人的利益亦未因之受到损害,明显不属于隐匿、分配公司财产行为;三被告人故意隐匿分公司的财会账册拒不交出的行为,与在依据法律规定应由清算组编制的资产负债表或者财产清单上作虚假记载完全不同,且其故意隐匿分公司的财会账册拒不交出的行为也没有对公司财产造成实质损害,故三被告人的行为虽在一定程度上对公司内部清算造成障碍,但不属于刑法规定的妨害清算行为。也就是说,三被告人并不存在妨害清算的转移、隐匿、私分财产的行为。

总之,虽然二审法院判决沈卫国等三位被告人不构成妨害清算罪的结论是正确的,但我们不完全赞同其判决理由。

本案一审启动是基于上海市长宁区人民检察院以被告人沈卫国、徐金华、王瑞涛犯贪污罪、挪用公款罪向上海市长宁区人民法院提起公诉,那么三位被告人是否具有贪污罪、挪用公款罪的主体身份呢?贪污罪、挪用公款罪是《刑法》第八章贪污贿赂犯罪中规定的两个公职罪名,根据《刑法》第382条关于贪污罪的规定,贪污罪的主体包括两大类,即国家工作人员和受国家机关、国有公司、企业、事业单位、人民团体委托管理经营国有财产的人员,而《刑法》第384条关于挪用公款罪的规定,挪用公款罪的主体仅指国家工作人员,也就是说该两罪的犯罪主体范围并不一致,为叙述方便,我们先分析本案三位被告人是否符合国家工作人员身份?根据《刑法》第93条规定,国家工作人员是指国家机关中从事公务的人员,国有公司、企业、事业单位、人民团体中从事公务的人员和国家机关、国有公司、企业、事业单位委派到非国有公司、企业、事业单位、社会团体从事公务的人员,以及其他依照法律从事公务的人员,以国家工作人员论。而本案中的三位被告人虽在国有公司长宁区市政建设开发总公司的子公司和城公司工作,为和城公司的五金分公司的经理与管理人员,但是,三人均为和城公司的聘用人员,不具有国家工作人员身份。因此,沈卫国等三位被告人不具备挪用公款罪的主体身份。而如前所述,贪污罪的主体除了国家工作人员之外,还有受国家机关、国有公司、企业、事业单位、人民团体委托管理经营国有财产的人员,而沈卫国等人虽为和城公司的受聘人员,但作为和城公司五金分公司的经理与管理人员,应当属于受委托管理经营人员。因为三人不存在利用职务便利,侵吞、窃取、骗取或者以其他手段非法占有公共财物的行为,所以不构成贪污罪。

根据《刑法》第272条规定,所谓挪用资金罪,是指公司、企业或者其他单位的工作人员,利用职务上的便利,挪用本单位的资金归个人使用或借贷给他人,数额较大、超过3个月未还的,或者虽未超过3个月,但数额较大、进行营利活动的,或者进行非法活动的行为。2000年6月最高人民法院《关于如何理解刑法第二百七十二条规定的"挪用本单位资金归个人使用或者借贷给他人"问题的批复》指出,"公司、企业或者其他单位的非国家工作人员,利用职务上的便利,挪用本单位资金归本人或者其他自然人使用,或者挪用人以个人名义将所挪用的资金借给其他自然人和单位,构成犯罪的,应当依照刑法第二百七十二条第一款的规定定罪处罚。"挪用的本意是擅自改变既定用途而使用。本案中,三被告人作为和城公司的聘用人员,利用经营管理五金公司的职务之便,挪用资金人民币 10 万元进行私有企业的注册验资活动,当然属于擅自改变资金既定用途的挪用资金归个人使用行为。而《刑法》第 272 条规定,挪用本单位资金归个人使用的行为并非都构成挪用资金罪,只有具备下述三种情形之一的,才构成本罪:①挪用本单位资金进行非法活动的;②挪用本单位资金,数额较大,进行营利活动的;③挪用本单位资金数额较大,超过 3 个月未还的。本案三被告人挪用 10 万元用于注册私人公司验资的行为,虽然没有超过 3 个月,但完全符合第二种情节,即挪用资金数额较大,进行营利活动的情节。因为所谓营利活动,就是指挪用本单位资金进行经营或者其他谋取利润的活动,三被告人挪用 10 万元用于设立所以公司的注册验资,目的即是进行经营谋取利润。所以一审和二审法院均判决沈卫国等三位被告人构成挪用资金罪是完全正确的。

【结　　论】

对公司内部清算造成障碍的行为,不属于刑法规定的妨害清算行为,不构成妨害清算罪。

【相关链接】

相关的法律、法规

中华人民共和国刑法

第九十三条　本法所称国家工作人员,是指国家机关中从事公务的人员。国有公司、企业、事业单位、人民团体中从事公务的人员和国家机关、国有公司、企业、事业单位委派到非国有公司、企业、事业单位、社会团体从事公务的人员,以及其他依照法律从事公务的人员,以国家工作人员论。

第一百六十二条　公司、企业进行清算时,隐匿财产,对资产负债表或者财产清单作虚假记载,或者在未清偿债务前分配公司、企业财产,严重损害债权人或者其他人利益的,对其直接负责的主管人员和其他直接责任人员,处五年以下有期徒刑或者拘役,并处或者单处二万元以上二十万元以下罚金。

第二百七十二条　公司、企业或者其他单位的工作人员,利用职务上的便利,挪用本单位的资金归个人使用或借贷给他人,数额较大、超过三个月未还的,或者虽未超过三个月,但数额较大、进行营利活动的,或者进行非法活动的,处三年以下有期徒刑或者拘役;挪用本单位资金数额巨大的,或者数额较大不退还的,处三年以上十年以下有期徒刑。

第三百八十二条　国家工作人员利用职务上的便利,侵吞、窃取、骗取或者以其他手段非法占有公共财物的,是贪污罪。

受国家机关、国有公司、企业、事业单位、人民团体委托管理、经营国有财产的人员,利用职务上的便利,侵吞、窃取、骗取或者以其他手段非法占有国有财物的,以贪污论。

与前两款所列人员勾结,伙同贪污的,以共犯论处。

第三百八十四条　国家工作人员利用职务上的便利,挪用公款归个人使用,进行非法活动,或者挪用公款数额较大、进行营利活动,或者挪用公款数额较大、超过三个月未还的是挪用公款罪,处五年以下有期徒刑或者拘役;情节严重的,处五年以上有期徒刑。挪用公款数额巨大不退还的,除十年以上有期徒刑或者无期徒刑。

全国人大常委会关于《中华人民共和国刑法》第三百八十四条第一款的解释(2002年4月28日)

有下列情形之一的,属于挪用公款"归个人使用":

(一) 将公款供本人、亲友或者其他自然人使用的;

(二) 以个人名义将公款供其他单位使用的;

(三) 个人决定以单位名义将公款供其他单位使用,谋取个人利益的。

相关的司法解释与指导性意见

最高人民检察院、公安部关于经济犯罪案件追诉标准的规定(2001年4月18日发布)

六、妨害清算案(刑法第162条)

公司、企业进行清算时,隐匿财产,对资产负债表或者财产清单作虚假记载或者在未清偿债务前分配公司、企业财产,造成债权人或者其他人直接经济损失数额在十万元以上的,应予追诉。

七十六、挪用资金案(刑法第272条第1款)

公司、企业或者其他单位的工作人员,利用职务上的便利,挪用本单位资金归个人使用或者借贷给他人,涉嫌下列情形之一的,应予追诉:

1. 挪用本单位资金数额在一万元至三万元以上,超过三个月未还的;
2. 挪用本单位资金数额在一万元至三万元以上,进行营利活动的;
3. 挪用本单位资金数额在五千元至二万元以上,进行非法活动的。

(郭　健)

10. 销售汽车时收受的对价为伪造的汇票之行为如何定性？
——陈国强签订、履行合同失职被骗案[①]

【案情介绍】

被告人陈国强，原系江苏通运集团江阳汽车厂销售公司一科科长。

被告人于1997年4月受该厂指派，到山东聊城去谈生意。在既未到工商部门审查对方单位的主体资格，也未到有关部门咨询其资信情况的情况下，便草率地与自称是聊城光大物资机电公司经理王长胜签订了购销2辆汽车的合同。之后，被告人陈国强根据签订的合同，将本单位生产的JQ4100型汽车2辆（总价值人民币29万元）送到山东聊城，对方给付其一张面值为人民币35.6万元的汇票。被告人陈国强在未鉴别汇票真伪的情况下，即将车辆和8000元人民币回扣交付给王长胜。此后经确认，该张面值为人民币35.6万元的汇票系假汇票，王长胜是用虚假身份证租赁山东聊城市东方汽车贸易中心的两间房后，又以虚构的山东省聊城光大物资机电公司与陈国强洽谈的购车业务。现王长胜在逃，车辆一直未能追回，致使江苏通运集团江阳汽车厂遭受严重损失。

江苏省扬州市广陵区人民检察院以签订、履行合同失职被骗罪向江苏省扬州市广陵区人民法院提起诉讼，江苏省扬州市广陵区人民法院经公开审理后，依法以签订、履行合同失职被骗罪对被告人陈国强判处有期徒刑1年，缓刑1年。

【法理分析】

处理本案涉及主要问题在于：① 受本单位指派前往洽谈签订合同，是否属于直接负责的主管人员？② 在订立合同的过程中履行了一般的注意义务，是否属于严重不负责任？③ 在诈骗罪尚未判决的前提下，能否认定作为其对向犯的签订、履行合同失职被骗罪？

签订、履行合同失职被骗罪是随着我国改革开放的不断深入，政企分开后，从1979年刑法中的玩忽职守罪中分离出来的一个罪名，旨在保护国有公司、企业、事业单位不

[①] 江苏省扬州市广陵区人民法院(1999)广刑初字第49号。案例选自《中国审判案例要览(2000年刑事审判案例卷)》，中国人民大学出版社2002年版，第124—128页。

受其从业人员亵渎职务而损害国家的利益。就本案而言,结合《刑法》第167条的规定,签订、履行合同失职被骗罪是指国有公司、企业、事业单位直接负责的主管人员,在签订、履行合同的过程中,因严重不负责任而被骗,致使国家利益遭受重大损害的行为。被告人陈国强所在单位江苏通运集团江阳汽车厂系全民所有制企业,即国有企业,其取回的汇票经确认是伪造的,江苏通运集团江阳汽车厂因此确实也遭受了损失。那么认定被告人陈国强是否构成签订、履行合同失职被骗罪的重点在于其本人是否属于直接负责的主管人员,单位遭受的诈骗损失是否归因于其严重的不负责任行为?

根据法律规定,构成该罪的主体是特殊主体,即必须是企业的直接负责的主管人员,而被告人陈国强的辩护人认为,陈国强仅是江阳汽车厂销售部下属一名具体办事人员,即业务员,被告人陈国强不符合本案所涉罪名的主体资格,不具有主管人员的特定身份。笔者认为,这一辩护是不正确的。所谓主管人员,一般是指对签订、履行合同起领导、决策、指挥作用的单位负责人,如公司总经理、部门经理、业务部门主管人员等,虽然一般业务人员只是受单位委派代表单位签订、履行合同的,不构成签订、履行合同失职被骗罪。但本案中,被告人陈国强是销售科科长,主要负责山东的销售业务,1997年4月受单位委托到山东聊城与需方客户洽谈销售汽车业务。在这次受诈骗的合同的签订与履行过程中,陈国强本人起的作用就是直接的领导、决策与指挥作用。辩护人偷换概念,认为该罪的主体是对企业直接负责的主管人员显然是错误的,按其逻辑,由于被告人陈国强失职被骗的法律后果应当由对该合同的签订与履行不负直接责任、但对企业直接负责的其他人(比如厂长)来承担,这不符合罪责自负原理。况且,现实生活中,签订、履行合同的往往并不是主管领导,客观上主管领导也不可能去办理具体的业务活动,而绝大部分是所属的部门领导,甚至是具体的工作人员,如供销员等。他们受厂领导委托、授权,有权决定经济活动的成功与否,如果这部分人在经济活动中渎职、失职,给国家造成了重大损失,因其不是直接负责的主管人员而不予追究,显然不符合立法的本意。法律规定的"直接负责的主管人员"是指对签订、履行合同起领导、决策、指挥作用的主管负责人,既包括主管领导,也包括直接从事签订、履行合同的工作人员。总之,被告人陈国强就是这次签订、履行合同被诈骗的直接负责主管人员。

签订、履行合同失职被骗罪在客观方面表现为行为人在签订、履行合同的过程中,因严重不负责任而被诈骗致使国家利益遭受重大损失。本案中,被告人陈国强在签订合同时,既未到工商部门审查对方单位的主体资格,也未到有关部门咨询其资信情况,即草率地签订了购销2辆汽车的合同,按合同将本单位生产的JQ4100型汽车2辆(总价值人民币29万元)交付对方,并未经真伪鉴别,即接收对方给付的一张面值为人民币35.6万元的伪造汇票,还另交付给对方8 000元人民币的回扣。虽然陈国强在订立合同过程中,履行了一般注意的义务,查看了营业执照,查验了汇票,但这只能证明其没有正确履行,或者没有完全履行其应尽的职务责任,其对对方仍然疏于审查,而遭受诈骗。其不负责任的行为致使江苏通运集团江阳汽车厂遭受严重损失,其行为与此损失之间存在着直接的因果关系。

签订、履行合同失职被骗罪与合同诈骗罪是一种对合犯,两者表现为一种无此便无彼,无彼便无此的密切关系,互为对方成立犯罪的前提。也就是说,构成签订、履行合同失职被骗罪,须有被诈骗的事实,没有被诈骗,也就不能构成该罪。刑法要求对方构成诈骗犯罪这一前提要件,意在区别于经济合同纠纷中的欺诈行为。构成犯罪也是一种程序意义上的概念,只要有证据证明对方无履约诚意和履约能力,具有诈骗犯罪嫌疑,即可推定其实施了诈骗犯罪。至于犯罪嫌疑人是否被抓获,是否已经被定罪判刑,则不影响本罪的认定。本案中,合同的需方当事人王长胜在与被告人陈国强签订、履行合同过程中,利用虚假的身份签订合同,利用伪造的汇票进行交易,骗取货车后即逃跑,给国有企业造成无法挽回的损失,足见其具有非法占有公共财物的主观动机和目的,犯罪故意明显,其行为应认为已符合合同诈骗犯罪的构成要件。王长胜作为犯罪嫌疑人,依法应追捕归案处罚。至于其是否被抓获,是否已被定罪判刑,不影响本罪的成立。

综合上述,江苏省扬州市广陵区人民法院对陈国强以签订、履行合同失职被骗罪定罪处刑是正确的。

【结　　论】

受本单位指派前往洽谈签订合同,销售两辆汽车但收受的对价为伪造的汇票,致使国家利益遭受重大损失的行为,构成签订、履行合同失职被骗罪。

【相关链接】

相关的法律、法规
中华人民共和国刑法

第一百六十七条　国有公司、企业、事业单位直接负责的主管人员,在签订、履行合同过程中,因严重不负责任被诈骗,致使国家利益遭受重大损失的,处三年以下有期徒刑或者拘役;致使国家利益遭受特别重大损失的,处三年以上七年以下有期徒刑。

全国人大常委会关于惩治骗购外汇、逃汇和非法买卖外汇犯罪的决定(1998年12月29日)

七、金融机构、从事对外贸易经营活动的公司、企业的工作人员严重不负责任,造成大量外汇被骗购或者逃汇,致使国家利益遭受重大损失的,依照刑法第一百六十七条的规定定罪处罚。

相关的司法解释与指导性意见

最高人民检察院、公安部关于经济犯罪案件追诉标准的规定(2001年4月18日)

十二、国有公司、企业、事业单位直接负责的主管人员,在签订、履行合同过程中,因严重不负责任被诈骗,造成国家直接经济损失数额在五十万元以上的,或者直接经济损失占注册资本百分之三十以上的,应予追诉。

金融机构、从事对外贸易经营活动的公司、企业的工作人员,严重不负责任,造成国家外汇被骗购或者逃汇,数额在一百万美元以上的,应予追诉。"

(郭 健)

11. 合资公司营业部副部长以家人名义成立公司并销售任职公司产品的行为如何定性？
——杨文康非法经营同类营业案①

【案情介绍】

　　嘉陵—本田发动机有限公司系中国嘉陵工业股份有限公司（国有公司）与日本本田株式会社等额出资组建的合资公司。2000年4月，被告人杨文康被该公司董事会聘任为营业部副部长，主管销售零件和售后服务。2000年7月，杨文康拟增加重庆一坪高级润滑油公司生产的SC15-40型机油为指定用油予以销售。2000年8月8日，杨以其母赖发英为法定代表人，其妻谭继兵、岳母刘学梅和李从兵为股东注册成立重庆嘉本物资销售公司。随后，杨文康指示其下属黎海以嘉陵—本田发动机有限公司营业部的名义，委托嘉本物资销售公司在销售网络中销售重庆一坪高级润滑油公司生产的SC15-40型机油给客户。黎海给一坪高级润滑油公司出具嘉陵—本田发动机有限公司授权委托书，要求在包装上印刷"嘉陵—本田指定产品"标识，同年9月18日，杨以嘉陵—本田发动机有限公司营业部的名义，在销售网络中发出"我公司现推出金装版新型嘉陵—本田纯正机油"的通知，要求用户大力推广，并指定汇款直接汇入嘉本物资公司账户。9月至11月，嘉本物资销售公司共向嘉陵—本田发动机有限公司的用户销售重庆一坪高级润滑油公司生产的SC15-40型机油1684件，销售金额385 805.13元，获利115 023.18元，直至案发。

　　重庆市沙坪坝区人民检察院以被告人杨文康犯非法经营同类营业罪向重庆市沙坪坝区人民法院提起公诉，重庆市沙坪坝区人民法院经审理后以被告人所任职公司嘉陵—本田发动机有限公司不属国有公司，其所担任的职务不属国有公司董事、经理为由，判决被告人杨文康无罪。

【法理分析】

　　处理本案涉及的主要问题在于：① 如何理解非法经营同类营业罪中的主体要件？② 非法经营同类营业罪与为亲友非法牟利罪的区别是什么？
　　根据《刑法》第165条的规定，非法经营同类营业罪是指国有公司、企业的董事、经

---

① 案例选自《刑事审判参考》2002年第4辑，法律出版社2002年版，第1—6页。

理利用职务便利,自己经营或者为他人经营与其所任职公司、企业同类的营业,获取非法利益,数额较大的行为。本罪的主体是特殊主体,即国有公司、企业的董事和经理。因为国有公司的董事、经理应维护本公司、企业的利益,遵守公司章程,忠实、勤勉地履行职务,不得利用其在公司的地位、职权为自己谋取利益,因此,公司法对国有公司、企业的董事经理作了竞业禁止性规定。对于国有公司、企业的界定,司法实践中存在争议较多,特别是对国家参股、含有其他经济成分的公司、企业能否认定为国有性质,存在控股说、肯定说、否定说等不同的观点。笔者认为,参照国家统计局、国家工商行政管理局《关于划分企业登记注册类型的规定》的精神,所谓国有公司、企业,是指国家独资的公司、企业,即由单一的国家投资机构或部门组建的国有独资公司、企业,以及由两个以上的代行国家所有权的单位联合组建的有限责任公司、股份有限公司和其他企业,不包括国家参股的混合制公司或企业,即使是由国有资本绝对控股,也不能因此改变财产混合所有制的性质。[①] 董事,是指董事会的成员和未设董事会的有限责任公司的执行董事。由于公司董事由股东会议选举产生,或者由国家授权投资的机构与部门按照董事会的任期委派或者更换,也就是说,董事必须履行一定的法律手续,实践中对董事的认定比较容易。但由于实践中对于经理称谓的口语化,常常称呼一个部门、一个项目、一项业务的管理人员为经理,但由于这类管理人员的经营、管理权力有限,公司法并未对其规定竞业禁止义务。经理是指公司中负责日常经营管理的人员和非公司的实行厂长负责制的国有企业的厂长或经理,非法经营同类营业罪作为法定犯,其主体范围不应随意扩大解释,国有公司、企业的副经理或副厂长以及其他中层部门经理人员等均不具有本罪的主体资格。[②] 本案中的被告人杨文康是公司董事会聘任的主管销售零件和售后服务的营业部副部长,暂且不论嘉陵—本田发动机有限公司的企业性质,被告人也不属于公司、企业的董事、经理。

如前所述,对于国有公司、企业的界定,司法实践中存在争议较多,特别是对国家参股、含有其他经济成分的公司、企业能否认定为国有性质,存在肯定说、否定说、控股说等不同的观点。其中的控股说看似很有说服力,该说认为,虽然 1997 年刑法修订时所规定的国有公司、企业是指依照公司法和企业法人登记管理条例成立的、财产完全属于国家所有的企业,但是,随着我国国有公司、企业的改制、改革,那种纯粹国有性质的公司、企业会逐渐减少,而代之以国有资本控股、参股的股份有限公司,如果将刑法意义上的国有公司企业仍旧仅仅局限于财产完全属于国家所有的公司、企业,必然导致像中国银行、中国建设银行、首钢等这样的国有控股公司、企业不能被认定为国有公司、企业。对这类国有资本绝对控股的公司中的工作人员,由于严重不负责任或者滥

---

① 王作富:《刑法分则实务研究》(上),中国方正出版社 2003 年版,第 436 页。
② 高铭暄、马克昌主编:《中国刑法解释》,中国社会科学出版社 2005 年版,第 1202 页。

用职权,给国家利益造成特别重大损失的,便不能依照刑法的有关规定追究其刑事责任,这肯定不符合立法本意。因此应当根据我国国有公司改革、改制的具体情况,对刑法意义上的国有公司、企业作出合乎实际的认定。在现阶段,国家对国有公司、企业和国有控股、参股公司、企业中的国有资产的监督管理,统一执行的是《企业国有资产监督管理暂行条例》和《企业国有资产产权登记管理办法》。因此,刑法意义上的国有公司、企业,应当包括国有企业、国有独资公司、国有控股、参股的公司、企业。但是,笔者认为,在混合制公司、企业内,无论国有资产占多大的比例,都存在非国有经济成分,否则就不称其为混合制,因而都不是真正意义上的国有公司、企业,如果硬视为国有性质,则完全否认了其他经济成分所有权的存在。而牵强地将国有资本参股的公司、企业称为刑法意义上的国有公司、企业;意与民法意义上的国有公司、企业相区别,人为地破坏了法律术语的一致性与严肃性,实不足取。笔者认为,国家参股的混合制公司、企业都不能划入国有公司、企业范畴,所谓国有公司、企业仅指由单一国家投资机构或部门组建的国有独资公司、企业,以及由两个以上的代行国家所有权的单位联合组建的有限责任公司、股份有限公司和其他企业。[①] 至于控股说论者所针对的国家参股公司、企业工作人员的违法犯罪案件,最高人民法院法释[2005]10号文件《关于如何认定国有控股、参股股份有限公司中的国有公司企业人员的解释》已作出应对,将国有公司、企业委派的国有控股、参股公司从事公务的人员,以国有公司、企业人员论。

就本案而言,嘉陵—本田发动机有限公司系由中国嘉陵工业股份有限公司(国有公司)与日本本田株式会社等额出资组建的、各占50%股份的合资公司,其性质为中外合资经营公司,而不是国有公司。

根据《刑法》第165条、第166条规定,非法经营同类营业罪是指国有公司、企业的董事、经理利用职务上的便利,自己经营或为他人经营与其所任职公司、企业同类的营业,获取巨大非法利益的行为。而为亲友非法牟利是指国有公司、企业、事业单位的工作人员,利用职务便利,将本单位的盈利业务交由自己的亲友进行经营的;以明显高于市场的价格向自己的亲友经营管理的单位采购商品或以明显低于市场的价格向自己的亲友经营管理的单位销售商品的;向自己的亲友经营管理的单位采购不合格商品的,使国家利益遭受重大损失的行为。两罪的主体都包括国有公司、企业的董事、经理,且都是利用职务之便,因而有相似之处,但两罪有以下区别:① 两者的客体不同。两罪显然都侵害了公司、企业人员的忠诚义务,但非法经营同类营业罪的客体主要是竞业禁止义务;而为亲友非法牟利罪侵害的客体是国有公司、企业、事业单位的财产权利和国家经济利益以及正常的竞争秩序。② 两者在客观方面不同。非法经营同类营业罪在客观方面表现为利用职务之便,自己经营或者为他人经营与其所任职公司、企

---

① 王作富:《刑法分则实务研究》(上),中国方正出版社2003年版,第436页。

业同类的营业,获取非法利益,数额巨大的行为;而为亲友非法牟利罪则表现为利用职务上的便利,将本单位的盈利业务交由自己的亲友进行经营,或者以明显高于市场的价格向自己的亲友经营管理的单位采购商品或者以明显低于市场的价格向自己亲友经营管理的单位销售商品的,或者向自己的亲友经营管理的单位采购不合格商品的,使国家利益遭受重大损失的行为。③ 两者的主体不同。虽然两罪的主体都是特殊主体,但非法经营同类营业罪的主体只能是公司、企业的董事、经理;而为亲友非法牟利罪的主体比非法经营同类营业罪的主体要广泛的多,具体包括以下人员:国有公司、企业、事业单位的工作人员。后罪的主体可以涵盖前罪的主体。两者虽在主体及客体方面存在一定的共同之处,但通常情况下两者间的界限还是较为明确的,唯有"为他人经营"与"将本单位的盈利业务交由自己的亲友进行经营"在司法认定及处理中存在一定的难度。但就区分二者间的界限而言,非法经营同类营业罪要求行为人具有具体的经营活动,不管是为自己,还是为他人,行为人的经营行为必须是自己积极的作为,并且其经营行为具有实质性的意义;另外,非法经营同类营业罪要求行为人获取非法利益。而为亲友非法牟利罪则表现为行为人在本单位的经营管理活动中,利用职务便利经营或者参与亲友的经营行为;其将本单位的盈利业务交由自己的亲友经营,目的在于为自己的亲友谋取非法利益,虽然行为人从中也可能会拿到一定的"报酬"或者"好处费",但这些报酬并非直接源于行为人在本单位的具体经营行为,而是其利用职务便利行为所获得的贿赂。本案中,被告人杨文康为增加重庆一坪高级润滑油公司生产的SC15-40型机油为指定用油予以销售,以其母赖发英为法定代表人,其妻谭继兵、岳母刘学梅和李从兵为股东注册成立重庆嘉本物资销售公司。并指示其下属黎海以嘉陵一本田发动机有限公司营业部的名义,委托嘉本物资销售公司在销售网络中销售重庆一坪高级润滑油公司生产的SC15-40型机油给客户。重庆嘉本物资销售公司只是被告人杨文康以其亲属名义设立的自己经营的公司,其销售获利归自己所有而非为其亲友所有,并且其客观行为完全符合非法经营同类营业行为,所以不能认定为为亲友非法牟利行为。

【结　　论】

　　中外合资公司管理人员以家人名义成立公司销售任职公司产品的行为不构成非法经营同类营业罪。

【相关链接】

相关的法律、法规

中华人民共和国刑法

　　第一百六十五条　国家公司、企业的董事、经理利用职务便利,自己经营或者为他人经营与其所任职公司、企业同类的营业,获取非法利益,数额巨大的,处3年以下有期徒刑或者拘役,并处或者单处罚金;数额特别巨大的,处3年以上7年以下有期徒刑,并处罚金。

第一百六十六条 国有公司、企业、事业单位的工作人员,利用职务便利,有下列情形之一,使国家利益遭受重大损失的,处三年以下有期徒刑或者拘役,并处或者单处罚金;致使国家利益遭受特别重大损失的,处三年以上七年以下有期徒刑,并处罚金:

（一）将本单位的盈利业务交由自己的亲友进行经营的;

（二）以明显高于市场的价格向自己的亲友经营管理的单位采购商品或者以明显低于市场的价格向自己的亲友经营管理的单位销售商品的;

（三）向自己的亲友经营管理的单位采购不合格商品的。

相关的司法解释与指导性意见

最高人民检察院、公安部关于经济犯罪案件追诉标准的规定（2001年4月18日）

十、非法经营同类营业案（刑法第165条）

国有公司、企业的董事、经理利用职务便利,自己经营或者为他人经营与其所任职公司、企业同类的营业,获取非法利益,数额在十万元以上的,应予追诉。

十一、为亲友非法牟利案（刑法第166条）

国有公司、企业、事业单位的工作人员,利用职务便利,为亲友非法牟利,涉嫌下列情形之一的,应予追诉:

1. 造成国家直接经济损失数额在十万元以上的;
2. 致使有关单位停产、破产的;
3. 造成恶劣影响的。

最高人民法院关于如何认定国有控股、参股股份有限公司中的国有公司企业人员的解释（2005年8月11日）

国有公司、企业委派到国有控股、参股公司从事公务的人员,以国有公司、企业人员论。

（郭　健）

12. 如何认定伪造货币罪的既遂与未遂?
——唐方俊等伪造货币案①

【案情介绍】

被告人唐方俊,1973年10月7日生于四川省达县,汉族,初中文化,农民,曾在广东从事彩印工作多年,任高级主管,负责彩排。

被告人彭水平,曾用名彭术辉,1974年4月17日生于宜春市袁州区,汉族,初中文化,农民,曾在广东从事彩印工作多年,系彩印技术工人。

被告人邹金生,1968年5月28日生于宜春市袁州区,汉族,小学文化,农民,曾在广东从事彩印工作多年,系彩印技术工人。

被告人许周民,1961年6月15日生于广东省陆丰市,汉族,小学文化,无业。

被告人黄平,1982年1月6日生于宜春市袁州区,汉族,中专文化,袁州区慈化镇政府干部。

经查明,2003年下半年,被告人唐方俊与李永汉共谋制造假币并进行了分工,同年10月,唐方俊邀被告人彭水平参与印制假币,彭水平找到被告人黄平的养猪场作为造币地点。唐方俊等购买设备后,于同年12月、2004年1月,李永汉先后两次向被告人许周民提出购买专用钞票纸。许周民明知李永汉等人的目的,仍帮忙联系并介绍郑滨销售了1.5吨红蓝纤维纸给李永汉等人。2003年12月至2004年2月期间,被告人唐方俊、彭水平等人共伪造了三批第五套面值100元的人民币50余箱,近1亿元(这些假币没有水印头像、金属条等,属半成品,需进一步加工)。李永汉联系到买主后通知唐方俊,唐方俊又通知彭水平把假币交给李锦逢。李永汉按每100元3.8元至4.5元不等的价格付款给被告人唐方俊。共出售假币约6000万元,所得赃款200余万元,其中被告人唐方俊分得约60万元,彭水平分得30余万元,邹金生分得7.5万元,黄平包括房租一起分得3万元。剩余的钱由李永汉、黄文及做工人员分得。2004年3月1日被告人彭水平得知公安机关在追查假币后,与被告人黄平及黄文一起将尚未卖出的部分假币予以烧毁,所用机器与房屋也被黄平拆毁掩埋和破坏。2004年7月,被告人唐方俊又邀集李长生(在逃)等人准备再次伪造第五套面值100元的人民币时,被公安机关及时查获捣毁。

---

① (2005)宜中刑二初字第9号。案例选自"北大法律信息网",最后访问时间:2007年4月10日。

江西省宜春市人民检察院指控被告人唐方俊等构成伪造货币罪,且系共同犯罪。宜春市中级人民法院认为,被告人唐方俊等为谋取高额非法利益故意伪造货币或为伪造货币提供积极帮助,其行为均构成伪造货币罪,且伪造货币数额特别巨大。根据各被告人制造的假币属半成品,社会危害性相对较小的情况,各被告人在共同犯罪中所起的作用,以及归案前后各自或立功、或自首的情节,分别判处被告人唐方俊犯伪造货币罪,判处死刑,缓期2年执行,剥夺政治权利终身,并处罚金50万元;被告人彭水平犯伪造货币罪,判处有期徒刑14年,并处罚金30万元;被告人邹金生犯伪造货币罪,判处有期徒刑10年,并处罚金20万元;被告人许周民犯伪造货币罪,判处有期徒刑5年,并处罚金18万元;被告人黄平犯伪造货币罪,判处有期徒刑3年,缓刑4年,并处罚金15万元。

【法理分析】

处理本案涉及的主要问题在于:① 伪造货币罪的既遂与未遂如何区分? ② 共同犯罪中各行为人犯罪数额如何认定? ③ 伪造货币后又销售的,行为的罪数如何确定?

货币制度是国家财政制度的重要组成部分,国家货币的独立、统一和稳定关系到社会秩序的安宁和国家政权的稳固。在市场经济条件下,货币不仅是用来表现和衡量商品价值大小的尺度,而且是实现社会产品分配、再分配和流通的工具。货币作为一般等价物,谁占有了它,谁就有占有和支配等价社会财富的权利。因此,1997年修订后的《刑法》较修订前的1979年《刑法》加大了打击妨害国家货币管理制度犯罪的力度,其显著特点是扩大了此类犯罪的打击对象和范围。1979年《刑法》的打击对象只有伪造国家货币和贩运伪造的国家货币犯罪,而且,这里的"国家货币"也仅指人民币;而1997年修订后的《刑法》吸收了1995年6月30日全国人大常委会通过的《关于惩治破坏金融秩序犯罪的决定》中的有关规定,其所指的货币既指"人民币"又指"外币",增加了出售、购买伪造的货币及明知是伪造的货币而运输、持有、使用等罪。伪造货币犯罪是其中最严重的货币犯罪行为,是指仿照人民币或者外币的面额、图案、色彩、质地、式样、规格等,使用各种方法,非法制造假货币,冒充真货币的行为。从本案案情及诉讼过程中的分歧看,本案主要涉及如下几个问题。

一、本案犯罪行为是否既遂

本案被告人及辩护人提出,被告人等制造的假币只是半成品,还不能在市场上实际流通,还必须进行深加工,所以行为危害性相对要小。这一辩护意见虽然得到了法院的认可,但是并没有解决本案共同犯罪行为的停止形态问题。有学者认为,伪造货币罪属于"行为金融犯罪",这种犯罪的特征是行为的实施不要求结果的产生,因而在伪造货币罪中不存在既遂、未遂之分。① 但多数学者认为伪造货币行为是一个复杂的动态过程，行为人在着手实施伪造的实行行为之后，还须将此行为继续进行一定时间，只有当实行行为达到相当的危害程度时，才标志着犯罪的既遂形态。因此，在这一过程中，由于行为人意志以外的原因而被阻止从而导致犯罪未完成的未遂形态是可能出现的。笔者同意这种看法，伪造货币存在未遂形态。

那么，在本案中，被告人制作出的假币只是半成品，其犯罪行为是否就是未遂形态呢？关于伪造货币罪的既遂未遂标准，我国刑法理论界存在不同认识：第一种观点认为，应当以伪造货币的主要程序已经完成作为犯罪既遂的基本标志，即伪造货币的主要程序实施完毕即为犯罪既遂。但如果主要伪造工序虽已完成，而伪造的货币又明显过于伪劣时，应当以未遂论。② 第二种观点认为应以伪币是否进入流通领域作为本罪是否既遂的标准。还有一种观点认为，应当以制造的假币是否达到使一般人足以误认其为真币的程度为既遂标准。③ 笔者认为，第二种观点推延了既遂成立的起始点，导致相当一部分案件只能以犯罪未遂认定，这样会有轻纵犯罪分子的可能。第一、三种观点各有可取之处，但是都不全面，第一种观点，即"主要程序完成说"可能会放纵犯罪，而第三种观点即"仿真程度说"以是否具备"仿真程度"来理解本罪的既遂，这没有反映伪造货币罪作为行为犯的本质特征。正确的做法应当是，将仿真程度与主要程序是否完成这两个标准结合起来作为判断伪造货币罪既遂与否的标准，才能既不放纵犯罪，又反映该罪作为行为犯的本质特征。具体标准应当是：一般情况下，以仿真程度作为既遂的主要标准，即使行为人伪造货币还未完成所有工序，但是只要达到使一般人误认的程度即应认为是既遂；如果行为人能够完成的工序都已完成，无论是否具有很高的仿真程度都应认为是既遂。只有在伪造过程中（假币尚未伪造出来之前），由于行为人意志以外的原因，未将假币制造出来的情况下才是未遂。本案中，所制造出的伪币还差金线和水印两个工序，相对于真币，其只是半成品，但是，在被告人这一阶段，他们已完成了他们的技术水平所能完成的工序，假币在他们这一阶段已制作完成，而且多半已销售出去。因此，无论假币是否到了能够仿真的程度，即应认定为既遂。即使未达到仿真程度，被告人所能预设的工序也已完工，其停止在这种阶段不是由被告人意志以外的原因造成，而这是犯罪未遂的根本特征之一。因此，从本案案情来看，无论其制成的假币是否成品、是否具有很高的仿真程度，并不影响犯罪既遂形态的认定。如辩护人所说，还不能在市场上实际流通，还必须进行深加工的辩护理由只能说明相对于工序全部完成的假币而言，其危害性小，但并不意味着犯罪就是未遂。事实上很多

---

① 参见麦天骥：《金融犯罪论》，1997年博士论文，第59页。
② 金泽刚：《犯罪既遂的理论与实践》，人民法院出版社2001年版，第273页。
③ 赵秉志主编：《破坏金融管理秩序犯罪疑难问题司法对策》，吉林人民出版社2000年版，第14页以下；张军主编：《破坏金融管理秩序罪》，人民出版社2003年版，第68页以下。

已制成的假币本来就没有水印或金线。因此,已制成的半成品假币无论是否需要进行深加工,如果现有的加工程度看上去已经达到使一般人白天或晚上误认的仿真程度,就应当被确定为既遂。当然,其社会危害性相对于在现有基础上再深加工后的伪币而言相对要小些,但是不表示制造(被告人及辩护人所说的)"半成品"的行为就一定属于犯罪未遂。

二、共同犯罪中各行为人犯罪数额的认定

被告人邹金生的辩护人提出,在假币制作过程中,邹只参与了一个班次的生产,主张认定数额上应减去一半。判决法院认为,本案是一个共同犯罪,任何被告人均应对共同犯罪的整个数额负责,故不采纳邹的辩护人的意见。法院的判决采取了理论上的"犯罪总额说"主张,即以共同犯罪的犯罪总额确定各共犯人的刑事责任。笔者认为,解决伪造货币罪共同犯罪的数额认定问题,应当分出定罪和量刑两种情形。首先,在认定犯罪时,应当以共同犯罪所得总额作为标准,而不应当以各个犯罪人所参与实行的犯罪所得数额为标准。这也与我国刑法理论上在确定大多数共同犯罪刑事责任时所采取的部分实行、全部责任的原则相一致的。其次,在对共犯各犯罪人量刑时,应当结合共同犯罪总额所达到的量刑幅度和各犯罪人在共同犯罪中的地位、作用和自己的涉案数额等情节综合考量。总起来说,共同犯罪刑事责任认定上的部分实行、整体责任原则在适用时应当与量刑时的刑罚个别化及罪责自负原则相结合。罪刑相适应原则、刑罚个别化及罪责自负原则无论在单独犯罪还是共同犯罪中都是应当被遵循的。具体到本案中,在确定整个共同犯罪的犯罪数额时,应当以整体共同犯罪的数额来定,而在量刑时,应当结合每个犯罪人所参与制造的假币的数量、或者在整体共同犯罪中所起的作用具体量刑。而不能因本案是共同犯罪案件而无视行为人在共同犯罪中所起的作用、犯罪数额方面的差异。本案中,法院的判决较好地考虑了各犯罪人在共同犯罪中的作用,并区别出了主犯与从犯,并判处了轻重不同的刑罚,较好地结合了犯罪人在共同犯罪中的地位、作用,较好地遵循了个别化原则。

三、伪造货币后又销售的,行为的罪数如何确定

行为人实施伪造货币犯罪行为后,通常还会继续实施其他相关行为,从而触犯其他罪名,如行为人出售或运输其伪造货币,行为人使用其伪造的货币骗购财物,行为人走私其伪造的货币等,后来的行为分别又触犯了出售或运输伪造的货币罪、诈骗罪、走私伪造的货币罪等罪名。对此应定一罪还是定数罪然后实行数罪并罚呢?根据1997年《刑法》第171条第3款的规定,伪造货币并出售或者运输伪造的货币的,依伪造货币罪从重处罚。出售、运输的货币,在这里应是指伪造者自己所伪造的,即出售或运输所指向的假币与伪造的假币乃是同一宗假币。在这种情况下,伪造行为与出售或运输行为存在着吸收与被吸收的关系。此时出售或运输行为属于伪造行为的继续,是伪造行为的一种后继行为,这种后继行为是前行为即伪造货币的行为发展的自然结果。因为伪造者要达到其目的,一般要伴随着运输或出售的过程,因此,这种后续行为应被主行为即伪造货币的行为所吸收,不再具有独立的意义,定罪只按伪造货币罪进行,在量刑上则作为一个从重情节予以考虑。如果伪造货币者运输或出售的不是自己伪造的那宗货币,此时,运输、出售假币的行为与伪造货币的行为没有必然的联系,就不存在吸收与被吸收关系,这种情况下,应当分别定罪,再实行并罚。本案中,被告人只构成伪造货币罪一罪,不再构成出售或运输假币罪。

【结　论】

1. 伪造货币存在未遂形态,应当以仿真程度与主要程序是否完成这两个标准结合起来作为判断伪造货币罪既遂与否的标准。具体标准应当是:一般情况下,以仿真程度作为既遂的主要标准,即使行为人伪造货币还未完成所有工序,但是只要达到使一般人误认的程度即应认为是既遂;如果行为人能够完成的工序都已完成,无论是否具有很高的仿真程度都应认为是既遂。

2. 解决伪造货币罪共同犯罪的数额认定问题,应当分出定罪和量刑两种情形。首先,在认定犯罪时,应当以共同犯罪所得总额作为标准。其次,在对共犯各犯罪人量刑时,应当结合共同犯罪总额所达到的量刑幅度和各犯罪人在共同犯罪中的地位、作用和自己的涉案数额等情节综合考量。总体来说,共同犯罪刑事责任认定上的部分实行、整体责任原则在适用时应当与量刑时的刑罚个别化及罪责自负原则相结合。

3. 伪造货币后又销售的,只构成伪造货币罪一罪。

【相关链接】

相关的法律、法规
中华人民共和国刑法

第一百七十条　伪造货币的,处三年以上十年以下有期徒刑,并处五万元以上五十万元以下罚金;有下列情形之一的,处十年以上有期徒刑、无期徒刑或者死刑,并处五万元以上五十万元以下罚金或者没收财产:

(一)伪造货币集团的首要分子;

(二)伪造货币数额特别巨大的;

(三)有其他特别严重情节的。

第一百七十一条第三款　伪造货币并出售或者运输伪造的货币的,依照本法第一百七十条的规定定罪从重处罚。

中华人民共和国中国人民银行法

第四十一条　伪造人民币、出售伪造的人民币或者明知是伪造的人民币而运输的,依法追究刑事责任。

变造人民币、出售变造的人民币或者明知是变造的人民币而运输,构成犯罪的,依法追究刑事责任;情节轻微的,由公安机关处 15 日以下拘留、5 000 元以下罚款。

相关的司法解释与指导性意见

最高人民法院关于审理伪造货币等案件具体应用法律若干问题的解释(法释[2000]26 号)

第一条 伪造货币的总面额在 2 000 元以上不满 3 万元或者币量在 200 张(枚)以上不足 3 000 张(枚)的,依照刑法第 170 条的规定,处 3 年以上 10 年以下有期徒刑,并处 5 万元以上 50 万元以下罚金。

伪造货币的总面额在 3 万元以上的,属于"伪造货币数额特别巨大"。

行为人制造货币版样或者与他人事前通谋,为他人伪造货币提供版样的,依照刑法第 170 条的规定定罪处罚。

第七条 本解释所称"货币"是指可在国内市场流通或者兑换的人民币和境外货币。

货币面额应当以人民币计算,其他币种以案发时国家外汇管理机关公布的外汇牌价折算成人民币。

全国法院审理金融犯罪案件工作座谈会纪要(法[2001]8 号)

关于假币犯罪。假币犯罪的认定。假币犯罪是一种严重破坏金融管理秩序的犯罪。只要有证据证明行为人实施了出售、购买、运输、使用假币行为,且数额较大,就构成犯罪。伪造货币的,只要实施了伪造行为,不论是否完成全部印制工序,即构成伪造货币罪;对于尚未制造出成品,无法计算伪造、销售假币面额的,或者制造、销售用于伪造货币的版样的,不认定犯罪数额,依据犯罪情节决定刑罚。明知是伪造的货币而持有,数额较大,根据现有证据不能认定行为人是为了进行其他假币犯罪的,以持有假币罪定罪处罚;如果有证据证明其持有的假币已构成其他假币犯罪的,应当以其他假币犯罪定罪处罚。

假币犯罪罪名的确定。假币犯罪案件中犯罪分子实施数个相关行为的,在确定罪名时应把握以下原则:1. 对同一宗假币实施了法律规定为选择性罪名的行为,应根据行为人所实施的数个行为,按相关罪名刑法规定的排列顺序并列确定罪名,数额不累计计算,不实行数罪并罚。2. 对不同宗假币实施法律规定为选择性罪名的行为,并列确定罪名,数额按全部假币面额累计计算,不实行数罪并罚。3. 对同一宗假币实施了刑法没有规定为选择性罪名的数个犯罪行为,择一重罪从重处罚。如伪造货币或者购买假币后使用的,以伪造货币罪或购买假币罪定罪,从重处罚。4. 对不同宗假币实施了刑法没有规定为选择性罪名的数个犯罪行为,分别定罪,数罪并罚。

出售假币被查获部分的处理。在出售假币时被抓获的,除现场查获的假币应认定为出售假币的犯罪数额外,现场之外在行为人住所或者其他藏匿地查获的假币,亦应认定为出售假币的犯罪数额。但有证据证实后者是行为人有实施其他假币犯罪的除外。

制造或者出售伪造的台币行为的处理。对于伪造台币的,应当以伪造货币罪定罪处罚;出售伪造的台币的,应当以出售假币罪定罪处罚。

(三)《最高人民检察院、公安部关于经济犯罪案件追诉标准的规定》第16条:伪造货币案(刑法第170条)

伪造货币,总面额在2000元以上或者币量200张(枚)以上的,应予追诉。

相关的参考案例

卓振沅等七人伪造货币案[(2001)刑复字第8号]
载北大法意网,最后访问时间:2007年4月10日。
卓兵伪造货币案[(2000)刑复字第181号]
载北大法意网,最后访问时间:2007年4月10日。
蔡雄、谢著新伪造货币案[(2000)刑复字第186号]
载北大法意网,最后访问时间:2007年4月10日。

(黄俊平)

13. 未制止他人购买假币并事后使用的，是否构成共同犯罪？
——姜长远购买假币案①

【案情介绍】

被告人姜长远,1976年出生于贵州省绥阳县,汉族,小学文化,农民。

被告人谭永丽,又名谭敏芬,1977年出生于贵州省绥阳县,汉族,文盲,农民。

被告人姜长远、谭永丽于1997年先后到浙江省浦江县打工,后以夫妻名义非法同居。1999年农历9月3日,李某问姜长远要不要假币,姜长远问谭永丽,谭永丽回答"我不知道,随你"。后姜长远以10:3的比价购买了3张百元面额的假币。事后谭永丽使用了两张假币,另一张假币因破损被烧毁。同年农历10月20日左右,李某到姜长远租住处,谭永丽也在租房内,姜长远以10:3的比价购买了10元面额的1000元假币。事后,少部分假币被姜长远出卖,其余假币被姜长远以购物换真币方法使用。1999年十一、二月的一天,李某夫妻到谭永丽租住处,交给谭永丽4张百元面额假币,待姜长远下班回家后,谭永丽将此事告诉姜长远,事后姜长远付给李某真币120元。2000年农历5月24日左右,廖有钧与姜长远联系购假币事宜,廖妻将假币送至姜长远处,谭永丽在烧饭做菜,姜长远以10:1.8的比价购买了20张百元面额假币,以10:3的比价购买了152张5元面额假币,共计假币2760元。谭永丽使用5元面额的假币100余元。2000年农历6月20日左右,廖有钧与姜长远联系购买假币事宜,姜长远问谭永丽"假币再去买点来",谭永丽不语。廖有钧妻子又将假币送到姜长远租住处,谭永丽也在场,姜长远以10:1.9的比价购买了旧版百元面额假币2000元,以10:3的比价购买新版百元面额假币400元和5元面额假币1000元,共计3400元。事后,姜长远唆使谭永丽使用假币购物,谭永丽在使用假币购物时被发现而当场抓获。

浙江省浦江县人民检察院指控被告人姜长远犯购买假币罪。被告人谭永丽与姜长远构成购买假币罪的共同犯罪。浦江县人民法院认为,被告人姜长远构成购买假币罪。公诉机关推定谭永丽是共同犯罪,属客观归罪;故采纳了指定辩护人提出的"应宣告被告人谭永丽无罪"的辩护意见。据此,浦江县人民法院对被告人姜长远以犯购买假币罪判处有期徒刑1年,并处罚金2万元;判决被告人谭永丽无罪。判决后浦江

---

① (2001)金中刑二终字第18号。案例选自"北大法律信息网",最后访问时间:2007年4月10日。

县人民检察院提出抗诉。浙江省金华市中级人民法院在审理过程中,金华市人民检察院认为抗诉不当,撤回抗诉。金华市中级人民法院裁定准许金华市人民检察院撤回抗诉。

【法理分析】

处理本案涉及的主要问题在于:如何理解共同犯罪成立的条件?

本案中,被告人谭永丽明知他人在购买假币而不予制止并事后又使用部分假币的行为是否可以认定其与被告人姜长远构成共同犯罪?

这需要结合我国关于共同犯罪成立的基本理论进行分析。根据我国《刑法》第25条的规定,成立我国刑法上的共同犯罪须具备如下三个条件:① 主体条件。必须有两个以上具有刑事责任能力的人参与犯罪。本案中,两个被告人均为具有刑事责任能力的成年人,具有构成共同犯罪的主体条件。② 主观条件。在主观上,共同犯罪的成立必须是两人以上具有共同犯罪故意。我国刑法理论通说认为构成共同犯罪故意,共同犯罪人在认识因素上要认识到不是自己一个人单独实施犯罪,而是与他人共同实施犯罪;在意志因素上对本人以及其他共同犯罪人的行为会造成危害社会的结果持希望或者放任的态度。其中各共同犯罪人既可以都表现为希望心态,也可以表现为有的希望、有的放任心态,还可以均表现为放任心态。本案二被告人在主观方面显然属于第二种主观心态的组合情况:姜长远是希望心态,而谭永丽属于放任与容忍的心态。所以,可以认为二人主观方面已经形成不太紧密的意思共同体。因此,二者在主观方面也具有成立共同犯罪的主观特征。③ 客观条件。成立共同犯罪必须二人以上有共同犯罪行为。也就是说,各共同犯罪行为人的行为都指向同一犯罪,彼此联系、互相配合,成为一个有机活动整体。① 本案中,被告人谭永丽对姜长远购买假币的行为表现为容忍与放任。没有积极有效地阻止姜长远的犯罪行为,致使姜长远数次实施购买假币行为,不仅如此,谭永丽还有使用少量假币的行为。这使得姜长远购买假币行为所具有的社会危害进一步得以延伸与扩展。从这个角度看,谭永丽对危害行为的发展具有一定的作用力。但是,笔者认为,从本案案情看,谭永丽的行为是否作为或不作为并不重要,是否对行为危害结果的发生具有一定作用力也不重要。问题的关键是,谭永丽与姜长远的行为并没有形成一个有机整体。谭永丽的行为与危害结果的发生之间不具有引起与被引起的因果关系。谭永丽没有制止姜长远的购买假币行为,反而使用部分假币,使得行为危害结果得以出现并加重,但是并不能因此而判断谭永丽与姜长远在行为上具有配合情形。谭永丽不负有制止姜长远犯罪行为的作为义务。因此,谭永丽不能为没有制止他人的犯罪行为所造成的结果承担刑事责任。可见,本案二被告人

---

① 高铭暄、马克昌主编:《刑法学》,中国法制出版社2007年版,第190页。

不构成共同犯罪的关键原因,不在于主体或主观条件是否具备,而在于谭永丽不具有作为义务,不能为其没有制止的行为承担刑事责任。

【结　　论】

不具有阻止犯罪发生的作为义务,不应为未阻止犯罪发生的后果承担刑事责任。

【相关链接】

相关的法律、法规

中华人民共和国刑法

第一百七十一条　出售、购买伪造的货币或者明知是伪造的货币而运输,数额较大的,处三年以下有期徒刑或者拘役,并处二万元以上二十万元以下罚金;数额巨大的,处三年以上十年以下有期徒刑,并处五万元以上五十万元以下罚金;数额特别巨大的,处十年以上有期徒刑或者无期徒刑,并处五万元以上五十万元以下罚金或者没收财产。

相关的司法解释与指导性意见

最高人民法院关于审理伪造货币等案件具体应用法律若干问题的解释(法释[2000]26号)

为依法惩治伪造货币,出售、购买、运输假币等犯罪活动,根据刑法的有关规定,现就审理这类案件具体应用法律的若干问题解释如下:

第二条　行为人购买假币后使用,构成犯罪的,依照刑法第一百七十一条的规定,以购买假币罪定罪,从重处罚。

行为人出售、运输假币构成犯罪,同时有使用假币行为的,依照刑法第一百七十一条、第一百七十二条的规定,实行数罪并罚。

第三条　出售、购买假币或者明知是假币而运输,总面额在四千元以上不满五万元的,属于"数额较大";总面额在五万元以上不满二十万元的,属于"数额巨大";总面额在二十万元以上的,属于"数额特别巨大",依照刑法第一百七十一条第一款的规定定罪处罚。

全国法院审理金融犯罪案件工作座谈会纪要[二·(二)·2](2001年1月21日)(见本书第74—75页)

最高人民检察院、公安部关于经济犯罪案件追诉标准的规定(2001年4月18日)

十七、出售、购买、运输假币案(刑法第171条第1款)

出售、购买伪造的货币或者明知是伪造的货币而运输,总面额在四千元以上的,应予追诉。

相关的参考案例

范千岁、崇刚购买假币案[(2006)海刑初字第1228号]
载北大法意网,最后访问时间2007年4月10日。
黎海扬、卢石星购买假币案[(2003)佛刑终字第336号]
载北大法意网,最后访问时间2007年4月10日。

（黄俊平）

14. 如何区分购买假币罪与持有假币罪的界限？
——黄世国持有假币案①

【案情介绍】

被告人黄世国，男，1975年12月10日出生于河南省商城县，汉族，初中文化，农民。

2001年6月20日左右，被告人黄世国从他人处购得面值为100元的假人民币77张、面值为50元的假人民币149张，合计面值1.515万元，并将上述假币藏匿于浙江省宁波市江东区福明乡七里垫杨家德（另案处理）的暂住地，后于同月27日又将上述假币带回自己在宁波市江东区福明乡七里垫的暂住房内藏匿。因被群众举报，被告人黄世国被抓获，其所购买的假币被收缴。

宁波市江东区人民检察院指控被告人黄世国犯持有假币罪。宁波江东区人民法院认为，被告人黄世国明知是伪造的货币而予以购买，数额较大，其行为已构成购买假币罪。被告人黄世国系购买假币后持有，故其行为应定为购买假币罪，公诉机关指控被告人的行为构成持有假币罪，定性有误，应予更正。遂判决被告人黄世国犯购买假币罪，判处有期徒刑1年，并处罚金2万元。

【法理分析】

处理本案涉及的主要问题是：持有假币罪与购买假币罪的区分问题。

持有假币罪是指明知是伪造的货币而持有，数额较大的行为。持有假币罪是我国1997年《刑法》中的"持有、使用假币罪"这个选择性罪名中的一个具体罪名，我国1979年《刑法》未规定持有假币罪，1995年6月30日全国人大常委会通过的《关于惩治破坏金融秩序犯罪的决定》第4条规定："明知是伪造的货币而持有、使用，数额较大的，处3年以下有期徒刑或者拘役，并处1万元以上10万元以下罚金；数额巨大的，处3年以上10年以下有期徒刑，并处2万元以上20万元以下罚金；数额特别巨大的，处10年以上有期徒刑，并处5万元以上50万元以下罚金或者没收财产。"这就是持有、使用假币罪。1997年《刑法》在此基础上加以修改（主要是修改了法定刑），于第172条对此罪作了规定。我国刑法中规定了不少"持有型犯罪"，持有假币罪便是其中的一个。从一

---

① （2001）甬东刑初字第357号。案例选自"北大法意"网，最后访问时间：2007年4月11日。

般意义上看,"持有"是指人对物的实际支配和控制力。持有假币罪中的"持有"具有刑法上的特定含义,是指行为人明知是伪造的货币,仍加以占有、保管。当然,这里的"持有",并不要求行为人随时携带,只要伪造货币实际上处于行为人的支配、控制即可。①在司法实践中,当几种假币犯罪行为同时出现时通常会面临如何适用罪名的疑难。购买假币行为与使用假币行为之间存在着手段与目的的牵连关系,但是持有行为与购买行为、持有行为和使用行为之间并没有这种牵连关系。问题的关键在于对三种行为的独立性的评价。对购买行为和使用行为的独立性应该没有疑问,但是持有行为在购买行为或者使用行为发生的情况下是否具有独立的意义,则值得商榷。持有型犯罪本身的构成明确而易于认定,棘手的是持有型犯罪涉及的罪数问题。在持有型犯罪中,一般而言,由于对持有对象的取得行为属于非法性质,它同后置的不法状态之间不存在"结果牵连犯"的关系,仅仅是一种行为造成的事后状态。这种事后的状态与先前的取得行为具有相对独立的意义,如果对先前的取得行为定罪,便不能再考虑对事后的状态定罪。反之亦然,在存在购买行为时,持有行为就不具有足以构成牵连犯的独立性,它是购买行为的组成部分,不应当在刑法上对其进行单独的评价。行为人在购买了假币之后,必然要持有假币,不可能存在购买之后不持有假币的情况,也就是说,持有行为只是购买行为的延续,是购买行为的必要组成部分,属于不可罚的事后行为。同样,持有行为和使用行为之间的联系也是这样的,持有行为实际上就是使用行为的一部分。因此,在处理假币案件时,应当将持有行为视为购买行为和使用行为的组成部分,此时持有行为不具有刑法上的独立性。购买后持有的,仅认定购买假币罪,而不是构成购买假币罪和持有假币罪的牵连犯;持有后使用的,构成使用假币罪,而不是构成持有、使用假币罪的复行为犯。购买之后持有,进而使用的,构成购买假币罪与使用假币罪的牵连犯,因为购买假币罪是重罪,因此最终应当认定为购买假币罪。

但是,持有行为在存在购买行为时丧失其刑法上的独立性,并不表明它作为一种行为方式不能独立构成犯罪。当不存在购买行为和使用行为时(或者是现有的证据不能证明行为人实施了这样的行为时),如果仅仅能够确认行为人此时持有数量较大的假币,就可以将其持有假币的行为认定为持有假币罪。还有一种情况是,虽然行为人实施了购买行为和持有行为,或者实施了持有行为和使用行为,甚至是实施了三种行为,但是如果这些行为不是针对同一对象的话(或者说各个行为针对的假币数额不同),那么持有行为也具有独立构成犯罪的可能性。

从本案案情看,法院对被告人行为的定性是正确的。而检察院起诉书中的定性则是没有充分理解持有型犯罪的本质特征。

---

① 高铭暄主编:《新型经济犯罪研究》,中国方正出版社 2000 年版,第 641 页。

【结　　论】

在处理假币案件时,应当将持有行为视为购买行为和使用行为的组成部分,此时持有行为不具有刑法上的独立性。当不存在购买行为和使用行为时(或者是现有的证据不能证明行为人实施了这样的行为时),如果仅仅能够确认行为人此时持有数量较大的假币,就可以将其持有假币的行为认定为持有假币罪。

【相关链接】

相关的法律、法规

中华人民共和国刑法

第一百七十二条　明知是伪造的货币而持有、使用,数额较大的,处三年以下有期徒刑或者拘役,并处或者单处一万元以上十万元以下罚金;数额巨大的,处三年以上十年以下有期徒刑,并处二万元以上二十万元以下罚金;数额特别巨大的,处十年以上有期徒刑,并处五万元以上五十万元以下罚金或者没收财产。

相关的司法解释与指导性意见

最高人民法院关于审理伪造货币等案件具体应用法律若干问题的解释(法释[2000]26号)

第五条　明知是假币而持有、使用,总面额在四千元以上不满五万元的,属于"数额较大";总面额在五万元以上不满二十万元的,属于"数额巨大";总面额在二十万元以上的,属于"数额特别巨大",依照刑法第一百七十二条的规定定罪处罚。

第七条　本解释所称"货币"是指可在国内市场流通或者兑换的人民币和境外货币。

货币面额应当以人民币计算,其他币种以案发时国家外汇管理机关公布的外汇牌价折算成人民币。

全国法院审理金融犯罪案件工作座谈会纪要[二·(二)·2](2001年1月21日)(见本书第74—75页)

最高人民检察院、公安部关于经济犯罪案件追诉标准的规定(2001年4月18日)

十九、持有、使用假币案(刑法第172条)

明知是伪造的货币而持有、使用,总面额在四千元以上的,应予追诉。

相关的参考案例

陈豪云使用假币案[(2007)海南刑终字第27号]

载北大法意网,最后访问时间:2007年4月10日。

穆罕默德·桑里、阿拉·汉达、夏普托·库萨使用假币案[(2000)甬刑初字第72号]

载北大法意网,最后访问时间:2007年4月10日。

(黄俊平)

15. 侦查陷阱下出售假币的行为如何定性？
——梁盛进、丁玉娥出售假币案①

【案情介绍】

被告人梁盛进，男，47岁，土家族，农民。

被告人丁玉娥，女，44岁，土家族，农民，系被告人梁盛进之妻。

1999年3月，被告人梁盛进、丁玉娥从原系中国农业银行醴陵支行干部、现辞职在外经商的刘楚焕（另案处理）处得知，刘与株洲县古岳峰镇的吴新文（另案处理）等人曾向他人购买了100张票面为100元的假美元，因未卖出去而由吴新文保管。同年6月，被告人丁玉娥得知他人要买假美元，即与其夫梁盛进和刘楚焕商议，决定将吴新文手中的100张假美元拿回石门试一试，看是否有人购买。6月10日，刘楚焕打电话给吴新文，要吴将100张假美元送到株洲火车站交给梁盛进，并称梁用假美元兑到钱后不会亏待吴。次日，梁盛进出具了一张收到100张假美元的借据给吴新文，并称假美元出卖后会给吴分成，如卖不掉即退给吴。吴即将100张100元的假美元交给了梁盛进，梁便带回石门家中存放。后梁、丁将家中有假美元的事告诉了本县农民王建华，王又告诉了石门县公安局干警张某。根据张某的安排，7月21日王建华打电话给丁玉娥谎称为其找到了买主，要丁将"美元"带到石门县城交易，并说他亲自到石门县维新镇去接丁。丁玉娥信以为真，即携带100张假美元前往石门县城。丁在上公共汽车时遇到了其夫梁盛进，便说："王建华要票子。"梁说："你去办吧。"次日，公安干警在石门县城将丁玉娥抓获归案，当场从丁身上搜缴100元的假美元100张。后根据丁的交代，将其夫梁盛进抓获归案。

湖南省石门县人民检察院以被告人梁盛进、丁玉娥均犯持有假币罪向石门县人民法院提起公诉。湖南省石门县人民法院认为，被告人梁盛进、丁玉娥非法持有假币，数额巨大，其行为已构成持有假币罪。遂判处：被告人梁盛进犯持有假币罪，判处有期徒刑5年，并处罚金人民币7万元；被告人丁玉娥犯持有假币罪，判处有期徒刑3年，缓刑4年，并处罚金人民币3万元。宣判后，被告人梁盛进以自己不构成持有假币罪等为理由向湖南省常德市中级人民法院提出上诉，要求宣告无罪。常德市中级人民法院认为，上诉人梁盛进和原审被告人丁玉娥为了非法牟利，经过共谋，将他人持有的假美元

---

① （1999）石刑初字第205号。案例选自"天涯法律网"，最后访问时间：2007年3月3日。

拿到石门出售,出售数额巨大,但因意志以外的原因而未得逞,其行为均已构成出售假币罪(未遂)。在共同犯罪过程中,上诉人梁盛进起主要作用,系主犯;原审被告人丁玉娥起次要作用,系从犯。一审判决定性不准,适用法律错误,量刑偏重,上诉人梁盛进提出"不构成持有假币罪"的上诉理由成立,但要求宣告无罪的理由不能成立。遂改判如下:

1. 撤销石门县人民法院(1999)石刑初字第205号刑事判决。
2. 上诉人(原审被告人)梁盛进犯出售假币罪(未遂),判处有期徒刑3年,并处罚金5万元。
3. 原审被告人丁玉娥犯出售假币罪(未遂),判处有期徒刑2年,缓刑3年,并处罚金两万元。

【法理分析】

处理本案涉及的主要问题在于:(1)如何正确理解货币犯罪的犯罪对象?(2)如何判断出售假币罪的完成形态以及如何将其与持有假币罪进行区分?(3)如何判断从侦查陷阱中获得证据的合法性?

一、货币犯罪的犯罪对象

货币犯罪的对象是货币,所谓"货币",也称通货,是指在一国或地区具有强制流通力的、代表一定价值的、用作支付手段的特定物。本罪中的货币包括我国货币和外币。我国的货币为人民币,这里的"人民币"应作广义的理解,即它不仅包括中国人民银行发行的纸币和硬币,也包括国务院授权中国银行发行的外汇兑换券。有人认为,外汇兑换券是限定在临时入境的港、澳、台、各国华侨及外宾五种人使用而且限于在指定范围内流通的有价证券,它由中国银行发行的,与中国人民银行发行的人民币性质是不一样的。笔者认为,外汇兑换券虽然在发行时并未明确属于国家货币还是有价证券,但其实际上是作为含有外汇价值的人民币代用券使用的,它与人民币的基本职能并无实质差异,中国银行发行也是基于国务院的授权,这与中国人民银行根据授权发行人民币道理是一样的,因此应把外汇兑换券视为广义上的人民币看待,这也是我国理论上的通行看法,实践中也是予以承认的。

外币在我国享有与人民币同样的法律保护地位,随着我国加入WTO后,外国货币在我国使用的范围不断扩大,不法犯罪分子伪造外币的犯罪行为越来越多,如果不依法予以打击,势必影响到改革开放和市场经济的健康发展。根据我国刑法的规定,伪造外币的行为同样属于伪造货币的行为。这里所说的"外币"不是指某一种货币,也不是指仅仅在中国境内使用的外币,而是泛指正在境外流通使用的所有货币。其中既包括可以在中国兑换的外国货币,如美元、英镑、马克等,也包括不能在中国兑换的外国货币;既包括外国的货币,也包括境外的货币,如港、澳、台地区的货币。需要注意的是,"外币"与"外汇"的含义是不同的,"外汇"除包括"外币"外,还包括以外币表示的可以用作国际清偿的支付手段和资产,如外币有价证券(外国政府债券、公司债券、股票等)、外币支付凭证(如外国票据、银行存款凭证、邮政储蓄凭证等)、特别提款权、欧洲货币单位和其他外汇资金。可见"外汇"的外延要大于"外币",伪造"外币"以外的其他外汇并不构成本罪。

另外,货币犯罪的犯罪对象还应当是处于流通领域具有兑换、使用价值的货币,如果伪造已退出流通的货币,因其无法造成实质的社会危害后果,所以不应当认为构成犯罪。但是如果有的货币虽然已经退出流通领域,但仍然可以兑换为现行流通货币的,仍然可以视为具有实际使用价值的货币,与处于流通领域的货币享有同等的保护权。伪造这类货币的,仍然构成犯罪,并以伪造货币罪处罚。

二、出售假币罪完成形态的判断以及与持有假币罪的区分

我国刑法上的出售假币行为是指将本人持有的伪造的货币有偿地转让给他人。这也是由于其向对方即购买方的目的与行为性质所决定的。出售假币既可以是假币与真币之间的交易,也可以是假币与实物间的交易。不论是行为人自己的伪造假币予以出售,还是购买别人的假币予以出售,都构成出售行为。出售假币罪属于行为犯,并不要求有特定结果的发生,因而行为人只要将出售行为实施完毕,即可构成既遂。但出售行为也存在一个过程,因此也存在行为人因意志以外的因素而未能把行为实施完毕的可能。如行为人在出售或购买伪造货币当中正讨价还价时被抓获的,或者行为人在运输伪造的货币途中被截获的等,都属于犯罪未遂。因此,不能认为行为人一实施出售伪造的货币的行为就都构成既遂。

本案在二审过程中有两种不同意见:一种意见认为应定持有假币罪。其理由是:梁盛进、丁玉娥均是具有刑事责任能力的自然人;二人在主观上均明知100张100美元是假美元;在客观方面,梁盛进从吴新文手中拿100张假美元回家后没有出售,如不是王建华为协助公安机关破案谎称找到了买主,丁玉娥不会携带假美元到石门县城去出售。丁、梁二人主要是违反货币管理规定,明知是假币而不向货币管理部门报告,将假币上缴或销毁,反而继续将假币占有、藏有,因而,二人构成持有假币罪。另一种意见认为应定出售假币罪(未遂)。本案中,梁、丁二人在主观上具有以营利为目的意图使假美元进入流通的故意。在客观方面,丁、梁二人与刘楚焕、吴新文分别合谋将吴保管的吴、刘等人原购买的100张假美元拿到石门来试一试,如有人购买,换到钱后给吴分成。梁盛进通过给吴新文出具借据将100张假美元拿回石门家中,因无买主一直存放至同年7月20日。7月21日,梁盛进之妻丁玉娥得知王建华已为其找到买主的消息后,携带假美元前往石门县城欲出售,并在前往县城途中征得了梁盛进的同意。梁、丁二人并不知道王建华是为协助公安机关破案而"引蛇出洞",丁根据王建华的安排在等候买主时被公安干警抓获。不难看出,两被告人对100张假美元的持有是非单纯性持

有,不是一种独立意义的犯罪行为,应依其先行或后续行为确定其行为的性质。从100张假美元的来源看,梁盛进只向吴新文出具了拿假美元的借据,当时未给吴人民币或向其立下欠款字据,梁、吴之间不存在买卖关系,不能定购买假币罪。梁将100张假美元从株洲县携带至石门县,丁玉娥将100张假美元从石门县三圣乡家中携带至石门县城,均是运输行为,但这些运输行为都是出售假币的先行行为。鉴于我国《刑法》第171条规定的出售、购买、运输假币罪是选择性罪名,在司法实践中对购买、运输和出售同一宗假币的,不因其购买假币后又运输、出售同一宗假币而重复计算其假币数额,即使对该行为人认定几个罪名,其法律后果也是一样的。本案系一起共同犯罪,被告人丁玉娥的行为只能认定为出售假币罪(未遂),为保证罪名的同一性,对被告人梁盛进的行为也以定出售假币罪(未遂)为宜。根据两被告人在共同犯罪中的作用,认定梁盛进起主要作用,系主犯;丁玉娥起次要作用,系从犯。虽然出售假币罪的法定刑重于持有假币罪,但从梁、丁二人犯罪行为所处的犯罪形态看尚属于犯罪的未完成形态即犯罪未遂,根据法律规定对于未遂犯可以比照既遂犯从轻或者减轻处罚,改变定性后并不会加重对二被告人的处罚,没有违反上诉不加刑原则,应依法改判。

我们赞同后一种意见。本案如何定性关键在于是否有确实、充分的证据能够证明梁盛进、丁玉娥二人所持有假币的来源和去向。根据已查实证据,均证明梁盛进将假美元拿回家是为了出售营利,丁玉娥携带假美元到石门县城是为了出售。虽然是公安机关"引蛇出洞"设置了侦查陷阱,因此在被告人出售假币时,并不存在真正的买主,但梁、丁已着手实施出售行为,因意志以外的原因而未得逞。梁、丁所持假币的来源与去向的非法性显而易见,其持有假币的行为是出售假币的先行行为,因而应以出售假币罪定罪,而不能推定为单纯性持有而按持有假币罪处理。

三、关于侦查陷阱

本案还涉及侦查陷阱的问题。所谓侦查陷阱,是指侦查人员虽然掌握了一定的犯罪线索,但没有足够的证据,于是侦查人员或亲自或指使相关人员制造条件,引诱可能会犯罪的人实施犯罪的行为,从而当场抓获的一种侦查手段。尤为典型是,这种侦查手段在打击毒品犯罪的侦查活动中经常被采用。理论界对将这种侦查方法有限运用于我国刑事侦查存在不同看法。一般认为,如果侦查人员是主动而积极地去引诱犯罪的发生,并且导致了犯罪意图的产生,这种诱惑是非法的,被称为犯意引诱,犯意引诱所获证据不能被采用,因为刑罚的终极目的是为了预防犯罪,而非引诱犯罪的发生。但是,如果这种引诱行为本身是消极而被动的,仅仅是随意性地给可能实施犯罪的人员提供了一个犯罪的机会,而犯罪意图的产生也是自发的,这种场合的侦查陷阱称为机会引诱,机会引诱情形中所获证据被认为具有可采性。本案中,侦查人员使用了引诱犯罪的手段,但是,被告人出售假币的犯罪意图不是在侦查人员引诱下产生的,而是其原本就有犯意,侦查人员伪装成假币买主只是为被告人实施犯罪行为提供了犯罪机会,属于犯罪机会引诱,而不属于犯意引诱,因此,本案所设侦查陷阱获取的证据是具有可采性的。

【结　　论】

1. 出售假币罪属于行为犯,但这种行为也存在一个过程,也有未完成形态存在的可能,不能认为行为人一实施出售伪造的货币的行为就都构成既遂。

2. 本案所设侦查陷阱获取的证据是具有可采性的。

【相关链接】

相关的法律、法规

中华人民共和国刑法第一百七十一条(见本书第78页)

相关的司法解释与指导性意见

最高人民法院关于审理伪造货币等案件具体应用法律若干问题的解释(法释[2000]26号)第3条(见本书第78页)

全国法院审理金融犯罪案件工作座谈会纪要[二·(二)·2](2001年1月21日)(见本书第74—75页)

最高人民检察院、公安部关于经济犯罪案件追诉标准的规定第17条(2001年4月18日)(见本书第78页)

相关的参考案例

刘琴芳出售假币案[(2003)涧刑公初字第79号]

载北大法意网,最后访问时间:2007年4月10日。

郭文练、郭志高、刘文兴出售假币案[(2000)琼刑终字第155号]

载北大法意网,最后访问时间:2007年4月10日。

(黄俊平)

16. 贩运伪造的国家货币罪是否需以营利为目的？
——张继全贩运伪造的货币案[①]

【案情介绍】

被告人张继全，男，1948年11月29日生，汉族，四川省绵阳市涪城区人，大专文化，原系绵阳市第二汽车运输公司财务科副科长，绵阳市城北城市信用社监事会成员。

1994年5月中旬，四川省绵阳市第二汽车运输公司所属的交通贸易商店承包人李建华，经被告人张继全介绍，并由绵阳市第二汽车运输公司担保，从绵阳市城北城市信用社贷款150万元。李建华借给张金云42万元，并与其合伙做虫草生意。同年12月中旬，张金云、张以伦、李成江（李建华之子）等到广东深圳市作麝香、熊胆生意失败，张金云等人瞒着李成江从深圳市田爱平处用麝香换回假钞35万元，带回成都还给李建华。李建华收钱后即让李成江带30万元去绵阳还贷款。李成江到绵阳后，叫张继全一起到城北城市信用社归还贷款。在交款过程中，城北城市信用社工作人员发现此30万元全部系假钞。张继全、李成江知情后，立即要回30万元假钞，并连夜运回成都同李建华一起找张金云质问。张金云收回了全部假钞，通过张以伦全部卖出。

四川省绵阳市涪城区人民法院认为，张继全的行为已构成贩运伪造的国家货币罪，且数额巨大，属情节特别严重。张继全以自己主观上无犯罪故意，去成都是为了解对方情况而并非贩运假币，因而自己无罪的辩解理由不予采纳。遂判决如下：张继全犯贩运伪造的国家货币罪，判处有期徒刑10年，并处没收财产5 200元。一审宣判后，被告人张继全及其辩护人以"受领导指派去成都，自己的行为不构成犯罪"等为由提出上诉。绵阳市中级人民法院认为：上诉人张继全明知是伪造的国家货币而予以运输，其行为已构成贩运伪造的国家货币罪，且情节特别严重，应依法惩处。遂裁定驳回上诉，维持原判。

【法理分析】

处理本案涉及的主要问题是：如何理解贩运伪造的国家货币罪（运输假币罪）的主

---

① （1998）绵刑二终字第49号。案例选自北京大学金融法律研究中心网站，最后访问时间：2007年4月10日。

观构成特征？

一、张继全是否构成贩运伪造的国家货币罪？

贩运伪造的国家货币罪是在1979年《刑法》第122条进行规定的，1995年6月30日全国人大常委会通过的《关于惩治破坏金融秩序犯罪的决定》第2条对该罪作了修改。1997年《刑法》在单行刑法的基础上在第171条对该罪作了规定。根据新旧刑法的规定，贩运伪造的国家货币罪是指明知是伪造的货币而将其从甲地运往乙地，数额较大的行为。

本案在二审处理中有三种不同的意见。第一种意见认为，认定贩运伪造的国家货币罪，在主观方面的构成要件必须是"以营利为目的"，而被告人张继全的行为未"以营利为目的"，不符合贩运伪造的国家货币罪的构成要件，应改判无罪。第二种意见认为，贩运伪造的国家货币罪是指明知是伪造的国家货币而运输的行为，其犯罪构成的主观要件只要求是"明知"，而未规定"以营利为目的"。因此，上诉人构成贩运伪造的国家货币罪无疑，但是原判量刑10年过重，应适用1979年《刑法》第59条第2款"判处法定刑的最低刑还是过重的，可以在法定刑以下判处刑罚"的规定，改判有期徒刑4年至5年。第三种意见认为，上诉人张继全明知是伪造的国家货币而予以运输的行为，已构成贩运伪造的国家货币罪，且数额巨大。而且上诉人张继全除了担任绵阳市第二汽车运输公司财务科副科长外，还同时兼任绵阳市城北城市信用社监事会理事，正是因为这一特殊身份使张轻易要回了30万元假钞，使这些假钞再次流向社会，造成了无法弥补的损失，这也是张犯罪"情节特别严重"的原因所在，因此应依法严惩。依照1979年《刑法》第122条第2款的规定，犯贩运伪造的国家货币罪，"情节特别严重的，处7年以上有期徒刑或者无期徒刑"。从本案判决结果看，很显然，法院采纳了第三种意见。

笔者基本赞同第三种观点。理由有三点：① 客观上，上诉人张继全实施了将伪造的货币从甲地运往乙地的贩运行为。② 数额上，根据1994年10月10日《最高人民法院关于办理伪造国家货币、贩运伪造的国家货币、走私伪造的货币犯罪案件具体应用法律的若干问题的解释》第4条的规定，贩运伪造的国家货币总面值3万元以上或者币量3000张以上的，即属于"情节特别严重"，应依照《刑法》第122条第2款的规定处罚。本案假币面值为30万元，远远超过了上述数额界限。③ 从主观上看，虽然一般情况下，贩运伪造的货币都为了牟利，但是我国1979年《刑法》并未为本罪规定特定目的。上述《解释》也只是要求"明知"是伪造的国家货币而予以买卖、携带或者运输的行为，构成《刑法》第122条规定的贩运伪造的国家货币罪。1997年《刑法》也只是增加了本罪的主观认识内容为"明知"是伪造的货币而运输。可见，仍没有将"营利"或"牟利"作为犯罪的特定目的。因此，本案中，上诉人张继全虽然确实不具有营利目的，主观恶性比一般假币犯罪者要小，但是，他至少是"明知"是假币而仍将其从甲地带到乙地,无论其目的是什么,也已符合了本罪主观方面的构成要件。因此,结合主客观两方面,上诉人张继全的行为应构成贩运伪造的货币罪,并且应当在1979年《刑法》第122条第2款的加重法定刑幅度内处刑。法院的判决基本上是适当的。当然,在刑法修订后,本罪的罪名应当表述为运输假币罪。

二、上诉人的特殊身份是否影响对其量刑?

笔者认为,上诉人所具有的、兼任城市信用社监事会理事这一特殊身份,不能被作为"情节特别严重"的一个考虑因素。在本案中,上诉人张继全所具有的特殊身份确实对他的犯罪行为起到了作用,但是这个作用仅仅在于能够使上诉人要回假币并进而实施贩运行为,换句话说,本案中,上诉人的特殊身份是其所实施的贩运伪币行为的前提或必要条件,如果不具有这种身份,假币很可能被信用社工作人员报告给公安机关①依法予以没收,上诉人也就不可能有后来的贩运行为了。这就是上诉人特殊身份在本案中所起的作用,在这里,已经对上诉人的特殊身份进行了评价,如果再将其作为"情形特别严重"的情节考虑,则有重复评价之嫌。

【结　论】

从主观上看,虽然一般情况下,贩运伪造的货币都为了牟利,但是本罪的主观认识内容为"明知",不要求具有"营利"或"牟利"目的,因此,不具有营利目的贩运伪造的货币,只要符合本罪的其他构成要件,完全可以定贩运伪造的货币罪(运输假币罪)。

【相关链接】

相关的法律、法规
中华人民共和国刑法第一百七十一条(见本书第78页)

相关的司法解释与指导性意见
最高人民法院关于审理伪造货币等案件具体应用法律若干问依题的解释(法释[2000]26号)第3条(见本书第78页)
全国法院审理金融犯罪案件工作座谈会纪要[二·(二)·2](2001年1月21日)(见本书第74—75页)
最高人民检察院、公安部关于经济犯罪案件追诉标准的规定第17条(2001年4月18日)(见本书第78页)

---

① 《中华人民共和国人民币管理条例》第32条规定,办理人民币存取款业务的金融机构发现他人持有伪造、变造的人民币的,应当立即向公安机关报告。

相关的参考案例
何宣明运输假币案[(2006)穗中法刑二终字第660号]
载北大法意网,最后访问时间:2007年4月10日。
张苏杭、于德军出售、购买、运输假币案[(2006)宣刑初字第265号]
载北大法意网,最后访问时间:2007年4月10日。

(黄俊平)

17. 代购假币未牟利的行为如何定性？
——蔡少群等出售、购买假币案①

【案情介绍】

被告蔡少群，男，1975年11月30日生，汉族，出生地广东省惠来县，初中文化程度，原系上海天目路消费品市场A26摊位业主。

被告人王长林，男，1971年12月2日生，汉族，出生地江苏省沭阳县，初中文化程度，原系上海天目路消费品市场A26摊位临时工。

被告人陈利君，女，1973年1月25日生，汉族，出生地四川省眉山县，小学文化程度，原系本市曼都理发店临时工。

被告人张群，女，1974年6月6日生，汉族，出生地四川省眉山县，小学文化程度，原系鞋类个体户。

1999年12月下旬，被告人蔡少群与高松商定向其出售假币。同期，被告人陈利君得知被告人张群需购买假币，遂与蔡少群联系要求购买假币。2000年1月初，被告人蔡少群委托他人将假币藏于音响中从广州运至上海后，被告人蔡少群、王长林从托运站提取货物运至其经营摊位处。当日下午1时许，蔡少群从音响中取出假币，王长林询问后得知系假币。蔡少群将3万余元交给王长林，又与陈利君取得联系，后由陈利君将蔡、王带至上海市河南北路、安庆路陈的朋友处，蔡少群以人民币8000元的价格将面值人民币3万余元的假币出售给陈利君。之后，陈利君携带上述购买的假币至上海市嘉定区温宿路浪漫鞋业，以人民币8000元的价格将3万余元的假币出售给被告人张群。2000年1月18日，张群携带3.432万元假币到公安机关，在公安机关未采取强制措施前，交代了购买假币的犯罪事实。2000年1月6日下午4时许，被告人蔡少群伙同被告人王长林携带假币至上海市南京路体育俱乐部准备进行交易。王长林按蔡少群之嘱携带假币到体育俱乐部707房成交时，被公安人员抓获，缴获面值1.47万元的假币，尔后，公安人员将在外等候的被告人蔡少群抓获，从蔡少群身上缴获面值5000元的假币。

上海市黄浦区人民法院认为，被告人蔡少群等明知是伪造的货币仍分别单独或结伙予以运输、出售、购买，其行为均已构成犯罪。遂作出如下判决：

---

① (2000)沪二中刑终字第301号。案例选自"北大法意"网，最后访问时间：2007年4月13日。

1. 被告人蔡少群犯运输、出售假币罪,判处有期徒刑6年,罚金人民币7万元;
2. 被告人王长林犯出售假币罪,判处有期徒刑3年6个月,罚金人民币5万元;
3. 被告人陈利君犯购买、出售假币罪,判处有期徒刑3年6个月,罚金人民币5万元;
4. 被告人张群犯购买假币罪,判处有期徒刑2年6个月,罚金人民币3万元。判决后被告人蔡少群、王长林、陈利君上诉。陈辩称自己是代张群购买假币,将假币给张群时,没有牟利,故不构成出售假币罪。上海市第二中级人民法院认为,根据我国刑法规定,出售假币罪的成立并不以行为人是否牟利为构成要件,陈利君出售假币是否牟利,并不影响其罪名的成立。据此,裁定驳回上诉,维持原判。

【法理分析】

正确处理本案涉及的主要问题在于:如何选择、认定假币犯罪的罪名以及如何确定假币犯罪的罪数?

假币犯罪案件中的犯罪分子往往不只实施一种犯罪行为,而是实施数个相关行为。有的既伪造货币,又变造货币;有的伪造货币后,又出售、运输或者持有、使用。从理论上讲,伪造货币罪与出售、购买、运输假币罪以及持有、使用假币罪的罪名比较容易区分,但司法实践中,行为人既实施伪造货币行为,又实施出售、运输假币以及持有、使用假币的行为,这些行为如何确定罪名,看法各不相同,存在争议,有的表述为出售、购买或者运输伪造的货币罪;还有的表述为买卖、运输伪造的货币罪。笔者认为,在确定此类罪名时应注意以下原则:① 对同一起假币案件,行为人实施了法律规定为选择性罪名的行为,应根据行为人所实施的数个行为,按照相关罪名,依照刑法规定的排列顺序并列确定罪名,数额不累计计算,不实行数罪并罚。② 对不同起假币案件,行为人实施了法律规定为选择性罪名的行为,并列确定罪名,数额按全部假币面额累计计算,不实行数罪并罚。③ 对同一起假币案件,行为人实施了刑法没有规定为选择性罪名的行为,择一重罪定罪处罚。④ 对不同起假币案件,行为人实施了刑法没有规定为选择性罪名的数个犯罪行为,分别定罪,实行数罪并罚。

那么,上诉人陈利君是否构成购买、出售假币罪呢?本案中,陈利君在被告人蔡少群与张群之间即出售假币者与购买假币者之间扮演一个居间人的作用。根据我国刑法规定,出售与购买假币的行为均构成犯罪,依刑法理论,这种行为属于必要共同犯罪中的对合犯,没有出售行为也就没有购买行为,购买行为也依出售行为而存在。通常情况下,出售与购买之间往往是面对面的交易,并没有中间环节,但大宗复杂的出售与购买假币犯罪案件,出售人与购买人并非正面接触,而是通过中间人来完成出售与购买活动。对出售与购买行为的中间人如何定性呢?笔者认为,如果中间人受出售人的委托或与出售人事前合谋,再去寻找出售对象,对中间人应以出售假币罪共犯论处。

如果中间人受购买方委托或者与购买方事前通谋策划,再寻找购买对象,对中间人应以购买假币罪论处。如果出售与购买人之间没有找中间人的合意,而是共同找到中间人让其寻找购买与出售对象,中间人的行为完成了假币的出售与购买,那么对中间人应以出售、购买假币罪论处。但是本案中,陈利君的行为已不是单纯的居间人的问题。先是陈得知张群需要购买伪币后,主动寻找销售假币者。类似与购买假币者构成共同犯罪的一个居间人。但是,陈利君只是听说后便主动去联系,他与购买者张群之间并没有形成购买假币、由陈利君代为居间联络的合意。因此,陈不能与张群构成购买假币的共同犯罪。陈在案中所实施的行为分为两个部分:前一部分是一个独立的购买假币的行为;后一部分是一个独立的销售假币的行为。虽然在假币的一进一出中陈利君没有获取一分钱的利润,但是并不影响他的购买与出售假币罪的成立。这里主要有两点理由:① 我国刑法并未将"牟利"或"营利"作为货币犯罪主观方面的构成要件。尽管一般情况下,假币犯罪都是具有获利目的的。② "牟利"与"营利"不同。按汉语词典解释,"牟利"是指谋取私利,是指行为人意图通过一定的行为获取非法利益,既可以是金钱和财物,也可以是其他的物质性利益。而"营利"是指做生意谋求利润。换言之,营利一般是指通过一定的经营活动来追逐利益。可见,"牟利"比"营利"在所追究的利益方面的含义要宽。本案中,陈的行为准确地说只是这一次出售假币的经营活动没有获得经济利润。但是陈未必不会得到这之外的其他形式的利益。因此,上海市黄浦区人民法院对本案被告人作出的判决是适当的。

【结　论】

　　1. 在确定假币犯罪罪名时应注意以下原则:① 对同一起假币案件,行为人实施了法律规定为选择性罪名的行为,应根据行为人所实施的数个行为,按照相关罪名,依照刑法规定的排列顺序并列确定罪名,数额不累计计算,不实行数罪并罚。② 对不同起假币案件,行为人实施了法律规定为选择性罪名的行为,并列确定罪名,数额按全部假币面额累计计算,不实行数罪并罚。③ 对同一起假币案件,行为人实施了刑法没有规定为选择性罪名的行为,择一重罪定罪处罚。④ 对不同起假币案件,行为人实施了刑法没有规定为选择性罪名的数个犯罪行为,分别定罪,实行数罪并罚。

　　2. 对于假币交易的中间人在确定罪名时应区分不同情形:如果中间人受出售人的委托或与出售人事前合谋,再去寻找出售对象,对中间人应以出售假币罪共犯论处。如果中间人受购买方委托或者与购买方事前通谋策划,再寻找购买对象,对中间人应以购买假币罪论处。如果出售与购买人之间没有找中间人的合意,而是共同找到中间人让其寻找购买与出售对象,中间人的行为完成了假币的出售与购买,那么对中间人应以出售、购买假币罪论处。

【相关链接】

　　相关的法律、法规

　　中华人民共和国刑法第一百七十一条（见本书第78页）

　　相关的司法解释与指导性意见

　　最高人民法院关于审理伪造货币等案件具体应用法律若干问题的解释（法释[2000]26号）第3条（见本书第78页）

　　全国法院审理金融犯罪案件工作座谈会纪要[二·（二）·2]（2001年1月21日）（见本书第74—75页）

　　最高人民检察院、公安部关于经济犯罪案件追诉标准的规定第17条（2001年4月18日）（见本书第78页）

　　相关的参考案例

　　黎晓杰出售假币、曾桂春购买假币案[（2006）邵东刑初字第27号]
　　载北大法意网，最后访问时间：2007年4月10日。

　　曹凤凯购买假币案[（2006）宣刑初字第266号]
　　载北大法意网，最后访问时间：2007年4月10日。

（黄俊平）

18. 用假币充抵欠款如何定性？
——吴振兴等出售、持有、使用假币案[①]

【案情介绍】

被告人吴振兴，男，50岁，1949年8月5日生，汉族，小学文化，偃师市缑氏镇金屯村农民。

被告人杨中央，男，50岁，1950年5月20日生，汉族，小学文化，巩义市鲁庄镇四合村农民。

被告人金治安，男，34岁，1965年9月28日生，汉族，小学文化，偃师市缑氏镇金屯村农民。

2000年元月中旬的一天，被告人吴振兴邀被告人杨中央一同到河南省濮阳县朱静明处讨账，朱静明给吴、杨二人假币1.56万元，由被告人杨中央带回藏匿家中，后二人商定由吴振兴联系买主，同年2月22日下午，被告人吴振兴联系好买主后，伙同被告人杨中央与买主在缑氏镇金屯村边进行交易时，被公安机关当场抓获，并从杨中央身上提取假币1.56万元，从吴振兴身上提取假币250元。1999年冬的一天，犯罪嫌疑人朱静明（批捕在逃）携带假币5000元到缑氏镇金屯村，将假币交给被告人金治安，以抵欠金治安1000元的欠账。后被告人金治安先后分四次将假币3400元给了被告人吴振兴，剩余假币由被告人金治安花掉。被告人吴振兴将3400元假币用于还账。

河南省偃师市人民法院认为，被告人吴振兴、杨中央明知是伪造的货币而予以出售，数额较大，其行为均已构成出售假币罪。但因在交易过程中被公安人员查获，系未遂。被告人金治安明知是伪造的货币而持有、使用，数额较大，其行为已构成持有、使用假币罪。遂判决如下：

1. 告人吴振兴犯出售假币罪，判处有期徒刑1年6个月，并处罚金2万元。
2. 被告人杨中央犯出售假币罪，判处有期徒刑1年，并处罚金2万元。
3. 被告人金治安犯持有、使用假币罪，判处有期徒刑6个月，并处罚金1万元。

【法理分析】

处理本案涉及的主要问题在于：如何深刻理解出售假币行为的含义？

[①] （2000）偃刑初字第55号。案例选自"北大法意"网，最后访问时间：2007年4月5日。

本案中，被告人吴振兴无疑犯有出售假币罪，法院也作了相应的判决。问题是吴振兴与朱静明之间用假币充抵债款的行为如何定性，值得探讨。用假币偿还债务是假币较常见的一种用途，如何判断这类行为的性质涉及对使用假币以及买卖假币的客观危害行为含义的理解问题。

笔者认为朱静明用假币抵偿债款的行为不构成使用假币罪，而是应定性为出售假币的行为。"出售"与"购买"是对向犯，因此，接受朱静明用假币抵偿债款的对方即被告人吴振兴从朱静明处接受假币的行为就应当定性为购买假币罪。理由如下：① 从客观方面看，朱静明的行为不符合使用假币罪中"使用"的含义。使用假币中的使用是指将伪造的货币冒充通用货币，以通用货币之通常用法，加以使用，使不具备通用力的假币，得以充当真币而流通。① 在使用假币情况下，假币是冒充通货使用的，这就决定了使用假币时，假币与真币在面值数额上是相同的。而对假币进行买卖时，假币是作为交易中的"商品"出现的，购买方的目的与行为性质决定了假币通常是以低于票面额的价钱出售。也就是说假币与换得的真币之间必须存在票面数额上的不对等。② 从主观方面看，两罪中接受假币的相对方的主观认识内容不同。使用假币与出售假币之间，支付的用途不是它们的根本区别，它们关键的区别在于"出售"假币是在买主知情的情况下进行的"公平"交易，接受假币方的乐意是其真实意思表示。在本案中，吴振兴面对朱静明以假币抵充债款的行为或许有勉强的成分，但是他毕竟是在明知的情况下接受了假币，这无疑是其真实的意思表示。这就从根本上否定了朱静明的行为是使用假币的可能性。相反，如果朱静明隐瞒事实真相，用相同面额的假币冒充真人民币支付对方的债款，吴在完全不知情的情况下接受了假币，朱的行为就应当定性为使用假币罪，吴则是其使用假币的受害者。而本案中，双方都知道是假币，因此假币的转移也就具有了交易的性质。根据上述两方面理由，本案中，被告人吴振兴接受朱静明假币的行为应定为购买假币罪。

而由于出售、购买、运输假币罪是一个选择性罪名，吴振兴先购买假币又出售给他人的行为是一种连续性行为，应当成立一个合并性罪名，即购买、出售假币罪。因此，本案中，法院判决中对被告人吴振兴的罪名确定不完全准确。

【结　　论】

用假币偿还债务是假币较常见的一种用途，在这种情形中，假币的转移具有交易性质，与使用假币有本质不同。因此，用假币偿还债务数额较大的，应定出售假币罪。

---

① 张军主编《破坏金融管理秩序罪》，中国人民公安大学出版社2003年版，第109页。

【相关链接】

  相关的法律、法规

  中华人民共和国刑法第一百七十一条(见本书第78页)

  相关的司法解释与指导性意见

  最高人民法院关于审理伪造货币等案件具体应用法律若干问依题的解释(法释[2000]26号)第3条(见本书第78页)

  全国法院审理金融犯罪案件工作座谈会纪要[二·(二)·2](2001年1月21日)(见本书第74—75页)

  最高人民检察院、公安部关于经济犯罪案件追诉标准的规定第17条(2001年4月18日)(见本书第78页)

  相关的参考案例

喻道明出售假币案[(2006)海刑初字第2181号]

载北大法意网,最后访问时间:2007年4月10日。

卢祖安、刘锡炬、曾啟常出售、购买假币案[(2003)江中法刑经初字第50号]

载北大法意网,最后访问时间:2007年4月10日。

(黄俊平)

19. 刚开始使用假币就被抓获的行为如何定性？
——叶杰俊持有假币案[①]

【案情介绍】

被告人叶杰俊，男，1973年11月3日生，汉族，出生于安徽省无为县，小学文化程度，农民，户籍地安徽省无为县江坝乡三龙村4组。

2000年1月15日1时30分许，被告人叶杰俊与高文亭搭乘沪A.N6036出租车从本市汶水路至祁连镇东方国贸生活区后，用一张面额为50元的假人民币支付车费，司机吴耀铭识破后，与被告人叶杰俊交涉未果即报警。嗣后，被告人叶杰俊在该生活区门口被公安人员抓获，并从其衣袋内及携带的包内缴获假人民币8950元。

上海市宝山区人民法院认为，被告人叶杰俊非法持有假币，数额较大，其行为已构成持有假币罪，依法应予惩处。依照《中华人民共和国刑法》第172条之规定，对被告人叶杰俊以持有假币罪判处有期徒刑1年6个月，并处罚金人民币1万元。叶杰俊提出上诉。上海市第二中级人民法院认为，上诉人叶杰俊非法持有假币数额较大，其行为已构成持有假币罪，依法应予惩处。原判定罪及适用法律正确，量刑适当，且审判程序合法，应予维持。遂裁定驳回上诉，维持原判。

【法理分析】

正确处理本案涉及的主要问题在于：如何界定持有假币罪与使用假币罪的界限？

本案中，被告人的行为从主体、主观以及客观行为方面都符合使用假币罪的特征。只是根据刑法规定，使用假币行为只有"数额较大"的，才以犯罪论处。因此，由于缺少数额要件，被告人行为不构成使用假币罪。持有型犯罪的确立目的，主要在于严密法网，设置了在行为人对特定物品处于控制状态的，在其来源与去处及行为人进行其他相关犯罪的证据不能查实的情况下，为防止放纵犯罪而设置的罪名。因此，在这种情况下，当证据不能证明假币持有人的假币来源及其控制假币的意图时，一般可定为持有假币罪。但是，这种情况下定持有假币罪并非该罪被设立的唯一作用。在与本案相同的场合中，持有假币罪这个罪名也有它的使用价值，即当使用假币行为停顿在未完成形态或使用假币数额未达"较多"，因情节显著轻微不以犯罪论处的情况下，只要行

[①] (2000)沪二中刑终字第283号。案例选自"北大法意"网，最后访问时间：2007年4月14日。

为人所控制的假币数额已达"较大"的,完全可以按持有假币罪认定,而且只有这样才不会放纵犯罪。因此,本案中法院的判决是合适的。

【结　　论】

当证据不能证明假币持有人的假币来源及其控制假币的意图时,一般可定为持有假币罪。但是,这种情况下定持有假币罪并非该罪被设立的唯一作用,当使用假币行为停顿在未完成形态或使用假币数额未达"较多",因情节显著轻微不以犯罪论处的情况下,只要行为人所控制的假币数额已达"较大"的,完全可以按持有假币罪认定,而且只有这样才不会放纵犯罪。

【相关链接】

相关的法律、法规

中华人民共和国刑法第一百七十二条(见本书第82页)

相关的司法解释与指导性意见

最高人民法院关于审理伪造货币等案件具体应用法律若干问依题的解释(法释[2000]26号)第2条、第5条(见本书第78、82页)

全国法院审理金融犯罪案件工作座谈会纪要[二·(二)·2](2001年1月21日)(见本书第74—75页)

最高人民检察院、公安部关于经济犯罪案件追诉标准的规定第19条(2001年4月18日)(见本书第82页)

相关的参考案例

张学才持有假币案[(2007)朝刑初字第00023号]

载北大法意网,最后访问时间:2007年4月10日。

王鹏持有假币案[(2006)东刑初字第00389号]

载北大法意网,最后访问时间:2007年4月10日。

姚宇光持有假币案[(2006)朝刑初字第01660号]

载北大法意网,最后访问时间:2007年4月10日。

李自平持有假币案[(2003)原刑初字第162号]

载北大法意网,最后访问时间:2007年4月10日。

(黄俊平)

20. 如何区分擅自设立金融机构罪与非法吸收公众存款罪的界限？
——李晓光擅自设立金融机构案[①]

【案情介绍】

被告人李晓光，男，1938年5月6日出生，汉族，出生地山东省济南市，大专文化程度，原系天津市光华公司总经理。

1996年间，李晓光以中华民族团结发展促进会及所属的国际基金委员会负责人的身份，利用私制的印章、虚假文件，任命董全福为国际基金委员会常务副主任兼中华商业银行副行长，委托董全福在筹建中华商业银行工作中，全权办理涉外引资及一切有关事项，还提供了银行章程和经营方案。1997年11月至1998年2月间，李晓光又利用私制的虚假文件任命董全福为中华民族团结发展促进会驻上海工作处副主任，以便董全福在上海筹备中华商业银行筹措资金。董全福持虚假文件，经上海市南市区人民政府批准，于1998年2月28日在上海市中山南路1117号成立了中华民族团结发展促进会驻上海工作处。董又委托他人制作了中华商业银行筹备处招牌、中华商业银行企业GI形象识别系统总体策划书、中华商业银行新闻发布会策划书，同年7月，开始租用场所、招募人员。同时，董全福以中华商业银行负责人的身份，在社会上四处游说，为开办银行积极筹措资金。1998年4月，董全福以为中华商业银行开业筹措资金的理由，以中华民族团结发展促进会驻上海工作处的名义，与河南省银汇实业有限公司签订借款意向书，并先后于该年4月4日、4月24日两次从该公司董事长魏新平处借得人民币20万元。董全福将该款主要用于支付场地费、发工资、购买办公用品等。被告人李晓光分别于1998年3月12日向董全福借款22万元，4月7日向董全福借款2万元，7月18日向董全福借款15万元，并出具借条。上述借款中的2笔计35万元，系董全福从河南省银汇实业有限公司借款中支出。

上海市虹口区人民法院认为，被告人李晓光未经中国人民银行批准，擅自设立金融机构，其行为已构成擅自设立金融机构罪。公诉机关指控被告人李晓光犯罪的事实清楚，证据确凿，但指控其构成诈骗罪，定性不当。被告人李晓光确实实施了虚构事实、隐瞒真相的行为，但由该行为推定被告人李晓光有非法占有财物的主观故意，不具

[①] （1999）虹刑初字第302号。案例选自"北大法意"网，最后访问时间：2007年4月17日。

有充分的排他性。本案没有证据证明董全福有与李晓光共同诈骗的主观故意,也没有证据证明李晓光知道董全福已从河南省银汇实业有限公司筹到钱款,事实上该钱款为董全福所控制。期间,李晓光从董全福处借款57万元,也没有证据证明属李晓光诈骗后分得赃款,故指控李晓光犯诈骗罪不能成立。被告人李晓光明知未经中国人民银行批准不能设立商业银行,而李晓光却指使董全福为筹备"中华商业银行"积极活动,到处筹集资金,并提供伪造的公文、批复及任命书,其擅自设立金融机构主观故意明确,客观上又实施了行为。根据国务院颁布的《非法金融机构和非法金融业务活动取缔办法》第3条第2款之规定,非法金融机构的筹备组织应视为非法金融机构,至此,被告人李晓光已具备擅自设立金融机构罪的主客观要件,故应定该罪予以惩处。据此,上海市虹口区人民法院判处李晓光犯擅自设立金融机构罪,判处有期徒刑1年6个月,并处罚金人民币2万元。

【法理分析】

　　正确处理本案涉及的主要问题在于:如何区分擅自设立金融机构罪与诈骗罪的界限?

　　被告人李晓光的行为是构成诈骗罪还是构成擅自设立金融机构罪?解决这一问题的关键在于对上述两种犯罪构成要件的准确把握。我们赞同人民法院判决中的定性。

　　1. 被告人李晓光不构成诈骗罪或集资诈骗罪。

　　诈骗罪的基本构成要件有:非法占有公私财物的主观故意;虚构事实、隐瞒真相的欺骗行为;行为人取得被害人信任自愿地交出财物的结果;当然,还有与擅自设立金融机构罪相同的一般主体。四者缺一不可。司法实践中,通常能从行为人的行为及其取得财物后的作为推断出其主观故意。本案中,李晓光无疑实施了欺骗行为,但其实施欺骗行为指使他人设立金融机构的主观故意,既可能是因此而非法占有他人存入的钱款,也可能是通过这一金融机构的非法运作从中获利。这两种可能同时存在,现有证据无法确定也无法排除其中任何一种可能,故不能确认李晓光有非法占有公私财物的主观故意。此外,董全福被李晓光所蒙蔽,持李晓光提供的文件,按李晓光的指使,以开办银行的名义筹得钱款,且主要用于银行开业方面,不能认为此钱款已为李晓光所取得。可见,人民检察院对李晓光犯诈骗罪的指控存在不当之处。

　　2. 李晓光构成擅自设立金融机构罪。

　　擅自设立金融机构罪最先规定于1995年5月10日第八届全国人大第13次会议通过的《中华人民共和国商业银行法》,该法第79条第1款规定:"未经中国人民银行批准,擅自设立商业银行……依法追究刑事责任,并由中国人民银行予以取缔"。同年6月30日,第8届全国人大第13次会议通过的《关于惩治破坏金融秩序犯罪的决定》

第 6 条第 1 款规定:"未经中国人民银行批准,擅自设立商业银行或者其他金融机构的,处 3 年以下有期徒刑或者拘役,并处或者单处 2 万元以上 20 万元以下罚金;情节严重的,处 3 年以上 10 年以下有期徒刑,并处 5 万元以上 50 万元以下罚金。"1997 年刑法修订时吸纳了上述《决定》的这一规定,没作任何修改将其规定为《刑法》第 174 条。1999 年 12 月 25 日通过的《刑法修正案》对《刑法》第 174 条作了修正,其中主要有两点:① 增加列举了"商业银行"以外的其他金融机构"证券交易所、期货交易所、证券公司、期货经纪公司、保险公司";② 将侵犯的客体内容"未经中国人民银行批准"修订为"未经国家有关主管部门批准"。根据上述规定,所谓擅自设立金融机构罪,是指未经国家有关主管部门批准,擅自设立商业银行、证券交易所、期货交易所、证券公司、期货经纪公司、保险公司或者其他金融机构的行为。本罪侵犯的客体是国家对金融机构的管理审批制度;犯罪主体既可以是个人,也可以是单位;本罪行为人在主观方面表现故意,并且是直接故意;本罪在客观方面表现为具体的作为形式,即表现为未经国家金融管理机关中国人民银行批准,擅自设立非法金融机构的行为。如果非法设立金融机构的行为还处在预谋阶段,由于种种原因致使其行为没有得逞,则不构成本罪。学术界也有人提出本罪属于结果犯①,笔者认为,本罪从构成特征上看,不符合刑法上关于结果犯的基本理论。相反,从罪状反映出来的构成特征上看,本罪具有行为犯的特征。根据国务院 1998 年 7 月 13 日发布的《非法金融机构和非法金融业务活动取缔办法》第 3 条第 2 款之规定:非法金融机构的筹备组织,应视为非法金融机构。筹备组织一般尚未开展相应的金融业务,由此,也不难看出,擅自设立金融机构罪的成立并不以开展相应的金融业务为要件。因此,在其他要件齐备的情况下,只要行为人实施了"未经中国人民银行批准,擅自设立金融机构"的行为,不需要开展相应的业务,即构成本罪。本案中,中华商业银行虽未正式设立,但该银行筹备处已经成立,并开始运作,筹措资金。根据《办法》规定,可以认定中华商业银行这一非法金融机构已经设立。被告人李晓光明知未经中国人民银行批准,不能设立金融机构,仍指使他人设立金融机构,且使中华商业银行筹备处这一金融机构得以设立,完全具备了擅自设立金融机构罪的构成要件,因此,应按照擅自设立金融机构罪认定。

此外,李晓光擅自设立金融机构的行为从 1996 年起一直继续到 1997 年 10 月 1 日《刑法》实施以后,法院按犯罪行为实施终了时的法律即修订后的《刑法》对李晓光定罪量刑亦是准确的。

【结　论】

擅自设立金融机构罪从构成特征上看,不符合刑法上关于结果犯的基本理论,而

---

① 参见舒慧明主编:《中国金融刑法学》,中国人民公安大学出版社 1997 年版,第 228 页。

是更符合行为犯的特征。因此,在其他要件齐备的情况下,只要行为人实施了"未经中国人民银行批准,擅自设立金融机构"的行为,不需要开展相应的业务,即构成本罪。

【相关链接】

相关的法律、法规

中华人民共和国刑法

第一百七十四条　未经国家有关主管部门批准,擅自设立商业银行、证券交易所、期货交易所、证券公司、期货经纪公司、保险公司或者其他金融机构的,处三年以下有期徒刑或者拘役,并处或者单处二万元以上二十万元以下罚金;情节严重的,处三年以上十年以下有期徒刑,并处五万元以上五十万元以下罚金。

伪造、变造、转让商业银行、证券交易所、期货交易所、证券公司、期货经纪公司、保险公司或者其他金融机构的经营许可证或者批准文件的,依照前款的规定处罚。

单位犯前两款罪的,对单位判处罚金,并对其直接负责的主管人员和其他直接责任人员,依照第一款的规定处罚。

中华人民共和国刑法修正案(1999年12月25日第9届全国人大常委会第13次会议通过)

第三条　将《刑法》第一百七十四条修改为:"未经国家有关主管部门批准,擅自设立商业银行、证券交易所、期货交易所、证券公司、期货经纪公司、保险公司或者其他金融机构的,处三年以下有期徒刑或者拘役,并处或者单处二万元以上二十万元以下罚金;情节严重的,处三年以上十年以下有期徒刑,并处五万元以上五十万元以下罚金。"

相关的司法解释与指导性意见

全国法院审理金融犯罪案件工作座谈会纪要(法[2001]8号)(2001年1月21日)

1998年7月13日,国务院发布了《非法金融机构和非法金融业务活动取缔办法》。1998年8月11日,国务院办公厅转发了中国人民银行整顿乱集资、乱批设金融机构和乱办金融业务实施方案,对整顿金融"三乱"工作的政策措施等问题做出了规定。各地根据整顿金融"三乱"工作实施方案的规定,对于未经中国人民银行批准,但是根据地方政府或有关部门文件设立并从事或变相从事金融业务的各类基金会、互助会、储金会等机构和组织,由各地人民政府和各有关部门限期进行清理整顿。超过实施方案规定期限继续从事非法金融业务活动的,依法予以取缔;情节严重、构成犯罪的,依法追究刑事责任。因此,上述非法从事金融活动的机构和组织只要在实施方案规定期限之前停止非法金融业务活动的,对有关单位和责任人员,不应以擅自设立金融机构罪处理;对其以前从事的非法金融活动,一般也不作犯罪处理;这些机构和组织的人员利用职务实施的个人犯罪,如贪污罪、职务侵占罪、挪用公款罪、挪用资金罪等,应当根据具体案情分别依法定罪处罚。

最高人民检察院、公安部关于经济犯罪案件追诉标准的规定(2001年4月18日)
二十一、擅自设立金融机构案(刑法第174条第1款)
未经中国人民银行等国家有关主管部门批准,擅自设立金融机构,涉嫌下列情形之一的,应予追诉:
1. 擅自设立商业银行、证券、期货、保险机构及其他金融机构的;
2. 擅自设立商业银行、证券、期货、保险机构及其他金融机构筹备组织的。

(黄俊平)

21. 如何理解非法吸收公众存款罪的对象范围？
——龙港镇池浦村村委会、赵典飞等非法吸收公众存款案[①]

【案情介绍】

被告单位：苍南县龙港镇池浦村村民委员会。

诉讼代表人彭传淦，苍南县龙港镇池浦村村民委员会主任。

被告人赵典飞，男，1949年11月29日出生于浙江省苍南县，汉族，小学文化，原系龙港镇池浦村村委会主任。

被告人彭传象，男，1962年2月18日出生于浙江省苍南县，汉族，高中文化，原系龙港镇池浦村村委委员、会计。

1999年10月份，浙江省温州市苍南县龙港镇池浦村众多村民集体向村委提出要求发放"地基卡"。10月29日下午，池浦村村委在先前多次会议讨论的基础上，由村委会主任赵典飞主持召开村民委员会会议研究决定，池浦村村委会以预收宅基地街道设施费名义，向本村村民收取集资费用于村集体建设。规定池浦村23周岁以上男性村民均可认领一份，每份人民币1万元。会后经被告人彭传象统计，全村符合条件的共438人，并于同年11月2日晚，在被告人赵典飞、彭传象及其他村委会委员的组织下，向此438人收取集资费共计人民币438万元。苍南县人民检察院指控被告单位龙港镇池浦村村民委员会、被告人赵典飞、彭传象犯非法吸收公众存款罪。

苍南县人民法院认为：① 被告单位作为村民群众性自治基层组织，对涉及村建道路等村公益事业的经费筹集方案和宅基地的使用方案，应提请村民大会讨论决定，所以本案原村委会超越了职权范围，不能体现被告单位的意志，因此不符合单位犯罪的特征；② 本案发放"集资卡"的对象是池浦村23周岁以上的男性村民，对象是特定的，不符合非法吸收公众存款罪的构成要件，故被告单位不应承担刑事责任。遂判决：

1. 被告单位苍南县龙港镇池浦村村民委员会无罪。
2. 被告人赵典飞无罪。
3. 被告人彭传象无罪。

【法理分析】

正确处理本案涉及的主要问题在于如何理解非法吸收公众存款罪客观方面特征？

[①] （2000）苍刑初字第492号。案例选自"法律知识库网"，最后访问时间：2007年3月20日。

根据我国刑法规定，所谓非法吸收公众存款罪，是指违反国家法律、法规的规定，非法吸收公众存款或者变相吸收公众存款，扰乱金融秩序的行为。

近年来，随着我国市场经济的迅速发展，社会各个方面都急需资金用于建设和发展生产，由于国家资金比较紧张，一些单位与个人为解决资金困难，不惜违反国家法律，通过提高利率的方式，大量吸纳公众存款。这种行为不仅严重破坏了国家金融秩序，还容易诱发物价上涨，造成社会的不稳定，因而极具社会危害性。池浦村村委会是否构成非法吸收公众存款罪应当根据该罪的构成特征进行判定。

（1）从犯罪主体上看。非法吸收公众存款罪的主体是一般主体，即年满16周岁具有刑事责任能力的自然人都可构成本罪，单位也可以构成。因此，本案被告池浦村村委会符合本罪的主体特征。

（2）从主观方面看。非法吸收公众存款罪的主观特征是直接故意，即行为人必须具有非法吸收或变相吸收公众存款的故意。行为人实施非法吸收、变相吸收公众存款的目的，通常为聚集资金从中牟利，但在认定本罪时并不要求有无这一目的。本案中，被告池浦村村委会是应村民的集体要求，经开会研究决定进行集资。这说明池浦村村委会及其负责人没有非法占有村民钱款的目的，但是，本罪恰恰不能具备占有所吸纳资金的主观目的，否则就不构成本罪而构成其他的犯罪了。因此，在本案中，被告人对集中收取本村村民的钱款只要明知而且持一种追求的心理就具备了本罪的主观特征了。

（3）从客观方面看。1997年《刑法》第176条规定的罪状有两种：即非法吸收公众存款及变相非法吸收公众存款。在司法实践中，对非法吸收公众存款的认定一般异议不大，而对于变相非法吸收公众存款行为的认定则存在较大的难度。对何为"变相吸收"以及"存款"的法律定义，目前我国法律中尚未有相关的、确定的法律解释。按照学界通论，"变相非法吸收公众存款"，是指行为人不是以存款的名义而是通过其他形式吸收公众资金，从而达到吸收公众存款的目的①，如有些单位，未经批准成立资金互助组织吸收公众资金，或者有些企业以投资、集资入股等名义吸收公众资金，但并不按规定分配利润、分配股息，而仅支付固定利息的行为。本案中，池浦村村委会的行为显然属于变相非法吸收公众存款的行为。

（4）从犯罪对象看。行为人是否面向社会公众吸收存款也是区分本罪罪与非罪的重要特征。少数人之间为了从事某一经济活动的一种互助性的集资行为，没有扩展到社会的，不能以变相非法吸收公众存款罪论处。只有针对社会上不特定的群体实施的吸收行为，才是本罪制裁的对象，也只有面向全社会不特定的公众吸收资金，数额巨大的，才能对正常的金融秩序造成重大破坏，才需要严厉制裁。本案中，被告单位池浦

---

① 参见高铭暄、马克昌主编《刑法学》，中国法制出版社2007年版，第475页。

村村民委员会在村民的要求下,以预收街道设施费的名义向本村 23 岁以上男性村民收取集资费,其集资对象是特定的,虽然集资到了 438 万元的巨款,但是因为其对象范围特定,没有面向社会公众进行,其对国家正常金融信贷管理秩序造成的破坏十分有限,也没有侵犯村民的所有权。可见,本案被告人实施的集资行为不完全满足非法吸收公众存款罪的构成特征。因而,被告单位的行为不构成非法吸收公众存款罪,被告人赵典飞、彭传象的行为亦不构成犯罪。法院的判决是正确的。

【结　论】

行为人是否面向社会公众吸收存款是区分非法吸收公众存款罪罪与非罪的重要特征。如果不满足这一条件,即使具备其他所有特征,也不能认为构成非法吸收公众存款罪。

【相关链接】

相关的法律、法规
中华人民共和国刑法

第一百七十六条　非法吸收公众存款或者变相吸收公众存款,扰乱金融秩序的,处三年以下有期徒刑或者拘役,并处或者单处二万元以上二十万元以下罚金;数额巨大或者有其他严重情节的,处三年以上十年以下有期徒刑,并处五万元以上五十万元以下罚金。

单位犯前款罪的,对单位判处罚金,并对其直接负责的主管人员和其他直接责任人员,依照前款的规定处罚。

相关的司法解释与指导性意见
全国法院审理金融犯罪案件工作座谈会纪要[二·(二)·4](2001 年 1 月 21 日)

关于非法吸收公众存款罪。非法吸收或者变相吸收公众存款的,要从非法吸收公众存款的数额、范围以及给存款人造成的损失等方面来判定扰乱金融秩序造成危害的程度。根据司法实践,具有下列情形之一的,可以按非法吸收公众存款罪定罪处罚:

(1) 个人非法吸收或者变相吸收公众存款二十万元以上的,单位非法吸收或者变相吸收公众存款一百万元以上的;

(2) 个人非法吸收或者变相吸收公众存款三十户以上的,单位非法吸收或者变相吸收公众存款一百五十户以上的;

(3) 个人非法吸收或者变相吸收公众存款给存款人造成损失十万元以上的,单位非法吸收或者变相吸收公众存款给存款人造成损失五十万元以上的,或者造成其他严重后果的。个人非法吸收或者变相吸收公众存款一百万元以上,单位非法吸收或者变相吸收公众存款五百万元以上的,可以认定为"数额巨大"。

最高人民检察院、公安部关于经济犯罪案件追诉标准的规定（2001年4月18日）

二十四、非法吸收公众存款案（刑法第176条）

非法吸收公众存款或者变相吸收公众存款，扰乱金融秩序，涉嫌下列情形之一的，应予追诉：

1. 个人非法吸收或者变相吸收公众存款，数额在二十万元以上的，单位非法吸收或者变相吸收公众存款，数额在一百万元以上的；

2. 个人非法吸收或者变相吸收公众存款三十户以上的，单位非法吸收或者变相吸收公众存款一百五十户以上的；

3. 个人非法吸收或者变相吸收公众存款，给存款人造成直接经济损失数额在十万元以上的，单位非法吸收或者变相吸收公众存款，给存款人造成直接经济损失数额五十万元以上的。

相关的参考案例

柳振非法吸收公众存款案[(2006)房刑初字第00090号]

载北大法律信息网，最后访问时间：2007年4月11日。

金新信托投资股份有限公司等非法吸收公众存款案[(2005)乌中刑初字第155号]

载北大法律信息网，最后访问时间：2007年4月11日。

王铁凡等非法吸收公众存款、虚报注册资本、窝藏案[(2006)湘高法刑二终字第21号]

载北大法律信息网，最后访问时间：2007年4月11日。

（黄俊平）

22. 如何理解非法吸收公众存款罪的客观行为与主观罪过内容?
——张敦恩等非法吸收公众存款案①

【案情介绍】

被告人张敦恩(张忠恩),男,1958年9月7日出生于福清市,汉族,高中文化,原系福清中恩教育集团董事长、法人代表。

被告人陈曾云(陈曾荣),女,1955年8月12日出生于福清市,汉族,高中文化,职工。

被告人张在庆,男,1942年10月4日出生于福清市,汉族,小学文化,司机。

被告人张敦恩自1991年开始独资创办福清龙田侨兴幼儿园、龙田中恩中学、福清市侨兴中学、福清市中恩职业中专等11所学校,并成立福清中恩教育集团。被告人张敦恩任该集团董事长、法人代表。由于办学资金不足,被告人张敦恩自1995年6月30日至1998年4月8日,以中恩学校教育企业基金会、中恩教育集团爱校储蓄所、侨兴职业中专学校教育基金会、侨兴学校教育董事会及个人名义,以高利率向社会公众吸收存款人民币1382笔共12999.829438万元,日币230笔共20235.2万元,美元6笔共4.74万元,港币3笔共8.29万元,以上他币按1998年4月22日国家外汇牌价折合人民币1324.779627万元,合计人民币14324.608765万元。被告人陈曾云从1995年12月25日至1998年4月22日先后以1%至3.5%不等月利率吸收吴茂庆等60户存款人民币739.47万元,日币1086万元,港币60万元,以上他币折合人民币74.927712万元,合计人民币814.397712元,后将款转存给被告人张敦恩,以牟取利息差。余款供本人盖房等使用。

被告人张在庆从1996年3月15日至1998年2月7日,伙同其妻吴月英(另案处理)先后以2%至3%不等月利率吸收施家仁等35户存款,计人民币372.5万元,日币600万元(折合人民币37.8552万元),合计人民币410.3552万元,将大部分款转存给被告人张敦恩,以牟取利息差。余款供本人盖房等使用。

福建省福清市人民检察院指控上述被告人犯非法吸收公众存款罪。福建省福清市人民法院在审理后作出如下判决:

---

① (2000)榕刑终字第194号。案例选自"法律互联网—判决案例全库",最后访问时间:2007年3月2日。

1. 被告人张敦恩犯非法吸收公众存款罪,判处有期徒刑9年,并处罚金人民币50万元。

2. 被告人陈曾云犯非法吸收公众存款罪,判处有期徒刑9年,并处罚金人民币20万元。

3. 被告人张在庆犯非法吸收公众存款罪,判处有期徒刑3年,缓刑4年,并处罚金人民币10万元。

宣判后,三被告人均上诉认为不构成犯罪。

福州市中级人民法院认为,上诉人(原审被告人)张敦恩、陈曾云、张在庆非法向社会公开吸收公众存款,扰乱金融秩序,其中上诉人张敦恩未经中国人民银行批准,擅自成立各种基金会、储蓄所及个人名义,非法吸收公众存款计人民币 14 324 608 765 元;上诉人陈曾云非法吸收公众存款计人民币 8 143 977.12 元;上诉人张在庆非法吸收公众存款计人民币 4 103 552 元,三上诉人的行为均已构成非法吸收公众存款罪,且数额巨大。由于三上诉人非法吸收公众存款到期均未能归还,导致众多债权人的财产遭受损失,引起多次群体上访,严重影响了社会稳定,均属情节严重。原审定性准确,量刑适当,审判程序合法,但对张敦恩和陈曾云的刑期计算有误,未将公安机关监视居住时间折抵刑期,二审应予更正。关于上诉人及辩护人提出不构成非法吸收公众存款罪的辩护意见,理由不足,不予采信。据此,裁定驳回上诉,维持原判。

【法理分析】

正确处理本案涉及的主要问题在于:如何理解非法吸收公众存款罪主观与客观方面的构成特征?

一、如何准确理解非法吸收公众存款罪的客观方面特征

根据《非法金融机构和非法金融业务活动取缔办法》第4条第2款的规定,非法吸收公众存款,是指未经中国人民银行批准,向社会不特定对象吸收资金,出具凭证,承诺在一定期限内还本付息的活动;变相吸收公众存款是指未经中国人民银行批准,不以吸收公众存款的名义,向社会不特定对象吸收资金,但承诺履行的义务与吸收公众存款性质相同的活动。就上述定义分析,非法吸收公众存款与变相吸收公众存款行为的共同特征在于:① 未经中国人民银行批准。这里中国人民银行,包括中国人民银行总行和各级分行。未经中国人民银行批准从事存款业务,即缺少法定的特别授权。② 向社会不特定对象吸收资金,即行为人开展非法存款业务是面向不特定多数人的,而不局限于特定的对象,其行为具有相当的公开性和广延性。两种行为的不同之处在于:前者是以直接的名义吸收存款,表现在其出具存款凭证,并承诺在一定期限内还本付息;而后者则不以直接的吸收存款的名义出现,而以成立资金互助会,或投资、集资入股等名义,但承诺履行的义务与吸收公众存款性质相同,例如以股息、红利的方式

等。所谓"公众存款",意指存款人是不特定的群体,如果存款人只是少数人或者是特定的,如仅限本单位的人员等,不能认为是公众存款。本案中,三名上诉人:首先,具备吸收公众存款的主体资格;其次,针对社会上不特定多数人的资金。本案中,上诉人吸收的存款是面向社会,虽然有部分存款户是亲戚朋友,但不能掩盖其行为对象的主体是不特定的社会公众的事实。再次,上诉人未经中国人民银行的批准,采取高于银行存款利率的集资方式向社会公众吸收存款。其中上诉人张敦恩还未经批准擅自开办教育基金会、爱校储蓄所等机构。上诉人及辩护人提出本案涉及资金都是借款,不是存款。判决法院认为,三上诉人是以出具借条的形式,以高于银行利率的方式向社会集资,其借款只是吸收存款的手段和形式,但目的则都是吸收存款来筹集资金。笔者赞同这种理解。从上述三点看,三名上诉人的行为已不像他们所辩解的那样只是普通的民间借贷行为这么简单了,而更接近于非法吸收公众存款行为了,其中,上诉人张敦恩的行为应是非法吸收公众存款行为;另两名上诉人的行为应属于变相非法吸收公众存款的行为。

二、如何理解非法吸收公众存款罪的主观故意内容

非法吸收公众存款罪的主观特征是故意,即行为人必须具有非法吸收或变相吸收公众存款的故意。行为人实施非法吸收、变相吸收公众存款的目的,通常为聚集资金从中牟利,但在认定本罪时并不要求查证这一目的有无。牟利目的的有无反映着犯罪人主观恶性的轻重,但并不决定非法吸收公众存款罪的罪与非罪,而只影响量刑。本案中,上诉人张敦恩每次借款均告知债权人款项的目的及用途是办学,审计报告也证实张敦恩无分文营利。这说明上诉人张敦恩确实没有牟利的目的,但是,只要三上诉人认识到在向公众募集资金,并希望实现本人或他人对所募集公众资金的使用,就足以认定符合非法吸收公众存款罪的主观要件了。只不过,没有牟利目的这一情节,可以在量刑时酌定从轻。

综观全案事实,结合刑法理论上主客观相结合原则,三名上诉人的行为特征完全符合非法吸收公众存款罪的构成要件,性质不同于民法调整范围内的民间借贷纠纷。因此,法院以他们犯有非法吸收公众存款罪对其定罪量刑是恰当的。

【结　　论】

行为人实施非法吸收、变相吸收公众存款的目的,通常为聚集资金从中牟利,但在认定本罪时并不要求查证这一目的有无。牟利目的的有无反映着犯罪人主观恶性的轻重,但它不决定非法吸收公众存款罪的罪与非罪,而只影响量刑。

【相关链接】

相关的法律、法规

中华人民共和国刑法第一百七十六条(见本书第109页)

相关的司法解释与指导性意见

全国法院审理金融犯罪案件工作座谈会纪要[二·(二)·4](2001年1月21日)(见本书第109页)

最高人民检察院、公安部关于经济犯罪案件追诉标准的规定(2001年4月18日)第二十四条(见本书第109—110页)

相关的参考案例

王铁凡、肖钟、曾志强、贺敏、谢安平等虚报注册资本、非法吸收公众存款案[(2006)湘高法刑二终字第21号]

载北大法意网,最后访问时间:2007年4月10日。

喻峰非法吸收公众存款案[(2005)琼刑终字第61号]

载北大法意网,最后访问时间:2007年4月10日。

陈国品虚报注册资本、非法吸收公众存款、集资诈骗、合同诈骗案[(2004)蚌刑初字第37号]

载北大法意网,最后访问时间:2007年4月10日。

(黄俊平)

23. 帮他人窃取客户信用卡内信息的行为如何定性?
——王群涛等伪造金融票证案[①]

【案情介绍】

被告人董晓峰,男,1971年3月23日生,汉族,浙江省镇海市人,大学文化程度,原系上海静安希尔顿酒店收银员领班。

被告人王群涛,男,1968年5月16日生,汉族,江苏省仪征市人,中专文化程度,原系上海国际贵都大饭店财务人员。

被告人翁耘耘(系被告人王群涛之妻),女,1968年12月25日生,汉族,广东省潮阳市人,初中文化程度,原系上海静安希尔顿酒店收银员。

被告人王群涛、翁耘耘于1996年11月通过王群涛的同学王斌(在逃)认识了蒋宁(在逃),蒋宁提出由其提供窃取信用卡信息资料的专用工具"读码机",由翁利用其担任上海静安希尔顿酒店收银员接触外汇信用卡的机会,秘密使用"读码机"窃取客人信用卡磁条信息(因其方式是将信用卡有磁条的一端插入"读码机"的卡槽,沿槽从头至尾拉过,故被称为"拉卡")。蒋宁允诺,帮他"拉"一张卡,给报酬人民币500元。王、翁明知"拉卡"违反信用卡结算操作规程,但为谋取"拉卡"的报酬,同意为蒋宁"拉卡"。同年12月,被告人王群涛、翁耘耘从蒋宁处取得"读码机",翁耘耘即在酒店利用客人结账的机会,秘密使用"读码机""拉卡"。为了加快"拉卡"速度,翁耘耘又拉拢担任收银员领班的董晓峰参与共同"拉卡"。董晓峰明知"拉卡"是违规行为,但因受利益驱使而同意参与"拉卡"。至1997年1月,被告人翁耘耘伙同被告人董晓峰,先后在希尔顿酒店小商店、餐厅、咖啡厅等处,利用客人使用信用卡结账的机会,在正常结算后,秘密使用"读码机"窃取客人信用卡磁条的信息。1997年1月底,被告人王群涛将"读码机"交还给蒋宁,并从蒋宁处收取报酬人民币2万元。王、翁分得7000元,董分得1.3万元。上海市静安区人民检察院指控上述三名被告人犯侵犯商业秘密罪。

上海市静安区人民法院认为,三名被告人身为涉外大饭店的财务人员和收银员,明知用非法手段获取客人的信用卡磁条信息并提供给他人,可能会损害权利人的利益,却仍然为他人实施伪造信用卡犯罪提供帮助,其行为是伪造信用卡犯罪的一个组

[①] (1998)沪二中刑终字第210号。案例选自"北大法意"网,最后访问时间:2007年3月23日。

成部分,已构成伪造金融票证罪。依照《中华人民共和国刑法》第177条之规定,判决如下:(1)王群涛犯伪造金融票证罪,判处有期徒刑2年,并处罚金人民币5万元;(2)翁耘耘犯伪造金融票证罪,判处有期徒刑2年,宣告缓刑2年,并处罚金人民币5万元;(3)董晓峰犯伪造金融票证罪,判处有期徒刑2年,并处罚金人民币5万元;4.非法所得人民币2万元予以没收。一审法院判决后,被告人董晓峰不服,提出当初其只被告知是搞市场调查,且不明知"读码机"的用途,根本无法预见可能会造成的损害结果,其窃取信用卡信息的行为与伪造信用卡有质的区别,应当属于民事纠纷。本案发生在修订后的刑法实施以前,应适用修订后的《中华人民共和国刑法》第12条,如果当时的法律不认为是犯罪的,应适用当时的法律,因此他的行为不构成犯罪。董晓峰的辩护人认为:本案没有证据能证明董晓峰已预见到危害结果的发生,董主观上是不明知的,故其没有犯罪故意。上海市人民检察院第二分院认为,伪造金融票证罪是行为犯,只要实施了窃取信用卡信息的行为,就构成犯罪。被告人为获取非法报酬而实施"拉卡"行为,主观上具有犯罪的直接故意。原审判决对被告人的定罪量刑并无不当,建议驳回上诉,维持原判。上海市第二中级人民法院经审理认为,被告人明知"拉卡"是违法行为,因贪图非法利益而秘密窃取客户信用卡磁条信息并提供给他人,属于为他人伪造信用卡犯罪提供帮助,依法构成伪造金融票证罪。被告人关于其原以为窃取信用卡信息是搞市场调查的辩解缺乏事实依据。原审法院认定被告人犯罪的事实清楚,证据确实、充分,适用法律亦无不当。遂裁定驳回上诉,维持原判。

【法理分析】

处理本案涉及的主要问题在于:① 如何界定"信用卡磁条信息"与"商业秘密"的关系?② 使用电子设备进行犯罪行为的定性问题?③ 如何理解伪造金融票证罪的构成特征?

一、本案三被告是否构成侵犯商业秘密罪

侵犯商业秘密罪是指违反国家商业秘密保护法规,侵犯他人商业秘密,给商业秘密权利人造成重大损失的行为。本案三被告人是否构成侵犯商业秘密罪的关键是界定"信用卡磁条信息"与"商业秘密"的关系,而这两种信息的性质是不同的,前者是信用卡中储存的能够证明持卡人合法身份、并能使得持卡人实现存取款项和在特约商户消费的相关信息。如:最高使用额度、号码、持卡人姓名等。这种信息与能为权利人带来重大经济利益的技术信息和经营信息(即商业秘密)是不同的。商业秘密具有商业价值,属于无形财产,通常为权利人设法保密的。一旦泄密,可能会在市场竞争中失败,造成巨大的经济损失。而信用卡磁条信息则没有这种价值,它虽然也有技术性,也被权利人保密,但它本身不能被认为是财产。由此可见,行为对象在性质上的根本差异决定了本案中被告人的行为不构成侵犯商业秘密罪。

二、三被告人也不构成盗窃罪

在审判过程中,也有人认为本案被告人的行为构成盗窃罪。理由是行为人的行为与盗窃移动电话密码相类似,在国外,使用电子设备进行犯罪的,也多以盗窃论处。

根据刑法通说,成为我国刑法上规定的盗窃对象的财物,必须具有一定的经济价值,而且是人力可以控制、支配的财产。① 而信用卡信息明显不具有这种特征。信用卡信息的价值在于能够使空白信用卡因储存有信息而成为有价支付凭证,即内存信息本身使信用卡具有了一定的财产性特征,因此,作为金融信息与其载体的复合体,信用卡可以成为盗窃罪的对象。但是,内存信息只是信用卡的构成要素之一,它本身不能成为有价支付凭证,也不具有财产性特征,因此,盗窃信用卡信息的行为不构成盗窃罪。

最高人民法院的《关于审理盗窃案件具体应用法律若干问题的解释》中涉及了盗窃有价支付凭证行为定性问题的内容,该解释第5条第(2)项规定,盗窃有价支付凭证的,可根据具体情况以盗窃罪论处。但如果其窃取的印鉴不全的支付凭证,或不能即时兑现的记名的支付凭证,行为人在其上加以签字盖章、或更改签名、或增写票面金额的,亦触犯本罪,如果进而实施诈骗活动的,应根据牵连犯的原理依触犯的相应的金融诈骗罪论处。至于此前的盗窃行为,应看作是本罪的预备行为。这个解释中盗窃的金融凭证虽然没有涉及信用卡,但是笔者认为盗窃信用卡信息的行为可以比照该解释中的原则来处理。同样,盗窃信用卡信息的行为从犯罪形态上看是为伪造信用卡行为作准备的,是伪造信用卡犯罪行为的预备行为。因此,在行为人实施了这一行为后,可以其后面的实行行为构成的犯罪定罪。

三、三被告人构成伪造金融票证罪

1. 从客观上看,对信用卡的伪造属于伪造金融票证罪的一类重要行为类型。从实践中看,伪造信用卡的行为主要分为两种情形:① 非法制造信用卡,即模仿信用卡的质地、模式、版块、图样以及磁条密码等制造信用卡;② 在真卡的基础上进行伪造,即信用卡本身是合法制造出来的,但是未经银行或者信用卡发卡机构发行给用户正式使用,即在信用卡上未加打用户的账户或者姓名,在磁条上也未输入一定的密码等信息。具体而言,又可分为四种情形:① 非法获取发卡银行的空白信用卡凸印、写磁制成信用卡;② 对发卡银行发行或尚未发行的信用卡凸印、或对磁条内容进行修改,重新写磁而制成信用卡;③ 对他人信用卡的签发进行涂改,然后重新签名;④ 利用作废的信用卡,甚至普通的磁条卡重新写磁后,在自动取款机或终端机等设备上行骗。

对于一张完整的信用卡来说,内存信息是一个不可缺少的元素。这是因为,为保证信用卡使用的安全,发卡银行会在信用卡上设置储存持卡人个人金融信息的磁条。信用卡磁条内的信息,一般记载持卡人在银行存款账户的号码和取款密码。从设置磁

---

① 参见高铭暄、马克昌主编:《刑法学》,中国法制出版社2007年版,第596页。

条密码的目的和技术要求看,磁条内信息只被持卡人自己掌握,因此,磁条内的信息具有证明持卡人身份和权利的作用,谁掌握这些信息,谁就可以被认为是权利人。若这些信息被伪造信用卡的人获取,伪造信用卡的人就可以把该信息拷入伪卡的磁条制成伪卡,从而,该伪造的信用卡就可以被当做真卡使用。伪卡持卡人可以用伪卡在商店信用消费,又可以提取真卡所有人的银行账户内的存款。本案中三被告人所窃取的合法持有人信用卡磁条内的信息,除了被不法分子用于伪造信用卡以外,没有任何其他可合法利用的价值。

而从行为发展阶段看,对信用卡信息的窃取应当属于伪造信用卡作准备的前期行为或预备行为。有的观点认为窃取信息的行为也属于伪造信用卡的实行行为,笔者不赞同这种观点。这需要对"伪造"行为进行分析。如果将一个完整的信用卡的产生过程作为一个系统,在这个系统中,主要包括四个行为:① 窃取他人信用卡信息;② 制造或用其他方法取得空白信用卡;③ 在空白卡上伪造发卡银行和持卡人身份;④ 将窃得的他人信用卡磁条内的信息拷入伪卡磁条。从所具有的危险性看,这些行为都威胁到刑法所保护的具体权益,但是他们对金融管理秩序的危险性是不同的,后两个行为已使刑法所保护的社会关系面临实际的危险,一旦这两个行为完成就意味着信用卡合法持有人的财产时刻处于被窃取的危险中。而窃取信息的行为对刑法保护权益的威胁远没有后两个行为这么迫切。如果形象地说,前两个行为属于制造"零部件"的行为,后两个行为就属于"组装"的行为。它们共同构成一个完整的伪造信用卡的行为系统。在这个行为系统中,后两个行为无疑是"伪造"行为当然的内容,而前两个行为,作为伪造信用卡的行为系统的前期行为,是"组装"伪卡的前提条件,该前期行为是直接针对信用卡组装行为的,因而应属伪造信用卡的预备行为。也就是说,在针对信用卡信息的行为中——非法取得信息的行为不能认为是伪造信用卡的实行行为,而将所窃取信息拷入伪卡磁条的行为才属于"伪造"行为的内涵。尽管属于伪造信用卡的预备行为,但窃取信用卡信息情节严重的行为也具有相当危害性,因而也具有可罚性,应当让行为人承担刑事责任。

2. 从主观上看,伪造金融票证罪的主观方面表现为故意,而且是直接故意。作为窃取信用卡磁条内信息的直接行为人,虽然没有认识到其行为构成伪造信用卡犯罪,但其为了获取非法报酬,接受蒋宁的指使窃取信用卡信息,主观上不仅具有与指使者相同的窃取信用卡信息的直接故意,而且还具有放任危害金融管理秩序等结果发生的间接故意,其主观上有罪过。行为人对窃取信用卡信息本质的错误认识,不能改变其主观上有罪过的事实。

更何况,犯罪人的这些行为,既侵害了客户信用卡内存款的安全,又破坏了金融机关对信用卡使用的管理秩序,还严重损害了我国信用卡使用环境的国际声誉。因此,他们的行为具有严重的社会危害性,严重侵犯了国家对金融票证的管理制度。可见,本案三被告人的行为已满足了伪造信用卡犯罪的所有构成要件,根据主客观统一原则,本案被告人应当承担刑事责任。综上,本案两审法院依照《中华人民共和国刑法》第 12 条关于从旧兼从轻的原则,适用《中华人民共和国刑法》第 177 条第 1 款第(4)项之规定,以伪造金融票证罪对三名被告人定罪量刑是正确的。

四、关于妨害信用卡管理罪

应当注意的是,本案如果发生在第 10 届全国人大常委第 14 次会议通过的《刑法修正案(五)》公布之后,三被告人的行为就不应再定伪造金融票证罪,而应定妨害信用卡管理罪了。妨害信用卡管理罪是《刑法修正案(五)》创设的一个新罪名,是指明知是伪造的信用卡而持有、运输的,或者明知是伪造的空白信用卡而持有、运输,数量较大,或者非法持有他人信用卡,数量较大,或者使用虚假的身份证明骗领信用卡,或者窃取、收买或者非法提供他人信用卡信息资料,妨害信用卡管理程序的行为。近年来,随着信用卡应用的普及,伪造信用卡的犯罪活动日益严重,出现了境内外互相勾结、集团化、专业化的新情况,从窃取、非法提供他人信用卡信息资料、制作假卡,到运输、销售、使用伪造的信用卡等各环节,分工细密,犯罪活动猖獗,对信用卡的管理秩序造成冲击,具有严重的社会危害性。虽然这些具体的犯罪行为在 1997 年《刑法》中都属于涉及信用卡的犯罪行为,但是由于在各个犯罪环节上表现的形式不同,在具体适用刑法时存在一定困难,而且也不利于有力打击迅速蔓延的信用卡犯罪,因此,将此类伪造信用卡或信用卡诈骗罪的帮助、预备行为或后续行为作为具有独立意义的犯罪行为进行规定,对预防与控制信用卡犯罪具有重要的现实意义。

前面已经分析,本案三被告人的行为即盗窃信用卡内信息属于伪造信用卡的预备行为,不能被包含在伪造信用卡的"伪造"行为内,不是伪造金融票证罪的实行行为。《刑法修正案(五)》将这种伪造信用卡犯罪的预备行为上升为实行行为,规定为具有独立意义的犯罪,将对打击信用卡犯罪具有重要而积极的意义。因此,在《刑法修正案(五)》公布后,对伪信用卡的持有、运输、出售、购买或者像本案中三被告人实施的盗窃信用卡信息的行为都应该定妨害信用卡管理罪,而不能再以其他罪名定罪了。当然,如果行为人既盗窃信用卡信息,又继而实施了伪造信用卡的实行行为,构成手段行为与目的行为的牵连犯,按照从一重处原则,即伪造金融票证罪处罚即可。

【结 论】

1. 信用卡磁条信息没有商业价值,它虽然也有技术性,也被权利人保密,但它本身不能被认为是财产。因此,窃取信用卡磁条信息的行为不构成侵犯商业秘密罪。

2. 内存信息只是信用卡的构成要素之一,它本身不能成为有价支付凭证,也不具有财产性特征,因此,盗窃信用卡信息的行为也不能定盗窃罪。

【相关链接】

相关的法律、法规

中华人民共和国刑法

第一百七十七条 有下列情形之一,伪造、变造金融票证的,处五年以下有期徒刑或者拘役,并处或者单处二万元以上二十万元以下罚金;情节严重的,处五年以上十年以下有期徒刑,并处五万元以上五十万元以下罚金;情节特别严重的,处十年以上有期徒刑或者无期徒刑,并处五万元以上五十万元以下罚金或者没收财产:

(一)伪造、变造汇票、本票、支票的;

(二)伪造、变造委托收款凭证、汇款凭证、银行存单等其他银行结算凭证的;

(三)伪造、变造信用证或者附随的单据、文件的;

(四)伪造信用卡的。

单位犯前款罪的,对单位判处罚金,并对其直接负责的主管人员和其他直接责任人员,依照前款的规定处罚。

中华人民共和国刑法修正案(五)

第一条 在刑法第一百七十七条后增加一条,作为第一百七十七条之一:"有下列情形之一,妨害信用卡管理的,处三年以下有期徒刑或者拘役,并处或者单处一万元以上十万元以下罚金;数量巨大或者有其他严重情节的,处三年以上十年以下有期徒刑,并处二万元以上二十万元以下罚金:

(一)明知是伪造的信用卡而持有、运输的,或者明知是伪造的空白信用卡而持有、运输,数量较大的;

(二)非法持有他人信用卡,数量较大的;

(三)使用虚假的身份证明骗领信用卡的;

(四)出售、购买、为他人提供伪造的信用卡或者以虚假的身份证明骗领的信用卡的。

窃取、收买或者非法提供他人信用卡信息资料的,依照前款规定处罚。

银行或者其他金融机构的工作人员利用职务上的便利,犯第二款罪的,从重处罚。"

相关的司法解释与指导性意见

最高人民检察院、公安部关于经济犯罪案件追诉标准的规定(2001年4月18日)

二十五、伪造、变造金融票证案(刑法第177条)

伪造、变造金融票证,涉嫌下列情形之一的,应予追诉:

1. 伪造、变造金融票证,面额在1万元以上的;

2. 伪造、变造金融票证,数量在10张以上的。

相关的参考案例
王海全伪造金融票证案[(2006)朝刑初字第02120号]
载北大法律信息网,最后访问时间:2007年4月11日。
邹洪利等伪造、变造金融票证案[(2001)海中法刑初字第78号]
载北大法律信息网,最后访问时间:2007年4月11日。

(黄俊平)

24. 如何认定内幕交易罪的主体？
——叶环保等内幕交易、泄露内幕信息案[①]

【案情介绍】

被告人叶环保，男，1956年7月15日出生，汉族，湖北省武汉市人，硕士研究生文化，原深圳经济特区房地产（集团）股份有限公司党委书记、董事长。

被告人顾健，女，1971年1月30日出生，汉族，江苏省武进县人，大专文化，原深圳市赛博数码广场有限公司董事、副总经理。

1999年7月，深圳经济特区房地产（集团）股份有限公司（下简称深房集团）董事长被告人叶环保与吉林省恒河制药集团董事长孙宏伟协商，将深房集团拥有的1850.75万股吉林制药股份有限公司的法人股（占吉制药公司总股本的13.64%），以该法人股1998年底每股净资产2.24元人民币的价格全部转让给"吉林省明日实业股份有限公司"；并于同年7月6日授权委托本公司资产部经理端然与"吉林省明日实业股份有限公司"在深签订了股权转让意向书，7月8日深房集团收取对方以其他公司名义支付的200万元人民币定金。7月12日，被告人叶环保将该事项提交深房集团第三届第二次董事会讨论，会后，在从未派员、未督促派员对"吉林省明日实业股份有限公司"进行任何考察了解、且未取得深圳市国有资产管理办公室审批同意的情况下，指派端然与"吉林省明日实业股份有限公司"于7月22日在深签订了正式的股权转让合同。其后，被告人叶环保指派端然办理报市国资办审批手续，9月底，指派深房集团董事会秘书梁煦接手办理。同年10月上旬，孙宏伟带吉制药董事会秘书郭莹来深房集团找被告人叶环保，称受让方"吉林省明日实业股份有限公司"因向工商部门申请注册未获批准，要深房集团与已获准注册的吉林省明日实业有限公司（下简称明日实业公司）签订股权转让合同。被告人叶环保遂让梁煦通知端然，端然请示叶环保后代理重签了该合同（与7月22日合同内容完全相同，仅受让方名称更换为吉林省明日实业有限公司），叶环保并指示梁煦以受让方为明日实业公司名义准备报批材料。11月3日，深圳市国资办批复同意深房集团以每股2.24元人民币的价格转让吉制药法人股。同年12月20日，明日实业公司以深房集团未能在三个月内办理好股权转让审批手续构成违约为由，向吉林省长春市中级人民法院提起民事诉讼，要求解除7月22日签订的股权转让

[①] （2003）深罗法刑初字第115号。案例选自"北大法律信息网"，最后访问时间：2007年4月2日。

合同,要求深房集团返还已收的转让款1200万元人民币,并支付该款每日0.3‰的违约赔偿金。5月19日,深房集团向法院提出延期20天开庭的申请;当天,吉林省地王企业有限责任公司按孙宏伟的要求,用中国工商银行汇票付给被告人叶环保300万元人民币。5月22日,被告人叶环保将该款转入江西江南信托投资股份有限公司深圳证券营业部(下简称江南证券深圳营业部),其中100万元打入"后美华"的股票账号作为被告人顾健借款炒股的风险保证金,另200万元打入"李伟"的股票账号作为其妻陈翠兰的炒股资金。6月27日,被告人叶环保召集公司领导就应诉的问题商量对策。被告人叶环保避重就轻,误导其他领导作出倾向于降低股价接受调解的决策。并且对梁煦与代理人温成金提出可以胜诉,不应接受对方提出的调解的意见不予理睬。7月3日,经被告人叶环保同意,深房集团与明日实业公司达成将股价从每股2.24元人民币降低至每股1.60元人民币(总股价从4145.68万元降至2961.2万元),继续转让吉制药法人股的调解协议。其后,双方再次签订了股权转让合同,明日实业公司付清了所欠余款1761.2万元。至此深房集团在吉制药法人股转让中,遭受巨额损失人民币1184.48万元。2002年2月,吉林地王公司向被告人叶环保索还代孙宏伟付给叶的300万元人民币,叶感不妙,遂要求世邦实业(深圳)有限公司董事长姚上荣帮忙补签一份长春市高丰贸易有限责任公司委托世邦公司理财炒股的协议,并将落款时间提前至2000年5月。同年3月,被告人叶环保又要求姚上荣帮忙与对方签一份委托理财终止协议,以此为由以世邦公司名义先后付给吉林恒河制药集团下属长春市高丰贸易有限责任公司150万元人民币,欲了结此事,以掩盖其在股权转让履行职务的过程中使用受让方巨额款项炒股牟利的事实。

深圳市罗湖区人民检察院指控被告人叶环保犯国有公司人员失职、滥用职权罪;被告人叶环保、顾健犯内幕交易罪。广东省深圳市罗湖区人民法院判决如下:

1. 被告人叶环保犯国有公司人员失职、滥用职权罪,判处有期徒刑6年;犯内幕交易罪,判处有期徒刑3年,罚金人民币80万元。

2. 被告人顾健犯内幕交易罪,判处有期徒刑2年;罚金人民币80万元,上缴国库。

【法理分析】

处理本案涉及的主要问题在于:(1)如何认定内幕交易罪的主体资格?(2)如何理解"内幕信息"?(3)如何理解"内幕交易行为"?

被告人叶环保在吉制药股权转让中失职、滥用职权的行为构成国有公司人员失职、滥用职权罪并无争议。控辩双方争议的焦点是被告人是否构成内幕交易罪。这就涉及对内幕交易罪的构成特征的理解。根据我国《刑法》第180条及《刑法修正案》第4条的规定,内幕交易罪,是指证券、期货交易内幕信息的知情人员或者非法获取证券、期货交易内幕信息的人员,在涉及证券的发行,证券、期货交易或者其他对证券、期货交易价格有重大影响的信息尚未公开前,买入或者卖出该证券,或者从事与该内幕信息有关的期货交易,情节严重的行为。

一、被告人叶环保、顾健是否符合内幕交易罪的主体资格?

内幕交易罪的犯罪主体为一般主体,既包括证券、期货交易内幕信息的知情人员,也包括那些非知情者而采用非法手段获取有关证券、期货交易内幕信息的人员。关于如何认定内幕交易、泄露内幕信息罪的主体资格,1998年12月29日全国人大常委会通过的《中华人民共和国证券法》第68条规定:"下列人员为知悉交易内幕信息的知情人员:① 发行股票或者公司债券的公司董事、监事、经理、副经理及有关的高级管理人员;② 持有公司5%以上股份的股东;③ 发行股票公司的控股公司的高级管理人员;④ 由于所任公司职务可能获取公司有关证券交易信息的人员;⑤ 证券监督管理机构工作人员以及由于法定的职责对证券交易进行管理的其他人员;⑥ 由于法定职责而参与证券交易的社会中介机构或者证券登记结算机构、证券交易服务机构的有关人员;⑦ 国务院证券监督管理机构规定的其他人员。"

1993年9月2日,国务院证券委员会发布的《禁止证券欺诈行为暂行办法》第6条对内幕人员的具体范围也作了规定,本办法所称内幕人员是指由于持有发行人的证券,或者在发行人或者与发行人有密切联系的公司中担任董事、监事、高级管理人员,或者由于其会员地位、管理地位、监督地位和职业地位,或者作为雇员、专业顾问履行职务,能够接触或者获得内幕信息的人员,包括:① 发行人的董事、监事、高级管理人员、秘书、打字员,以及其他可以通过履行职务接触或者获得内幕信息的职员;② 发行人聘请的律师、会计师、资产评估人员、投资顾问等专业人员,证券经营机构的管理人员、业务人员,以及其他因其业务可能接触或者获得内幕信息的人员;③ 根据法律、法规的规定对发行人可以行使一定管理权或者监督权的人员,包括证券监管部门和证券交易场所的工作人员,发行人的主管部门和审批机关的工作人员,以及工商、税务等有关经济管理机关的工作人员等。④ 由于本人的职业地位、与发行人的合同关系或者工作联系,有可能接触或者获得内幕信息的人员,包括新闻记者、报刊编辑、电台主持人以及编排印刷人员等;⑤ 其他可能通过合法途径接触到内幕信息的人员。本案被告人叶环保是深圳经济特区房地产(集团)股份有限公司的董事长,符合内幕交易罪中内幕信息知情人员的犯罪主体。被告人顾健与被告人叶环保基于共同的犯罪故意,共同实施内幕交易的行为,根据共同犯罪的理论,非身份犯罪主体与身份犯罪主体共同实施身份犯罪主体的犯罪,以身份犯罪主体犯罪性质定罪。所以,被告人顾健可以成为内幕交易罪的主体。

二、6.19数码港公司揭牌是否属于内幕信息?

关于如何认定"内幕信息",《禁止证券欺诈行为暂行办法》第5条规定:"本办法所称内幕信息是指为内幕人员所知悉的、尚未公开的和可能影响证券市场价格的重大信息……。"具体包括26种信息,涉及发行人、证券经营机构、有收购意图的法人、证券监督管理机构、证券业自律性管理组织以及与其有密切联系的人员所知悉的尚未公开的可能影响证券市场价格的重大信息。《证券法》第69条对证券内幕信息的内容作了如下规定,证券交易活动中,涉及公司的经营、财务或者对该公司证券的市场价格有重大影响的尚未公开的信息,为内幕信息。下列各项信息皆属内幕信息:① 本法第62条第2款所列重大事件;② 公司分配股利或者增资的计划;③ 公司股权结构的重大变化;④ 公司债务担保的重大变化;⑤ 公司营业用主要资产的抵押、出售或者报废一次超过该资产的30%;⑥ 公司的董事、监事、经理、副经理或者其他高级管理人员的行为可能依法承担重大损害赔偿责任;⑦ 上市公司收购的有关方案;⑧ 国务院证券监督管理机构认定的对证券交易价格有显著影响的其他重要信息。

关于什么属于证券内幕信息中的"重大事件",《证券法》第62条对此作了如下规定:"发生可能对上市公司股票交易价格产生较大影响、而投资者尚未得知的重大事件时,上市公司应当立即将有关该重大事件的情况向国务院证券监督管理机构和证券交易所提交临时报告,并予公告,说明事件性质。下列情况为前款所称重大事件:① 公司的经营方针和经营范围的重大变化;② 公司的重大投资行为和重大的购置财产的决定;③ 公司订立重要合同,而该合同可能对公司的资产、负债、权益和经营成果产生重要影响;④ 公司发生重大债务和未能清偿到期重大债务的违约情况;⑤ 公司发生重大亏损或者遭受超过净资产10%以上的重大损失;⑥ 公司生产经营的外部条件发生的重大变化;⑦ 公司的董事长、三分之一以上的董事,或者经理发生变动;⑧ 持有公司5%以上股份的股东,其持有股份情况发生较大变化;⑨ 公司减资、合并、分产、解散及申请破产的决定;⑩ 涉及公司的重大诉讼,法院依法撤销股东大会、董事会决议;⑪ 法律、行政法规规定的其他事项。"

从上述法律法规可以看出,"内幕信息"的主要内容应当包括以下三个方面:① 内幕信息应是内幕人员所知悉的。由于内幕人员具有其特定身份和地位,能够通过正常渠道获得一定准确性的信息,这些被认为是内幕信息。这与证券买卖人通过自己的努力,对公开的相关信息进行分析而得出的结论不同,后者虽然也可能影响证券市场价格,但不属于内幕信息。② 内幕信息应是未公开的信息,即公众尚未获取或经合法渠道无法获取的信息。未公开的信息是指其他进行证券买卖的人员没有获知的,具有确切可靠的有关证券交易的信息。一般认为,对内幕人员应规定其必须在重大信息通过传媒公布后的一定期限以后才能进行交易,否则视为内幕交易。目前,我国惯用做法是,当上市公司有重大消息公布,则该股票暂停交易一日,以便公众都知悉。③ 内幕信息应有具价格敏感性。即有可能引起公司证券价格的波动。但并不是所有的内幕信息都会对股价产生重大影响,一般说来,只有重大信息才会对股价产生重大影响。只有对股价产生重大影响才具有价格敏感性。而不对股价产生重大影响,即使被利用也不构成内幕交易罪。所以,所谓"重大影响",是指根据证券市场一般原理和规律来分析判断,该内幕信息的公布,足以引起该股票价格产生波动,而不管该消息公开后是否真的使股价产生波动。《证券法》第62条还规定:"发生可能对上市公司股票交易价格产生较大影响,而投资者尚未得知的重大事件时,上市公司应当立即将有关该重大事件向国务院证券监督管理机构和证券交易所提交临时报告,并予公告,说明事件的实质。"

本案中,深房集团投资成立深圳市数码港投资有限公司,可能对其深房股票交易价格产生较大影响。深房集团的这一重大投资行为是重大事件。在深房集团董事会将于2000年6月19日就数码港公司正式揭牌一事在中国证券时报作重大事项公告以前,数码港公司正式揭牌一事属内幕信息。因此,被告人及其辩护人的辩解意见是不足取的。

三、二被告人是否实施了内幕交易的行为,从而二被告人是否构成内幕交易罪?

关于如何认定"内幕交易行为,1993年9月2日国务院证券监督管理委员会发布的《禁止证券欺诈行为暂行办法》第4条规定:"本办法所称内幕交易包括下列行为:(一)内幕人员利用内幕信息买卖证券或者根据内幕信息建议他人买卖证券;(二)内幕人员向他人泄露内幕信息,使他人利用该信息进行内幕交易;(三)非内幕人员通过不正当的手段或者其他途径获得内幕信息,并根据该信息买卖证券或者建议他人买卖证券;(四)其他内幕交易行为。"本案中,被告人顾健于2002年5月15日至19日将人民币1 000万元买入深房股票,同年7月26日至8月10日,被告人顾健将深房股票全部抛出,盈利78万余元人民币。被告人顾健实施的这一交易行为,是在其向被告人叶环保打听、证实"数码港揭牌"事宜,并利用这一信息进行的股票交易。被告人叶环保明知被告人顾健向其打听、证实"数码港揭牌"事宜,并利用这一信息进行股票交易,详细告知该事项具体信息,并帮助被告人顾健完成交易行为。因此,二被告人利用掌握、知悉的内幕信息,基于共同的犯罪故意,共同实施内幕交易的行为,是共同犯罪。在共同犯罪中,被告人叶环保是上市公司的董事长,是"数码港揭牌"这一内幕信息的知情人员,对实施内幕交易的资金来源、数额、资金担保、买卖股票的具体运作细节均起关键作用,是主犯;被告人顾健起次要作用,是从犯,依法从轻处罚。

【结　论】

"内幕信息"的主要内容应当包括以下三个方面:

1. 内幕信息应是内幕人员所知悉的。
2. 内幕信息应是未公开的信息,即公众尚未获取或经合法渠道无法获取的信息。
3. 内幕信息应具价格敏感性。所谓"重大影响",是指根据证券市场一般原理和规律来分析判断,该内幕信息的公布,足以引起该股票价格产生波动,而不管该消息公开后是否真的使股价产生波动。

【相关链接】

相关的法律、法规
中华人民共和国刑法
第一百八十条 证券交易内幕信息的知情人员或者非法获取证券交易内幕信息的人员,在涉及证券的发行、交易或者其他对证券的价格有重大影响的信息尚未公开前,买入或者卖出该证券,或者泄露该信息,情节严重的,处五年以下有期徒刑或者拘役,并处或者单位违法所得一倍以上五倍以下罚金;情节特别严重的,处五年以上十年以下有期徒刑,并处违法所得一倍以上五倍以下罚金。

单位犯前款罪的,对单位判处罚金,并对其直接负责的主管人员和其他直接责任人员,处五年以下有期徒刑或者拘役。

内幕信息的范围,依照法律、行政法规的规定确定。

知情人员的范围,依照法律、行政法规的规定确定。

中华人民共和国刑法修正案
第四条 将刑法第一百八十条修改为:证券、期货交易内幕信息的知情人员或者非法获取证券、期货交易内幕信息的人员,在涉及证券的发行,证券、期货交易或者其他对证券、期货交易价格有重大影响的信息尚未公开前,买入或者卖出该证券,或者从事与该内幕信息有关的期货交易,或者泄露该信息,情节严重的,处五年以下有期徒刑或者拘役,并处或者单处违法所得一倍以上五倍以下罚金;情节特别严重的,处五年以上十年以下有期徒刑,并处违法所得一倍以上五倍以下罚金。

单位犯前款罪的,对单位判处罚金,并对其直接负责的主管人员和其他直接责任人员,处五年以下有期徒刑或者拘役。

内幕信息、知情人员的范围,依照法律、行政法规的规定确定。

相关的司法解释与指导性意见
最高人民检察院、公安部关于经济犯罪案件追诉标准的规定(2001年4月18日)
二十九、内幕交易、泄露内幕信息案(刑法第180条)

证券、期货交易内幕信息的知情人员或者非法获取证券、期货交易内幕信息的人员,在涉及证券的发行,证券、期货交易或者其他对证券、期货交易价格有重大影响的信息尚未公开前,买入或者卖出该证券,或者从事与该内幕信息有关的期货交易,或者泄露该信息,涉嫌下列情形之一的,应予追诉:

1. 内幕交易数额在20万元以上的;
2. 多次进行内幕交易、泄露内幕信息的;
3. 致使交易价格和交易量异常波动的;
4. 造成恶劣影响的。

(黄俊平)

25. 如何理解编造并传播证券、期货交易虚假信息罪与操纵证券交易价格罪的区别?
——李定兴编造并传播证券交易虚假信息案[①]

【案情介绍】

被告人李定兴,男,30岁,湖南省株洲县人,原系株洲县人民政府驻广西壮族自治区北海市办事处广西北海凌海贸易公司业务员。

被告人李定兴于1993年10月8日、9日分别以每股9.85元、9.6元的价格买入"苏三山"股票15万股,花去人民币147.2737万元,不久,"苏三山"股价连续下跌,被告人李定兴为挽回损失,便蓄谋编造虚假信息,促使"苏三山"股票价格回升。1993年10月18日,被告人李定兴以"北海一投资公司"的名义,向深圳证券交易所等邮寄匿名信,谎称"公司"已持有"苏三山"股票并准备收购"苏三山"18.8%以上股份。同月28日,被告人李定兴请人私刻了一枚"广西北海正大置业有限公司"的假印章。同年11月2日被告人李定兴以"广西北海正大置业有限公司"的名义,分别向"苏三山"公司、《深圳特区报》编辑部、海南省《特区证券报》编辑部邮寄信函,称已持有"苏三山"股票228万股,占该公司流动股份的4.56%,并称上述数据已报告"中国证监会"深圳证券交易所,要求报社公布该"信息"。同月5日,被告人李定兴又以内部传真的形式,从株洲县邮电局8641传真机上分别向海南省《特区证券报》编辑部、《深圳特区报》编辑部等发出传真稿,谎称"北海正大置业有限公司"已收购"苏三山"股票250.33万股,占该公司流通股的5.006%,要求报社公布此事。11月6日,海南省《特区证券报》原文刊登了被告人李定兴编造的假信息。11月8日,被告人李定兴得知"苏三山"股票涨到每股11.4元后,抛售"苏三山"股票9500股,得款11.83万元。即日下午,深圳交易所及时召开新闻发布会,向社会解释交易所了解到的"收购事件"的经过,告诫股民不排除有欺诈行为,请投资者慎重决策。11月9日,"苏三山"股票价格下跌,股价跳空到每股8.6元后,又稳定在每股9.45元。被告人李定兴得知后,又抛出14.05万股,得款132.7725万元。由于被告人李定兴的行为,造成了1993年11月8日、9日深圳股市中"苏三山"股票价格异常波动,其中11月8日单股成交额达22亿元,严重损害了股民利益,扰乱了证券交易市场的管理秩序。案发后,被告人李定兴主动到株洲县公安局

[①] (1997)株法刑初字第230号。案例选自"北大法意"网,最后访问时间:2007年2月29日。

投案自首。

湖南省株洲县人民检察院以编造并传播证券交易虚假信息罪请求法院依法判处。湖南省株洲县人民法院认为，被告人李定兴为谋取私利，编造并传播影响证券交易的虚假信息，扰乱证券交易市场，造成了严重后果，构成编造并传播证券交易虚假信息罪。被告人李定兴犯罪后主动向公安机关投案自首，根据《中华人民共和国刑法》第67条第1款，可从轻处罚。被告人李定兴辩称不构成犯罪的理由不能成立。辩护人提出1979年《中华人民共和国刑法》未规定此种犯罪，故现在亦不能以犯罪论处的理由不能成立。因依照1979年《中华人民共和国刑法》及全国人大常委会《关于严惩严重破坏经济的罪犯的决定》，被告人李定兴的行为构成投机倒把罪，依照1997年《中华人民共和国刑法》第12条规定的原则，对被告人李定兴应以编造并传播证券交易虚假信息罪论处。根据《中华人民共和国刑法》第181条第1款、第67条第1款、第12条，作出如下判决：李定兴犯编造并传播证券交易虚假信息罪，判处有期徒刑2年6个月，并处罚金1万元。

【法理分析】

处理本案涉及的主要问题在于：如何理解编造并传播证券、期货交易虚假信息罪与操纵证券交易价格罪的区别？

一、本案被告李定兴的行为构成犯罪

由于本案发生在刑法修订以前，对于类似案件的处罚，实践中不太统一。一般情况下是以投机倒把罪处罚，也有少数情况以诈骗罪处罚。如果实施的行为人是与证券业务有关的工作人员，也可能以贪污罪处罚。修订后的刑法对破坏金融管理秩序犯罪规定了比较详细的罪名。关于证券、期货等方面犯罪的规定，则是修订前的刑法所没有的。如果该案发生在刑法修订之后，应当如何认定和处罚，理论和实践中也有不同的看法。有的人认为，如果以《刑法》第181条第1款（1999年12月25日第9届全国人大常委会第13次会议通过的《刑法修正案》第5条）的规定定罪，构成编造并传播证券（期货）交易虚假信息罪，应当具备相互关联的两个行为方式，即编造行为和传播行为，二者缺一不可。而上述案件中行为人只是实施了编造行为，传播行为是利用媒体实施的，而有关媒体是在未经查实的情况下作出的错误报道，主观上没有故意，不具备承担刑事责任的条件。行为人本身没有实施传播行为。因此，这种情况不应当以犯罪论处。该案中辩护人则是持有这种意见。也有的人认为，编造和传播是构成编造并传播证券、期货交易虚假信息罪两个相互联结的行为方式，编造后必然要付诸于传播，编造和传播都是行为方式，而不是行为目的。如果行为人只编造了证券、期货交易虚假信息，而没有进行传播，当然不能以犯罪论处。问题是，在本案中，从客观上讲，编造并传播证券、期货交易虚假信息的行为已实施完毕，并且已经达到行为目的。由媒体进行传播是被告人利用他人实施的传播行为方式,这种行为方式在刑法上属于间接行为,利用他人实施犯罪仍然构成犯罪,即刑法理论上所讲的间接正犯。因此,类似案件应当以犯罪论处。

笔者认为,类似案件应当以犯罪论处,因为无论从其行为的社会危害性和刑事违法性上看,都有处罚的必要。从社会危害性上讲,李定兴采用欺诈的手段编造虚假证券交易信息,致使"苏三山"股票价格发生异常波动,扰乱了证券交易市场的正常管理秩序,同时也严重损害了股民的利益,具有严重的社会危害性,符合犯罪构成的实质要件。从刑事违法性上讲,无论是修订前的刑法还是修订后的刑法,对于类似行为,都从法律上规定了相关的处罚规定。1979年《刑法》第117条规定:"违反金融、外汇、金银、工商管理法规,投机倒把,情节严重的"即构成投机倒把罪,这一罪名成了刑法修订以前类似案件的口袋罪,当然可以把类似行为罗列进去。修订后的《刑法》第179条、第180条、第181条第1款、第182条以及《刑法修正案》第3条至第8条等,都相应地对证券、期货犯罪作了明确规定。因此,本案无论是从行为人的主观故意,犯罪的客观表现形式及危害后果,都符合了犯罪的构成要件,应当以犯罪论处。

二、本案被告构成编造并传播证券交易虚假信息罪

关于本案是构成编造并传播证券、期货交易虚假信息罪,还是构成操纵证券交易价格罪的问题,笔者认为,编造并传播证券、期货交易虚假信息罪与操纵证券交易价格罪在刑法上是有明显区别的。从客观表现方面看,前者主要是通过编造和传播虚假信息来影响证券、期货交易,扰乱证券、期货市场;后者主要是通过各种操纵市场的行为来制造虚假想象,导致投资者作出错误判断以实现营利目的。从危害后果方面看,前者属于结果犯,要求该行为须有严重危害后果的发生;而后者是情节犯,以行为达到刑法规定的情节严重为构成要件。从实践中看,编造并传播证券、期货交易虚假信息罪与操纵证券交易价格罪在行为方式上具有形似之处,行为人为了实现操纵证券、期货交易价格,往往会采用编造或传播证券、期货交易虚假信息来达到目的。因此二罪容易发生竞合。而编造并传播证券、期货交易虚假信息行为也可能具有操纵证券、期货交易价格的目的和行为内容。所以,应当根据案件的具体情况来认定。从本案行为人李定兴犯罪的主观故意以及实施的行为方式上看,应当认定为编造并传播证券交易虚假信息罪。

综上所述,李定兴的行为无论是根据1979年《刑法》,还是根据1997年《刑法》,都构成犯罪。根据1997年《刑法》第12条,本案中,编造并传播证券交易虚假信息罪的处刑较轻,故法院依据1997年《刑法》对李定兴定罪量刑是正确的。

三、编造并传播证券交易虚假信息罪与非罪的区分

本案被告人及其辩护人认为被告人不构成犯罪,也不应当承担刑事责任,与公诉机关指控的结论完全不同,这涉及本案罪与非罪的问题。笔者认为,认定本罪与非罪

的问题,应当重点把握以下几个方面:

(一)正确划分编造并传播证券、期货交易虚假信息行为与从事证券、期货交易中的预测行为的界限。由于证券、期货交易结果的不确定性和难以预测性,一些关于证券、期货交易的预测、估计往往会超出正常经营发展的范围,而这些预测性的消息又常常成为股民进行投资的参考依据。如果一旦预测失误,股民也同样遭受投资损失。这在造成的客观损害后果方面与编造并传播证券、期货交易虚假信息行为方面具有相似之处。区分二者的关键有三点:① 看行为人主观因素,失误的预测行为人在主观上是出于帮助投资获利的善意目的,并且往往不是单纯为了本人获利;而编造并传播证券、期货交易虚假信息行为主要是为了个人或单位获取非法利益,故意捏造虚假信息或者扩大交易事实来达到个人目的,主观上是出于恶意;② 看编造或传播的信息是否具有一定依据,预测失误一般是行为人根据一定的经验或者客观事实得出的错误估计,本身是对客观事实的错误判断;而编造并传播证券、期货交易虚假信息行为一般都是没有根据或者凭借一些表面上的事实来捏造虚假信息,本身不存在任何客观依据;③ 从行为主体方面进行考察,看行为人是否具有进行预测证券、期货交易的一般能力,如一贯从事证券、期货交易业务,对证券、期货交易业务具有一定的兴趣和专门知识水平,应当推定其是进行正常的证券、期货交易的预测。

(二)从造成的危害后果上进行区分罪与非罪。编造并传播证券、期货交易虚假信息罪属于结果犯,犯罪的成立以该行为产生符合刑法规定所要达到的危害后果为构成要件。如果行为人虽然实施了编造并传播证券、期货交易虚假信息的行为,但该行为所产生的结果没有达到构成犯罪的条件,也不能以犯罪论处。根据《最高人民检察院、公安部关于经济犯罪案件追诉标准的规定》(2001年4月18日)规定,编造并传播影响证券、期货交易的虚假信息,扰乱证券、期货交易市场,涉嫌下列情形之一的,应予追诉:① 造成投资者直接经济损失数额在3万元以上的;② 致使交易价格和交易量异常波动的;③ 造成恶劣影响的。凡具有造成上述规定的三种危害结果之一的行为,都可以构成编造并传播证券、期货交易虚假信息罪。但上述规定除了第①项规定明确具体外,第②、③项规定都比较笼统,因此司法实践中必须根据案件的具体情况进行综合判断。例如,由于编造并传播证券、期货交易虚假信息行为引起股价超常规的波动,造成不特定多数投资者的心理恐慌,并且给证券、期货市场正常交易秩序带来极大冲击等,就可以认为是《刑法修正案》第5条规定的"造成严重后果"的行为。

【结　　论】

1. 编造并传播证券、期货交易虚假信息罪与操纵证券交易价格罪在刑法上是有明显区别的。从客观表现方面看,前者主要是通过编造和传播虚假信息来影响证券、期货交易,扰乱证券、期货市场;后者主要是通过各种操纵市场的行为来制造虚假现象,导致投资者作出错误判断以实现营利目的。从危害后果方面看,前者属于结果犯;后者是情节犯。从实践中看,编造并传播证券、期货交易虚假信息罪与操纵证券交易价格罪在行为方式上具有形似之处,容易发生竞合。而编造并传播证券、期货交易虚假信息行为也可能具有操纵证券、期货交易价格的目的和行为内容。

2. 区分编造并传播证券、期货交易虚假信息行为与从事证券、期货交易中的预测行为的关键包括:① 行为人主观因素,失误的预测行为人在主观上是出于帮助投资获利的善意目的,并且往往不是单纯为了本人获利;而编造并传播证券、期货交易虚假信息行为主要是为了个人或单位获取非法利益,故意捏造虚假信息或者扩大交易事实来达到个人目的,主观上是出于恶意;② 编造或传播的信息是否具有一定依据;③ 从行为主体方面进行考察,看行为人是否具有进行预测证券、期货交易的一般能力。

【相关链接】

相关的法律、法规

中华人民共和国刑法

第一百八十一条 编造并且传播影响证券交易的虚假信息,扰乱证券交易市场,造成严重后果的,处五年以下有期徒刑或者拘役,并处或者单处一万元以上十万元以下罚金。

证券交易所、证券公司的从业人员,证券业协会或者证券管理部门的工作人员,故意提供虚假信息或者伪造、变造、销毁交易记录,诱骗投资者买卖证券,造成严重后果的,处五年以下有期徒刑或者拘役,并处或者单处一万元以上十万元以下罚金;情节特别恶劣的,处五年以上十年以下有期徒刑,并处二万元以上二十万元以下罚金。

单位犯前两款罪的,对单位判处罚金,并对其直接负责的主管人员和其他直接责任人员,处五年以下有期徒刑或者拘役。

中华人民共和国刑法修正案

第五条 将刑法第一百八十一条修改为:编造并且传播影响证券、期货交易的虚假信息,扰乱证券、期货交易市场,造成严重后果的,处五年以下有期徒刑或者拘役,并处或者单处一万元以上十万元以下罚金。

证券交易所、期货交易所、证券公司、期货经纪公司的从业人员,证券业协会、期货业协会或者证券期货监督管理部门的工作人员,故意提供虚假信息或者伪造、变造、销毁交易记录,诱骗投资者买卖证券、期货合约,造成严重后果的,处五年以下有期徒刑或者拘役,并处或者单处一万元以上十万元以下罚金;情节特别恶劣的,处五年以上十年以下有期徒刑,并处二万元以上二十万元以下罚金。

单位犯前两款罪的,对单位判处罚金,并对其直接负责的主管人员和其他直接责任人员,处五年以下有期徒刑或者拘役。

25. 如何理解编造并传播证券、期货交易虚假信息罪与操纵证券交易价格罪的区别？ 133

相关的司法解释与指导性意见
最高人民检察院、公安部关于经济犯罪案件追诉标准的规定（2001年4月18日）
三十、编造并传播证券、期货交易虚假信息案（刑法第181条第1款）
编造并且传播影响证券、期货交易的虚假信息，扰乱证券、期货交易市场，涉嫌下列情形之一的，应予追诉：
1. 造成投资者直接经济损失数额在3万元以上的；
2. 致使交易价格和交易量异常波动的；
3. 造成恶劣影响的。

（黄俊平）

26. 如何认定操纵证券交易价格的行为及其目的？
——赵喆操纵证券交易价格案①

【案情介绍】

被告人赵喆，男，29岁，上海市人，大专文化程度，石家庄信托投资股份公司上海零陵路证券交易营业部电脑部交易清算员。

被告人赵喆曾受过电子专业的高等教育，且具有多年从事证券交易的经历，谙熟证券交易的电脑操作程序。1999年3月31日下午，被告人赵喆到"三亚中亚上证"营业厅，通过小厅内专供客户查询信息所用的电脑的终端非法侵入"三亚中亚上证"的计算机信息系统，当发现该系统的受托报盘数据库未设置密码后，即萌生了采用修改计算机中"三亚中亚上证"接受的委托报盘数据，拉高"兴业房产"委托购进的股票价格，以便自己能够将所持的7 800股"兴业房产"股票得以高价抛售，并从中获利的动机。同时，为炫耀自己具有操纵股市变动趋势的"能耐"，被告人赵喆欲将"莲花味精"股票委托购进的价格拉高，并示意股民高春修先购进"莲花味精"股票，届时待该种股票价格上扬时，抛售获利。4月15日，被告人赵喆再次通过"三亚中亚上证"营业小厅内的电脑，侵入该证券公司的计算机信息系统，先是复制委托报盘数据库，再对该数据库进行模拟修改。当修改获得成功后，被告人决定实施，并于次日中午股市午间休市时，在上述地点对"三亚中亚上证"尚未向证券交易所发送的周×等5位股民委托买卖其他股票的报盘数据内容进行了修改，均修改成委托买入"兴业房产"股票和"莲花味精"股票共计497.93万股，两种股票的价格分别改至涨停价位10.93元和12.98元（即按前市这两种股票收盘价格各上升10%计）。当日下午股市开盘时，上述被修改的委托数据被发送到证券交易所后，立即引起"兴业房产"和"莲花味精"两种股票的价格出现大幅上扬，拥有这两种股票的股民乘机抛售，造成这两种股票的交易量突然放大。随着电脑自动配兑的成功，"三亚中亚上证"必须以涨停价或接近涨停价的价格如数买入上述两种股票，为此，该证券公司需支付6 000余万元的资金。由于"三亚中亚上证"一时无法支付如此巨额的资金，最后被迫平仓，造成该公司经济损失达295万余元。被告人赵喆却乘机以涨停价抛售了其在天津市国际投资公司上海证券业务部账户上的7 800

---

① （1999）静刑初字第211号。案例选自"北大法律信息网"，最后访问时间：2007年4月3日。

股"兴业房产"股票，获利7 277.01元。股民高春修及其代理人王琦华也将受被告人示意买入的8.9万股"莲花味精"股票抛出，获利共计8.4万余元。案发后公安机关为"三亚中亚上证"追回了部分经济损失。

上海市静安区人民检察院指控被告人赵喆的行为已构成操纵证券交易价格罪。上海市静安区人民法院认为，从被告人整个行为过程分析，表面上是被告人非法侵入他人计算机信息系统，修改他人计算机信息系统中存储的数据，致使他人计算机信息系统部分信息受到破坏，但其所追求的真正目的却是抬高所持股票的价格，侵入、修改计算机储存的数据仅为达到该目的的一种手段。被告人的行为直接侵害的客体是当天股票市场的正常价格。其主观上是通过引起股市的异常上扬，抛售其持有的股票，得以从中获利；客观上，被告人实施了侵入、修改证券公司的委托数据的行为，引起了股市价格的异常波动；在行为结果上，确实使被告人以及其朋友从中获得了利益，且给证券公司造成近300万元的损失。据此判处：

1. 被告人赵喆犯操纵证券交易价格罪，判处有期徒刑3年，并处罚金人民币10 000元。

2. 赵喆应赔偿三亚中亚信托投资公司上海新闸路证券交易营业部经济损失计人民币2 497 604.62元；追缴赵喆违法所得人民币7 277.01元。

【法理分析】

处理本案涉及的主要问题在于：(1) 如何理解操纵证券交易价格罪中"以获取不正当利益或者转嫁风险为目的"这一规定？(2) 如何理解"以其他方法操纵证券交易价格"以及"情节严重"？

一、被告人构成操纵证券交易价格罪

随着我国经济和科学技术的发展，计算机在社会生活的各个领域已经被广泛使用，有关计算机方面犯罪也不断增加。依法惩治针对计算机和使用计算机进行的各种犯罪已逐步成为刑法的重要任务。本案系全国首例非法侵入证券营业部计算机系统，操纵证券交易价格的犯罪，上海市静安区人民法院的判决是正确的，其理由如下：

1. 被告人主观方面具有非法牟利的直接故意，其行为目的不是针对计算机本身犯罪，而是通过计算机实施证券犯罪。犯罪意识和目的是通过犯罪行为体现出来的，辩证唯物主义认为，人的思想是对客观的反映，支配着人的活动，因而犯罪故意必然通过行为人的客观行为来表现出来。1999年3月31日，赵喆在偶然发现"三亚中亚上证"的计算机信息系统内的委托数据库未设置密码后，即萌生修改计算机内委托报盘的数据，以使自己持有的7 800股"兴业房产"股票得以抛出获利的念头。同时，为炫耀自己，他又决意采用相同手法提高"莲花味精"股票的价格，并示意自己的朋友大量买进及适时抛出。为保证作案成功，4月15日，赵喆再次来到三亚中亚上证营业厅非法侵入计算机信息系统,复制委托投盘数据库并进行修改实验。4月16日中午赵喆侵入计算机信息系统成功后,立即进行电话委托,将其持有的"兴业房产"股票以涨停价抛出,其朋友也抛售成功。赵喆这一系列的行为体现了其牟利的直接故意。

2. 被告人客观方面实施了修改证券交易所计算机信息系统内委托数据、造成股价异常波动的行为,并且情节严重。4月16日下午股市开盘时,当被告人赵喆修改的委托数据发送到证券交易所后,立即引起了"兴业房产"和"莲花味精"两种股票的交易量和交易价格的非正常波动,造成三亚中亚上证需支付6 000余万元资金以涨停价或接近涨停价的价格如数购买了该两种股票,且在以后的近一个月时间里,有一批股民盲目跟进,导致该两种股票价格长期非正常波动。

3. 该犯罪行为属于利用计算机作为犯罪工具进行犯罪的行为,即应当适用刑法第287条所规定的"利用计算机实施犯罪的,依照刑法有关规定定罪处理"的规定处罚。利用计算机进行犯罪多表现为直接或通过他人对计算机内的数据或程序进行修改、破坏,以实现其犯罪目的,这是以计算机为犯罪工具的犯罪的特点之一。其中,那些实施犯罪行为时既违反了国家规定侵犯了国家对计算机的正常管理制度,又侵犯了其他直接客体的犯罪,就构成了刑法上的牵连犯,即实施某种犯罪(即本罪)时,方法行为或结果行为又触犯其他罪名的一种犯罪形态,应按照牵连犯的有关规定量刑。但是,本案中赵喆的行为并不符合上述特征,因为其仅利用受害单位电脑未设密码的漏洞,修改了计算机信息系统内的数据,没有对计算机内的程序进行破坏,因而其利用计算机进行犯罪的方法行为本身并不能单独构成一种罪名,所以对赵喆不能按照牵连犯的有关规定定罪量刑。而是应当根据《刑法》第287条之规定,"利用计算机实施犯罪的,依照刑法有关规定定罪处理",即以计算机为犯罪工具的犯罪,按照其本身涉及的罪名处罚,因此对赵喆应当以操纵证券交易价格罪定罪量刑。

但是,如果本案中赵喆在利用计算机进行操纵证券交易价格犯罪时,破坏了计算机信息系统内的数据和程序且情节严重,则同时触犯了破坏计算机信息系统罪和操纵证券交易价格罪两种罪名,构成刑法上的牵连犯,就不应仅考虑以目的行为——操纵证券交易价格罪定罪,而应根据牵连犯的处罚原则,在上述两罪中择一重罪处断,以保证打击力度。

二、认定本罪应注意的问题

操纵证券交易价格罪是刑法新增设的罪名,在认定类似案件时,笔者认为还应当注意以下几点:

1. 要正确理解"以获取不正当利益或者转嫁风险为目的"这一规定。根据《刑法》第182条的规定,操纵证券交易价格罪在主观方面表现为直接故意,即行为人以获取不正当利益或者转嫁风险为目的。但是,这并不表明要以行为人在实施犯罪时直接获利,对于止亏、减少损失以及由于行为人意志以外的原因导致其未获得预期利益的,仍然符合"以获取不正当利益或者转嫁风险为目的"的构成要件的要求。本案中赵喆以涨停板价每股10.93元抛出的"兴业房产"股票,原来是以14.50元每股购入的,虽然与购入价相比未获利,但从行为发生当时的股票价格看,他的这种止亏行为仍然是获取了不正当利益的行为。

2. 正确理解"以其他方法操纵证券交易价格"。根据刑法的规定,操纵证券交易价格共有四种行为方式:单独或者合谋,集中资金优势、持股优势或者利用信息优势联合或者连续买卖操纵证券交易价格;与他人串通,以事先约定的时间、价格和方式相互进行证券交易或者相互买卖并不持有的证券,影响证券交易价格或者证券交易量;以自己为交易对象进行不转移证券所有权的自买自卖,影响证券交易价格或者证券交易量的;以其他方法操纵证券交易价格。本案中,赵喆的行为不符合前三种情况,应按照《刑法》第182条第4款的规定处理,即是以其他方法操纵证券交易价格的行为认定。对于"其他方法"的范围,刑法中未作具体规定。笔者认为,根据《证券法》第184条的规定,只要行为人在主观上以牟利为目的,在客观上操纵证券交易价格,制造证券交易虚假的价格或者交易量,其所采取的方法,就属于刑法所指"以其他方法操纵证券交易价格"的范围。

3. 关于"情节严重"的认定。"情节严重"是操纵证券交易价格罪在客观方面的构成要件之一。目前,刑法及有关司法解释尚未对"情节严重"作出具体明确的规定。笔者认为,所谓"情节严重"应当包括以下一些情况:行为人曾因操纵证券交易价格受过两次行政处罚又再次实施操纵证券行为的;操纵证券交易价格造成证券市场暴涨暴跌,引起市场风波的;谋取不正当利益或转嫁风险数额巨大的;造成其他投资者或证券营销商损失严重的等。本案中赵喆的行为引起了股票交易价格的波动,给证券经销商带来了295万元的损失,理应属于"情节严重"。

4. 注意本罪罪名的变化。我国1997年《刑法》在第182条规定了操纵证券交易价格罪,《刑法修正案》第6条对本罪作了修改,主要是增加了期货交易的有关内容。本罪罪名变更为操纵证券、期货交易价格罪,成为选择性罪名。2006年的《刑法修正案(六)》第11条又将本罪名修改为操纵证券、期货交易罪。在此之后发生的操纵证券交易价格犯罪应该按新罪名定罪。

【结　　论】

操纵证券交易价格罪在主观方面表现为直接故意,即行为人以获取不正当利益或者转嫁风险为目的。但是,这并不表明要以行为人在实施犯罪时直接获利,对于止亏、减少损失以及由于行为人意志以外的原因导致其未获得预期利益的,仍然符合"以获取不正当利益或者转嫁风险为目的"的构成要件的要求。

【相关链接】

相关的法律、法规

中华人民共和国刑法

第一百八十二条　有下列情形之一,操纵证券交易价格,获取不正当利益或者转嫁风险,情节严重的,处五年以下有期徒刑或者拘役,并处或者单处违法所得一倍以上五倍以下罚金:

1. 单独或者合谋,集中资金优势、持股优势或者利用信息优势联合或者连续买卖,操纵证券交易价格的;

2. 与他人串通,以事先约定的时间、价格和方式相互进行证券交易或者相互买卖并不持有的证券,影响证券交易价格或者证券交易量的;

3. 以自己为交易对象,进行不转移证券所有权的自买自卖,影响证券交易价格或者证券交易量的;

4. 以其他方法操纵证券交易价格的。

单位犯前款罪的,对单位判处罚金,并对其直接负责的主管人员和其他直接责任人员,处五年以下有期徒刑或者拘役。

中华人民共和国刑法修正案

第六条　将刑法第一百八十二条修改为:有下列情形之一,操纵证券、期货交易价格,获取不正当利益或者转嫁风险,情节严重的,处五年以下有期徒刑或者拘役,并处或者单处违法所得一倍以上五倍以下罚金:

1. 单独或者合谋,集中资金优势、持股或者持仓优势或者利用信息优势联合或者连续买卖,操纵证券、期货交易价格的;

2. 与他人串通,以事先约定的时间、价格和方式相互进行证券、期货交易,或者相互买卖并不持有的证券,影响证券、期货交易价格或者证券、期货交易量的;

3. 以自己为交易对象,进行不转移证券所有权的自买自卖,或者以自己为交易对象,自买自卖期货合约,影响证券、期货交易价格或者证券、期货交易量的;

4. 以其他方法操纵证券、期货交易价格的。

单位犯前款罪的,对单位判处罚金,并对其直接负责的主管人员和其他直接责任人员,处五年以下有期徒刑或者拘役。

中华人民共和国刑法修正案(六)

第十一条　将刑法第一百八十二条修改为:有下列情形之一,操纵证券、期货市场,情节严重的,处五年以下有期徒刑或者拘役,并处或者单处罚金;情节特别严重的,处五年以上十年以下有期徒刑,并处罚金:

(一) 单独或者合谋,集中资金优势、持股或者持仓优势或者利用信息优势联合或者连续买卖,操纵证券、期货交易价格或者证券、期货交易量的;

（二）与他人串通，以事先约定的时间、价格和方式相互进行证券、期货交易，影响证券、期货交易价格或者证券、期货交易量的；

（三）在自己实际控制的账户之间进行证券交易，或者以自己为交易对象，自买自卖期货合约，影响证券、期货交易价格或者证券、期货交易量的；

（四）以其他方法操纵证券、期货市场的。

单位犯前款罪的，对单位判处罚金，并对其直接负责的主管人员和其他直接责任人员，依照前款的规定处罚。

相关的司法解释与指导性意见

最高人民检察院、公安部关于经济犯罪案件追诉标准的规定（2001年4月18日）

三十二、操纵证券、期货交易价格案（刑法第182条）

操纵证券、期货交易价格，获取不正当利益或者转嫁风险，涉嫌下列情形之一的，应予追诉：

1. 非法获利数额在50万元以上的；

2. 致使交易价格和交易量异常波动的；

3. 以暴力、胁迫手段强迫他人操纵交易价格的；

4. 虽未达到上述数额标准，但因操纵证券、期货交易价格，受过行政处罚二次以上，又操纵证券、期货交易价格的。

相关的参考案例

上海华亚实业发展公司、丁福根等操纵证券交易价格，刘蕾窝藏案[（2003）高刑终字第275号]

载北大法律信息网，最后访问时间：2007年4月11日。

（黄俊平）

27. 如何认定用账外客户资金非法拆借罪的主观要件？
——张海燕等用账外客户资金非法拆借案①

【案情介绍】

被告人张海燕，女，汉族，1964年6月26日出生，原系东方证券股份有限公司下属许昌路证券营业部经理。

被告人舒华，男，回族，1960年12月31日出生，原系东方证券股份有限公司下属许昌路证券营业部主办。

东方证券公司于1997年12月10日经上海市工商行政部门登记注册成立，属具有法人资格的国内合资企业，次年3月，获得由中国人民银行颁发的金融机构法人许可证。许昌路营业部系其下属分支机构，自该分支机构于1998年3月设立时起，被告人张海燕、舒华就分别被聘为许昌路营业部的经理、大户管理员，直至案发。被告人张海燕、舒华在分别担任许昌路营业部经理、大户管理员期间，为扩大本营业部的股票交易量、增加佣金收入、提高本部门员工奖金，于2000年7月至2001年6月间，故意违反证券法及公司禁止融资的规定，以许昌路营业部的名义通过代理国债买卖等形式向岱山、鑫浩非法融入人民币8500万元，并划入营业部内部会计核算设置的"代买卖证券款"科目中的指定资金账户，尔后将融资款借给营业部客户范祥华、蒋育等人使用以及归还营业部的欠款等。

2000年1月前后，范祥华个人向黄瑾借了人民币2000万元，并于2000年1月14日划入许昌路营业部其妻顾青的211734资金账户，尔后于同年1月至4月，先后两次从该账户中提取人民币共计110万元；同年6月6日，经范祥华签字同意，许昌路营业部从该账户中划出人民币600万元，用于归还许昌路营业部向上海展银贸易发展有限公司（以下简称"展银公司"）的部分借款；同年6月8日，又从该账户中划出人民币100万元作为支付向黄瑾借款的利息；7月10日，经范祥华签字同意，许昌路营业部从该账户中划出人民币1267万元连同从10308资金账户划出的人民币501万元，用于归还许昌路营业部向上海帝方商行（以下简称"帝方商行"）的部分借款。2000年7月，许昌路营业部从岱山融入人民币2000万元，尔后提供给范祥华使用。同年8月3日，被告

---

① (2002)杨刑初字第505号。案例选自"北大法意"网，最后访问时间：2007年4月10日。

人舒华将该人民币2000万元划出许昌路营业部并交给范,之后,范将该款通过荣清公司归还了向黄瑾的借款。

2000年11月,被告人张海燕通过与鑫浩的郑卫国签订委托国债经营协议书的方法从鑫浩融资人民币200万元用于申购新股,尔后用该款归还了许昌路营业部向上海东展有限公司(以下简称"东展公司")的借款。2001年6月下旬,许昌路营业部从鑫浩融入人民币500万元用于证券买卖等,之后,该款被营业部用于归还了其向上海巴士财务管理有限公司、上海浦东发展银行工会委员会的借款。

2001年3月,被告人张海燕代表许昌路营业部以代理国债买卖为名吸收岱山存款后,被告人舒华在经手将其中的人民币1500万元借给蒋育用于买卖证券时,未按营业部与客户所签订的协议及以前公司允许融资时的惯例办理股票等有价证券的担保、质押手续,由于股价下跌致使该款到期后未能如数收回。经审计,至2001年10月30日止,账面亏损人民币486万余元。2001年10月25日,被告人张海燕、舒华主动向单位坦白了其非法融资的事实。

上海市杨浦区人民检察院指控称被告人张海燕、舒华构成用账外客户资金非法拆借罪。上海市杨浦区人民法院认为,被告人张海燕身为许昌路营业部的经理,被告人舒华身为许昌路营业部的直接责任人员,为给本单位谋取利益,故意违反法律及本公司的规定,采取以单位名义吸收客户资金不入账的方式,将部分资金用于非法拆借并造成重大损失,其行为均已构成用账外客户资金非法拆借罪,公诉机关指控的罪名成立。遂判决如下:

1. 被告人张海燕犯用账外客户资金非法拆借罪,判处有期徒刑2年,罚金人民币2万元;

2. 被告人舒华犯用账外客户资金非法拆借罪,判处有期徒刑2年,罚金人民币2万元。

【法理分析】

处理本案涉及的主要问题:如何正确理解用账外客户资金非法拆借罪的客观与主观方面的特征?

用账外客户资金非法拆借罪,是指银行或者其他金融机构工作人员以牟利为目的,采取吸收客户资金不入账的方式,将资金用于非法拆借,造成重大损失的行为。银行同业拆借是银行及其他金融机构的正常业务之一,是指专业银行之间利用资金融通过程的时间差、空间差、行际差来调剂资金而进行的短期借贷。这对于提高资金使用效益,促进经济发展发挥了重要作用。对于拆借行为,1995年颁布的《商业银行法》等法律法规对拆借主体、拆借利率、拆借期限以及拆借用途等都作了严格规定。所以,为保证资金的安全,金融机构的工作人员必须严格按照规定进行拆借和发放贷款。但是有些金融机构的负责人或工作人员却违反规定，超范围拆借，利用拆借资金搞长期信贷和固定资产投资，甚至徇私舞弊，将吸收的客户的存款不入账，进行非法拆借和发放贷款。这些行为逃避金融监督，扰乱了金融秩序，形成了巨额资金的"体外循环"，给国有资产造成重大损失，社会危害性特别大。实践中，有很多金融机构为了自己单位的利益，上下勾结，以高息吸收存款不入"大账"，然后非法拆借、放贷收取高额利息，发放"奖金"，搞所谓"福利"。由于这些贷款手续多不完备，投向不符合法律规定，加之过高的利息，所以往往发生无法收回的结果，给国家利益造成重大损失。本案中被告人的行为就是如此。

根据《刑法》第187条的规定，用客户资金非法拆借罪，是指银行或其他金融机构的工作人员，以牟利为目的，采取吸收客户资金不入账的方式，将资金用于非法拆借，造成重大损失的行为。从案件中争议的问题看，主要是对本罪主观方面与客观方面构成特征的理解上存在分歧。笔者认为法院的判决是正确的，二被告人行为符合用账外客户资金非法拆借罪的构成特征。

一、本案二被告人的行为符合用账外客户资金非法拆借罪的客观特征

本罪在客观方面表现为以吸收客户资金不入账的方式将资金用于非法拆借，造成重大损失的行为。

1. 本罪在客观上必须是以吸收客户资金不入账的方式进行。账外客户资金即吸收客户资金不入账，在此特指银行或其他金融机构对公营或个人存款户的入款或存款，只单方面地发给入款户或储户一张存单，而不将其款项记入本单位的大账，即不纳入上报中国人民银行和国家财政的银行会计核算，而仅将其另入法定会计账册以外的本单位小"金库"账册上，单位大账上反映不出新增加的存款业务，或者与出具给储户存单、存折上的记载不相符。

2. 行为人有非法拆借的行为。非法拆借，既包括金融机构之间的非法同业拆借，也包括银行或其他金融机构将其未入账的客户资金，非法出借给其他单位或个人。非法拆借的资金只要是以吸收客户资金不入账方式获得的，不论资金拆借是否符合规定的手续和条件，都属于本罪所属的非法拆借情形。

3. 本罪还是结果犯，构成本罪，要求行为人的行为在客观上造成重大损失的结果。"造成重大损失"，一般指拆借资金收不回来、造成金融机构承担偿还债务的损失等。本案中，两名被告人的辩护人提出融资款均入账，非账外资金的辩解意见。事实上，虽然许昌路营业部从外部融入的资金都入单位的法定账户，但做账时却将融资款全部入属客户专用的代买卖证券科目，且归还融资款几乎都不是直接从本营业部汇出，而是通过国信证券有限责任公司上海北京东路证券营业部汇出，如此做账、操作，目的是使上级及审计部门在查账时误以为该款是客户自有资金，而非营业部将融资款借给客户，以达到逃避监督，搞资金"体外循环"，应属法律意义上的融入资金不入账情形。

本案中,至 2001 年 10 月 30 日,因二被告人非法融资行为,他们所在的许昌路营业部账面上亏损人民币 486 万余元。可见已给营业部造成了重大损失,已符合用账外客户资金非法拆借罪的客观行为特征。

值得注意的是,全国人民代表大会常务委员会 2006 年 6 月 29 日颁布的《刑法修正案(六)》第 14 条已对本罪的构成要件进行了重大修改。在客观方面的修改主要有两处:一是客观行为内容的变化。修正案(六)删去了《刑法》第 187 条中"将资金用于非法拆借、发放贷款"的规定。这主要是考虑到账外经营、体外循环是明令禁止的,每个银行或者其他金融机构的工作人员都应知悉,且账外经营一旦事发,巨大的损失已难以挽回。因此,只要存在吸收客户资金不入账的行为即可构成犯罪。二是危害结果的修改。修正案还将定罪标准"造成重大损失"改为"数额巨大或者造成重大损失"。主要考虑的是,实践中认定是否造成"重大损失"比较困难,这也是目前对账外经营行为打击不力的重要原因。关于什么是"数额巨大"、"重大损失"有待于制定相应的司法解释。

从修正案(六)对 1997 年《刑法》第 187 条的修改看,放宽了本罪的成立条件,体现了对此类犯罪行为加大打击力度的立法意图。

二、两被告身份符合用账外客户资金非法拆借罪的主体特征

用账外客户资金非法拆借罪的主体是特殊主体,即银行或者其他金融机构工作人员。应当指出的是,这里所谓的银行和其他金融机构是指具有资金拆借业务的银行或其他金融机构,具体包括工商银行、建设银行、农业银行、中国银行等商业银行以及有关信用社、融资租赁机构、证券机构等具有货币资金融通职能的金融机构。中国人民银行、保险公司不能成为本罪的主体。本案中,被告人张海燕、舒华分别为许昌路营业部的经理、大户管理员,故符合本罪的主体条件。

三、二被告具有构成用账外客户资金非法拆借罪的主观罪过

从 1997 年《刑法》对用账外客户资金非法拆借罪罪状的描述看,该罪的主观罪过具有特殊之处。第 187 条专门规定行为人应"以牟利为目的",这是构成本罪主观方面的构成要素,根据刑法学界主流观点,以牟利为目的一般是被作为目的犯的主要标志。以此为根据,可直接判断本罪是直接故意罪过形式。但是《刑法》第 187 条又为本罪的成立规定了"造成重大损失的"这一结果犯的重要特征,而结果犯通常是和过失犯罪相联系的。事实上,实施用账外客户资金非法拆借行为的人最多是预见到重大损失危害结果的出现,但是为牟利而放任了危害结果的发生,真正希望或追求这种结果发生的情形存在的可能性几乎没有。简言之,用账外客户资金非法拆借罪的法条规定同时包含了故意犯罪与过失犯罪两类犯罪主观特征的元素。由此造成理论上对本罪主观罪过形式存在较大争议。第一种观点认为，本罪是过失犯罪①，但行为人对吸收客户资金不入账，搞非法拆借，则是明知故犯，是出于故意，并且是以牟利为目的。也就是说，行为人对造成重大损失的结果，或者是已经预见但轻信可以避免，或者应当预见因疏忽大意而没有预见，或者是已经预见而放任其发生。第二种观点认为，由于《刑法》明确规定本罪"以牟利为目的"，因而本罪的主观方面为故意，而且只能是故意，以牟利为目的，过失不能构成本罪。② 还有一种意见认为，故意可以构成本罪，过失同样也可以构成本罪。因为，银行或者其他金融机构及其工作人员在实施账外非法拆借的行为时，对"重大损失"的发行并不都是持放任甚至希望的心理态度的，很多情况下也完全可能是应当预见到自己的行为可能造成损失但因疏忽大意而没有预见，也有的是已经预见但是轻信能够避免，即疏忽大意的过失和过于自信的过失。如果将账外非法拆借而过失造成重大损失的行为排除在本罪之外，无疑是对这种犯罪行为的放纵。所谓"以牟利为目的"是指行为人实施账外非法借贷的行为是为了谋取个人私利或本单位的小集体利益，实际上是以牟利为动机。③

笔者认为，认识犯罪的主观方面，首先应当分清两种不同心理态度，一是对行为本身的心理态度，二是对行为的危害结果的心理态度。就对行为本身的心理态度而言，任何犯罪都是故意，即使是过失行为犯罪也是如此。但对行为产生的危害结果的心理态度来讲，则是因罪而异，各不相同。就吸收客户不入账、将资金用于非法拆借的行为本身而言，行为人自然是故意的，而且行为人的目的是"牟利"，但对该行为"造成重大损失"这一危害结果而言，则可能是过失或间接故意，不能是直接故意。因此，我们赞成最后一种观点，即本罪是复合罪过，而前两种观点都没有完全涵盖账外非法拆借、放贷行为的类型，也不符合刑法学上关于主观罪过认定的基本理论。

本案中，被告人引进客户资金入营业部，并非法将所融资金非法拆借，就是出于牟利目的，这时其行为的心理态度完全可以肯定是故意，但犯罪的罪过不是以此为评价对象，而是以行为人对危害结果的心理态度为评价对象的，从本案认定事实看，不能认为行为人对后来造成的"重大损失"是持积极追求的心理态度，因此其行为罪过心态只能是过失或间接故意，符合用账外客户资金非法拆借罪的主观特征。

关于被告人舒华及两名辩护人提出的两名被告人均无犯罪故意的辩解意见，因对外吸收存款借给营业部客户使用是违反证券法及公司的有关规定，两名被告人对此是明知的，故可推定两名被告人有非法拆借的故意，因此，被告人、辩护人的辩解意见是站不住脚的。

被告人舒华的辩护人还提出的被告人及其单位未从中牟利，因而不构成指控罪名

---

① 参见侯国云、白岫云：《新刑法疑难问题解析与适用》，中国检察出版社1998年版，第307页。
② 参见张军主编：《破坏金融管理秩序罪》，中国人民公安大学出版社2003年版，第380页。
③ 参见刘方主编：《刑事案例诉辩审评·破坏金融管理秩序罪》，中国检察出版社2005年版，第124页。

的意见。实际上,这是对"以牟利为目的"的不正确理解。"以牟利为目的"只是本罪的主观认识的内容,不是客观方面的要件。本罪的成立以造成重大损失为客观方面的结果要件,至于有无牟取到利益不影响犯罪的成立。而且,对所谋利益的理解,不能仅局限于利息、利差的形式,证券公司属于金融机构,与具有贷款业务的银行等金融机构不同。银行等金融机构贷款后,其取得的利益主要表现为收取利息、利差,而证券公司因其是从事证券买卖,故其将资金借给客户,所取得的利益可以是利息、利差,也可以是交易佣金,因此,被告人舒华的辩护人的辩护意见也是不足为据的。

值得注意的是:《刑法修正案(六)》在修改《刑法》第187条时已删去了"以牟利为目的",这一修改严厉了对这类犯罪行为的打击,也结束了关于本罪主观罪过形式的争议。本罪的主观方面是过失已毫无疑问了。

与修正案(六)的修改相适应,本罪罪名也修改为吸收客户资金不入账罪。在此后的相同犯罪行为应以吸收客户资金不入账罪定罪。

【结　　论】

认识犯罪的主观方面,首先应当分清两种不同心理态度,一是对行为本身的心理态度,二是对行为的危害结果的心理态度。就对行为本身的心理态度而言,任何犯罪都是故意,即使是过失行为犯罪也是如此。但对行为产生的危害结果的心理态度来讲,则是因罪而异,各不相同。就吸收客户不入账、将资金用于非法拆借的行为本身而言,行为人自然是故意的,而且行为人的目的是"牟利",但对该行为"造成重大损失"这一危害结果而言,则可能是过失或间接故意,不能是直接故意。因此,用账外客户资金非法拆借罪(吸收客户资金不入账罪)是复合罪过。

【相关链接】

相关的法律、法规

中华人民共和国刑法

第一百八十七条　银行或者其他金融机构的工作人员以牟利为目的,采取吸收客户资金不入账的方式,将资金用于非法拆借、发放贷款,造成重大损失的,处五年以下有期徒刑或者拘役,并处二万元以上二十万元以下罚金;造成特别重大损失的,处五年以上有期徒刑,并处五万元以上五十万元以下罚金。

单位犯前款罪的,对单位判处罚金,并对其直接负责的主管人员和其他直接责任人员,依照前款的规定处罚。

中华人民共和国刑法修正案(六)

第十四条　将刑法第一百八十七条第一款修改为:"银行或者其他金融机构的工作人员吸收客户资金不入账,数额巨大或者造成重大损失的,处五年以下有期徒刑或者拘役,并处二万元以上二十万元以下罚金;数额特别巨大或者造成特别重大损失的,处五年以上有期徒刑,并处五万元以上五十万元以下罚金。"

相关的司法解释与指导性意见

全国法院审理金融犯罪案件工作座谈会纪要(法[2001]8号)(2001年1月21日)

银行或者其他金融机构及其工作人员以牟利为目的,采购吸收客户资金不入账的方式,将客户资金用于非法拆借、发放贷款,造成重大损失的,构成用账外客户资金非法拆借、发放贷款罪。以牟利为目的,是指金融机构及其工作人员为本单位或者个人牟利,不具有这种目的,不构成该罪。这里的"牟利",一般是指谋取用账外客户资金非法拆借、发放贷款所产生的非法收益,如利息、差价等。对于用款人为取得贷款而支付的回扣、手续费等,应根据具体情况分别处理:银行或者其他金融机构用账外客户资金非法拆借、发放贷款,收取的回扣、手续费等,应认定为"牟利";银行或者其他金融机构的工作人员利用职务上的便利,用账外客户资金非法拆借、发放贷款,收取回扣、手续费等,数额较小的,以"牟利"论处;银行或者其他金融机构的工作人员将用款人支付给单位的回扣、手续费秘密占为己有,数额较大的,以贪污罪定罪处罚;银行或者其他金融机构的工作人员利用职务便利,用账外客户资金非法拆借、发放贷款,索取用款人的财物,或者非法收受其他财物,或者收取回扣、手续费等,数额较大的,以受贿罪定罪处罚。吸收客户资金不入账,是指不记入金融机构的法定存款账目,以逃避国家金融监管,至于是否记入法定账目以外设立的账目,不影响该罪成立。

审理银行或者其他金融机构及其工作人员用账外客户资金非法拆借、发放贷款案件,要注意将用账外客户资金非法拆借、发放贷款的行为与挪用公款罪和挪用资金罪区别开来。对于利用职务上的便利,挪用已经记入金融机构法定存款账户的客户资金归个人使用的,或者吸收客户资金不入账,却给客户开具银行存单,客户也认为将款已存入银行,该款却被行为人以个人名义借贷给他人的,均应认定为挪用公款罪或者挪用资金罪。

最高人民检察院、公安部关于经济犯罪案件追诉标准的规定(2001年4月18日)

三十五、用账外客户资金非法拆借、发放贷款案(刑法第187条)

银行或者其他金融机构的工作人员以牟利为目的,采取吸收客户资金不入账的方式,将资金用于非法拆借、发放贷款,涉嫌下列情形之一的,应予追诉:

1. 个人用账外客户资金非法拆借、发放贷款,造成直接经济损失数额在50万元以上的;

2. 单位用账外客户资金非法拆借、发放贷款,造成直接经济损失数额在100万元以上的。

相关的参考案例

河南证券有限责任公司与中国投资银行总行营业部资金拆借合同纠纷案[(1999)

经终字第 508 号]

　　载北大法意网,最后访问时间:2007 年 4 月 10 日。

　　姚武等贷款诈骗、用账外客户资金非法发放贷款、违法发放贷款案[(2001)樊刑初字第 341 号]

　　载北大法律信息网,最后访问时间:2007 年 4 月 11 日。

　　中国银行昆明市官渡区支行与中国农业银行襄樊市樊西支行资金拆借合同纠纷案[(1999)经终字第 160 号]

　　载北大法律信息网,最后访问时间:2007 年 4 月 11 日。

(黄俊平)

28. 如何区分非法出具金融票证罪与非罪的界限？
——莫京等信用证诈骗、黄永刚非法出具金融票证宣告无罪案[①]

【案情介绍】

被告人莫京,1962年×月×日出生,汉族,广西壮族自治区灵山县人,原系深圳市千帆实业发展有限公司董事长。

被告人黄洁,1961年×月×日出生,汉族,广东省从化市人,原系海艺实业(深圳)有限公司董事长兼总经理。

被告人黄永刚,1969年×月×日出生,汉族,广东省广州市人,原系深圳市发展银行罗湖支行国际部主任。

被告人莫京受广东省政府第三办公室委派,于1995年3月以莫京、海艺装饰工程(深圳)有限公司(1996年3月26日改名为海艺有限公司,法定代表人为黄洁)、从化市华侨大厦企业有限公司为股东,在深圳注册成立深圳市千帆实业发展有限公司(以下简称"千帆公司",法定代表人为张玉庭,同年10月变更为莫京)。随后,莫京以千帆公司的名义与深圳国际贸易中心饮食企业有限公司(以下简称"国贸饮食中心")总经理叶文杰商谈包销深圳国贸广场商铺事宜,并于同年9月以晋嘉物业有限公司(以下简称"晋嘉公司",莫京于1993年9月注册成立的)名义与深圳市物业集团股份有限公司(以下简称"物业集团")、深圳国贸广场物业发展有限公司(以下简称"广场公司")签订了《国贸广场商铺包销合同书》,约定由晋嘉公司以每平方米港币3.1万元的价格包销国贸广场54个商铺,总面积为7953.85平方米,总价款为港币24656.935万元,1995年12月31日付清包销总金额的60%;物业集团、广场公司负责向包销房产提供五年六成银行按揭,包销房产交付用户进场装修时间为1996年4月30日。同年9月11日,由国贸饮食中心作担保,莫京以晋嘉公司名义向深圳发展银行罗湖支行(以下简称"罗湖支行")贷款港币2000万元用于支付上述包销款。1996年3月至1997年7月,被告人莫京、黄洁和蒋涛(千帆公司总经理,去向不明)在香港先后注册成立第一商业有限公司等7家公司。1996年5月至7月,莫京又以第一商业有限公司作为股东,在深圳先后注册成立金海浪实业(深圳)有限公司等13家公司,法定代表人分别为莫京、黄洁、蒋涛。从1996年1月至1997年12月,被告人莫京让蒋涛以长河实业有限公司

[①] (2002)粤高法刑二终字第89号。案例选自"北大法律信息网",最后访问时间:2007年4月7日。

（1993年注册成立,莫京为该公司总经理）、海艺有限公司（以下简称"海艺公司"）、晋嘉公司以及上述在深圳注册的13家公司共16家公司（以下简称"关联公司"）的名义,在没有真实进口贸易的情况下,分别以圆方国际有限公司（国贸饮食中心的股东之一）、第一商业有限公司、海浪国际（香港）有限公司等10家公司为受益人,使用虚假的进口货物合同及附随单证向罗湖支行申请开立不可撤销跟单信用证,被告人黄洁在上述单证上盖章及在部分单证上签名。受理行罗湖支行在上述关联公司不符合开证条件的情况下,采取虚假保证金开证（即申请开证公司根本没有存入保证金,罗湖支行在上报深圳发展银行开证申请书上标明保证金比例）、违规审批受信额度以及让申请开证公司按规定存入保证金,取得保证金传票后将保证金转出,作为开立下一个信用证的保证金等方法,由国际部主任即被告人黄永刚经办、支行主管行长杨哲明或洪国梁（均在逃）签名盖章后送深圳发展银行开证,先后为关联公司开具信用证92份,总金额为美元8148.48万元、港币1885.84万元。信用证陆续贴现后,由受益人转入上述公司在罗湖支行开立的外汇账户,于支付上述包销款以及归还已到期信用证款项。1997年11月,深圳发展银行对罗湖支行开证业务从严掌握,使上述开证、贴现、支付到期信用证的循环停下,上述公司无力支付到期信用证,造成罗湖支行为其垫付和押汇共计3498万美元。

广州市人民检察院指控上述三被告人均构成信用证诈骗罪。广州市中级人民法院判决如下：①被告人莫京犯信用证诈骗罪,判处有期徒刑11年;②被告人黄洁犯信用证诈骗罪,判处有期徒刑8年;③被告人黄永刚犯非法出具金融票证罪,判处有期徒刑5年;④缴获被告人莫京、黄洁及主管公司的财物发还给深圳发展银行。判决后,三被告人均上诉称自己不构成犯罪。广东省高级人民法院认为,从案件事实看,莫京、黄洁及其关联公司没有非法占有银行资金的犯罪目的和诈骗行为,其行为不符合信用证诈骗罪的构成要件。被告人黄永刚作为受理关联公司申请开立信用证经办人,违反有关规定为关联公司审批信用证的行为,银行领导是知情的,且信用证不是其所在罗湖支行开出,而是由深圳发展银行开出,其行为不符合非法出具金融票证罪的构成要件。遂改判如下：（1）撤销广东省广州市中级人民法院（2001）穗中法刑经初字第48号刑事判决；（2）被告人莫京、黄洁、黄永刚无罪。

【法理分析】

处理本案涉及的主要问题在于：如何区分非法出具金融票证的罪与非罪的界限？

在确定犯罪是否成立之前,应首先明确本案中有无欺骗因素。从上述事实看,本案是开证银行、物业集团、关联公司三方基于各自利益而共同实施的违规融资行为,整个信用证融资活动是在深圳发展银行罗湖支行的直接控制下操作运行的,这就说明了不存在开证银行被欺骗的事实。而虚构事实、隐瞒真相是所有诈骗犯罪的关键特征,没有欺骗情节存在，就没有普通诈骗罪或特别诈骗罪存在的可能性。仅凭这一点，就能断定本案被告人莫京、黄洁不构成信用证诈骗罪。

一、黄永刚是否构成非法出具金融票证罪？

非法出具金融票证罪在 1979 年刑法中没有规定，修改后的刑法设立了该罪名。在此之前，1995 年 6 月 30 日第 8 届全国人大常委会第 14 次会议通过的《关于惩治破坏金融秩序犯罪的决定》第 15 条对该罪首次作了规定。1997 年刑法修订时在行为对象中增加了"存单"一项，其他内容没有变动。根据《刑法》第 188 条规定，非法出具金融票证罪，是指银行或其他金融机构及其工作人员违反有关规定，为他人出具信用证或者其他保函、票据、存单、资信证明，情节严重的行为。本罪在主观方面表现为故意，实践中所见的间接故意较多。本罪行为人明知自己为他人非法开具虚假银行存单的行为是违法犯罪行为，并且明知这一行为将可能造成严重危害社会行为的发生，仍然放纵该行为的实施。本罪在客观方面表现为行为人违反有关规定，为他人出具信用证或者其他保函、票据、存单、资信证明，情节严重的行为。这里的"资信证明"是指证明一个人或一个单位经济实力的文件。票据、银行存单以及银行出具的有关财产方面的委托书、协议书、意向书等证明经济状况的文件都应视为"资信证明"。符合上述条件的构成非法出具金融票证罪。

本案中，被告人黄永刚是金融机构的工作人员，符合非法出具金融票证罪的特殊主体的构成特征。他是否构成犯罪要看其行为是否也符合了非法出具金融票证罪的客观特征和主观要件。① 从客观行为看，本案是由发展银行默许、罗湖支行具体实施的集体违规开证行为，由于深圳发展银行罗湖支行受理的信用证业务均需总行审核批准，本案涉及的信用证也是由总行开出的，黄永刚在本案中的行为只是具体的经办人员，是对违法的决定履行职务的行为。因此，本案行为如果达到犯罪程度的话，应当是以单位为主体实施的犯罪。② 从主观上看，黄永刚并无审查开证是否有真实贸易背景的义务，不存在向总行隐瞒保证金被转出的事实。他在出具信用证时对自己的出具行为当然是故意心态，但他的故意只是对执行职务行为的故意，而并不是本罪主观要件所要求的犯罪故意。对损失结果的发生，被告人黄永刚既无故意也无过失，没有罪过，因此，根据主客观相统一原则，黄永刚的行为不构成犯罪。

应当注意的是，《刑法修正案（六）》第 15 条已将本罪危害结果的定罪标准由"造成重大损失"修改为"情节严重"。这主要是因为实践中，对非法出具金融票证行为所造成的损失难以确定，影响到对此类犯罪的定罪量刑。为了维护金融管理秩序，防范金融危险，所以修正案进行了修改。至于如何认定"情节严重"，由于个案情况不同，实际情况比较复杂，尚有待司法机关总结司法实践经验进行司法解释。

二、非法出具金融票证罪与相关犯罪的界限

1. 本罪与一般玩忽职守行为的界限

本罪与一般玩忽职守行为虽然都属于职务违法行为,但玩忽职守行为只是一种过失行为,而本罪主要由故意构成;玩忽职守行为是一般的职务行为,而本罪则属于刑法规定的特殊性职务行为。

2. 非法出具金融票证罪与伪造、变造金融票证罪的界限

两罪在犯罪对象上有相同之处,即都是金融票证,但在犯罪构成上却有明显的区别。非法出具金融票证罪是指金融机构及其工作人员违反规定出具信用证明文件,但这些信用证明文件不一定是虚假的,同时,该罪是结果犯,在客观上要求造成损失较大的结果,没有造成损失或者损失不是较大的,不以犯罪论处。主观上,行为人对该结果可能出于过失,也可能出于故意,但行为人对危害结果的发生一般出于过失。伪造、变造金融票证罪的主体是一般主体,主观上是故意,并且是直接故意,其伪造、变造的金融票证必然是虚假的,该罪的构成在客观上并不要求造成任何损失,只要求行为人在客观上实施了伪造、变造金融票证的行为。

【结　论】

不负有审查开证是否有真实贸易背景义务的金融部门职员,执行上司违法指令,非法出具金融票证的,因缺乏本罪主观要件所要求的犯罪故意,根据主客观相统一原则,不构成犯罪。

【相关链接】

相关的法律、法规

中华人民共和国刑法

第一百八十八条　银行或者其他金融机构的工作人员违反规定,为他人出具信用证或者其他保函、票据、存单、资信证明,造成较大损失的,处五年以下有期徒刑或者拘役;造成重大损失的,处五年以上有期徒刑。

单位犯前款罪的,对单位判处罚金,并对其直接负责的主管人员和其他直接责任人员,依照前款的规定处罚。

中华人民共和国刑法修正案(六)

第十五条　将刑法第一百八十八条第一款修改为:银行或者其他金融机构的工作人员违反规定,为他人出具信用证或者其他保函、票据、存单、资信证明,情节严重的,处五年以下有期徒刑或者拘役;情节特别严重的,处五年以上有期徒刑。

相关的司法解释与指导性意见

最高人民检察院、公安部关于经济犯罪案件追诉标准的规定(2001年4月18日)

三十六、非法出具金融票证案(刑法第188条)

银行或者其他金融机构的工作人员违反规定,为他人出具信用证或者其他保函、票据、存单、资信证明,涉嫌下列情形之一的,应予追诉:

1. 个人违反规定为他人出具金融票证,造成直接经济损失数额在10万元以上的;
2. 单位违反规定为他人出具金融票证,造成直接经济损失数额在30万元以上的。

相关的参考案例

杨芮非法出具金融票证案[(2001)夏刑初字第113号]
载北大法意网,最后访问时间:2007年4月10日。

何少娴、李庆龙信用证诈骗上诉案[(2000)粤高法刑经终字第192号]
载北大法律信息网,最后访问时间:2007年4月5日。

(黄俊平)

29. 如何认定刑法施行以前假冒他人身份使用伪造的票据诈骗的行为？
——董澄宙票据诈骗案①

【案情介绍】

被告人董澄宙，男，1970年12月8日生，汉族，大学文化程度，原系中国农村发展信托投资公司上海办事处业务员。因本案于2000年5月31日被刑事拘留，同年7月5日被逮捕。

1995年9月13日，董某为向张某（另案处理）提供资金，以"中农信"可提供高额息差为名，诱骗复旦大学在"中农信"存款。当天，董某将复旦大学用作存款的一张金额为人民币500万元的转账支票给了张某，并由张某使用伪造的"中农信"印章，将票据背书转让至张某担任总经理的上海圣士达时装有限公司（以下简称圣士达公司）。随后，张某将其中的220.62万元用于归还张通过董某向同济大学的借款。

1996年1月25日，董某因到期无法兑付复旦大学的上述存款，又以高额息差为饵诱骗上海财经大学在"中农信"存款。当天，董某将上海财经大学用作存款的一张金额为人民币300万元的支票给了张某，仍由张某使用伪造的"中农信"印章，将票据背书转让至百达俱乐部。同年1月30日，董某将百达俱乐部出具的两张总计金额为人民币300万元的转账支票交付给复旦大学，用以兑付部分存款。

同年2月15日，董某、张某又以上述相同手法，将上海财经大学用以支付"中农信"存款的两张银行本票（金额共计人民币300万元），通过伪造背书转让至百达俱乐部。同年3月4日，董某用张某开出的金额为人民币300万元的支票向上海财经大学兑付存款。上海财经大学收到该支票后，即背书转让至大华会计师事务所（以下简称"大华所"）。次日，董某又诱骗大华所将上述300万元支票背书转让给"中农信"，用于支付存款。因该支票遭"中农信"退票，董某又通过圣士达公司开了另一张收款人为大华所的转账支票，诱骗大华所进行背书，但该支票的款项亦未进"中农信"账户。同年3月25日，董某将一张百达俱乐部出具的2.8万元支票交大华所，用于支付利息。"中农信"上海办事处始终没有参与、也不知晓董某所进行的票据诈骗犯罪活动。案发

---

① （2001）沪一中刑初字第39号。案例选自上海经侦案例库：http://www.jb.sh/fazhike/Show/Article.asp?ArticleID=169。

后,原"中农信"上海办事处被迫向复旦大学、上海财经大学、大华所兑付存款计797.2万元。

董某到案后始终稳定的供述:被骗划的存款到期后,他曾向张某追讨,张某以暂时无钱还款为由,要他从其他业务单位弄一笔钱先填补一下。董某对此予以同意,并且实施了假借"中农信"名义骗取票据的行为。董某伙同张某,以伪造"中农信"上海办事处印章等手法,非法占有他人款项计人民币797.2万元。事后,经其本人追讨,圣士达公司于1996年5、6月间累计向"中农信"上海办事处还款人民币630万元。

上海市第一中级人民法院审理后认为:① 董某虽然有吸收客户资金不入账的行为,但其目的并非为了向张某发放贷款。所以,被告人的行为不构成用账外客户资金非法发放贷款罪而构成票据诈骗罪。② 董某至案发时虽有人民币790余万元不能归还,但经其本人追讨,圣士达公司于1996年5、6月间累计向"中农信"上海办事处还款人民币630万元。所以,董某的行为实际造成的损失为160余万元。③ "中农信"发现董某有收取存款不入账的行为之后,向董某了解情况时,董某虽然交代了款项的去向,但并未如实交代其伙同他人采取诈骗手段非法占有票据款项的事实,不能认定为自首。据此,依照《中华人民共和国刑法》第12条第1款、全国人民代表大会常务委员会《关于惩治破坏金融秩序犯罪的决定》第12条第1款第3项,以及1979年《中华人民共和国刑法》第22条、第52条、第60条之规定,对董某以犯票据诈骗罪判处有期徒刑15年,剥夺政治权利4年,并处没收其个人财产人民币20万元;违法所得的一切财物予以追缴。

【法理分析】

处理本案涉及的主要问题在于:① 法定刑轻重的比较关乎新旧法的选择,遇到刑法条文分立时如何选择适用法?② 如何认定票据诈骗罪中的非法占有目的?③ 冒用他人票据的行为和明知是伪造的票据而假冒他人身份使用的行为之间存在行为的交叉竞合,如何认定这些交叉类型的行为?

一、从旧兼从轻原则的适用

刑法时间效力的从旧兼从轻原则规定于《刑法》第12条,该条第1款规定:"中华人民共和国成立以后本法施行以前的行为,如果当时的法律不认为是犯罪的,适用当时的法律;如果当时的法律认为是犯罪的,依照本法总则第四章第八节的规定应当追诉的,按照当时的法律追究刑事责任,但是如果本法不认为是犯罪或者处刑较轻的,适用本法。"从旧兼从轻原则的适用主要在于如何寻求"轻法",基本的思路是通过比较新刑法和旧刑法适用于被告行为的法定刑来选择对被告人有利的法律。通说以为[①],刑

---

① 参见〔意〕杜里奥·帕多瓦尼:《意大利刑法学原理》,法律出版社1998年版,第37页。

法的适用具有其整体性,新旧法的选择是决定适用哪一部刑法,即整体确定适用新法抑或旧法,而不是将其中某一条文和另一刑法中某一条文相并合地适用于这一案件,即不能同时适用两个以上不同刑法的条文。从旧兼从轻原则也只能决定究竟应该适用哪一部刑法,在决定哪一部法律对于被告人最为有利时,只能要么适用新法,要么适用旧法,在这两者之间选择其一,而不能将新法和旧法的规定加以分解,然后将其中有利于犯罪人的因素组合拼凑为一个既不同于新法、也不同于旧法的综合性规范,否则就成了由法官来制定适用的法律规范。

就本案而言,公诉意见认为,"董某的行为已构成票据诈骗罪,且数额特别巨大,应依照《中华人民共和国刑法》第194条第1款第(三)项、第12条、第25条第1款之规定,予以惩处。"辩护人认为,"董某的行为不构成票据诈骗罪,应构成用账外客户资金非法发放贷款罪"。法院认为,被告人董澄宙的犯罪行为发生在新刑法实施之前,依法应按旧刑法的相关规定予以惩处,并依照《中华人民共和国刑法》(指1997年刑法,以下称刑法,编者注)第12条第1款、全国人民代表大会常务委员会《关于惩治破坏金融秩序犯罪的决定》(以下称《决定》)第12条第1款第3项,以及1979年刑法第22条、第52条、第60条之规定作出判决。

笔者认为,① 被告人的行为发生在1997年9月30日前,作出判决的时间为2001年5月22日。依据刑法第12条第1款的规定,应该适用从旧兼从轻的原则。② 从公诉机关的起诉事实来看,"至案发尚有人民币790余万元不能归还"。根据1996年12月最高人民法院《关于审理诈骗案件具体应用法律的若干问题的解释》第5条的规定,其数额属《决定》第12条和《刑法》第194、199条规定的进行金融诈骗活动"数额特别巨大"。但是无论被告人最终造成的损失是790余万元还是160余万元,被告人的行为都给国家造成了特别重大的损失。③《刑法》第199条补充了194条的罚则,是立法条文的调整。两个条文一起构成对票据诈骗罪的罪刑规范。根据被告人的犯罪事实、性质和情节,若是适用《刑法》则应该根据第199条"数额特别巨大并且给国家和人民利益造成特别重大损失的,处无期徒刑或者死刑,并处没收财产"的规定量刑。比较《刑法》第199条和《决定》的第12条的法定刑,后者对被告人的行为处刑较轻,所以应该适用《决定》第12条为基础来量处被告人的刑罚。

因此,公诉机关提出根据《刑法》第194条第1款第3项等提出控诉是不准确的。而法院2001年5月22日的判决以《刑法》第12条和《决定》第12条等作出判决,适用法律正确,但是其理由,即"鉴于董某的犯罪行为发生在1997年修订后的《中华人民共和国刑法》实施之前"的表述是不充分的。因为被告人的行为发生在刑法典之前,不是适用旧法的充分条件,而且依据《刑法》第12条,发生在1997年9月30日之前的行为的适用法的选择,需要根据被告人的犯罪事实、性质和情节,在确定了该犯罪行为的量刑档次之后,再比较新旧法律对在该量刑档次下的观念宣告刑来选择量刑将较轻的适用法。

至于辩护人辩称,董某主观上没有非法占有其他单位钱财的故意,其行为系"中农信"吸收存款、发放贷款的职务行为,应构成用账外客户资金非法发放贷款罪。笔者认为,用账外客户资金非法发放贷款罪属于刑法的新设罪名,《决定》对用账外客户资金非法发放贷款罪没有规定。董某的犯罪行为完成在刑法实施之前,辩护人既然否定被告人有非法占有的故意,那么被告人的行为就既不构成诈骗罪也不构成票据诈骗罪,更不能适用新法第187条用账外客户资金非法发放贷款罪的规定。该辩护意见在适用法的选择上也存在矛盾。

综上,对于票据诈骗构成犯罪的行为,发生在1995年6月30日以前的,不能适用《决定》的规定,而应该适用1979年《刑法》第151、152条诈骗罪的规定。1995年5月通过,1996年1月1日施行的《票据法》第103条也明确规定对票据欺诈行为要依法追究刑事责任。刑法基本上继承了《决定》对于票据诈骗罪的规定,只是在法定刑上略有调整。1995年7月1日到1997年9月30日之间的行为,应根据《决定》和《刑法》的冲突机制即《刑法》第12条所确立的原则来解决。

二、非法占有目的的推定

金融诈骗犯罪都是以非法占有为目的的犯罪。本案在董某冒用他人的本票、支票的行为得到证实的前提下,其是否具有非法占有的目的,就成了被告人的行为是否构成票据诈骗罪的关键。非法占有目的的认定向来就是金融犯罪认定的疑难问题,有关的探讨也是众说纷纭。

在大陆法系的犯罪构成理论中,主观要素和构成要件客观要素之间的关系历来很复杂。根据我国耦合式的犯罪构成理论,主观要素既是犯罪构成的要素,也是违法的要素,还是有责的要素。对主观要素的判断是一种整体的判断,需要结合构成要件的客观要素要进行综合判断。所以,常态的主观要素与构成要件客观要素的内容也是一致的,常态的主观要素的认定有其客观实据。但是目的犯的目的、倾向犯的内心倾向、表现犯的心理过程,存在于行为人的内心,而且不要求有与其内容相对应的客观事实。这些主观要素也被称为"主观的超过要素"[①],如何认定这些"主观的超过要素"是司法实践中的难题。

笔者认为,我国刑法中的主观要素的认定有完全的认定和不完全的认定之分。完全的主观要素认定以行为主体的供述对罪过内容的确认为最完全,也包括通过犯罪事实可以确认的内容。如对故意内容的"明知"、"希望"或者"放任"的认定,不仅必然有一般构成要件客观要素来证明这些主观的内容,往往还会得到非一般构成要件的犯罪事实的印证。不完全的主观要素的认定,主要指对"主观的超过要素"的推定,例如目

[①] 张明楷:《诈骗罪与金融诈骗罪研究》,清华大学出版社2006年版,第282页。

的犯的目的,并不必然在一般构成要件的客观要素中找到依据,而可能来自非一般构成要件事实。

本案中,公诉机关指控董某与他人勾结,假冒单位名义骗取票据,并交由他人冒用后将资金非法占有,其行为已构成票据诈骗罪。董某辩称,他是为了帮朋友的忙才将票据交给张某使用,并不存在与张某共谋诈骗钱财的事实。其辩护人认为,董某主观上没有非法占有其他单位钱财的故意。很显然,在被告人否认其有非法占有有关资金的目的之后,公诉机关需要证明被告人有非法占有有关资金的目的。

有关对非法占有目的的认定依据:1996年12月16日,最高人民法院颁布了《关于审理诈骗案件具体应用法律的若干问题的解释》(以下简称《解释》),该《解释》第一次明确了推定行为人非法占有目的的四种客观情形。2000年9月长沙会议形成的《全国法院审理金融犯罪案件座谈会纪要》(以下简称《纪要》)列举了在金融诈骗犯罪中行为人通过诈骗的方法非法获取资金,造成数额较大资金不能归还时的七项认定非法占有目的的情形:① 明知没有归还能力而大量骗取资金的;② 非法获取资金后逃跑的;③ 肆意挥霍骗取资金的;④ 使用骗取的资金进行违法犯罪活动的;⑤ 抽逃、转移资金、隐匿财产,以逃避返还资金的;⑥ 隐匿、销毁账目,或者搞假破产、假倒闭,以逃避返还资金的;⑦ 其他非法占有资金、拒不返还的行为。但是,在处理具体案件的时候,对于有证据证明行为人不具有非法占有目的的,不能仅以财产不能归还就按金融诈骗罪处罚。

以上的文件都力图从犯罪行为人获取财物后的使用事实来证明行为人是否具有非法占有目的,这实际上就是目的主观要素的推定。笔者认为,既然是一种推定,准确的推理前提和科学的推理过程对于推理结论的正确性都很重要。具体说来:① 确保前提事实的真实性;② 在推理中应当坚持主客观相一致的原则,既要避免单纯根据损失结果客观归罪,也不能仅凭被告人自己的供述,而应当根据案件具体情况具体分析,综合分析。

从本案事实来看,两行为人否认对资金具有非法占有的目的,而且也存在实际的业务活动,也不存在非法获取资金后逃跑、肆意挥霍骗取资金以及抽逃、转移资金、隐匿财产等情节。所以,只能以被告人"明知没有归还能力而大量骗取资金"为依据来推定其具有非法占有的目的。考虑到以下的细节:1996年1月25日,董某因到期无法兑付复旦大学的上述存款,又以高额息差为饵诱骗上海财经大学在"中农信"存款。后由张某使用伪造的"中农信"印章,将票据背书后将百达俱乐部出具的两张总计金额为人民币300万元的转账支票交付给复旦大学用以兑付部分存款。① 两行为人挖空心思还款的行为,不但不能证明两行为人具有非法占有的目的,还在一定程度上说明被告人没有非法占有的目的。② 在这种情况下,要推定被告人是否具有非法占有有关资金的目的,需要突出地考虑到被告人还款能力的因素。根据《纪要》的精神,明知没有还款能力还通过冒用票据的行为非法占用他人的资金是可以推定行为人具有非法占有目的的。当然,在这个推定阶段,笔者认为一方面要在主客观相结合的原则下强调综合考虑各种因素排除非法占有目的以外的可能;另一方面,也需要注意行为人的反证。很显然,如果行为人有能力证明其不具有非法占有的目的,有关推定的意义就极为有限了。但是在本案中,"两行为人挖空心思还款的行为"虽然对于认定被告人非法占有的目的起到逆向的证明作用,但是证明力也有限。对于被告人是否具有非法占有有关资金的目的还需要推定。

结合前文的推理思路,再考虑到以下的重要事实:① 从客观事实来看,两行为人,尤其是张某的百达俱乐部也确实没有能力归还有关资金,而且实际造成 160 余万元的损失无法追回。② 被告人到案后始终稳定的供述:"被骗划的存款到期后,他曾向张某追讨,张某以暂时无钱还款为由,要他从其他业务单位弄一笔钱先填补一下。董某对此予以同意,并且实施了假借'中农信'名义骗取票据的行为。"③ 被告人将以"中农信"的名义骗得的复旦大学的 500 万元的转账支票交给张某之后,张某通过冒用行为将其中的 220.62 万元用于归还张通过董某向同济大学的借款。而后,存在多次骗得有关款项之后用于还款。行为人掉入了骗款还款的行为循环。笔者认为,对上述三个事实的分析,一方面要注意不能因为最终有款项没有归还就认定被告人具有非法占有的目的,否则就成了客观归罪;另一方面,根据被告人知道张某"暂时无钱还款"的事实和被告人循环借款还款的事实可以综合认定两行为人已经不具备还款的能力了。

最高人民法院在《关于执行修订后〈中华人民共和国刑法〉若干问题的解释(讨论稿)》第 1 至 5 稿中,都倾向于将挪用公款后从事股票、期货等高风险投资造成客观上不能归还的行为,认定为主观上具有非法占有的目的。对《纪要》所列举的推定金融诈骗犯罪具有非法占有目的的几种情形,实务部门的专家也将其细化为包括"将资金大量用于挥霍、行贿、赠予"和"将资金用于高风险营利活动造成亏损"等在内的十一种情形。① 另外,由于还可以确认上述系列的票据资金由于被告人欺骗性借款、还款的循环行为而变得极为危险的事实,所以,有关的犯罪事实和情节就符合了有关司法解释在前述思路上来推定行为人具有非法占有目的的要求。被告人被认定为没有还款能力的前提下,还继续骗取其他单位的票据的行为,在目前的法律、政策下足以被推定为具备非法占有的目的。

三、假冒他人身份使用伪造的票据和冒用他人的票据的区分

票据伪造,就是无权限人假冒他人或虚构他人名义签章的行为。票据伪造有广义和狭义之分。狭义的票据伪造,又称出票的伪造、票据本身的伪造,是指假冒他人的名义而为出票的行为。广义的票据伪造指伪造他人签章的票据行为。广义的伪造票据

---

① 参见吴贵森:《非法占有目的的推定解析》,载《黑龙江省政法管理干部学院学报》2006 年第 4 期。

的行为不仅包括假冒他人签章的出票行为,还包括假冒他人名义而为的背书、承兑、保证等其他情形的票据行为。票据的变造,变造是指无权更改票据内容的人,对票据上签章以外的记载事项加以改变的行为。票据的伪造和变造的区别,在于变造以票据的存在为前提,而伪造可以假冒他人名义出票。变造指变更签章以外的票据记载内容,对签章的变造也是伪造。

　　冒用他人的票据,本质上指无权票据行为人擅自以合法持票人的名义行使票据权利的行为。"冒用"的特征在于无权而使用票据权利人的身份和名义。但是,在票据行为中,需要注意到冒用他人的票据行为并不必然以骗取财物为目的。一些论述以为冒用他人的票据行为的实质"是假冒票据权利人或其授权的代理人,行使本应属于他人的票据权利,从而骗取财物。"①因为骗取财物的目的和非法占有的目的在金融犯罪语境中大致相当,若是冒用他人票据的行为即以"骗取财物"为判断内容,反而混淆了冒用本义,过早、过多地在冒用行为中介入了主观目的的判断。笔者在前文认定金融诈骗罪的非法占有的目的的原则中强调需要结合各种情况,主客观相统一地综合分析。仅仅根据票据的冒用行为,或者在冒用行为的认定阶段就加入非法占有目的的判断,一方面信息未必全面,有关认定的准确性值得怀疑;另一方面,在冒用中就加入非法占有的目的的判断,只怕也很难实现。

　　冒用的对象,学界争议较大。一说认为冒用的票据必须是真实有效的票据;二说认为,通常情况下,行为人冒用的票据是他人合法有效的票据,但这是一种现象而不是法定的构成要件,因此不排除在特殊情况下,冒用他人伪造、变造、作废的票据的可能性。刑法第194条并没有也没有必要要求行为人冒用他人票据时必须明知该票据是真实、有效的票据。②根据立法本意,冒用他人的票据行为的对象应该是真实有效的票据。然而,根据《票据法》,票据行为包括出票、背书、承兑、保证、付款等行为。在票据的合法流转中,往往也需要有权人的签章。例如《票据法》第29条规定:"背书由背书人签章并记载背书日期。"这样一来,逻辑上就会出现以下两类行为的交叉竞合:冒用他人票据的行为往往也需要伪造他人的签章;伪造票据的行为,往往也会有假冒或虚构他人的身份的冒用情节。由此而来,使得仅从行为方式和对象来区分上述行为的竞合变得很困难。

　　笔者认为,对于这种情况,首先要根据行为的对象予以区分:票据的冒用的行为的对象为真实有效的票据;明知是伪造的票据而使用的行为的对象,则限于伪造、变造的票据。如果完全贯彻这种思路,又会带来以下的难题:若是冒用的对象不包括伪造的票据,对于行为人确实不知是伪造的票据而冒用且得逞的行为,只能成立冒用他人的

---

① 张明楷:《诈骗罪与金融诈骗罪研究》,清华大学出版社2006年版,第571页。
② 参见赵秉志主编:《金融诈骗罪新论》,人民法院出版社2001年版,第271页。

票据未遂和过失使用伪造的票据,从而成立冒用他人的票据未遂。① 如此认定显然有违罪刑的平衡,难说妥当。也如第二种观点所概括的那样,一方面,《刑法》第 194 条并没有要求被冒用的他人票据必须是真实、有效的票据;另一方面,逻辑上确实存在冒用他人伪造、变造、作废的票据的可能性。所以第二种学说的观点是正确的。通常情况下,行为人冒用的票据是他人的合法有效票据,但是不排除在特殊情况下,冒用他人伪造、变造、作废的票据的可能性。因此,冒用的对象也可以包括伪造的票据。所以冒用他人的票据的行为是指行为人擅自以合法持票人的名义,支配、使用、转让自己无权支配的票据的行为,通常表现为以下两种情况:一是冒用以非法手段获取的票据;二是越权冒用他人的票据。

本案中,董某将以"中农信"名义取得的票据交给张某,由张某使用伪造的"中农信"印章,将票据背书转让至张某担任总经理的百达俱乐部,再由张某处置有关票据权利。其中董某所取得的票据真实有效,这种情况不属于冒用伪造票据的行为,即按照通说的理解,根据票据的真实与否就可以区分票据的冒用和伪造行为。因此,法院按照《决定》第 12 条第 3 款来认定被告人的行为是正确的。

【结　　论】

1. 新、旧刑法的适用具有其整体性,即整体确定适用新法抑或旧法,而不是将其中某一条文和另一刑法中某一条文相合并地适用于这一案件,不能同时适用两个以上不同刑法的条文。

2. 对"主观的超过要素"的推定,司法解释采用了不完全的认定的推定逻辑,并不必然在一般构成要件的客观要素中找到依据,而可能来自非一般构成要件事实。在董某票据诈骗一案中,推定途径对被告人的"主观的超过要素"的证明程度不够。

3. 冒用他人的票据的行为是指行为人擅自以合法持票人的名义,支配、使用、转让自己无权支配的票据的行为。不排除在特殊情况下,冒用他人伪造、变造、作废的票据的可能性。

【相关链接】

相关的法律、法规

中华人民共和国刑法

第十二条　中华人民共和国成立以后本法施行以前的行为,如果当时的法律不认为是犯罪的,适用当时的法律;如果当时的法律认为是犯罪的,依照本法总则第四章第八节的规定应当追诉的,按照当时的法律追究刑事责任,但是如果本法不认为是犯罪

---

① 参见张明楷:《诈骗罪与金融诈骗罪研究》,清华大学出版社 2006 年版,第 573 页。

或者处刑较轻的,适用本法。

本法施行以前,依照当时的法律已经作出的生效判决,继续有效。

第一百九十四条　有下列情形之一,进行金融票据诈骗活动,数额较大的,处五年以下有期徒刑或者拘役,并处二万元以上二十万元以下罚金;数额巨大或者有其他严重情节的,处五年以上十年以下有期徒刑,并处五万元以上五十万元以下罚金;数额特别巨大或者有其他特别严重情节的,处十年以上有期徒刑或者无期徒刑,并处五万元以上五十万元以下罚金或者没收财产:

（一）明知是伪造、变造的汇票、本票、支票而使用的;

（二）明知是作废的汇票、本票、支票而使用的;

（三）冒用他人的汇票、本票、支票的;

（四）签发空头支票或者与其预留印鉴不符的支票,骗取财物的;

（五）汇票、本票的出票人签发无资金保证的汇票、本票或者在出票时作虚假记载,骗取财物的。

使用伪造、变造的委托收款凭证、汇款凭证、银行存单等其他银行结算凭证的,依照前款的规定处罚。

第一百九十九条　犯本节第一百九十二条、第一百九十四条、第一百九十五条规定之罪,数额特别巨大并且给国家和人民利益造成特别重大损失的,处无期徒刑或者死刑,并处没收财产。

第二百条　单位犯本节第一百九十二条、第一百九十四条、第一百九十五条规定之罪的,对单位判处罚金,并对其直接负责的主管人员和其他直接责任人员,处五年以下有期徒刑或者拘役;数额巨大或者有其他严重情节的,处五年以上十年以下有期徒刑;数额特别巨大或者有其他特别严重情节的,处十年以上有期徒刑或者无期徒刑。

全国人大常委会关于惩治破坏金融秩序犯罪的决定(1995年6月30日)

十二、有下列情形之一,进行金融票据诈骗活动,数额较大的,处五年以下有期徒刑或者拘役,并处二万元以上二十万元以下罚金;数额巨大或者有其他严重情节的,处五年以上十年以下有期徒刑,并处五万元以上五十万元以下罚金;数额特别巨大或者有其他特别严重情节的,处十年以上有期徒刑、无期徒刑或者死刑,并处没收财产:

（一）明知是伪造、变造的汇票、本票、支票而使用的;

（二）明知是作废的汇票、本票、支票而使用的;

（三）冒用他人的汇票、本票、支票的;

（四）签发空头支票或者与其预留印鉴不符的支票,骗取财物的;

（五）汇票、本票的出票人签发无资金保证的汇票、本票或者在出票时作虚假记载,骗取财物的。

使用伪造、变造的委托收款凭证、汇款凭证、银行存单等其他银行结算凭证的,依照前款的规定处罚。

单位犯前两款罪的,对单位判处罚金,并对直接负责的主管人员和其他直接责任人员,依照第一款的规定处罚。

中华人民共和国票据法(2004 年 8 月 28 日)

第一百零二条　有下列票据欺诈行为之一的,依法追究刑事责任:

(一)伪造、变造票据的;

(二)故意使用伪造、变造的票据的;

(三)签发空头支票或者故意签发与其预留的本名签名式样或者印鉴不符的支票,骗取财物的;

(四)签发无可靠资金来源的汇票、本票,骗取资金的;

(五)汇票、本票的出票人在出票时作虚假记载,骗取财物的;

(六)冒用他人的票据,或者故意使用过期或者作废的票据,骗取财物的;

(七)付款人同出票人、持票人恶意串通,实施前六项所列行为之一的。

相关的司法解释与指导性意见

最高人民法院关于审理诈骗案件具体应用法律的若干问题的解释(1996 年 12 月 24 日法发[1996]32 号)

五、根据《决定》第十二条规定,利用金融票据进行诈骗活动,数额较大的,构成票据诈骗罪。

个人进行票据诈骗数额在 5 千元以上的,属于"数额较大";个人进行票据诈骗数额在 5 万元以上的,属于"数额巨大";个人进行票据诈骗数额在 10 万元以上的,属于"数额特别巨大"。

单位进行票据诈骗数额在 10 万元以上的,属于"数额较大";单位进行票据诈骗数额在 30 万元以上的,属于"数额巨大";单位进行票据诈骗数额在 100 万元以上的,属于"数额特别巨大"。

使用伪造、变造的委托收款凭证、汇款凭证、银行存单等其他银行结算凭证进行诈骗,数额较大的,以票据诈骗罪定罪处罚。

最高人民法院全国法院审理金融犯罪案件工作座谈会纪要(2001 年 1 月 21 日法[2001]8 号)

金融诈骗犯罪都是以非法占有为目的的犯罪。在司法实践中,认定是否具有非法占有为目的,应当坚持主客观相一致的原则,既要避免单纯根据损失结果客观归罪,也不能仅凭被告人自己的供述,而应当根据案件具体情况具体分析。根据司法实践,对于行为人通过诈骗的方法非法获取资金,造成数额较大资金不能归还,并具有下列情形之一的,可以认定为具有非法占有的目的:

(1)明知没有归还能力而大量骗取资金的;

(2) 非法获取资金后逃跑的;
(3) 肆意挥霍骗取资金的;
(4) 使用骗取的资金进行违法犯罪活动的;
(5) 抽逃、转移资金、隐匿财产,以逃避返还资金的;
(6) 隐匿、销毁账目,或者搞假破产、假倒闭,以逃避返还资金的;
(7) 其他非法占有资金、拒不返还的行为。但是,在处理具体案件的时候,对于有证据证明行为人不具有非法占有目的的,不能单纯以财产不能归还就按金融诈骗罪处罚。

最高人民检察院、公安部关于经济犯罪案件追诉标准的规定(2001年4月18日)
四十三、票据诈骗案(刑法第194条第1款)
进行金融票据诈骗活动,涉嫌下列情形之一的,应予追诉:
1. 个人进行金融票据诈骗,数额在五千元以上的;
2. 单位进行金融票据诈骗,数额在十万元以上的。

相关的参考案例
姚建林票据诈骗案
载最高人民法院刑事审判第一庭、第二庭编:《刑事审判参考》2001年第12辑,法律出版社2002年版,第15—20页。
宁静全伪造银行存折进行票据诈骗案
载最高人民法院中国应用法学研究所编:《人民法院案例选》,中国法制出版社2002年版,第234—236页。

(周建军)

30. 窃取储户资料制作储蓄卡取款是否构成金融凭证诈骗罪?
——马球等金融凭证诈骗案[①]

【案情介绍】

被告人:马球,男,1968年10月23日出生,汉族,凤山县人,中专文化,无业,因本案于2003年11月22日被刑事拘留,同年12月26日被逮捕。

被告人:罗强,男,1972年8月27日出生,汉族,永福县人,中专文化,原系中国建设银行南宁分行新城区支行新民南分理处储蓄员,因本案于2003年11月22日被刑事拘留,同年12月26日被逮捕。

被告人:覃超,男,1968年7月15日出生,壮族,东兰县人,大专文化,原系南宁市公安局经济犯罪侦查支队干警,因本案于2003年11月22日被刑事拘留,同年12月26日被逮捕。

2003年7月8日,被告人马球与被告人罗强合谋后,由罗强从其供职的中国建设银行(以下简称建行)南宁市新民南分理处窃得作废的存折和储户罗泽富的银行账号和密码、身份证等资料交给马球,由马球用电脑、写磁器将罗泽富的上述资料信息复制到作废的存折上,伪造成一本建行存折。7月10日13时许,马球化装后,在建行南宁分行园湖支行用复制的存折将罗泽富银行账户内的121.3万元人民币转到吴斌在建行开设的账户内,然后指使吴斌到建行南宁市各网点分批取款交给马球,共得赃款人民币120万元,其中有1.3万元被吴斌取走挥霍花光。事后马球与罗强合谋,用所得赃款以马球之子马泽华之名,购买在南宁市万达商业广场有限公司两间铺面。

同年9月29日,被告人马球与被告人罗强、覃超合谋后,由罗强从其供职的建行南宁市新民南分理处窃得作废的存折和储户梁北泉的账号、密码、身份证等资料交给马球,由马球用电脑、写磁器将梁北泉上述资料信息复制到作废的存折上,伪造了一本建行存折。后商定由罗强在其工作单位望风,马球负责转款和取款,覃超负责开车接应,事后所得赃款三人平分。10月3日上午8时许,马球化装后在建设银行南宁分行邕州支行用伪造的存折将储户梁北泉账户内的296.5万元人民币转到卢少林开设的账户

[①] (2004)桂刑终字第52号。案例选自"北大法律信息网",http://vip.chinalawinfo.com/case/Display.asp?Gid=117490393&KeyWord=马球等金融凭证诈骗案。

30. 窃取储户资料制作储蓄卡取款是否构成金融凭证诈骗罪？　165

内,后指使卢少林到建行南宁各网点分批提款交给马球和覃超,共得赃款210万元人民币。当马球、覃超再次指使卢少林取款时,被银行的工作人员发现并报案,有86.5万元未被取走。马球、罗强、覃超见犯罪事实被发现,经合谋,由覃超当晚携赃款转移到防城港市,于次日用覃冬元、韦昌勇、何耀明、马球、覃超的姓名开户将赃款存入防城港市各大银行。10月10日,马球、罗强、覃超合谋用赃款购买南宁市万达商业广场有限公司的铺面。随后以马球、覃超的名义购买了6间铺面。案发后公安机关追回赃款406.820809万元,已退还受害单位建行广西区分行。

公诉机关南宁市人民检察院指控被告人马球、罗强、覃超以秘密手段共同盗窃金融机构,数额特别巨大,三被告人的行为均应以盗窃罪追究其刑事责任。三被告人的辩护人提出的辩护意见都认为:被告人是使用伪造、变造的银行凭证来骗取财物,所侵犯的是国家的金融管理制度和公私财物的所有权,且数额特别巨大,应以金融凭证诈骗罪定罪处罚。南宁市中级人民法院认为:被告人马球、罗强、覃超以非法占有为目的,使用变造的银行存单骗取财物,其中马球、罗强参与诈骗犯罪两次,涉及金额417.8万元,覃超参与诈骗犯罪一次,涉及金额296.5万元,诈骗数额特别巨大,其行为均构成金融凭证诈骗罪。据此判决:

1. 被告人马球犯金融凭证诈骗罪,判处无期徒刑,剥夺政治权利终身,并没收个人财产。
2. 被告人罗强犯金融凭证诈骗罪,判处有期徒刑15年,并处罚金20万元。
3. 被告人覃超犯金融凭证诈骗罪,判处有期徒刑10年,并处罚金15万元。

广西壮族自治区高级人民法院认为,上诉人马球、原审被告人罗强、覃超以非法占有为目的,合谋使用变造的银行存单进行金融凭证诈骗活动。马球、罗强骗取银行存款达417.8万元人民币,覃超骗取银行存款达296.5万元,其行为均构成金融凭证诈骗罪,且诈骗数额特别巨大。驳回上诉,维持原判。

【法理分析】

1979《刑法》没有规定金融诈骗罪,1995年的《全国人民代表大会常务委员会关于惩治破坏金融秩序犯罪的决定》(本节以下称《决定》)第12条第2款规定,"使用伪造、变造的委托收款凭证、汇款凭证、银行存单等其他银行结算凭证的,依照前款的规定处罚。"从"依照前款的规定处罚"的文义出发,《决定》已经从诈骗罪和票据诈骗罪分离出独立的金融凭证诈骗犯罪。但是此后的司法实践只是把金融凭证诈骗行为认定为票据诈骗罪。1996年,最高人民法院《关于审理诈骗案件具体应用法律的若干问题的解释》(本节以下称《解释》)第5条还明确规定将金融凭证诈骗行为以票据诈骗罪定罪处罚。1997年刑法第194条继承了《决定》关于票据诈骗和金融凭证诈骗的有关规定,尤其该条第2款一字未变地沿用了《决定》第12条第2款的规定,但是,1997年以后的司法解释都将金融凭证诈骗行为认定为金融凭证诈骗罪。由此,金融凭证诈骗罪从诈骗罪和票据诈骗罪中脱离出来,成为一个独立的罪名。正因为该罪名到新刑法出台后才分立出来的,有关该罪的一些基本问题,如什么是使用伪造、变造的金融凭证,盗窃储户资料的行为如何定性,以及窃取储户资料制作储蓄卡取款能否构成金融凭证诈骗罪等都有较大的争议。

一、使用伪造、变造的金融凭证诈骗的认定

使用伪造、变造的金融凭证诈骗的认定,存在四个比较突出的问题,即诈骗故意的推定、金融凭证的范围、伪造、变造方法的区分以及使用的认定。

1. 金融凭证诈骗罪的主观方面要求行为人具有非法占有的目的,明知自己所使用的金融凭证属于伪造、变造的,仍然决意使用。行为人要是不知道所使用的金融凭证系伪造或变造的,则不够成本罪。至于推定行为人是否具有上述非法占有的目的的方法和要求,与其他金融诈骗罪的非法占有的目的的推定没有本质区别,故不赘述。

2. 金融凭证的范围。本该罪的金融凭证,指银行结算凭证。银行结算,也称支付结算。1997年9月19日印发的中国人民银行《支付结算办法》第3条规定,结算是指单位、个人在社会经济活动中使用票据、信用卡和汇兑、托收承付、委托收款等结算方式进行货币给付及其资金清算的行为。银行的结算凭证,指银行专门用以结算的凭证,是银行、单位和个人用以记载账务的会计凭证,也是办理支付结算的重要依据。除了委托收款凭证、汇款凭证、银行存单等狭义的结算凭证以外,广义的结算凭证包括汇票、本票、支票、信用卡、信用证等。考虑到刑法单独规定了票据诈骗罪、信用卡诈骗罪和信用证诈骗罪,所以本罪所指的结算凭证只能是委托收款凭证、汇款凭证、银行存单等狭义的结算凭证。

至于"其他银行结算凭证"的具体所指,鉴于立法资源的节约和金融结算实践的复杂情形,笔者认为是指上述三类银行结算凭证以外,实际用于银行结算活动的一切凭证。在认定中把握以下几点:① 有关的凭证应该是用于银行结算的;② 必须是刑法的其他条文没有特别规定或应当包含的;③ 必须是一种权利性凭证,而不是记录性凭证;④ 必须是一种独立性凭证而不是附属性凭证。[①]

3. 金融凭证的伪造,是指仿照真实的金融凭证形式的图样、格式、颜色等特征擅自通过印刷、复印、描绘、复制等方法非法制造金融凭证或者在真实的空白金融凭证上作虚假的记载的行为。所谓变造,则是指在真实的金融凭证的基础上或者以真实的金融凭证为基本材料,通过挖补、剪贴、粘接、涂改、覆盖等方法,非法改变其主要内容的行为,如改变确定的金融、有效日期等。

4. 使用的认定。通说认为,使用伪造、变造的银行结算凭证,是指将伪造、变造的

---

① 刘杰:《金融凭证诈骗罪若干问题研究》,载《河北法学》2002年第4期。

银行结算凭证,作为真实有效的银行结算凭证予以使用,骗取财物的行为。另有学者主张,"法律规定的所谓'使用'等客观行为,就是犯罪行为人将这些伪造、变造的银行结算凭证,通过银行等金融机构的往来,利用金融凭证的兑付、信用等特殊功能来达到诈取钱财的目的。"①

通说解释了"使用"的目的、对象,对于"使用"的方式没有进行诠释。这种定义方式下的"使用"的外延指向凡是利用伪造、变造的银行结算凭证骗取财物的都是该定义的"使用"。而后者限定了使用的方式,将其限定于"遵循票据和金融凭证的商务用途去使用"。

笔者认为,尽管《刑法》第194条第3款没有限制"使用"的方式,但是决不是说"使用"就指一切对伪造、变造的金融凭证加以利用的行为。由于本罪的客体在于国家的金融凭证管理秩序和公私财产所有权,而且公私财产的所有权是本罪的间接客体,是相关的犯罪行为违反国家的金融凭证管理秩序诈欺了公私财产造成的。所以,仅仅是泛泛地解释使用行为,以为"使用"的方式没有限制是不符合法益保护的原理的。某些类型的"使用",如倒卖、展示和收藏等,就不是本罪意义上对伪造、变造的金融凭证的使用。

实践中发生了利用伪造、变造的银行电汇、信汇的传真件骗取财物的行为,伪造、变造的银行电汇、信汇的传真件是否属于伪造、变造的金融凭证？否定说认为,因为票据和存单等的使用以交付为客观方面的必备要件,至于其复印件或传真件,不发生任何权利的转移而无丝毫可使用性,所以利用伪造、变造的银行电汇、信汇的传真件骗取财物的行为,不构成金融诈骗罪。肯定说认为,应根据金融凭证的不同种类认定"使用"行为,利用银行存单的传真件等骗取财物的行为,不构成金融凭证诈骗罪。但是对于利用伪造、变造的银行电汇、信汇凭证传真件骗取财物的行为,"因为汇款凭证的功能之一在于证明行为人已经汇款,汇款凭证的复印件也具有这种功能。在此限度内,利用伪造、变造的汇款凭证的复印件骗取财物与利用伪造、变造的汇款凭证本身骗取财物,没有任何区别。"所以,利用伪造、变造的银行电汇、信汇凭证传真件骗取财物的行为,构成金融凭证诈骗罪。②

笔者认为,肯定说较为可取。金融结算实践中,确实存在将金融凭证的传真件、复印件用于银行结算环节骗取财物的行为。但是,上述肯定说的观点也值得商榷。

（1）之所以将利用伪造、变造的汇款凭证传真件骗取财物的行为也认定为金融凭证诈骗罪,其原因在于上述传真件也具有证明行为人已经汇款的功能。可是银行存单的复印件或者传真件也具有证明行为人已经将款存入的功能,实践中并不能排除"行

---

① 李文燕主编：《金融诈骗犯罪研究》,中国人民公安大学出版社2002年版,第195页。
② 参见张明楷：《诈骗罪与金融诈骗罪研究》,清华大学出版社2006年版,第607页。

为人是否已经将款项存入某个账号或者户头"也可能具有重要的结算功能。如此一来,银行存单的传真件和汇款凭证的传真件都可能用于结算欺诈,再简单地将"利用银行存单的传真件等骗取财物的行为"和"利用伪造、变造的汇款凭证骗取财物的行为"作出完全不同的认定的依据尚有阙如。

（2）正如肯定说所承认的那样,伪造、变造的银行电汇、信汇凭证传真件并不是伪造、变造的汇款凭证本身。既然伪造、变造的银行电汇、信汇的传真件可以解释为伪造、变造的汇款凭证,那么在此限度内,也可以将利用伪造、变造的银行存单的传真件、复印件解释为利用银行存单的行为。

为什么要在此论述利用伪造、变造银行存单的传真件骗取财物的行为构成金融诈骗罪的问题？一方面由于涉及伪造、变造银行存单的金融诈骗犯罪案件屡屡发生,从而引发了学界较多的关注；另一方面,本案事实中,被告人马球、罗强为牟取非法利益,通过复制银行存折来骗取储户存款行为的定性再一次将有关银行存单在金融诈骗罪中的认定问题凸显出来。

二、盗窃储户资料的行为的定性

从本案事实来看,2003 年 7 月 8 日,被告人马球与被告人罗强合谋后,由罗强从其供职的中国建设银行(下简称建行)南宁市新民南分理处窃得作废的存折和储户罗泽富的银行账号和密码、身份证等资料交给马球。2003 年 9 月 29 日,被告人马球与被告人罗强、覃超合谋后,由罗强从其供职的建行南宁市新民南分理处窃得作废的存折和储户梁北泉的账号、密码、身份证等资料交给马球。即本案中存在被告人连续窃取受害人罗泽富、梁北泉的银行账号和密码、身份证等资料的行为。

和盗窃储户资料并使用的行为相类似的是盗窃金融凭证的并使用的行为。通说对于盗窃金融凭证的并使用的行为的定性如下：

1. 盗窃明知是伪造、变造的委托收款凭证、汇款凭证、银行存单等其他银行结算凭证而使用的,构成金融凭证诈骗罪。

2. 盗窃明知是作废的委托收款凭证、汇款凭证、银行存单等其他银行结算凭证而使用的,由于作废的上述凭证不是金融凭证诈骗罪的犯罪对象,故只能构成《刑法》第 266 条规定的(普通)诈骗罪。

3. 窃得真实、有效的银行结算凭证后,行为人使用或交给他人使用的,对于不记名、不挂失、不凭借任何身份证明即可兑现的银行结算凭证,行为人使用的,构成盗窃罪；盗窃上述银行结算凭证外的真实、有效的金融凭证并使用的,构成诈骗罪。

本案中,被告人经合谋后窃得真实的储户资料的行为该如何定性？由于储户资料并不是银行结算凭证。二者区分的关键在于储户资料是否具有"财"的属性。所盗得的储户资料和真实的金融结算凭证还不相同。储户的资料本身不具有实际价值,取得该信息资料,并不能直接获得信息上所反映的财产。所以,上述资料或者信息并不直接具有财的属性,也就不能成为盗窃罪的对象。但是,上述盗窃储户资料的行为作为后续伪造银行存单"取款"的预备行为(方法行为),需要结合后续行为一起考虑。

三、窃取储户资料制作储蓄卡取款能否构成金融凭证诈骗罪

被告人马球等从银行盗窃得到的储户资料后,由马球用电脑、写磁器将罗泽富、梁北泉的储蓄资料信息复制到作废的存折上,伪造成银行存折,然后利用制作的存折转账或取款,而且数额特别巨大。

南宁市人民检察院认定了被告人马球、罗强为牟取非法利益,窃取银行储户资料,复制银行存折盗窃储户存款的事实,并指控被告人马球、罗强、覃超以秘密手段共同盗窃金融机构,数额特别巨大,三被告人的行为均应以盗窃罪追究其刑事责任。

本案的关键是犯罪性质问题。被告人的行为是构成检察机关指控的盗窃罪,还是其辩护人提出的金融凭证诈骗罪?一种意见认为,三被告人的行为均构成盗窃罪。理由是:在主观故意上,三被告人均有非法占有他人巨额财产的犯罪故意,客观上都实施了采取秘密手段窃取他人巨额财产的行为,且是银行内部工作人员勾结社会闲杂人员、公安干警共同对国家金融机构实施盗窃,盗窃价值数额特别巨大,符合盗窃罪的构成要件,应以盗窃罪对三被告人定罪判决。

笔者认为,从本案的事实来看,被告人等盗窃储户资料的行为属于预备行为,马球制作相应的银行假储蓄存折后并雇人到建设银行各网点自动提款机提款、转账的行为才是本罪的实行行为。被告人非法占有储户巨额资金的行为,尽管在客观上也包含秘密窃取的行为,在某种程度上也符合"秘密窃取公私财物"的特征。但是,如在盗窃储户资料的行为的定性部分所分析的那样,盗窃储户资料的行为不成立盗窃罪。

马球制作相应的银行假储蓄存折后并雇人到建设银行各网点自动提款机提款、转账的行为,既是上述盗窃储户资料行为的后续行为,也是本罪的实行行为。罗强所窃取的银行储户信息只是为他们非法占有有关款项创造了条件,并不等于其已经实际占有相应的财产。即使在被告人已经窃得相关的储户的资料之后,银行作为财物保管者,还是控制着相应的财产。关键就在于被告人马球等利用其窃取的银行储户信息资料去伪造了银行存折,并将其用于欺骗银行电子识别系统,使银行电子识别系统产生认识错误,误认为伪造的银行存折是真实有效的存款凭证而发出允许取款或转账的指令。被告人因此才占有了相关的财物。

因此,被告人马球、罗强、覃超的上述行为具有虚构事实、隐瞒真相诱使银行电子识别系统转款、转账,在本质上是一种欺诈行为,符合使用伪造的银行存单骗取额特别巨大的银行资金,构成金融凭证诈骗罪。需要强调的是,被告人马球等盗窃银行储户资料的行为本身不构成盗窃罪,只是金融凭证诈骗犯罪行为的预备行为。在现实中,盗窃银行结算凭证并用于骗取财物的行为比较多见,对于该类型的犯罪行为的定性,理论界习惯于将其界定为盗窃行为和金融凭证诈骗行为之间具有牵连关系,从而从一

重处。但是如前文的分析,盗窃金融结算凭证的行为未必构成盗窃罪,也就谈不上牵连关系的成立了。是否认识到这一点,有时候并不影响对整个案件的定性,但是属于该类案件的认定难点。

【结　　论】

　　窃取储户资料制作储蓄卡取款构成金融凭证诈骗罪。公诉机关将被告人马球等的本案行为认定为盗窃罪是没有区分开金融凭证诈骗罪的预备行为和实行行为,没有认识到有关行为的本质。

【相关链接】

　　相关的法律、法规
　　中华人民共和国刑法第一百九十四条(见本书第 161 页)
　　全国人大常委会关于惩治破坏金融秩序犯罪的决定(1995 年 6 月 30 日)第十二条(见本书第 161—162 页)

　　相关的司法解释与指导性意见
　　最高人民法院关于审理诈骗案件具体应用法律的若干问题的解释(1996 年 12 月 24 日法发[1996]32 号)第五条(见本书第 162 页)
　　全国法院审理金融犯罪案件工作座谈会纪要(2001 年 1 月 21 日法[2001]8 号)二(三)(见本书第 162—163 页)
　　最高人民检察院、公安部关于经济犯罪案件追诉标准的规定(2001 年 4 月 18 日)
　　四十四、金融凭证诈骗案(刑法第 194 条第 2 款)
　　使用伪造、变造的委托收款凭证、汇款凭证、银行存单等其他银行结算凭证进行诈骗活动,涉嫌下列情形之一的,应予追诉:
　　1. 个人进行金融凭证诈骗,数额在五千元以上的;
　　2. 单位进行金融凭证诈骗,数额在十万元以上的。

　　相关的参考案例
　　刘岗、王小军、庄志德金融凭证诈骗案
　　载最高人民法院刑事审判第一庭、第二庭编:《刑事审判参考》第 4 卷下册,法律出版社 2003 年版,第 31—36 页。

(周建军)

31. 如何认定使用变造的金融凭证进行诈骗的行为？

——曹娅莎、刘锦祥金融凭证诈骗案①

【案情介绍】

被告人曹娅莎，女，40岁，山东省潍坊市海州实业有限公司（个体）经理。1996年10月8日被逮捕。

被告人刘锦祥，男，39岁，山东省高密市人，无业。1996年11月13日被逮捕。

山东省潍坊市人民检察院以被告人曹娅莎、刘锦祥犯金融票据诈骗罪，向潍坊市中级人民法院提起公诉。

潍坊市中级人民法院经公开审理查明：被告人曹娅莎、刘锦祥为使用他人款项，以给银行拉存款、月息21‰、高出银行正常利息部分能先期支付给存款人或者作为"好处费"给中间联系人作诱饵，诱使他人存款。1996年5月21日，刘锦祥通过中间人取得山东省财政国债服务部交来的1 000万元汇票一张。曹娅莎通过中国银行潍坊分行（以下简称潍坊分行）对公存款组负责人李春宝，将此汇票交给对公存款组，然后利用李春宝的渎职，再分别以汇票委托书的形式转出900万元，另100万元用个人名义存进潍坊分行，作为李春宝为该行完成的揽储任务。在转出款中，曹娅莎付给山东省财政国债服务部利息差106.2万元，付给中间人"好处费"49万元，又以高息借给他人427.9万元，剩余的316.9万元，分别存入潍坊市海州实业有限公司在开发区建设银行和潍坊分行开设的账户。曹娅莎、刘锦祥将潍坊分行的一张金额100元、定期一年的整存整取存单变造为金额1 000万元、定期一年的整存整取存单，交给山东省财政国债服务部。

同年7月19日，被告人曹娅莎以同样手段，通过中间人骗取招远市农村信用联社开出的500万元汇票一张。曹娅莎为将此笔汇款骗到手，又与其兄曹政军（在逃）找到潍坊分行营业厅会计高海燕，利用高海燕提供的一套印鉴齐全、已经作废的《中国银行特种转账传票》，将500万元汇票收进潍坊分行营业部。尔后，曹娅莎、曹政军又通过高海燕取得该汇票，在背书栏填写背书转让内容，把该汇票"转让"给潍坊市海州实业有限公司。曹娅莎、曹政军将一张50元的《中国银行定期整存整取存单》变造为金额

---

① 最高人民法院公报第59号。案例选自"北大法律信息网"，http://vip.chinalawinfo.com/Case/Display.asp? Gid=117507383&KeyWord=.

500万元的银行存单,连同162.1万元利息差交给招远市农村信用联社,另外付给中间人"好处费"19万元,其余款用于归还潍坊市海州实业有限公司欠银行的贷款本息。

同年7月26日,被告人曹娅莎仍以同样手段骗取招远市对外供应股份有限公司两张各500万元的汇票交给潍坊分行,又伙同曹政军将两张各50元的《中国银行定期整存整取存单》分别变造为金额500万元的银行存单,交给招远市对外供应股份有限公司。后曹娅莎伙同他人伪造了一份委托投资协议书,并私刻了存款人和中国银行储蓄所会计名章,企图将1000万元从银行取出,因案发而诈骗未遂。

综上,被告人曹娅莎使用变造银行存单的方法诈骗作案三起,诈骗总额2500万(其中1000万元未遂)。被告人刘锦祥参与诈骗作案一起。曹娅莎将诈骗的钱款用于支付利息差、中间人"好处费"、归还潍坊市海州实业有限公司欠银行的贷款和购买汽车等。案发后,追缴人民币及赃物折款共计1205.41万余元,有294.58万余元无法返还。上述事实,有查获变造的银行存单、银行汇票、银行进账单、刑事科学技术鉴定结论等书证和证人证言证实。被告人曹娅莎、刘锦祥亦供认,足以认定。

潍坊市中级人民法院认为:被告人曹娅莎、刘锦祥无视国法,以非法占有为目的,采用变造银行票据的方法诈骗资金,诈骗数额巨大,严重破坏金融秩序,给国家和人民利益造成特别重大损失,其行为均已触犯《中华人民共和国刑法》第194条、第199条的规定,构成票据诈骗罪,应当依法严惩。鉴于刘锦祥只参与作案一起,可从轻处罚。据此,潍坊市中级人民法院于1997年10月13日判决:

1. 被告人曹娅莎犯票据诈骗罪,判处死刑,剥夺政治权利终身,并处罚金人民币10万元。

2. 被告人刘锦祥犯票据诈骗罪,判处无期徒刑,剥夺政治权利终身,并处罚金人民币20万元。

一审宣判后,被告人曹娅莎、刘锦祥不服,均以"量刑过重"为由,分别向山东省高级人民法院提出上诉。曹娅莎的辩护人提出,第一笔是刘锦祥个人的诈骗行为,曹娅莎仅是被刘锦祥所利用;第二笔款,没有充分的证据证实曹娅莎的行为主观上具有明显的诈骗故意和将来不准备归还,且钱款用于支付利息差、单位贷款及中间人好处费,未进行挥霍,各项支出均被追回;第三笔诈骗未遂,应从轻处罚。山东省高级人民法院经二审认为,原审判决认定事实清楚,证据确实、充分。其行为均已触犯《刑法》第194条、第199条的规定,构成金融凭证诈骗罪。原审定罪准确,量刑适当,审判程序合法。曹娅莎、刘锦祥的上诉理由及辩护人的辩护意见不能成立。据此,山东省高级人民法院依照《中华人民共和国刑事诉讼法》第189条第1款第1项的规定,于1998年2月12日裁定:驳回上诉,维持原判。同时依照《刑事诉讼法》第200条第2款的规定,将本案报请最高人民法院核准。最高人民法院复核后认为:被告人曹娅莎、刘锦祥的行为已触犯全国人大常委会1995年的《关于惩治破坏金融秩序犯罪的决定》(以下简称《决定》)第12条第2款的票据诈骗罪。刑法第194条第2款与《决定》第12条第2款的规定相同,但是罪名改为"金融凭证诈骗罪"。根据最高人民法院《关于认真学习宣传贯彻修订的〈中华人民共和国刑法〉的通知》第5条的规定,曹娅莎所犯的是金融凭证诈骗罪,原审认定票据诈骗罪不当,应予纠正。被告人曹娅莎虽然是潍坊市海州实业有限公司的经理,但是其金融凭证诈骗犯罪行为都是以个人名义实施的,与海州实业有限公司无关。至于曹娅莎将诈骗所得的一部分赃款用于归还海州实业有限公司欠银行的贷款,只是个人对犯罪所得赃款的使用,也与单位犯罪无关。被告人曹娅莎使用变造金融凭证的方法诈骗他人钱财2 500万元,除1 000万元诈骗未遂以外,案发后仅追缴人民币及赃物折款计1 205.41万余元,有294.58万余元因个人挥霍而无法返还,给国家和人民利益造成特别重大的损失。依照《刑法》第12条的规定,本案应当适用《决定》定罪处罚。无论是《决定》第12条还是《刑法》第199条,对犯金融凭证诈骗罪都没有规定罚金刑,因此原审对曹娅莎并处罚金刑不当,应当改判。综上,一审判决、二审裁定认定的事实清楚,证据确实、充分,审判程序合法,但适用法律定罪和并处罚金不当。据此,最高人民法院根据本院《关于执行〈中华人民共和国刑事诉讼法〉若干问题的解释》第285条第1款第3项的规定,于1999年3月6日判决:

1. 撤销一审刑事判决和二审刑事裁定中对被告人曹娅莎的定罪、并处罚金刑部分。

2. 以金融凭证诈骗罪判处被告人曹娅莎死刑,剥夺政治权利终身,并处没收个人全部财产。

【法理分析】

处理本案涉及的主要问题是:① 如何进行新旧法律的选择适用? ② 如何进行金融凭证诈骗罪与票据诈骗罪的选择适用以及量刑? ③ 以个人的名义变造银行存单骗取资金,仅部分使用于单位的是否构成单位犯罪?

一、如何进行新旧法律的选择适用?

由于银行存单属于银行结算凭证,这一点笔者在马球等金融凭证诈骗案的分析中已有较为细致的区分。由于本案的有关行为发生于1996年5月至1996年7月,而判决于1997年10月13日,根据《刑法》第12条的规定需要选择适用处刑较轻的法律。而行为时有效的法律是全国人大常委会1995年6月30日公布的《关于惩治破坏金融秩序犯罪的决定》(本节以下称为《决定》),判决时有效的法律为1997《刑法》,为此需要对上述两部法律进行比较。

1.《决定》第12条第2款和《刑法》第194条第2款的文字完全相同。但是《决定》和刑法关于票据诈骗罪和金融凭证诈骗罪的法定刑并非完全一致。尤其是《刑法》第199条是对194条的罚则补充,属于法定刑条文的调整。《刑法》第194条第1款和

《刑法》第 199 条的罚则内容构成对金融凭证诈骗罪的法定刑。由此而来,本案适用法的选择需要根据有关情节和数额确定需要匹配的法定刑档次。

2. 由于被告人曹娅莎使用变造金融凭证的方法诈骗他人钱财 2 500 万元,除 1 000 万元诈骗未遂以外,案发后仅追缴人民币及赃物折款计 1 205.41 万余元,有 294.58 万余元因个人挥霍而无法返还,给国家造成 294.58 万余元的损失。即使被告人刘锦祥所参与的第一次诈骗行为,诈骗数额即达 1 000 万元。尽管该次诈骗行为给国家造成的损失没有在判决书中予以说明,实属认定事实不够完整,但是也可以结合有关案情认定第一次诈骗行为也给国家造成了巨大的损失。根据最高人民法院 1996 年 12 月 24 日发布的《关于审理诈骗案件具体应用法律的若干问题的解释》(本节以下称为《解释》)第 5 条的规定,个人进行票据诈骗数额在 10 万元以上的,属于"数额特别巨大",因此有关犯罪行为符合刑法第 199 条"数额巨大并且给国家和人民利益造成特别重大损失"的规定和《决定》第 12 条"数额特别巨大或者有其他特别严重情节的"的规定。

3. 比较上述两档法定刑,很显然适用《决定》为轻。

所以,本案应当适用《决定》,一、二审法院适用 1997 年《刑法》是不适当的,最高人民法院也予以了纠正。但是最高人民法院认为,"《决定》和刑法对金融凭证诈骗罪的处刑条件并无实质的不同,且规定的刑罚是一致的",也有学者认为"二者的法定刑完全一致"①,然而,《决定》和《刑法》第 194 条有关的法定刑不尽相同,有关问题在上文已有论述。

二、如何选择适用票据诈骗罪与金融凭证诈骗罪?

以非法占有为目的,使用变造的银行存单骗取有关当事人的资金的行为在《决定》中是以票据诈骗罪论处的,《解释》第 5 条第 4 款也明确了这一点。《刑法》第 194 条在行为的成罪方面与《决定》完全相同,但是,最高人民法院在 1997 年 12 月 9 日发布的《关于执行〈中华人民共和国刑法〉确定罪名的规定》中,将《刑法》第 194 条第 2 款的罪名确定为"金融凭证诈骗罪"。

最高人民法院的复核意见认为,两个司法解释对罪名的确定相抵触,根据最高人民法院《关于认真学习宣传贯彻修订的〈中华人民共和国刑法〉的通知》(本节以下简称《通知》)第 5 条的规定,"旧司法解释中相抵触的这一部分不再适用。曹娅莎所犯的是金融凭证诈骗罪,原审认定票据诈骗罪不当,应予纠正。"

笔者认为,《通知》第 5 条确实规定,修订的刑法实施后,"如果修订的刑法有关条文实质内容没有变化的,人民法院在刑事审判工作中,在没有新的司法解释前,可参照执行。其他对于与修订的刑法规定相抵触的司法解释,不再适用。"笔者认为,《通知》第 5 条的内容在此不得适用。其原因在于以下两点:① 司法解释是联结法规范和案件

---

① 曲新久:《金融与金融犯罪》,中信出版社 2003 年版,第 328 页。

事实的重要桥梁,基于法规范的适用本义,解释依附于规范而存在,若规范不能适用,就谈不上有关解释的独立适用;② 由于本案应当适用《决定》,排除了《刑法》第 194 条的适用,那么《刑法》第 194 条的有关解释也不得独立适用。有关行为,若按照《决定》的有关规定是应该认定为票据诈骗罪的。

当然本案定位金融凭证诈骗罪是更准确的,而且不论是定为票据诈骗罪还是定为金融凭证诈骗罪,与追究有关行为人的刑事责任并没有本质区别,但是《通知》是否有权擅越法规范而溯及于 1997 年 10 月 1 日之前,值得斟酌。

三、以个人的名义变造银行存单骗取资金,仅部分使用于单位的是否构成单位犯罪?

最高人民法院 2001 年 1 月 2 日发布的《全国法院审理金融犯罪案件工作座谈会纪要》(以下称为《纪要》)规定,以单位名义实施犯罪,违法所得归单位所有的,是单位犯罪。

本案当事人曹娅莎变造银行存单骗取资金的行为都是以个人的名义进行的。尽管部分资金存入了潍坊市海州实业有限公司的账户,也将部分款项用于归还潍坊市海州实业有限公司欠银行的贷款本息,但是即使是这种行为也很难说是被告人为单位利益而实施犯罪行为的了。另外,从当事人挥霍有关款项的事实来看,即使存在为潍坊市海州实业有限公司偿还银行欠款的行为,那也只能算作被告人对赃款的处分行为。

所以,最高人民法院复核认为,被告人曹娅莎虽然是潍坊市海州实业有限公司的经理,但是其金融凭证诈骗犯罪行为都是以个人名义实施的,与海州实业有限公司无关。至于曹娅莎将诈骗所得的一部分赃款用于归还海州实业有限公司欠银行的贷款,只是个人对犯罪所得赃款的使用,也与单位犯罪无关。

笔者认为,鉴于有关行为本身既不是以潍坊市海州实业有限公司的名义进行的,也不是为该单位利益进行的,所以被告人曹娅莎有关的诈骗行为不被认定为单位犯罪是正确的。

四、本案的量刑问题

1. 是否可以对曹娅莎判处罚金。对于图利性犯罪,根据"不能因犯罪获利"的常理,应该充分发挥罚金刑对金融诈骗犯罪的心理遏制作用。《决定》第 12 条对使用变造的银行存单骗,构成"数额特别巨大或者有其他特别严重情节"类型所规定的法定刑为:"十年以上有期徒刑、无期徒刑或者死刑,并处没收财产。"即使适用刑法,由于有关的犯罪行为"数额巨大并且给国家和人民利益造成特别重大损失",适用《刑法》第 199 条,其法定刑也是"处无期徒刑或者死刑,并处没收财产"。

最高人民法院复核认为,无论是《决定》第 12 条还是《刑法》第 199 条,对犯金融凭证诈骗罪都没有规定罚金刑,因此原审对曹娅莎并处罚金刑不当,应当改判。笔者认为,最高人民法院纠正其罚金刑的意见是正确的。

2. 在量刑的问题上,一审宣判后,被告人曹娅莎、刘锦祥不服,均以"量刑过重"为由,分别向山东省高级人民法院提出上诉。曹娅莎的辩护人也提出,第一笔是刘锦祥个人的诈骗行为,曹娅莎仅是被刘锦祥所利用;第二笔款,没有充分的证据证实曹娅莎的行为主观上具有明显的诈骗故意和将来不准备归还,且钱款用于支付利息差、单位贷款及中间人好处费,未进行挥霍,各项支出均被追回;第三笔诈骗未遂,应从轻处罚。

笔者认为,第一次的诈骗行为属于曹娅莎、刘锦祥共谋共同犯罪,对该两被告有关行为的后果该两被告人都应当承担刑事责任。曹娅莎第二次的行为是否具有非法占有的目的?判决书没有展开分析,但是笔者认为,被告人曹娅莎从1996年5月至1996年7月连续三次实施变造银行存单骗取储户资金,虽然大部分赃款并未用于挥霍,但是其所挥霍的那一部分也达到294.58万元,其数额也是特别巨大,给国家造成了特别重大的损失。就连续犯的犯罪目的,需要整体考虑其同一或概括的犯罪目的。

(1) 潍坊市海州实业有限公司由于实际的经营情况,并不具有盈利能力。被告人之所以还将有关资金投进去,当然是出于营利的目的,但是对有关资金的回收难说有把握。

(2) 整体考虑,被告人将这一笔资金用于偿还银行贷款,而将另一笔资金用于挥霍等等,都属于被告人对赃款的处置。如前一项分析所言,即使将其中的某些资金用于偿还银行贷款,也不影响其非法占有目的的存在。

通过上述的分析,笔者认为,即使被告人曹娅莎的第二笔款项用于偿还贷款,也不影响其非法占有目的成立。但是关于被告人对该笔款项的心态,有必要展开分析,然而判决书仅以"曹娅莎、刘锦祥的上诉理由及辩护人的辩护意见不能成立"一笔带过,有关的说理还应当更充分些。最高院的复核意见纠正了一、二审法院适用法律的错误,但是在论证中仍然存在说理不充分的问题。尤其是对《通知》第5条的理解,尤其需要运用有关的法理知识来准确把握该条司法解释的本质,或许才可以将本案认定为票据诈骗案件。

【结　　论】

1. 由于本案应当适用《决定》,排除了《刑法》第194条的适用,因此,《刑法》第194条的有关解释也不得独立适用。按照《决定》的有关规定,曹娅莎、刘锦祥变造存单诈骗行为应认定为票据诈骗罪。

2. 不以单位名义且不为单位利益实施的行为不能被认定为单位行为。

【相关链接】

相关法律、法规

中华人民共和国刑法第十二条、第一百九十四条、第一百九十九条、第二百条(见本书第160—161页)

全国人大常委会关于惩治破坏金融秩序犯罪的决定(1995年6月30日)第十二条(见本书第161页)

相关的司法解释与指导性意见

最高人民法院关于审理诈骗案件具体应用法律的若干问题的解释(1996年12月24日法发[1996]32号)第五条(见本书第162页)

全国法院审理金融犯罪案件工作座谈会纪要(2001年1月21日法[2001]8号)

根据刑法和《最高人民法院关于审理单位犯罪案件具体应用法律有关问题的解释》的规定,以单位名义实施犯罪,违法所得归单位所有的,是单位犯罪。

对未作为单位犯罪起诉的单位犯罪案件的处理。对于应当认定为单位犯罪的案件,检察机关只作为自然人犯罪案件起诉的,人民法院应及时与检察机关协商,建议检察机关对犯罪单位补充起诉。如检察机关不补充起诉的,人民法院仍应依法审理,对被起诉的自然人根据指控的犯罪事实、证据及庭审查明的事实,依法按单位犯罪中的直接负责的主管人员或者其他直接责任人员追究刑事责任,并应引用刑法分则关于单位犯罪追究直接负责的主管人员和其他直接责任人员刑事责任的有关条款。

金融诈骗罪中非法占有目的的认定(见本书第162页)

最高人民检察院、公安部关于经济犯罪案件追诉标准的规定(2001年4月18日)(见本书第170页)

相关的参考案例

刘岗、王小军、庄志德金融凭证诈骗案

载最高人民法院刑事审判第一庭、第二庭编:《刑事审判参考》第4卷下册,法律出版社2003年版,第31—36页。

(周建军)

32. 模拟证券交易骗取股民资金能否构成集资诈骗罪?
——李文等集资诈骗、虚假出资案①

【案情介绍】

被告人李文,男,1969年6月24日出生,高中文化,原系青海金鹏投资有限公司法定代表人,2003年3月4日被刑事拘留,同年3月19日被依法逮捕。

被告人朱建坤,男,1968年12月23日出生,大专文化,原系青海金鹏投资有限公司法定代表人,2002年12月25日被刑事拘留,同年2003年1月21日被依法逮捕。

被告人张慧萍,女,1975年12月9日出生,大专文化,原系青海金鹏投资有限公司结算员。2001年3月6日被刑事拘留,同年4月5日被依法逮捕。2002年10月16日经西宁市公安局决定取保候审。

被告人刘丽红,女,1975年4月11日出生,高中文化,原系青海金鹏投资有限公司结算员。2003年1月18日被刑事拘留,同年9月3日经西宁市人民检察院批准逮捕。

1999年7月20日,被告人朱建坤用自行购置的证券、期货计算机网络工程设备,自行虚开商业发票135万元作为实物和存款15万元作为投资资本,与他人共同出资成立了青海金鹏投资有限公司(经营范围为:市场投资、企业兼并、资产重组策划,投资理财顾问、高新技术开发、科工贸投资)。在西宁市长江路租用迎宾楼10楼为场地,搭建一个内部计算机局域网,由卫星接收设备接收股票行情信息,通过"世纪通宝"股票软件供客户查看股市行情。在未经中国证监会批准的情况下,超范围经营证券业务,以"追加资金"、"蓝补"、"红冲"、"高额派现"、"融资"等手段吸引众多投资者到该公司进行"股票"交易,并采用人工促成计算机模拟结算的方法为投资者进行虚假交易。经营期间,共吸引84户股民保证金2 846 079元。

2000年4月被告人朱建坤将公司转让给被告人李文,李文从2 846 079元股民保证金中给被告人朱建坤转款150万元。被告人李文从接收的2 846 079元股民保证金中给被告人朱建坤汇款100万元,现金支付50万元,100万元汇款因委托不符合规定被退回。被告人朱建坤实际得款50万元,案发后追回赃款63 000元,东芝牌便携电脑一

---

① (2004)青刑终字第25号。案例选自北大法律信息网,http://vip.chinalawinfo.com/Case/Display.asp?Gid=117490392&KeyWord=青海省高级人民法院(2004)青刑终字第25号。

台,其父主动退赔1.5万元。被告人李文接管青海金鹏投资有限公司后,继续采用上述手段为投资者进行虚假交易,至案发前,共吸引171户股民保证金4 191 910元。在此期间,被告人李文采用提现、转账等方式将资金转往西安市用于个人投资、偿还赌债及挥霍,案发后追回赃款921 939.91元(包括冻结款)。被告人刘丽红、张慧萍在任青海金鹏投资有限公司结算员期间,分别按照被告人朱建坤、李文的指派和教授的操作方法,在已安装有模拟交易软件的计算机上为投资者进行股票交易,以人工促成、模拟结算的方法为投资者进行模拟交易,并在公司电脑上为客户打印出虚假交割单,被告人刘丽红、张慧萍两人均未实际占有被告人朱建坤、李文所骗取的资金。

2000年5至6月间,被告人李文在办理变更金鹏公司法人代表时,因金鹏公司是昆仑期货经纪公司筹委会成员,为达到证监会要求的注册资金,被告人李文欲将公司注册资本增加至3 000万元。经预谋后被告人李文向工商银行城西支行职工陈萍索要了两张加盖有该行"现金收讫"章的空白现金存款凭证,分别在两张凭证上填写金额为800万元(交款人李文)和600万元(交款人党小刚),并将两张凭证进行复印(800万元复印3张、600万元复印1张,总和为3 000万元),而后向岳华集团青海江源会计师事务所申请验资。该所工作人员黄光启(另案处理)以被告人李文提供的印章、内容填写不齐全的现金存款凭证复印件为依据,为金鹏公司出具3 001.93万元的虚假验资报告,并将验资时间提前至1999年9月24日。被告人李文持此份虚假的验资报告向青海省工商行政管理局提出申请,该局遂核发了法定代表人为李文、注册资本为3 000万元的金鹏公司企业法人营业执照。

控诉机关青海省西宁市人民检察院认为,被告人李文、朱建坤超范围经营证券业务,并采用人工促成模拟结算的不真实方法为股民进行模拟交易构成非法集资。该两被告人非法转让股民资金,将有关资金用于个人住院费、投资、挥霍等,具有非法占有集资的目的。被告人张慧萍、刘丽红在担任结算员期间,采用不真实的方法为投资者进行模拟结算,为李文、朱建坤集资诈骗提供帮助。四被告人的行为均构成集资诈骗罪。被告人刘丽红、张慧萍分别为李文、朱建坤提供帮助,在共同犯罪中起次要作用,系从犯。被告人李文还虚报注册资本3 000万元,其行为同时构成虚假出资罪,应数罪并罚。被告人李文对起诉书指控的犯罪事实及罪名均无辩解。被告人朱建坤对起诉书指控的犯罪事实无异议,但辩解其没有诈骗投资者资金的故意,是非法经营的行为。被告人朱建坤的辩护人也对公诉机关指控被告人朱建坤犯集资诈骗罪持有异议,认为朱建坤的行为应构成非法经营罪。被告人刘丽红、张慧萍均辩称在其为客户进行股票交易时并不明知是模拟交易,也未占有客户的资金,不构成犯罪。被告人刘丽红、张慧萍的辩护人都认为,认定被告人刘丽红、张慧萍构成集资诈骗罪证据不足。西宁市中级人民法院依照《中华人民共和国刑法》第192条、第159条第1款、第57条第1款、第69条、第64条及《最高人民法院关于审理诈骗案件具体应用法律若干问题的解释》第

3条及《中华人民共和国刑事诉讼法》第162条第(三)项的规定,做出如下判决:

1. 被告人李文犯集资诈骗犯罪,判处无期徒刑,剥夺政治权利终身,并处罚金40万元;犯虚假出资罪,判处有期徒刑3年,并处罚金60万元,数罪并罚,决定执行无期徒刑,剥夺政治权利终身,并处罚金100万元。

2. 被告人朱建坤犯集资诈骗罪,判处有期徒刑15年,剥夺政治权利5年,并处罚金30万元。

3. 被告人刘丽红、张慧萍无罪。

【法理分析】

处理本案涉及的主要问题在于:① 采用局域网模拟证券期货交易骗取股民保证金能否构成非法集资的犯罪行为? ② 如何认定共同集资诈骗的故意?

一、模拟证券交易骗取股民资金是否构成集资诈骗行为?

如前文所言,集资诈骗行为的定性存在三个认定难点:诈骗方法、非法集资和非法占有目的的认定。被告人朱建坤、李文利用局域网模拟证券期货交易的方法不是典型的集资诈骗方法,该类行为是否构成集资诈骗行为还需要结合有关事实和分析来作出判断。

1. 关于诈骗方法的认定。1996年12月24日发布的最高人民法院《关于审理诈骗案件具体应用法律的若干问题的解释》(本节以下称《解释》)认为,"诈骗方法"是指行为人采取虚构集资用途,以虚假的证明文件和高回报率为诱饵,骗取集资款的手段。据此,学界的通说认为,集资诈骗罪中的诈骗方法是指行为人采取虚构集资用途,以虚假的证明文件、良好的经济效益和高回报率为诱饵,骗取集资款的手段。《解释》和通说在采取列举"诈骗方法"外延的方式来阐述其含义,这种解释方法使得刑法规范和案件事实的联结比较清晰,适用性强。笔者认为,若是所列举的"诈骗方法"能够概括实践中的集资诈骗方式,那么这种解释方法也是可行的。不过,为了集资而使用的诈骗方法随着金融市场的发展,尤其是国内草根金融呈现出的燎原态势,金融诈骗的方法也是层出不穷。既然司法解释只是最高司法机关在适用层面对法规范的阐明,而不是法规范的本身,那么在审理案件时依据法规范的内容适当地突破《解释》的精神应该被允许。由于"诈骗方法"远不是"以虚假的证明文件、良好的经济效益和高回报率为诱饵,骗取集资款的手段"所能穷尽,所以《解释》缩小了诈骗方法的外延。而这种缩小将在本案性质的认定中体现出来。

被告人李文、朱建坤使用模拟证券交易在本质上就是一种虚假证券交易。这种方式造成了聚集众多股民保证金的事实,但是有关的方法不同于通常意义上的集资方式。这种方式不存在被告人承诺的回报率和经济效益,也不是利用虚假的用途和证明文件方式骗取股民资金。但是考虑到被告人所利用的虚假证券交易方式在本质上肯定是通过模拟交易欺骗股民,从而交纳保证金。该两被告人所实施的欺骗行为使股民陷入了认识错误,并基于错误认识处分了财产,在本质上就是一种诈骗方法。这种金融诈骗方法在我国建立证券市场之前是不可能得以实施的。在证券交易起步时,由于交易场所极少,而且多为国有机构设立,采用虚假交易骗取股民保证金的方式也是很难想象的。所以,长期以来《解释》所列举的集资诈骗方法未曾考虑到上述情形也是难免。

为此,2001年的国务院办公厅《关于严厉打击以证券期货投资为名进行违法犯罪活动的通知》认为,"采用内部模拟证券期货交易等手法,非法侵占他人财产的,以涉嫌集资诈骗罪立案查处。"尽管受该文件发布方式的限制,其法律效力有限,但是从其发布的时间和内容来看,却是扩展集资诈骗罪的诈骗方法外延,尤其是对将"采用虚假证券交易的方式"认定为集资诈骗的诈骗方法意义重大。所以在认定被告人李文、朱建坤使用模拟证券交易骗取股民保证金的行为的性质时,应当依据《刑法》第192条"使用诈骗方法"的本质要求,适当地突破《解释》的精神,可以将上述行为认定为"使用诈骗方法"。

2. 关于"非法集资"的认定。《解释》认为,"非法集资"是指法人、其他组织或者个人,未经有权机关批准,向社会公众募集资金的行为。1999年1月,中国人民银行《关于取缔非法金融机构和非法金融业务活动有关问题的通知》(本节以下称《通知》)规定:"非法集资"是指单位或个人未依照法定程序经有关部门批准,以发行股票、债券、彩票、投资基金证券或其他债权凭证的方式向社会公众筹集资金,并承诺在一定期限内以货币、实物及其他方式向出资人还本付息或给予回报的行为。《通知》进一步明确非法集资具有如下特点:(一)未经有关部门依法批准,包括没有批准权限的部门批准的集资以及有审批权限的部门超越权限批准的集资;(二)承诺在一定期限内给出资人还本付息。还本付息的形式除以货币形式为主外,还包括以实物形式或其他形式;(三)向社会不特定对象即社会公众筹集资金;(四)以合法形式掩盖其非法集资的性质。2001年最高人民法院《全国法院审理金融犯罪案件工作座谈会纪要》(本节以下称《纪要》)认为,集资诈骗罪和欺诈发行股票、债券罪、非法吸收公众存款罪在客观上均表现为向社会公众非法募集资金。区别的关键在于行为人是否具有非法占有的目的。

从有关非法集资的法律法规来看,《解释》集资的非法性解释为"未经有权机关批准",在根本无权的批准之外,还包括没有批准权限的部门批准以及有审批权限的部门超越权限的批准。所以对"未经有权机关批准"不能作狭义的理解,这样既是国家管理向社会公众筹集资金这种与金融制度利益攸关,涉及较大数目资金安全的金融制度的目的,也很有必要。

从被告人李文、朱建坤采用内部模拟证券交易的行为来看,其未经有权机关批准的特征明显。但是该两被告人的行为是否是集资行为？集资，乃资金的聚集。《解释》认为是"向社会公众募集资金的行为"。从规范意义上而言，只需要行为人主观上具有聚集多数人的资金的故意，客观上所采取的手段可能从多数人处聚集到较大数额以上的资金就可以认定为集资行为。当然，现代金融市场上的资金募集方式，多是通过吸收存款、发行股票、债券的方式实现，少有采用虚假证券期货交易方式聚集资金的。但是随着有关行为的出现，事实上也出现了聚集众多股民保证金的实际情形，而造成多数人的资金聚集才是集资的本质特征。为此，《关于严厉打击以证券期货投资为名进行违法犯罪活动的通知》也认为，使用内部模拟证券期货交易的手法，非法侵占他人财产的，涉嫌集资诈骗罪。所以，本案被告人李文、朱建坤采用内部模拟证券交易的行为，造成了多数股民保证金聚集的事实，可以被认定为非法集资行为。

3. 关于集资诈骗的非法占有目的。金融诈骗犯罪都是以非法占有为目的的犯罪。"非法占有目的的认定"向来为金融犯罪认定的疑难问题。《解释》对诈骗罪行为的非法占有目的的认定，贯彻了以客观情形推定行为人非法占有目的的精神。具有下列情形之一的，应当认定其行为属于"以非法占有为目的，使用诈骗方法非法集资"：① 携带集资款逃跑的；② 挥霍集资款，致使集资款无法返还的；③ 使用集资款进行违法犯罪活动，致使集资款无法返还的；④ 具有其他欺诈行为，拒不返还集资款，或者致使集资款无法返还的。《纪要》则进一步对在金融诈骗犯罪中如何认定非法占有的目的提出了以下较为明确的原则和方法：金融诈骗犯罪都是以非法占有为目的的犯罪。在司法实践中，认定是否具有非法占有为目的，应当坚持主客观相一致的原则，既要避免单纯根据损失结果客观归罪，也不能仅凭被告人自己的供述，而应当根据案件具体情况具体分析。

根据司法实践，对于行为人通过诈骗的方法非法获取资金，造成数额较大资金不能归还，并具有下列情形之一的，可以认定为具有非法占有的目的：① 明知没有归还能力而大量骗取资金的；② 非法获取资金后逃跑的；③ 肆意挥霍骗取资金的；④ 使用骗取的资金进行违法犯罪活动的；⑤ 抽逃、转移资金、隐匿财产，以逃避返还资金的；⑥ 隐匿、销毁账目，或者搞假破产、假倒闭，以逃避返还资金的；⑦ 其他非法占有资金、拒不返还的行为。但是，在处理具体案件的时候，对于有证据证明行为人不具有非法占有目的的，不能单纯以财产不能归还就按金融诈骗罪处罚。根据《解释》和《纪要》的精神，在实践中推定金融诈骗犯罪的非法占有的目的，应当坚持主客观相一致的原则，既要避免单纯根据损失结果客观归罪，也不能仅凭被告人自己的供述，而应当根据案件具体情况具体分析。《纪要》所列举的七种情形对于认定行为人是否具有非法占有的目的有重要的推定作用，但是既然是一种推定，那么在考虑到推定逻辑的严密和事实的准确以外，还要突出地注意到行为人对于其本人不具有非法占有目的的反证。决不可单纯以财产不能归还就按金融诈骗罪处罚。

集资诈骗罪和欺诈发行股票、债券罪、非法吸收公众存款罪在客观上均表现为向社会公众非法募集资金。区别的关键在于行为人是否具有非法占有的目的。对于以非法占有为目的而非法集资，或者在非法集资过程中产生了非法占有他人资金的故意，均构成集资诈骗罪。但是，在处理具体案件时要注意以下两点：① 不能仅凭较大数额的非法集资款不能返还的结果，推定行为人具有非法占有的目的；② 行为人将大部分资金用于投资或生产经营活动，而将少量资金用于个人消费或挥霍的，不应仅以此便认定具有非法占有的目的。

被告人李文从被告人朱建坤手中受让青海金鹏投资有限公司全部财产和股民保证金 2 846 079 元后，从中支付给被告人朱建坤 50 万元作为转让费，余额 2 346 079 万元与自己经营期间吸收的保证金 4 191 910 元全部用于个人投资、偿还赌债、挥霍以及公司各项开支。案发后也仅追回赃款 921 939.91 元（包括冻结款），也印证了被告人李文并没有偿还所有有关集资的能力。被告人朱建坤在自己经营期间，超范围经营证券业务，并采用人工促成模拟结算的不真实方法为股民进行模拟交易。转让时虽将股民保证金全部移交给被告人李文，但在接受李文支付的 50 万元转让费时，明知李文支付的股民保证金会给股民造成损害，而放任后果的发生，并将 50 万元用于支付个人住院费，投资亏损挥霍等。案发后仅追回赃款 63 000 元，东芝牌便携电脑一台，加上其父主动退赔的 1.5 万元也与其所挥霍的款项差额巨大。为此，该两被告人的行为符合《解释》中"挥霍集资款，致使集资款无法返还"和《纪要》"明知没有归还能力而大量骗取资金"，"肆意挥霍骗取资金"等情形，综合案件事实可以推定两被告人具有非法占有集资款项的目的。

综上，被告人李文、朱建坤采用虚假模拟交易的方法可以认定为集资诈骗方法，再者二人非法占有集资款项的目的也可以被推定，二人集资诈骗数额均属特别巨大。所以，其行为确已构成集资诈骗罪，法院的判决正确。

至于被告人朱建坤及其辩护人辩解其没有诈骗投资者资金的故意，是非法经营的行为，可以从以下两点得到说明：① 由于在金鹏公司的模拟证券交易中，根本就没有向证券交易所发出交易指令，所以不存在实际的经营活动，也就不能被认定为非法经营；② 被告人朱建坤非法占有集资款项的目的也得到了较为充分的推定，而且被告人朱建坤又不能提出合理的反证，事实上也造成了巨额股民保证金被挥霍而不能被返还。所以可以推定其具有非法占有的目的，因而可以构成集资诈骗罪。但是判决书对被告人李文、朱建坤的行为为什么不构成非法经营罪没有进行说明，存在说理不充分的情况。

二、如何认定共同集资诈骗的故意？

被告人刘丽红、张慧萍是否构成集资诈骗罪的共犯的关键在于被告人刘丽红、张慧萍是否具有共同集资诈骗的故意。为此需要仔细研究该两被告人在模拟证券交易过程中是不是认识到了被告人李文、朱建坤所进行的股票交易是虚假的模拟交易。

真实的股票交易过程：客户填写交易单，将交易单交给结算员，结算员拿到交易单后将交易内容输入证券营业部的服务器。服务器通过卫星通信设备将交易指令发往证券交易所，交易所的服务器接收上述指令之后再根据实时交易情况自动撮合成交或不成交。之后证券交易所的服务器通过卫星通信设备将交易结果发回证券营业部计算机，闭市后证券营业部服务器对成交的交易自动生成交割单并打印出交割单以供客户查询。金鹏公司的模拟股票交易过程：客户填写交易单，结算员拿到交易单后根据卫星接收设备所显示的实时行情，根据当日的股票价格在客户委托后的时间里是否达到过客户的委托限价，从而决定是否成交。闭市后，将成交的客户交易单输入带模拟清算软件的服务器，服务器自动生成交割单并打印出交割单，供客户查询，至此完成整个交易过程。对比上述两种交易方式，存在以下关键的区别：在真实的股票交易中，通过卫星双向通讯（卫星既发射指令又接收指令）连接证券交易所的服务器。而在模拟的股票交易中，证券营业部的服务器只能通过卫星单向接收证券交易所的实时行情，而根本就没有向证券交易所发出交易指令。为此，在金鹏公司的模拟证券交易中需要结算员根据当日的股票行情人工撮合成交。而且还要在闭市后将成交的客户交易单输入带模拟清算软件的服务器，由服务器自动生成交割单。

上述事实对于认定被告人刘丽红、张慧萍在模拟证券交易过程中是不是认识到了被告人李文、朱建坤所进行的股票交易是虚假的模拟交易非常重要。① 从真、假证券交易过程的区别来看，结算员在虚假证券交易中起到了关键的作用，可以怀疑被告人刘丽红、张慧萍知道金鹏公司的证券交易是一种欺骗股民的模拟交易。公诉机关也提供了被告人朱建坤、李文的供称，被告人朱建坤、李文的供称认为被告人刘丽红、张慧萍对金鹏公司的证券交易是模拟交易是明知的。但是上述供称没有其他证据与之相印证。而且被告人刘丽红、张慧萍否认其知道金鹏公司的证券交易是模拟交易。理由是在交易过程中只需将客户的交易内容输入计算机后，即会自动生成交割单并打印出交割单，因此认为其操作方法是真实的。被告人刘丽红在供述中还称，其始终认为金鹏公司的电脑是与青海证券公司和南方证券公司联网的，通过其发出的交易指令全部进入了青海证券公司和南方证券公司。因此公诉机关的有关证据只能证明被告人刘丽红、张慧萍参与了金鹏公司的模拟证券交易，该两被告人是否认识到了该交易为模拟交易的问题得不到充分的证明。② 从股民填写交易单到收到交割单的交易形式来看，模拟证券交易确实具有很大的欺骗性，这也可以从金鹏公司的模拟证券交易能够欺骗众多股民来进行交易看出。

综观本案，股票交易的过程中涉及很多如计算机、网络工程、卫星通信等高新技术，就被告人刘丽红、张慧萍而言，其知识水平和对股票交易的认知程度是有限的，因此二被告人的辩解具有一定的合理性；公诉机关认定被告人刘丽红、张慧萍明知金鹏公司的证券交易为模拟交易的证据不足。所以，西宁市中级人民法院和青海省高级人民法院认定被告人刘丽红、张慧萍缺乏共同犯罪主观要件,客观上也未占有所骗资金,不构成集资诈骗罪共犯的判决是正确的。

【结　　论】

采用局域网模拟证券期货交易骗取股民保证金可以构成集资诈骗罪。

【相关链接】

相关的法律、法规

中华人民共和国刑法

第一百九十二条　以非法占有为目的,使用诈骗方法非法集资,数额较大的,处五年以下有期徒刑或者拘役,并处二万元以上二十万元以下罚金;数额巨大或者有其他严重情节的,处五年以上十年以下有期徒刑,并处五万元以上五十万元以下罚金;数额特别巨大或者有其他特别严重情节的,处十年以上有期徒刑或者无期徒刑,并处五万元以上五十万元以下罚金或者没收财产。

第一百九十九条　犯本节第一百九十二条、第一百九十四条、第一百九十五条规定之罪,数额特别巨大并且给国家和人民利益造成特别重大损失的,处无期徒刑或者死刑,并处没收财产。

第二百条　单位犯本节第一百九十二条、第一百九十四条、第一百九十五条规定之罪的,对单位判处罚金,并对其直接负责的主管人员和其他直接责任人员,处五年以下有期徒刑或者拘役;数额巨大或者有其他严重情节的,处五年以上十年以下有期徒刑;数额特别巨大或者有其他特别严重情节的,处十年以上有期徒刑或者无期徒刑。

第二百八十七条　利用计算机实施金融诈骗、盗窃、贪污、挪用公款、窃取国家秘密或者其他犯罪的,依照本法有关规定定罪处罚。

国务院非法金融机构和非法金融业务活动取缔办法(1998年7月13日国务院令[第247号])

第四条　本办法所称非法金融业务活动,是指未经中国人民银行批准,擅自从事的下列活动:

(一)非法吸收公众存款或者变相吸收公众存款;

(二)未经依法批准,以任何名义向社会不特定对象进行的非法集资;

(三)非法发放贷款、办理结算、票据贴现、资金拆借、信托投资、金融租赁、融资担保、外汇买卖;

(四)中国人民银行认定的其他非法金融业务活动。

前款所称非法吸收公众存款,是指未经中国人民银行批准,向社会不特定对象吸收资金,出具凭证,承诺在一定期限内还本付息的活动;所称变相吸收公众存款,是指未经中国人民银行批准,不以吸收公众存款的名义,向社会不特定对象吸收资金,但承诺履行的义务与吸收公众存款性质相同的活动。

国务院金融违法行为处罚办法(1999年2月22日国务院令[第260号])

第九条 金融机构不得超出中国人民银行批准的业务范围从事金融业务活动。

金融机构超出中国人民银行批准的业务范围从事金融业务活动的,给予警告,没收违法所得,并处违法所得1倍以上5倍以下的罚款,没有违法所得的,处10万元以上50万元以下的罚款;对该金融机构直接负责的高级管理人员给予撤职直至开除的纪律处分,对其他直接负责的主管人员和直接责任人员给予记过直至开除的纪律处分;情节严重的,责令该金融机构停业整顿或者吊销经营金融业务许可证;构成非法经营罪或者其他罪的,依法追究刑事责任。

第二十八条 信托投资公司不得以办理委托、信托业务名义吸收公众存款、发放贷款,不得违反国家规定办理委托、信托业务。

信托投资公司违反前款规定的,给予警告,没收违法所得,并处违法所得1倍以上5倍以下的罚款,没有违法所得的,处10万元以上50万元以下的罚款;对该信托投资公司直接负责的高级管理人员、其他直接负责的主管人员和直接责任人员,给予记大过直至开除的纪律处分;情节严重的,暂停或者停止该项业务,对直接负责的高级管理人员给予撤职直至开除的纪律处分;构成非法吸收公众存款罪、集资诈骗罪或者其他罪的,依法追究刑事责任。

中国人民银行关于取缔非法金融机构和非法金融业务活动有关问题的通知(1999年1月27日银发[1999]41号)

一、非法集资是指单位或个人未依照法定程序经有关部门批准,以发行股票、债券、彩票、投资基金证券或其他债权凭证的方式向社会公众筹集资金,并承诺在一定期限内以货币、实物及其他方式向出资人还本付息或给予回报的行为。它具有如下特点:

(一)未经有关部门依法批准,包括没有批准权限的部门批准的集资以及有审批权限的部门超越权限批准的集资;

(二)承诺在一定期限内给出资人还本付息。还本付息的形式除以货币形式为主外,还包括以实物形式或其他形式;

(三)向社会不特定对象即社会公众筹集资金;

(四)以合法形式掩盖其非法集资的性质。

相关的司法解释与指导性意见

最高人民法院关于审理诈骗案件具体应用法律的若干问题的解释(1996年12月24日法发[1996]32号)

三、根据《决定》第八条规定,以非法占有为目的,使用诈骗方法非法集资的,构成集资诈骗罪。

"诈骗方法"是指行为人采取虚构集资用途,以虚假的证明文件和高回报率为诱饵,骗取集资款的手段。

"非法集资"是指法人、其他组织或者个人,未经有权机关批准,向社会公众募集资金的行为。

行为人实施《决定》第八条规定的行为,具有下列情形之一的,应当认定其行为属于"以非法占有为目的,使用诈骗方法非法集资":

(1) 携带集资款逃跑的;
(2) 挥霍集资款,致使集资款无法返还的;
(3) 使用集资款进行违法犯罪活动,致使集资款无法返还的;
(4) 具有其他欺诈行为,拒不返还集资款,或者致使集资款无法返还的。

个人进行集资诈骗数额在20万元以上的,属于"数额巨大";个人进行集资诈骗数额在100万元以上的,属于"数额特别巨大"。

单位进行集资诈骗数额在50万元以上的,属于"数额巨大";单位进行集资诈骗数额在250万元以上的,属于"数额特别巨大"。

全国法院审理金融犯罪案件工作座谈会纪要(2001年1月21日法[2001]8号)

集资诈骗罪的认定和处理:集资诈骗罪和欺诈发行股票、债券罪、非法吸收公众存款罪在客观上均表现为向社会公众非法募集资金。区别的关键在于行为人是否具有非法占有的目的。对于以非法占有为目的而非法集资,或者在非法集资过程中产生了非法占有他人资金的故意,均构成集资诈骗罪。但是,在处理具体案件时要注意以下两点:一是不能仅凭较大数额的非法集资款不能返还的结果,推定行为人具有非法占有的目的;二是行为人将大部分资金用于投资或生产经营活动,而将少量资金用于个人消费或挥霍的,不应仅以此便认定具有非法占有的目的。

关于金融诈骗罪中非法占有目的的认定(见本书第162页)

最高人民检察院、公安部关于经济犯罪案件追诉标准的规定(2001年4月18日)

四十一、集资诈骗案(刑法第192条)

以非法占有为目的,使用诈骗方法非法集资,涉嫌下列情形之一的,应予追诉:

1. 个人集资诈骗,数额在十万元以上的;
2. 单位集资诈骗,数额在五十万元以上的。

四十二、贷款诈骗案(刑法第193条)

以非法占有为目的,诈骗银行或者其他金融机构的贷款,数额在一万元以上的,应予追诉。

国务院办公厅关于严厉打击以证券期货投资为名进行违法犯罪活动的通知(2001年8月31日 国办发[2001]64号)

三、正确适用法律，把握政策界限

（一）对超出核准的经营范围，非法从事或变相非法从事证券期货交易活动，非法经营境外期货、外汇期货业务的，以涉嫌非法经营罪立案查处。

（二）对未经证券监管部门批准和工商行政管理部门登记注册，擅自设立证券期货机构的，以涉嫌擅自设立金融机构罪立案查处。

（三）对以"投资咨询"、"代客理财"等为招牌，以高额回报、赠送礼品、虚假融资、减免手续费、提供"免费午餐"等为诱饵吸纳客户资金，采用内部模拟证券期货交易等手法，非法侵占他人财产的，以涉嫌集资诈骗罪立案查处。

（四）非法证券期货经营者对受害人有暴力、威胁、非法拘禁等侵犯公民人身权利的行为，或以暴力、威胁手段阻碍国家机关工作人员依法执行公务，情节严重，构成犯罪的，依法追究刑事责任。

（五）对以证券期货投资为名进行违法犯罪活动的机构，由证券监管部门、工商行政管理部门依法取缔、吊销其营业执照。

相关的参考案例

袁鹰、欧阳湘、李巍集资诈骗案
载最高人民法院刑事审判第一庭、第二庭编：《刑事审判参考》第4卷下册，法律出版社2003年版，第23—30页。

河南省三星实业公司集资诈骗案
载最高人民法院刑庭编：《刑事审判参考》第5辑，总第10辑，法律出版社2000年版，第15—20页。

（周建军）

33. 骗取贷款是否一定成立贷款诈骗罪？
——张福顺被控贷款诈骗宣告无罪案①

【案情介绍】

被告人：张福顺，男，1951年3月28日生，汉族，大专文化，秦皇岛港务局病退工人。2000年6月30日因本案被逮捕。2002年1月31日被释放。

1995年1月6日，被告人张福顺以秦皇岛市海港彰造经济咨询公司的名义，购买秦皇岛市港城信用社位于海港区东港路的五层综合楼一栋，价款为人民币360万元，并于1995年1月12日在秦皇岛市海港区房产局办理了房产过户登记手续。

1995年4月4日，被告人张福顺用上述房产作抵押，以秦皇岛市海港彰造经济咨询公司的名义，从中国农业银行秦皇岛分行河北大街办事处贷款人民币150万元，贷款期限为1年。被告人张福顺于1998年10月22日将1台"凌志LC400"轿车给付贷款方折抵部分贷款，其余款项至今尚未偿还。

1995年5月，被告人张福顺谎称，已用于在农行河北大街办事处贷款抵押的楼房证丢失，于同年6月13日补办了新的房证。1996年2月7日，被告人张福顺用补办的房证作抵押，以其秦皇岛市腾达铝业有限公司作为借款方，从中国农业银行秦皇岛分行民族路办事处贷款人民币200万元，贷款期限为10天，其中100万元由被告人张福顺做期货生意，并亏损82.3万元；另100万元用于被告人购买秦皇岛市东福工程塑料有限公司（案发时，东福工程塑料有限公司的土地使用权经评估为134万余元）的250万元之中。贷款到期后，被告人张福顺于1997年8月偿还了农行民族路办事处一个季度贷款利息7.3万元人民币，并多次订立还款计划，但均未履行。

1998年5月份，被告人张福顺将秦皇岛市东福工程塑料有限公司转让给杨黎鹰，并协议将其在农行民族路的200万元人民币贷款转让给杨，双方于1998年10月1日正式签订了工厂转让协议。后两人与贷款方协商，以秦皇岛市东福工程塑料有限公司的厂房及土地作抵押，从农行民族路办事处贷款200万元人民币，用以偿还被告人张福顺在该银行的贷款，并于农历1998年8月26和11月中旬分别签订了抵押贷款合同。上述200万元人民币贷款在报请中国农业银行秦皇岛分行审批时，分行未予批准，并认为张福顺的行为已构成犯罪，遂向公安机关报案。

---

① （2002）冀刑二终字第78号，案例选自北大法律信息网，http://vip.chinalawinfo.com/Case/Display.asp?Gid=117487648&KeyWord=。

秦皇岛市人民检察院指控称被告人张福顺以虚假的产权证明作抵押诈骗秦皇岛市农业银行民族路办事处贷款200万元。被告人张福顺及其辩护人提出,张福顺在客观上有欺骗行为,但主观上没有非法占有贷款的目的,不构成犯罪。河北省秦皇岛市中级人民法院判决:被告人张福顺无罪。一审判决后,秦皇岛市人民检察院提出抗诉,河北省人民检察院支持抗诉。抗诉机关主要提出:被告人张福顺以虚假的产权证明作抵押,骗取农行民族路办事处贷款200万元的事实清楚,证据确实、充分;被告人张福顺具有非法占有的目的,具体理由:① 抵押证明的虚假性;② 款贷出后,均未用于约定的用途,而是用于高风险的营利活动;③ 被告人张福顺贷款时已负债累累,履约能力严重不足的事实已经存在。首先,张福顺用于抵押贷款的房屋款未完全付清。其次,张福顺以同一座楼房(价值360万元)三次超过抵押物价值重复抵押,抵押价值达650万元。再次,张福顺以虚报注册资本成立的公司进行贷款;④ 被告人张福顺以转让东福公司的手段,欲将贷款转嫁给杨黎鹰,而张福顺未按约定将公司的全部财产交付给杨黎鹰(协议约定的3000台游戏机未交付),这表明其转让公司实际是一场骗局;⑤ 被告人张福顺逃避侦查,拒不偿还贷款。被告人张福顺的上述一系列行为足以反映出其主观上非法占有的目的,一审法院以被告人张福顺不具有永久占有银行贷款的非法目的为由宣告无罪,没有事实和法律依据,定罪、量刑明显错误,应依法改判。被告人张福顺及其辩护人则坚持,被告人采取积极还贷的措施,没有占有的目的,被告人张福顺应当无罪。河北省高级人民法院经公开审理认为:原审被告人张福顺用同一座楼房抵押贷款四笔,除起诉的此一笔外,其他三笔有两笔已归还,另一笔属正常贷款,也归还了近半数(本金),这不仅直接说明张福顺贷款后有相应的偿还能力,并非"负债累累,履约能力严重不足",也可间接印证张福顺虽使用了虚假的产权证明作担保,但贷出款后并无据为己有的目的。对于抗诉机关所提,秦皇岛市腾达铝业有限公司属虚报注册资本的抗诉意见,经查,有证据支持,应予以采纳。但考虑到该公司成立后有相应的经营活动,以及出庭履行职务的检察人员也当庭表示张福顺虚报注册资本的目的不是为了骗取贷款。所以该事实不能证明张福顺有非法占有的目的,且与本案无直接联系。对于抗诉机关所提,张福顺未按约定将公司的全部财产交付给杨黎鹰(协议约定的3000台游戏机未交付),这表明其转让公司实际是一场骗局的抗诉意见,经查,秦皇岛市东福工程塑料有限公司董事长、总经理已由张福顺变更为杨黎鹰。而从杨黎鹰的证言可以看出,对于公司的转让杨黎鹰并非受制于张福顺,其本人亦有相应的目的,且其在证言中明确表示"游戏机没用"。据此,河北省高级人民法院认定原审被告人张福顺主观上具有非法占有银行贷款的目的证据不足,因此对原审被告人张福顺的行为不能以贷款诈骗罪论处。

【法理分析】

处理本案涉及的主要问题在于:如何认定贷款诈骗罪中非法占有的目的?

一、隐瞒已有抵押的产权证明,也是虚假的产权证明

在案件的审理中,尽管控辩双方主要围绕被告人是否具有非法占有贷款的目的来展开,但是在适用第 193 条之前,有一个事实需要确认:被告人骗取贷款的行为是否属于《刑法》第 193 条第 1 款第 4 项"使用虚假的产权证明作担保"的行为?

回答该问题的前提在于"虚假的产权证明"的认定。产权证明就是财产权利证明,指证明财产所有权的文件。虚假的产权证明一般是指伪造、变造或无效的,能够证明行为人享有所有权的权利文件。笔者认为,虚假的产权证明的实质在于有关产权证明隐瞒事实,不能如实反映有关产权的状况。"使用虚假的产权证明作担保",是指为骗取贷款而隐瞒事实、采取虚构的产权证明作为担保。因此,"从已经抵押而予以隐瞒,致使银行或者其他金融机构认为是有效抵押而发放贷款而言,这种行为是一种隐瞒真相的诈骗方法。"[①]在辽宁省高级人民法院改判营口市中级人民法院判决的吴晓丽贷款诈骗案[②]中,被告人吴晓丽隐瞒其当时拥有产权的盖州市镁厂 1 404 平方米厂房和机器设备已经抵押给盖州市城建信用社的事实,再以营口佳友铸造有限公司的名义将盖州市镁厂 2 214 平方米厂房作抵押,与盖州市辰州城市信用社签订 310 万元的借款合同。被告人吴晓丽的行为也属于使用虚假的产权证明作担保骗取金融机构贷款的行为。尽管最终吴晓丽被认定为无罪,但是那是因为被告人非法占有贷款的目的没有得到证明。笔者认为,虚假的产权证明不应当仅限于证明文件本身的伪造、变造或无效,还包括隐瞒已有抵押事实的产权文件。

所以,本案被告人张福顺隐瞒已经贷款的事实,采用谎称已经办理抵押登记的产权文件丢失,从而重新办理产权文件得以再行贷款的行为,也是使用虚假的产权证明作担保骗取银行贷款的行为。

二、金融诈骗犯罪中非法占有贷款目的的推定

本案中,控辩双方对于被告人张福顺使用虚假的产权证明作担保,骗取抵押贷款,贷款后又擅自改变贷款用途的事实不存在异议。根据《刑法》第 193 条第 1 款第 4 项,被告人的行为符合"使用虚假的产权证明作担保","以欺骗手段取得银行贷款"的规定。所以,被告人是否构成贷款诈骗罪的关键就在于被告人是否具有非法占有贷款的目的,这也是本案控辩的焦点。

金融诈骗犯罪都是以非法占有为目的的犯罪。"非法占有目的的认定"向来为金融犯罪认定的疑难问题。有关对非法占有目的的认定依据:1996 年 12 月 16 日,最高人民法院颁布了《关于审理诈骗案件具体应用法律的若干问题的解释》(本节以下称《解释》),该《解释》第一次明确了推定行为人非法占有目的的客观情形。2000 年 9

---

① 陈兴良:《合法贷款后采用欺诈手段拒不还贷行为之定性研究——从吴晓丽案切入》,载《华东政法学院学报》2004 年第 3 期。
② 载最高人民法院刑一庭、刑二庭编:《刑事审判参考》,法律出版社 2001 年第 4 辑,第 12—17 页。

长沙会议形成的《全国法院审理金融犯罪案件座谈会纪要》(本节以下称《纪要》)列举了在金融诈骗犯罪中行为人通过诈骗的方法非法获取资金,造成数额较大资金不能归还时的七项认定非法占有目的的情形:(1)明知没有归还能力而大量骗取资金的;(2)非法获取资金后逃跑的;(3)肆意挥霍骗取资金的;(4)使用骗取的资金进行违法犯罪活动的;(5)抽逃、转移资金、隐匿财产,以逃避返还资金的;(6)隐匿、销毁账目,或者搞假破产、假倒闭,以逃避返还资金的;(7)其他非法占有资金、拒不返还的行为。但是,在处理具体案件的时候,对于有证据证明行为人不具有非法占有目的的,不能单纯以财产不能归还就按金融诈骗罪处罚。

根据《解释》和《纪要》的精神,在实践中推定金融诈骗犯罪的非法占有的目的,应当坚持主客观相一致的原则,既要避免单纯根据损失结果客观归罪,也不能仅凭被告人自己的供述,而应当根据案件具体情况具体分析。《纪要》所列举的七种情形对于认定行为人是否具有非法占有的目的有重要的推定作用,但是既然是一种推定,那么在考虑到推定逻辑的严密和事实的准确以外,还要突出地注意到行为人对于其本人不具有非法占有目的的反证。决不可单纯以财产不能归还就按金融诈骗罪处罚。同时,《纪要》还指出:"对于确有证据证明行为人不具有非法占有的目的,因不具备贷款的条件而采取了欺骗手段获取贷款,案发时有能力履行还贷义务,或者案发时不能归还贷款是因为意志以外的原因,如因经营不善、被骗、市场风险等,不应以贷款诈骗罪定罪处罚。"

上述精神落实到贷款诈骗罪非法占有贷款的目的的认定,需要结合以下三个方面的事实来综合认定:

1. 需要考虑行为人在申请贷款时的还款能力。① 如果行为人在贷款时的情形就决定了行为人将根本无法偿还有关贷款,而且行为人对此也明知,那么行为人诈骗贷款的目的就可以予以认定。当然,事实上这种情形往往不会如此清晰,所谓根本无法偿还有关贷款的情形是难以得到确认的。因而行为人非法占有贷款的目的,往往还需要结合行为人取得贷款后的行为来综合认定。② 若是无法还贷的原因发生在取得贷款之后,即使发生了到期不还贷款的事实,也不应仅因此就推定行为人具有非法占有贷款的目的。③ 行为人在取得贷款时的实际情形决定了行为人将无法偿还有关贷款,但是行为人对此并不了解。这种情形也不能充分说明行为人具有非法占有贷款的目的。④ 更大多数的情况是,行为人和金融机构都认为,行为人在取得贷款的过程中还是具备偿还贷款的可能性的。在这种情况下,无法简单地判断行为人是否具有非法占有贷款的目的,还需要结合行为人取得贷款后使用贷款的情形以及贷款到期后是否积极偿还贷款的事实来综合考虑。

2. 要看行为人获得贷款后,是否积极将贷款用于借贷合同所规定的用途。如果事实如此,即使行为人在到期后无法偿还贷款,也不能据此就认定行为人具有非法占有贷款的目的。如果相反,行为人取得贷款之后逃跑,肆意挥霍骗取资金,使用骗取的资金进行违法犯罪活动,则可以推定行为具有非法占有贷款的目的。

3. 要看行为人在贷款到期后是否积极偿还。行为人是否积极偿还贷款,不能仅以行为人口头的承诺为依据。口头表示要积极筹备还款,而不予实施的情形是比较多见的。这种情形既不能单独说明行为人具有非法占有贷款的目的,也不能单独证明行为人没有诈骗的故意。因为行为人不赖账,不一定就没有诈骗的故意。

本案中,在被告人贷款的取得阶段,被告人张福顺使用了虚假的产权证明作担保骗取了中国农业银行秦皇岛分行民族路办事处200万元人民币贷款。但是根据审判中认定的事实,被告人用于抵押的秦皇岛市港城信用社位于海港区东港路的五层综合楼价值360万元,即使将中国农业银行秦皇岛分行河北大街办事处贷款人民币150万元、中国农业银行秦皇岛分行民族路办事处所贷200万元合并计算也不足360万元(其中尚有一台"凌志LC400"轿车已折抵部分第一次的贷款),所以,尽管审理查明的事实证明被告人尚有其他贷款没有还清,但是据此认定被告人"贷款时已负债累累,履约能力严重不足的事实已经存在"的依据还是不足的。况且被告人在取得第二次的贷款后,还投入250万元购买东福工程塑料有限公司。还有案发时,东福工程塑料有限公司的土地使用权经评估为134万余元。综合以上的情况,被告人贷款时应该是具有还款能力的。

在取得贷款后使用贷款的阶段,被告人并未携款逃跑。有关的贷款分别用于购买东福公司和炒期货。后来的调查也显示,被告人在案发后有逃跑行为,但是案发后出于逃避刑事追究而逃跑的行为和"非法获取资金后逃跑"的行为是不同的。况且当时张福顺已向农行民族路办事处提出转贷之事,有明显的还款意向,因此也不能认定"张福顺逃避侦查,拒不偿还贷款"。从二审法院审明的事实来看,抗诉机关所提被告人将公司转让给杨黎鹰是一场骗局证据确实不足。而且杨黎鹰的证言也表明,对于公司的转让杨黎鹰并非受制于张福顺。所以,综合这个阶段的证据也不能证明被告人有抽逃、转移资金的行为。

贷款到期后,张福顺曾归还过一个季度7.3万元的贷款利息。在转让东福工程塑料有限公司时,张福顺也没有隐瞒在银行有贷款的事实,而是与购买人杨黎鹰和民族路办事处协商将东福工程塑料有限公司转让给购买人的同时,由购买人承担有关的贷款债务。三方还就此达成一致。所以,被告人也没有"非法占有资金、拒不返还的行为"。

综上,公诉机关据以推定被告人具有非法占有贷款的目的的推断相继被否定。因此,一、二审法院以张福顺不具有非法占有目的而宣告其无罪是正确的。

【结 论】

1. 已经办理抵押登记的产权,隐瞒其已经办理抵押登记的事实而重新办理产权文件,得以再行贷款的行为,也是使用虚假的产权证明作担保骗取银行贷款的行为。

2. 贷款时具有还款能力,也将有关贷款用于经营的,不能仅仅因为未能偿还有关贷款就认定行为人具有非法占有有关贷款的目的。

【相关链接】

相关的法律、法规

中华人民共和国刑法

第一百九十三条 有下列情形之一,以非法占有为目的,诈骗银行或者其他金融机构的贷款,数额较大的,处五年以下有期徒刑或者拘役,并处二万元以上二十万元以下罚金;数额巨大或者有其他严重情节的,处五年以上十年以下有期徒刑,并处五万元以上五十万元以下罚金;数额特别巨大或者有其他特别严重情节的,处十年以上有期徒刑或者无期徒刑,并处五万元以上五十万元以下罚金或者没收财产:

(一)编造引进资金、项目等虚假理由的;

(二)使用虚假的经济合同的;

(三)使用虚假的证明文件的;

(四)使用虚假的产权证明作担保或者超出抵押物价值重复担保的;

(五)以其他方法诈骗贷款的。

中华人民共和国商业银行法(2003年12月27日)

第三十五条 商业银行贷款,应当对借款人的借款用途、偿还能力、还款方式等情况进行严格审查。

第八十二条 借款人采取欺诈手段骗取贷款,构成犯罪的,依法追究刑事责任。

中国人民银行贷款通则(1996年6月28日中国人民银行令[1996]年第2号发布)

第六十九条 借款人采取欺诈手段骗取贷款,构成犯罪的,应当依照《中华人民共和国商业银行法》第八十条等法律规定处以罚款并追究刑事责任。

相关的司法解释与指导性意见

最高人民法院关于审理诈骗案件具体应用法律的若干问题的解释(1996年12月16日 法发[1996]32号)

四、根据《决定》第十条规定,以非法占有为目的,诈骗银行或者其他金融机构的贷款,数额较大的,构成贷款诈骗罪。

《决定》第十条规定的"其他严重情节"是指:

(1)为骗取贷款,向银行或者金融机构的工作人员行贿,数额较大的;

(2)挥霍贷款,或者用贷款进行违法活动,致使贷款到期无法偿还的;

(3)隐匿贷款去向,贷款期限届满后,拒不偿还的;

(4)提供虚假的担保申请贷款,贷款期限届满后,拒不偿还的;

(5) 假冒他人名义申请贷款,贷款期限届满后,拒不偿还的。
《决定》第十条规定的"其他特别严重情节"是指:
(1) 为骗取贷款,向银行或者金融机构的工作人员行贿,数额巨大的;
(2) 携带集资款逃跑的;
(3) 使用贷款进行犯罪活动的。

个人进行贷款诈骗数额在1万元以上的,属于"数额较大";个人进行贷款诈骗数额在5万元以上的,属于"数额巨大";个人进行贷款诈骗数额在20万元以上的,属于"数额特别巨大"。

九、对于多次进行诈骗,并以后次诈骗财物归还前次诈骗财物,在计算诈骗数额时,应当将案发前已经归还的数额扣除,按实际未归还的数额认定,量刑时可将多次行骗的数额作为从重情节予以考虑。

最高人民法院全国法院审理金融犯罪案件工作座谈会纪要(2001年1月21日法[2001]8号)

贷款诈骗犯罪是目前案发较多的金融诈骗犯罪之一。审理贷款诈骗犯罪案件,应当注意以下两个问题:

一是单位不能构成贷款诈骗罪。根据刑法第三十条和第一百九十三条的规定,单位不构成贷款诈骗罪。对于单位实施的贷款诈骗行为,不能以贷款诈骗罪定罪处罚,也不能以贷款诈骗罪追究直接负责的主管人员和其他直接责任人员的刑事责任。但是,在司法实践中,对于单位十分明显地以非法占有为目的,利用签订、履行借款合同诈骗银行或其他金融机构贷款,符合刑法第二百二十四条规定的合同诈骗罪构成要件的,应当以合同诈骗罪定罪处罚。

二是要严格区分贷款诈骗与贷款纠纷的界限。对于合法取得贷款后,没有按规定的用途使用贷款,到期没有归还贷款的,不能以贷款诈骗罪定罪处罚;对于确有证据证明行为人不具有非法占有的目的,因不具备贷款的条件而采取了欺骗手段获取贷款,案发时有能力履行还贷义务,或者案发时不能归还贷款是因为意志以外的原因,如因经营不善、被骗、市场风险等,不应以贷款诈骗罪定罪处罚。

关于金融诈骗罪中非法占有目的的认定(见本书第162页)

最高人民检察院、公安部关于经济犯罪案件追诉标准的规定(2001年4月18日)

四十二、贷款诈骗案(刑法第193条)

以非法占有为目的,诈骗银行或者其他金融机构的贷款,数额在一万元以上的,应予追诉。

相关的参考案例

朱成芳等金融凭证诈骗、贷款诈骗案
载最高人民法院刑事审判第一庭、第二庭编:《刑事审判参考》1999年第5辑,法律出版社1999年版,第1—8页。

郭建升被控贷款诈骗案

载最高人民法院刑事审判第一庭、第二庭编:《刑事审判参考》2001年第3辑,法律出版社2001年版,第1—9页。

陈玉泉、邹臻荣贷款诈骗案

载最高人民法院刑事审判第一庭、第二庭编:《刑事审判参考》2001年第5辑,法律出版社2001年版,第12—17页。

(周建军)

34. 使用虚假的产权证明作担保贷款的行为是贷款诈骗还是合同诈骗?
——陈玉泉、邹臻荣贷款诈骗案[①]

【案情介绍】

被告人陈玉泉(化名陈祥),男,1967年1月2日生,汉族,初中文化,农民。因涉嫌贷款诈骗罪于2000年4月7日被刑事拘留,同年5月12日因涉嫌伪造企业印章罪被逮捕。

被告人邹臻荣(曾用名邹文),男,1976年1月13日生,汉族,高中文化,农民。因涉嫌伪造企业印章罪于2000年4月8日被刑事拘留,同年5月12日被逮捕。

1994年下半年至1995年上半年的一天,被告人陈玉泉在被告人邹臻荣的哥哥邹臻林处,为贷款事宜与被告人邹臻荣商议伪造企业印章制作假担保证。被告人陈玉泉提供了"兴化市农乐配方肥料厂"和该厂法定代表人周立业"周立业印"印章的样本,被告人邹臻荣利用印刷制版技术伪造了上述两枚印章并交给了被告人陈玉泉。

1995年10月26日,被告人陈玉泉租赁承包经营的兴化市盛泰经济贸易公司(具有法人资格。以下称"盛泰公司")与陈玉泉个人经营的兴化市仁泉精品行(个体工商户,以下称"仁泉精品行")签订了一份标的为摩托车的工矿产品购销合同,向中国建设银行兴化市支行(以下简称兴化建行)申请办理承兑汇票,并用被告人邹臻荣伪造的上述假印章制作了假担保手续。1995年10月31日,兴化建行与盛泰公司签订了期限为6个月,金额为20万元的银行承兑协议。1995年11月1日,仁泉精品行持承兑汇票向中国农业银行兴化市支行(以下简称兴化农行)申请贴现,得款人民币18.2万元。1996年5月2日,兴化建行以特种账户方式贷给盛泰公司20万元,并将该款从盛泰公司的贷款账户转入盛泰公司在该行开设的存款账户,同日从盛泰公司存款账户扣划20万元偿还承兑汇票款20万元。

1996年11月27日,兴化市建行与盛泰公司又签订借款合同一份,并以伪造的印章办理了保证合同,盛泰公司用此次借款90万元偿还了陈所欠贷款,其中包括1996年5月2日的贷款20万元。

[①] (2000)兴刑初字第466号,案例选自觅法网,http://www.34law.com/lawal/case/131/case_16243八709.shtml.

兴化市人民检察院于2000年11月7日提起公诉,指控被告人陈玉泉、邹臻荣以非法占为有目的,采用订立假合同、伪造企业印章搞假担保等手段,虚构事实、隐瞒真相,骗取银行贷款计人民币20万元,数额巨大,其行为触犯《中华人民共和国刑法》第193条第2、3、5项的规定,均构成贷款诈骗罪,在共同犯罪中,陈玉泉系主犯,邹臻荣系从犯,对从犯应减轻处罚。被告人陈玉泉及其辩护人辩称:①伪造印章时没有非法占有的故意;②银行清楚其经营状况,没有贷款诈骗的故意;③所贷之款按购销合同实际用于经营摩托车;④检察院所指控的20万元,印象中已经偿还;⑤向银行申请承兑汇票是盛泰公司,而非陈玉泉个人,刑法没有规定单位可以构成贷款诈骗罪。兴化市人民法院认为,盛泰公司1995年至1996年上半年确曾从事摩托车经营业务。法院认为不能排除合同双方实际履行合同的存在事实。所涉银行在办理承兑汇票、贴现、银行承兑过程中亦应当知道合同存在的破绽,但不能据此否认该购销合同具有虚假内容。被告人陈玉泉经营的盛泰公司1995年10月31日申请办理的银行承兑汇票20万元,系企业行为,不符合贷款诈骗罪的主体资格,不应以贷款诈骗罪追究被告人陈玉泉的刑事责任。盛泰公司1995年10月31日申请办理的承兑汇票20万元,虽已两次转贷,从银行账面反映此笔款项业已偿还,但是1996年5月2日转贷系银行的单方行为,1996年11月27日转贷,使用伪造的印章办理保证合同,两次转贷均违背法律、法规及规章的有关规定,属无效民事行为,故应认定此笔款项尚未偿还。盛泰公司先以含有虚假内容的购销合同申请办理银行承兑汇票20万元,数额较大,后又隐匿、销毁账册,以企业亏损为由拒绝还款,应认定具有非法占有的故意,其行为已构成合同诈骗罪。鉴于该行为发生于现行刑法实施之前,根据从旧兼从轻的原则及最高人民法院法发[1996]32号《关于审理诈骗案件具体应用法律的若干问题的解释》的精神,只对单位直接负责的主管人员和其他直接责任人员,按照对单位犯罪处罚的有关规定追究刑事责任。被告人陈玉泉系盛泰公司的负责人(承包经营人),又系涉案款项的直接责任人,应当受到刑事惩处。案发后,被告人陈玉泉能够认罪悔过,可给予一定的考验期限。被告人邹臻荣伪造企业印章的事实存在,其行为亦为盛泰公司诈骗银行贷款提供了条件,已构成犯罪,但因其行为时间不能具体确定,鉴于追诉时效的规定,故可不追究其刑事责任。被告人邹臻荣除伪造印章外未实施借贷及使用、占有贷款的行为,不具有非法占有银行贷款的故意,认定其构成犯罪的事实依据不足。据此,判决如下:

1. 被告人陈玉泉犯合同诈骗罪,判处有期徒刑3年,缓刑3年,并处罚金人民币1000元;

2. 被告人邹臻荣无罪。

【法理分析】

处理本案涉及的主要问题主要在于:(1)以假印章制作假担保手续的行为或者使

用虚假的产权证明作担保的行为究竟是贷款诈骗行为还是合同诈骗行为？（2）被告人陈玉泉是否具有非法占有有关银行资金的目的？

一、贷款诈骗罪抑或合同诈骗罪

公诉机关认为，被告人陈玉泉、邹臻荣以非法占有为目的，采用订立假合同、伪造企业印章搞假担保等手段，虚构事实、隐瞒真相，骗取银行贷款计人民币20万元，数额巨大，其行为触犯《刑法》第193条第2、3、5项的规定，均构成贷款诈骗罪。对此，被告人陈玉泉的辩护人表示，向银行申请承兑汇票的是盛泰公司，而非陈玉泉个人，刑法没有规定单位可以构成贷款诈骗罪。

兴化市人民法院认为，被告人陈玉泉经营的盛泰公司1995年10月31日申请办理的银行承兑汇票20万元，系企业行为，不符合贷款诈骗罪的主体资格，不应以贷款诈骗罪追究被告人陈玉泉的刑事责任。在1996年11月27日的转贷中，盛泰公司使用伪造的印章办理保证合同。因此，盛泰公司先以含有虚假内容的购销合同申请办理银行承兑汇票20万元，数额较大，后又隐匿、销毁账册，以企业亏损为由拒绝还款，应认定具有非法占有的故意，其行为已构成合同诈骗罪。

笔者认为，关于被告人陈玉泉的有关行为构成贷款诈骗罪还是合同诈骗罪的问题需要从以下几个方面来进行分析。

1. 被告陈玉泉的有关行为构成单位犯罪。被告人陈玉泉涉嫌的诈骗行为是以单位（仁泉精品行或盛泰公司）的名义进行，有关的款项也用于上述单位的经营。根据最高人民法院2001年1月21日发布的《全国法院审理金融犯罪案件工作座谈会纪要》（本节以下称为《纪要》）等的规定，"以单位名义实施犯罪，违法所得归单位所有的，是单位犯罪。"所以，被告人陈玉泉的有关行为构成单位犯罪。

2. 由于"使用虚假的产权证明作担保"的行为，是贷款诈骗罪和合同诈骗罪相同的客观要件，贷款诈骗行为和合同诈骗行为之间存在着竞合关系。而被告人以假印章制作假担保手续的行为就是使用虚假的产权证明作担保的行为。所以，被告人陈玉泉的有关行为可能构成诈骗罪、合同诈骗罪或贷款诈骗罪。

3. 被告人陈玉泉涉嫌的骗贷行为发生于新刑法施行以前，而判决于新刑法施行以后，所以要比较新旧法律来选择适用法。无论全国人大常委会1995年6月30日发布的《关于惩治破坏金融秩序犯罪的决定》（本节以下称为《决定》）第10条，还是《刑法》第193条所规定的贷款诈骗罪，都不以单位为犯罪主体。

根据最高人民法院1996年12月24日发布的《关于审理诈骗案件具体应用法律的若干问题的解释》（本节以下称为《解释》）第1、2条，利用经济合同诈骗他人财物数额较大的，构成诈骗罪。单位直接负责的主管人员和其他直接责任人员以单位名义实施诈骗行为的，依照第151、152条追究刑事责任。为此，单位也可适用1979《刑法》的诈骗罪论处。

4. 比较1979《刑法》诈骗罪和《刑法》第224条合同诈骗罪的法定刑,考虑到被告人陈玉泉涉嫌诈骗20万元的情节:在1979年《刑法》,"数额在20万至30万元以上的",应该根据第152条,其法定刑为"十年以上有期徒刑或者无期徒刑,可以并处没收财产";在《刑法》第224条,单位直接负责的主管人员和其他直接责任人员以单位名义实施诈骗,诈骗所得归单位所有的,数额在20万元仅属数额较大,其法定刑为,"三年以下有期徒刑或者拘役,并处或者单处罚金"。很显然,合同诈骗罪的法定刑相对更轻。

据此,按照《刑法》第12条从旧兼从轻的原则,只要被告人陈玉泉非法占有有关资金的目的得到证明,其以假印章制作假担保手续贷款的行为应该构成合同诈骗罪。

二、被告人陈玉泉是否具有非法占有的目的

由于被告人陈玉泉及其辩护律师辩称:其伪造印章时没有非法占有的故意;银行清楚其经营状况,他也没有诈骗贷款的故意;他将所贷之款用于实际经营摩托车,而且检察院所指控的20万元,印象中已经偿还。所以,被告人陈玉泉不具有非法占有的目的。

兴化市人民法院审理后认为,盛泰公司1995年10月31日申请办理的承兑汇票20万元,虽已两次转贷,从银行账面反映此笔款项业已偿还,但是1996年5月2日转贷系银行的单方行为,1996年11月27日转贷,使用伪造的印章办理保证合同,两次转贷均违背法律、法规及规章的有关规定,属无效民事行为,故应认定此笔款项尚未偿还。盛泰公司先以含有虚假内容的购销合同申请办理银行承兑汇票20万元,数额较大,后又隐匿、销毁账册,以企业亏损为由拒绝还款,应认定具有非法占有的故意。

根据《解释》第2条的规定,行为人明知没有履行合同的能力或者有效的担保,采取下列欺骗手段之一与他人签订合同,骗取财物数额较大并造成较大损失的,认定其行为属于以非法占有为目的,利用经济合同进行诈骗:(1)虚构主体;(2)冒用他人名义;(3)使用伪造、变造或者无效的单据、介绍信、印章或者其他证明文件的;(4)隐瞒真相,使用明知不能兑现的票据或者其他结算凭证作为合同履行担保的;(5)隐瞒真相,使用明知不符合担保条件的抵押物、债权文书等作为合同履行担保的;(6)使用其他欺骗手段使对方交付款、物的。

笔者认为,以下几点对于分析被告人陈玉泉是否具有非法占有的目的将很重要。

1. 控诉机关认为盛泰公司和仁泉精品行之间的摩托车购销合同是假合同。笔者认为,若是该合同为虚假,对于说明被告人陈玉泉的欺诈故意将是很有说服力的。但是,法院查明盛泰公司1995年至1996年上半年确曾从事摩托车经营业务,而且山东省摩托车制造总厂销售公司也有证明证实盛泰公司在1995年底向其购买750摩托车18辆,该合同已实际履行。所以,法院认为,"不能排除合同双方实际履行合同的存在事实"。

笔者认为,法院认为不能排除有关盛泰公司和仁泉精品行之间的摩托车购销合同存在实际履行的可能性的意见是正确的。基于有关证明责任的分配原理,控诉机关不能充分证明有关合同的虚假性,法院对有关事实不予认可是正确的。

2. 盛泰公司所骗兴化建设银行的 20 万元贷款是否已经偿还,被告人陈玉泉及其辩护人与控诉机关之间的分歧很大。尽管银行账面反映此笔款项已经偿还,但是法院审明的事实表明,1996 年 5 月 2 日的转贷还款行为系银行的单方行为,1996 年 11 月 27 日的转贷,使用伪造的印章办理保证合同。法院认为,上述行为都违背了法律、法规及规章的有关规定,属无效民事行为。笔者认为,根据金融法的原理,银行行使抵消权以同一客户在一个账户有存款,而另一个账户则欠银行资金。① 兴化市建行上述的转贷还款的行为并不符合抵消行为的要求。所以,法院认定该转贷行为违背了法律、法规及规章的有关规定,尽管其原因并不在于有关行为的单方面性,而在于抵消权行使的不规范。因此,该转账行为属无效民事行为的结论是正确的,也应该认定该 20 万元的贷款尚未偿还。鉴于有关贷款未能偿还,被告人陈玉泉的骗贷行为造成了特别巨大的损失。

3. 1996 年 11 月 27 日,在兴化建行与盛泰公司签订借款合同中,被告人陈玉泉以伪造的农乐厂印章办理了保证合同。该使用伪造的印章办理保证合同的行为,属于使用伪造印章的行为。对于控方指控被告人陈玉泉在 1995 年 10 月 26 日以摩托车销售合同申请银行开出汇票的过程中,使用了以假印章制作的担保书的行为。法院认为,由于该担保书没有落款时间,缺少必要的内容,所以认定该担保书系本案所涉 20 万元承兑汇票的担保手续依据不足。笔者认为,若是该担保书不能被证明是汇票的担保手续,也就不能认为盛泰公司在申请开票的过程中使用了假印章制作的担保书。

4. 法院审明的事实表明,盛泰公司以含有虚假内容的购销合同申请办理银行承兑汇票 20 万元后,又隐匿、销毁账册,以企业亏损为由拒绝还款。这一点对于说明盛泰公司非法占有有关贷款的目的是很有力的。笔者认为:盛泰公司的骗贷行为造成了特别巨大的损失;在 1996 年 11 月 27 日以伪造的农乐厂印章办理了保证合同,也属于使用伪造印章的行为;先以含有虚假内容的购销合同申请办理银行承兑汇票 20 万元,后又隐匿、销毁账册,以企业亏损为由拒绝还款。因此,根据《解释》的规定,法院认定盛泰公司对于有关贷款具有非法占有的目的的推定是正确的。

综上,法院认为盛泰公司的骗贷行为已构成合同诈骗罪,并且根据《解释》第 1 条的规定,只对单位直接负责的主管人员和其他直接责任人员按照对单位犯罪处罚的有关规定追究刑事责任。笔者认为,贷款诈骗罪和合同诈骗罪所存在的交叉使得有关区分变得尤其困难,该案的审理和判决突破了上述的难点,认清了以贷款方式所实施的

---

① 参见强力:《金融法》,法律出版社 2004 年版,第 81 页。

诈骗行为成立合同诈骗罪的本质。

【结　论】

使用虚假的产权证明作担保贷款的行为可构成合同诈骗罪。

【相关链接】

相关的法律、法规

中华人民共和国刑法

第十二条　中华人民共和国成立以后本法施行以前的行为,如果当时的法律不认为是犯罪的,适用当时的法律;如果当时的法律认为是犯罪的,依照本法总则第四章第八节的规定应当追诉的,按照当时的法律追究刑事责任,但是如果本法不认为是犯罪或者处刑较轻的,适用本法。

本法施行以前,依照当时的法律已经作出的生效判决,继续有效。

第二百二十四条　有下列情形之一,以非法占有为目的,在签订、履行合同过程中,骗取对方当事人财物,数额较大的,处3年以下有期徒刑或者拘役,并处或者单处罚金;数额巨大或者有其他严重情节的,处3年以上10年以下有期徒刑,并处罚金;数额特别巨大或者有其他特别严重情节的,处10年以上有期徒刑或者无期徒刑,并处罚金或者没收财产:(一)以虚构的单位或者冒用他人名义签订合同的;(二)以伪造、变造、作废的票据或者其他虚假的产权证明作担保的;(三)没有实际履行能力,以先履行小额合同或者部分履行合同的方法,诱骗对方当事人继续签订和履行合同的;(四)收受对方当事人给付的货物、货款、预付款或者担保财产后逃匿的;(五)以其他方法骗取对方当事人财物的。

第二百三十一条　单位犯本节第二百二十一条至第二百三十条规定之罪的,对单位判处罚金,并对其直接负责的主管人员和其他直接责任人员,依照本节各该条的规定处罚。

全国人大常委会关于惩治破坏金融秩序犯罪的决定(1995年6月30日)

十、有下列情形之一,以非法占有为目的,诈骗银行或者其他金融机构的贷款,数额较大的,处五年以下有期徒刑或者拘役,并处二万元以上二十万元以下罚金;数额巨大或者有其他严重情节的,处五年以上十年以下有期徒刑,并处五万元以上五十万元以下罚金;数额特别巨大或者有其他特别严重情节的,处十年以上有期徒刑或者无期徒刑,并处没收财产:

(一)编造引进资金、项目等虚假理由的;

(二)使用虚假的经济合同的;

(三)使用虚假的证明文件的;

（四）使用虚假的产权证明作担保的；

（五）以其他方法诈骗贷款的。

相关的司法解释与指导性意见

最高人民法院关于审理诈骗案件具体应用法律的若干问题的解释（1996年12月24日法发[1996]32号）

二、根据《刑法》第一百五十一条和第一百五十二条的规定，利用经济合同诈骗他人财物数额较大的，构成诈骗罪。

利用经济合同进行诈骗的，诈骗数额应当以行为人实际骗取的数额认定，合同标的数额可以作为量刑情节予以考虑。

行为人具有下列情形之一的，应认定其行为属于以非法占有为目的，利用经济合同进行诈骗：

（一）明知没有履行合同的能力或者有效的担保，采取下列欺骗手段与他人签订合同，骗取财物数额较大并造成较大损失的：

1. 虚构主体；
2. 冒用他人名义；
3. 使用伪造、变造或者无效的单据、介绍信、印章或者其他证明文件的；
4. 隐瞒真相，使用明知不能兑现的票据或者其他结算凭证作为合同履行担保的；
5. 隐瞒真相，使用明知不符合担保条件的抵押物、债权文书等作为合同履行担保的；
6. 使用其他欺骗手段使对方交付款、物的。

（二）合同签订后携带对方当事人交付的货物、货款、预付款或者定金、保证金等担保合同履行的财产逃跑的；

（三）挥霍对方当事人交付的货物、货款、预付款或者定金、保证金等担保合同履行的财产，致使上述款物无法返还的；

（四）使用对方当事人交付的货物、货款、预付款或者定金、保证金等担保合同履行的财产进行违法犯罪活动，致使上述款物无法返还的；

（五）隐匿合同货物、货款、预付款或者定金、保证金等担保合同履行的财产，拒不返还的；

（六）合同签订后，以支付部分货款，开始履行合同为诱饵，骗取全部货物后，在合同规定的期限内或者双方另行约定的付款期限内，无正当理由拒不支付其余货款的。

四、根据《决定》第十条规定，以非法占有为目的，诈骗银行或者其他金融机构的贷款，数额较大的，构成贷款诈骗罪。

《决定》第十条规定的"其他严重情节"是指：

（1）为骗取贷款，向银行或者金融机构的工作人员行贿，数额较大的；

(2) 挥霍贷款，或者用贷款进行违法活动，致使贷款到期无法偿还的；
(3) 隐匿贷款去向，贷款期限届满后，拒不偿还的；
(4) 提供虚假的担保申请贷款，贷款期限届满后，拒不偿还的；
(5) 假冒他人名义申请贷款，贷款期限届满后，拒不偿还的。
《决定》第十条规定的"其他特别严重情节"是指：
(1) 为骗取贷款，向银行或者金融机构的工作人员行贿，数额巨大的；
(2) 携带集资款逃跑的；
(3) 使用贷款进行犯罪活动的。

个人进行贷款诈骗数额在1万元以上的，属于"数额较大"；个人进行贷款诈骗数额在5万元以上的，属于"数额巨大"；个人进行贷款诈骗数额在20万元以上的，属于"数额特别巨大"。

九、对于多次进行诈骗，并以后次诈骗财物归还前次诈骗财物，在计算诈骗数额时，应当将案发前已经归还的数额扣除，按实际未归还的数额认定，量刑时可将多次行骗的数额作为从重情节予以考虑。

全国法院审理金融犯罪案件工作座谈会纪要（2001年1月21日法[2001]8号）关于

金融诈骗罪中非法占有目的的认定、贷款诈骗罪的认定和处理（见本书第162页）

最高人民检察院、公安部关于经济犯罪案件追诉标准的规定（2001年4月18日）第四十二条（见本书第195页）

相关的参考案例

朱成芳等金融凭证诈骗、贷款诈骗案

载最高人民法院刑事审判第一庭、第二庭编：《刑事审判参考》1999年第5辑，法律出版社1999年版，第1—8页。

郭建升被控贷款诈骗案

载最高人民法院刑事审判第一庭、第二庭编：《刑事审判参考》2001年第3辑，法律出版社2001年版，第1—9页。

陈玉泉、邹臻荣贷款诈骗案

载最高人民法院刑事审判第一庭、第二庭编：《刑事审判参考》2001年第5辑，法律出版社2001年版，第12—17页。

（周建军）

35. 如何认定单位名义下的信用卡恶意透支诈骗？
——羊蕊信用卡诈骗案①

【案情介绍】

被告人(上诉人)：羊蕊，又名羊秀坤，女，1962年6月24日出生，汉族，高中文化，四川省三台县人，住三台县潼川镇解放下街47号。

四川省亚鑫实业总公司是1993年9月28日登记成立的集体所有制性质的企业。同年10月6日，该公司决定下设华鑫分公司，并把三台县审计事务所原来给该总公司出具的50万元的验资报告和注册资金证明，采取在"总公司"后面添上"华鑫分公司"字样的办法，变造成华鑫分公司的验资报告和注册资金证明，并凭此及其他附件向三台县工商行政管理局申请企业法人开业登记。同年10月12日，三台县工商局核准该登记，并为华鑫分公司核发了企业法人营业执照，羊秀坤为该分公司法定代表人，经济性质为集体所有制。但实际上，华鑫分公司成立之时，仅有由总公司投入的现金及实物共计3万余元，调入的职工3名，也没有集资入股，公司运作完全靠拆借资金，根本没有所谓的50万元注册资金。1995年6月至1996年3月期间，羊蕊采用以透支款还透支款的方法，数次用自己及其夫杨德生的个人卡和以华鑫分公司名义办理的单位卡，在中国农业银行三台县支行金穗信用卡部透支，共透支15万元，用于归还华鑫分公司成立后，为购买设备、兴建厂房以及在生产经营活动中所欠下的债务。

1996年3月14日下午，羊蕊持已填写申请透支金额(大写)"贰拾万元整"的农行三台县支行 金穗信用卡透支申请书，要求三台县银建实业公司经理刘华为其透支20万元作担保。刘华对其讲明只能担保5 000元，然后在透支申请书"透支经济担保人(单位)意见"栏内签上"同意担保5 000.00元"并加盖了银建公司印章。刘华走后，羊蕊即将刘华所填写的担保金额"5 000.00元"涂改为"200 000.00元"，随即用持卡人为王萍的一张单位卡附卡，去农行三台县支行信用卡部申请透支20万元。经审查，信用卡部同意透支20万元并为其办理了有关手续。其中15万元分别转入羊蕊的个人卡和杨德生的个人卡，归还了羊蕊先前用该两卡透支的15万元(利息已支付)，余款5万元被羊蕊以现金方式取走。透支期满，羊蕊未归还透支款，案发前经银行多次催收，仅归还13 700元。

---

① (1998)绵刑二终字第29号。案例选自觅法网，http://www.34law.com/lawal/case/131/case_2443438943.shtml。

四川省三台县人民检察院指控称被告人羊蕊以非法占有为目的,诈骗银行贷款,数额巨大,其行为构成诈骗贷款罪,诉请依法判处。被告人及其辩护人认为,被告人是华鑫分公司的法定代表人,被告人用华鑫分公司的信用卡,以分公司的名义申请透支,其行为是法人的行为,不是被告人的个人行为;其主观上没有非法占有的故意,客观上没有虚构事实、隐瞒真相、诈骗贷款的行为;单位不是《刑法》第193条规定的犯罪主体;即使华鑫分公司的法人资格有问题,也无证据充分证实华鑫分公司是被告人所有的私营企业,故被告人的行为不构成贷款诈骗罪。1998年3月,一审四川省三台县人民法院审结此案,并认为:被告人羊蕊以非法占有为目的,利用信用卡可以透支的特点,采用虚构事实、隐瞒真相的方法,恶意透支后拒不偿还,侵犯公共财产数额巨大,其行为已构成信用卡诈骗罪。公诉机关指控被告人羊蕊的犯罪事实成立,本院予以支持,但指控被告人羊蕊犯贷款诈骗罪定性不准。被告人及其辩护人的辩解、辩护理由不能成立,本院不予采纳。依照《中华人民共和国刑法》第12条第1款和全国人大常委会《关于惩治破坏金融秩序犯罪的决定》(本节以下称《决定》)第14条第1款、第22条第1款的规定,作出如下判决:

1. 羊蕊犯信用卡诈骗罪,判处有期徒刑8年,并处罚金8万元。
2. 追缴羊蕊违法所得181 300元。

一审判决后,原审被告人羊蕊不服,以"原判认定事实错误、适用法律不当、自己的行为属法人行为,不构成信用卡诈骗罪"等为由,向四川省绵阳市中级人民法院提出上诉。四川省绵阳市中级人民法院认为,上诉人羊蕊的行为构成信用卡诈骗罪。华鑫分公司成立之初,不论是从注册资金,还是从经营设施、从业人数等方面来说,都是不符合企业法人登记条件的,其企业法人营业执照的取得,是亚鑫实业总公司向登记主管部门隐瞒真实情况、弄虚作假的结果。依照1994年最高人民法院《关于企业开办的企业被撤销或者歇业后民事责任承担问题的批复》(本节以下称《批复》)第2条的规定,对虽领取企业法人营业执照,但实际上并不具备企业法人资格的华鑫分公司,应当根据已查明的事实,不予认定其企业法人的资格。上诉人羊蕊的恶意透支行为不属法人行为,其上诉理由不予采纳。原判定罪准确,量刑适当,审判程序合法,裁定驳回上诉,维持原判。

【法理分析】

处理本案涉及的主要问题在于:单位犯罪人格的否认、恶意透支类型的信用卡诈骗犯罪的认定以及适用法的选择。

一、恶意透支信用卡诈骗犯罪案件的定性和新旧法的选择

1. 恶意透支信用卡诈骗犯罪案件的定性。贷款诈骗罪必须发生在贷款事项之中,透支款在本质上有别于贷款。尽管被告人存在虚构事实、隐瞒真相的行为,也骗得了

银行数额巨大的款项,但是只能构成信用卡诈骗罪和诈骗罪的想象竞合,而信用卡诈骗罪属于特别法,自然适用信用卡诈骗罪。

所以,被告人羊蕊的行为只能定性为信用卡诈骗罪,四川省三台县人民法院四川省绵阳市中级人民法院认为公诉机关对案件的定性不准,并将被告人的行为认定为信用卡诈骗罪是正确的。

2. 新旧法的适用。尽管本案发生在新刑法施行之前,但是审结于新刑法施行之后。被告人的行为在被认定为信用卡诈骗之后,究竟是适用《决定》第14条还是《刑法》第196条?按照《刑法》第12条从旧兼从轻原则的溯及力原则,需要先比较两部法律的处刑轻重。

第196条对《决定》第14条的规定未作实质修改,在刑罚主刑的规定上二者完全一致。但是《刑法》第196条对"数额特别巨大或者有其他特别严重情节"的附加刑由《决定》的"并处没收财产"修改为"并处五万元以上五十万元以下罚金或者没收财产"。因为《刑法》第196条增加的罚金刑规定在没收财产之前,属于选处罚金,而且罚金与没收财产相比较,后者为重,所以,貌似新刑法在该档情节之下增加了关于罚金规定,而实际上就该档情节的法定刑而言,在数额特别巨大这一量刑档次,新刑法较《决定》更轻。

《决定》第14条和《刑法》第196条对信用卡诈骗罪都规定了三个量刑档次,即"数额较大的"、"数额巨大或者有其他严重情节的"和"数额特别巨大或者有其他特别严重情节的"。根据1996年12月最高人民法院《关于审理诈骗案件具体应用法律的若干问题的解释》(本节以下称《解释》)的规定,恶意透支5万元以上的,属于"数额巨大";恶意透支20万元以上的,属于"数额特别巨大";持卡人在银行交纳保证金的,其恶意透支数额以超出保证金的数额计算。尽管被告人羊蕊在农行三台县支行信用卡部恶意透支20万元,但是应该扣除银建公司刘华为其担保的5 000。最后应该认定被告人羊蕊恶意透支19.5万元,属于数额巨大。在"数额巨大"这一量刑档次,《刑法》196条和《决定》第14条完全一样。所以根据《刑法》第12条的规定应该适用《决定》第14条。

二、恶意透支的推定

根据《刑法》196条第2款的规定,恶意透支是指持卡人以非法占有为目的,超过规定限额或者规定期限透支,并且经发卡银行催收后仍不归还的行为。1995年6月30日,全国人民代表大会常务委员会《关于惩治破坏金融秩序犯罪的决定》将恶意透支规定为信用卡诈骗的一种行为方式,在此之前,我国司法实践是将其作为诈骗罪论处的。《解释》规定,"恶意透支"是指持卡人以非法占有为目的,或者明知无力偿还,透支数额超过信用卡准许透支的数额较大,逃避追查,或者自收到发卡银行催收通知之日起3个月内仍不归还的行为。恶意透支5千元以上的,属于"数额较大";恶意透支5万元以上的,属于"数额巨大";恶意透支20万元以上的,属于"数额特别巨大"。

1997年《刑法》基本上援用了上述关于信用卡诈骗的规定,所以在认定恶意透支时,上述的规定仍然有效。认定恶意透支,我国刑法理论界一说认为构成恶意透支行为有以下几个要件:① 行为人为合法持卡人;② 行为人在主观方面有恶意;③ 行为人有超限情况;④ 经发卡银行催收后仍不归还。

也有学者认为,符合以下三个基本条件的信用卡透支行为当以信用卡诈骗罪论处:① 主观上行为人以非法占有为目的;② 客观上有恶意透支的行为;③ 自收到发卡银行催收通知之日起3个月信用卡持卡人仍不归还其恶意透支的数额较大的款项。但是上述"第三个条件应当理解为行为人以非法占有为目的的可靠的、确定无疑的客观事实,而不是恶意透支成立的必要条件,更不是所有恶意透支行为构成信用卡诈骗罪的必要要件。"①

上述两种学说的区别在于银行的催收是否为恶意透支成立的要件。

笔者以为恶意透支的认定还得从持卡人与发卡行的法律关系开始分析。概括地说,此二者的基础法律关系乃资金契约关系:即存款、信贷、结算和付款代理关系。二者间所发生的持卡人不按照协议规定偿还透支款本息的纠纷在本质上是一种违约责任。

从信用卡的功能来看,一般把信用卡的透支分为善意透支和恶意透支两种。信用卡善意透支,根据银行的《信用卡章程》和中国人民银行的《结算办法》一般认为有两个条件:① 在授权额度内透支;② 按规定偿还本息。信用卡的恶意透支行为则违背了上述两个原则即"超过规定期限"、"超过规定限额"(下称"两超")进行的透支行为。但是有关的刑事法律都规定恶意透支,都需经银行催收后仍不归还。那么银行的催收对于恶意透支究竟是一种成立要件还是行为人具有非法占有目的的推定抑或其他?

据了解,银行对信用卡透支款项的催收不是很积极的,最主要的原因无非是透支款所附加的高额的利息。根据经济学量本利分析方法,信用卡的发行必需达到一定的数量才能实现成本与收益的平衡,如果去除透支款的因素,往往为一个月的免息透支期限对于银行是负利经营,因为2%左右的手续费,要在银联、发卡行和商家行之间分配,其赢利能力有限,相当的透支款项的存在是银行赢利的保障。在2005年福州黄某骗领信用卡的案件中,犯罪嫌疑人到案后,询问银行方面(共涉及6家银行),没有一家银行的催收通知发出满3个月。所以银行催收与恶意透支的关系确实比较复杂,不可一概而论。

综合上述信用卡透支的本质和功能,尽管《刑法》第196条和《修正案(五)》第2条都将"并经发卡银行催收后仍不归还"规定为恶意透支的内容,但是对于上述内容的理

---

① 曲新久:《金融与金融犯罪》,中信出版社2003年版,第359—363页。

解仍然存在较大的分歧。笔者认为,① 恶意透支的行为本身是不需要银行催收就可以存在的,但是行为人透支的恶意是需要证明的。② 考虑到《刑法》第196条第2款的规定,既然刑法将银行的催收作为认定恶意透支的内容,按照罪刑法定的要求,上述立法的精神还是需要考虑的。笔者认为,可以把有关银行催收的条件看作是客观的条件。很显然,没有银行的催收,恶意透支的行为照样存在,但是不满足本罪的恶意透支的条件,至于这个条件是恶意透支的客观处罚条件还是客观要件,在启动刑罚资源的结果上是一样的,都不构成信用卡诈骗罪。③ 至于有学者认为,由于没有银行催收,恶意透支也会存在,所以将银行催收理解成推定行为人具有恶意透支的条件。若是将银行的催收作为行为人具有透支恶意的推定,就会带来没有银行催收也可以将具有非法占有目的的信用卡透支行为认定为恶意透支类型的信用卡诈骗罪。笔者认为,这样既不符合立法的本意,也不利于银行履行催收程序。在前文中,仔细分析过信用卡的透支机制,有关银行的及时催收,一方面,有利于减轻持卡人的透支风险,及时履行还款义务,从而减小打击面,缩小犯罪圈;另一方面,刑法对契约责任的违反的介入需要极其谨慎,需要考虑到契约双方地位的平等和干涉的必要性,以有利于有关受损的民事关系的回复为原则。所以,银行催收不是对行为人透支恶意的推定,而是本罪所要求的恶意透支行为的成立条件。

  对于金融诈骗罪的非法占有目的的推定,最高人民法院关于《全国法院审理金融犯罪案件工作座谈会纪要》(本节以下称《纪要》)认为:金融诈骗犯罪都是以非法占有为目的的犯罪。在司法实践中,认定是否具有非法占有目的,应当坚持主客观相一致的原则,既要避免单纯根据损失结果客观归罪,也不能仅凭被告人自己的供述,而应当根据案件具体情况具体分析。根据司法实践,行为人明知没有归还能力而通过诈骗的方法非法获取资金,造成较大数额资金不能归还,可以认定为具有非法占有的目的。在处理具体案件的时候,对于有证据证明行为人不具有非法占有目的的,不能单纯以财产不能归还就按金融诈骗罪处罚。

  从本案事实来看,被告人羊蕊尽管在申请信用卡的过程中就存在涂改担保数额的欺诈行为,但是属于合法的持卡人。但是被告人对欺骗登记管理机关所成立的分公司对于透支20万元透支款而言几乎没有资信的情况是了解的,而采取涂改担保数额的方法从农行三台县支行信用卡部透支20万元。事后,被告人也不能提供证据证明以下情况:她本该有能力偿还上述透支款项,不具有非法占有目的。所以,根据最高人民法院《关于审理诈骗案件具体应用法律的若干问题的解释》、《纪要》和《刑法》第196条的有关规定,被告人羊蕊在明知自己无偿还能力的情况下,仍采取涂改担保数额的方法,在农行三台县支行信用卡部恶意透支20万元,期满经发卡银行多次催收无力归还的事实可以认定。据此可以推定行为人羊蕊主观上具有非法占有的故意,而且满足了《刑法》第196条第2款关于恶意透支的规定,被告人羊蕊的行为属于恶意透支的行为。

三、单位犯罪人格的否认

单位主体的入罪也是 20 世纪 80 年代以后的事情,至今仍然存在否定单位犯罪人格的意见。立法中对于单位的犯罪人格和用刑尺度也存在较多的争议。可能是考虑到处罚单位犯罪的一些负面影响,刑法对单位犯罪与自然人犯罪的刑事责任的规定存在着突出的失衡现象。一般说来,单位构成犯罪的罪名中,比较二者的刑事责任,即使是同一罪名:① 单位构成犯罪的数额起点高,多为自然人犯罪数额的 2、3、5 倍,有些甚至达到 10 倍,单位更难构成犯罪;② 即使单位构成犯罪,应该承担刑事责任的单位责任人员的法定刑通常轻于自然人犯罪的法定刑;③ 单位犯罪以"法律规定为单位犯罪"为前提。

为此,需要着力区分单位犯罪与自然人犯罪,某些情形下否定单位犯罪的主体资格,以自然人追究刑事责任也是必要的。最高人民法院《关于审理单位犯罪案件具体应用法律有关问题的解释》(本节以下称《解释》)规定三种情况下可以否定单位犯罪的主体资格:① 个人为进行违法犯罪活动而设立的公司、企业、事业单位实施犯罪的;② 公司、企业、事业单位设立后,以实施犯罪为主要活动的;③ 盗用单位名义实施犯罪,违法所得由实施犯罪的个人私分的。只要具备上述三种情况之一,就否定单位的犯罪人格,以自然人犯罪论处。

在《解释》以外,还有 1994 年 3 月 30 日最高人民法院发布的《关于企业开办的其他企业被撤销或者歇业后民事责任承担问题的批复》(本节以下称《批复》)、《纪要》对单位人格的否认有所规定。根据上述的规定,还派生出下面一些否定单位犯罪人格的情形:① 对于虽经工商行政管理部门审批登记注册的公司,如果确有证据证明实际为一人出资、一人从事经营管理活动,主要利益归属该特定个人的,以刑法上的个人论。② "名为集体、实为个人"的单位,应认定为个人犯罪。"名为集体、实为个人"的单位一般包括两种情形:一种是本应注册登记为个人独资企业或者个体工商户,却挂靠国有、集体企业或其他单位从事生产、经营活动的单位;另一种是原为国家或集体所有的企业或其他单位,经改制后,已为个人实际买断经营,但仍然沿用原国有、集体单位的名称,并向其上级主管单位缴纳固定的管理费用的单位。由于以上两种单位实际上都是个人投资、主要收益也归属于个人,所以对其实施的犯罪行为,应以个人犯罪论处。①当然类似的情况,也存在于个人承包企业经营之中。例如实践中存在的发包单位没有资产投入,仅仅提供营业执照或者说某些资格而收取一定的承包费的情形,因被承包企业的经营资本实际由承包者个人投入,且独立自主经营,主要收益也属于承包者个人,所以对于该种个人承包企业所实施的犯罪也应该以个人犯罪论处。

---

① 顾肖荣:《新〈公司法〉的人格否认制度与单位犯犯罪》,载《法学》2006 年第 10 期。

当然,在新《公司法》出台以后,由于一人公司的设立,所谓一人公司的犯罪主体问题立即凸显出来,刑法关于单位犯罪人格的规定和观念亟须调整。但是,在刑法对此作出调整之前上述否定单位犯罪主体的规定和精神仍然适用。

从本案的情况来看,华鑫分公司成立之初,不论是从注册资金,还是从经营设施、从业人数等方面来说,都不符合企业法人登记条件的。其企业法人营业执照的取得,是亚鑫实业总公司向登记主管部门隐瞒真实情况、弄虚作假的结果。华鑫分公司成立之后,实际并未投入自有资金,仅有3名职工,也未集资入股,公司运转资金完全靠四处拆借,财务制度不健全,内部管理混乱,虽名为集体所有制企业,但根本不具备企业法人的条件。根据《批复》第2条的规定,对虽领取企业法人营业执照,但实际上并不具备企业法人资格的华鑫分公司,应当根据已查明的事实,不予认定其企业法人的资格。据此,被告人羊蕊恶意透支的行为也不属于法人行为。

当然,现有关于单位犯罪人格否认的制度含糊之处颇多,有关的程序也不明确。《批复》明显是着眼于"企业开办的其他企业被撤销或者歇业后民事责任承担问题"作出的;《批复》、《纪要》和《解释》之所以否定达不到出资要求、个人受益为主的分支机构的单位主体资格,还在于公司设立中一人公司设立禁止的原则。如今,一人公司设立得到允许,那么有关解释的精神也必须作出调整。

【结　　论】

明知自己无偿还能力,仍采取涂改担保数额的方法透支,期满经发卡银行多次催收仍无力归还的事实可以推定行为人具有非法占有的目的,其行为属于恶意透支的行为。

【相关链接】

相关的法律、法规

中华人民共和国刑法

第十二条　中华人民共和国成立以后本法施行以前的行为,如果当时的法律不认为是犯罪的,适用当时的法律;如果当时的法律认为是犯罪的,依照本法总则第四章第八节的规定应当追诉的,按照当时的法律追究刑事责任,但是如果本法不认为是犯罪或者处刑较轻的,适用本法。

本法施行以前,依照当时的法律已经作出的生效判决,继续有效。

第一百九十六条　有下列情形之一,进行信用卡诈骗活动,数额较大的,处五年以下有期徒刑或者拘役,并处二万元以上二十万元以下罚金;数额巨大或者有其他严重情节的,处五年以上十年以下有期徒刑,并处五万元以上五十万元以下罚金;数额特别巨大或者有其他特别严重情节的,处十年以上有期徒刑或者无期徒刑,并处五万元以上五十万元以下罚金或者没收财产：

（一）使用伪造的信用卡的；

（二）使用作废的信用卡的；

（三）冒用他人信用卡的；

（四）恶意透支的。

前款所称恶意透支，是指持卡人以非法占有为目的，超过规定限额或者规定期限透支，并且经发卡银行催收后仍不归还的行为。

盗窃信用卡并使用的，依照本法第二百六十四条的规定定罪处罚。

全国人大常委会关于惩治破坏金融秩序犯罪的决定（1995年6月30日）

十四、有下列情形之一，进行信用卡诈骗活动，数额较大的，处五年以下有期徒刑或者拘役，并处二万元以上二十万元以下罚金；数额巨大或者有其他严重情节的，处五年以上十年以下有期徒刑，并处五万元以上五十万元以下罚金；数额特别巨大或者有其他特别严重情节的，处十年以上有期徒刑或者无期徒刑，并处没收财产：

（一）使用伪造的信用卡的；

（二）使用作废的信用卡的；

（三）冒用他人信用卡的；

（四）恶意透支的。

盗窃信用卡并使用的，依照刑法关于盗窃罪的规定处罚。

中国人民银行银行卡业务管理办法（1999年1月5日银发[1999]17号）

第六十一条 任何单位和个人有下列情形之一的，根据《中华人民共和国刑法》及相关法规进行处理：

（一）骗领、冒用信用卡的；

（二）伪造、变造银行卡的；

（三）恶意透支的；

（四）利用银行卡及其机具欺诈银行资金的。

相关的司法解释与指导性意见

最高人民法院关于审理诈骗案件具体应用法律的若干问题的解释（1996年12月16日 法发[1996]32号）

七、根据《决定》第十四条规定，利用信用卡进行诈骗活动，数额较大的，构成信用卡诈骗罪。

行为人实施《决定》第十四条第一款（一）、（二）、（三）项规定的行为，诈骗数额在5千元以上的，属于"数额较大"；诈骗数额在5万元以上的，属于"数额巨大"；诈骗数额在20万元以上的，属于"数额特别巨大"。

"恶意透支"是指持卡人以非法占有为目的，或者明知无力偿还，透支数额超过信用卡准许透支的数额较大,逃避追查,或者自收到发卡银行催收通知之日起 3 个月内仍不归还的行为。恶意透支 5 千元以上的,属于"数额较大";恶意透支 5 万元以上的,属于"数额巨大";恶意透支 20 万元以上的,属于"数额特别巨大"。

持卡人在银行交纳保证金的,其恶意透支数额以超出保证金的数额计算。

最高人民法院全国法院审理金融犯罪案件工作座谈会纪要(2001 年 1 月 21 日法[2001]8 号)关于单位犯罪问题(见本书第 177 页)

最高人民法院关于审理单位犯罪案件具体应用法律有关问题的解释(1999 年 6 月 18 日法释[1999]14 号)

为依法惩治单位犯罪活动,根据刑法的有关规定,现对审理单位犯罪案件具体应用法律的有关问题解释如下:

第一条 刑法第三十条规定的"公司、企业、事业单位",既包括国有、集体所有的公司、企业、事业单位,也包括依法设立的合资经营、合作经营企业和具有法人资格的独资、私营等公司、企业、事业单位。

第二条 个人为进行违法犯罪活动而设立的公司、企业、事业单位实施犯罪的,或者公司、企业、事业单位设立后,以实施犯罪为主要活动的,不以单位犯罪论处。

第三条 盗用单位名义实施犯罪,违法所得由实施犯罪的个人私分的,依照刑法有关自然人犯罪的规定定罪处罚。

最高人民检察院、公安部关于经济犯罪案件追诉标准的规定(2001 年 4 月 18 日)

四十六、信用卡诈骗案(刑法第 196 条)

进行信用卡诈骗活动,涉嫌下列情形之一的,应予追诉:

1. 使用伪造的信用卡,或者使用作废的信用卡,或者冒用他人信用卡,进行诈骗活动,数额在五千元以上的;

2. 恶意透支,数额在五千元以上的。

相关的参考案例

李卫业等人利用信用卡进行诈骗案

载最高人民法院中国应用法学研究所编:《人民法院案例选》,中国法制出版社 2002 年版,第 248—250 页。

苏成德冒用他人信用卡诈骗案

载最高人民法院中国应用法学研究所编:《人民法院案例选》,中国法制出版社 2002 年版,第 251—256 页。

(周建军)

36. 伪造银行债券骗取银行资金是否构成有价证券诈骗罪?
——涂序接、李贵仔有价证券诈骗案[①]

【案情介绍】

被告人涂序接,男,1957年10月17日出生,汉族,高中文化,原系中国农业银行鹰潭市分行职工。因本案于2004年5月19日被鹰潭市公安局刑事拘留,同年6月23日被逮捕。

被告人李贵仔,男,1945年4月6日出生,汉族,小学文化,无业。因本案于2004年5月19日被鹰潭市公安局刑事拘留,同年6月23日被逮捕。

2003年6月的一天,上诉人李贵仔从金溪县农业银行职工饶重人(另案处理)手上收购了一张1991年中国农业银行第6期面值1000元的没有盖章的金融债券,并向涂序接询问该券的真假。此后,一直到2004年5月,上诉人李贵仔又多次从饶重人手上购得未盖章的中国农业银行金融债券共计242张,其中1991年面值1000元的金融债券218张、1987年面值50元的金融债券24张。随后,上诉人李贵仔按原收购的盖有印章的面值50元金融债券上的印章,找人按规格刻好组成"中国农业银行鹰潭市支行月湖办事处城镇储蓄所"公章所需要的所有单个字及"魏上林"三个字的私章一枚。李贵仔用上述的单字组成公章的圆形盖在收购来的空白金融债券上,同时盖上伪造的"魏上林"私章,然后把这些盖好假章的金融债券拿给涂序接到银行兑换。双方约定,所兑得的现金扣除本钱后二人平分。涂序接收到上述盖有假公章和假私章的金融债券后分别在农行正大分理处兑换了六次,共兑换到本息284 708元,均由涂序接进行支配和分赃。案发后,公安机关从涂序接处追缴赃款122 877.98元,从齐金玲处追缴赃款11 300元,均退还鹰潭市农业银行。另查明:李贵仔、涂序接在用假的金融债券去市农行正大分理处兑换之前,涂序接用李贵仔从拾荒者手上收购来的真的金融债券去鹰潭市农行进行过咨询,并得知该金融债券可在中国农业银行鹰潭市支行的正大分理处兑换,但没有利息。此后涂序接用李贵仔收购来的真的金融债券去鹰潭市农行正大分理处作了两次兑换。这两次均是由涂序接去兑换的,涂序接在兑换得钱后,在农行的记

[①] (2005)赣刑二终字第15号。案例选自北大法律信息网,http://vip.chinalawinfo.com/Case/Display.asp?Gid=117487658&KeyWord=涂序接、李贵仔有价证券诈骗案。

账凭证背面都签了自己的真实姓名。

鹰潭市中级人民法院于2004年12月30日判决被告人涂序接、李贵仔利用伪造的中国农业银行金融债券骗取银行资金,金额达284 708元,数额特别巨大,其行为构成有价证券诈骗罪。依据《中华人民共和国刑法》第197条、第25条、第52条、第53条、第64条的规定,作出如下判决:

1. 被告人涂序接犯有价证券诈骗罪,判处有期徒刑13年,并处罚金5万元。
2. 被告人李贵仔犯有价证券诈骗罪,判处有期徒刑13年,并处罚金5万元。
3. 追缴被告人李贵仔、涂序接所得赃款,发还给被害人。

被告人涂序接上诉提出,原判认定事实不清,证据不足,不能成立。被告人李贵仔上诉提出,其不是累犯、惯犯,且从未到银行兑换过债券,属本案的从犯,原判量刑过重,其年老体弱,望二审法院从轻改判。

江西省高级人民法院经过阅卷,讯问被告人涂序接、李贵仔,确认了上述事实,但是又补充了部分事实。① 涂序接归案后,供述债券系同案犯李贵仔提供,并带领侦查人员将李贵仔抓获归案,可以认定为立功。② 涂序接1984年1月进市农行至今,担任过营业部信贷员、信贷科审计员、市农行保卫干部等,其对金融债券的性质、业务是熟悉的。再结合相关事实,涂序接明知李贵仔提供的债券的真伪,李贵仔向其询辨真伪符合情理。李贵仔将债券交与涂序接去兑付前,双方说好兑得钱后扣除本钱二人平分;涂序接持债券兑得现金后,未与李贵仔商量即支付给齐金玲数额达11 300元的好处费,分给李贵仔的赃款也是由涂序接决定并支付,且李证实涂告知其由于债券时间长,没有利息,而涂供述可能说过利息很低。至于涂是否分配过利息给李贵仔,无证据证实。涂供述分配给李贵仔14万余元,而李只承认得赃款78 000元。但是上述证据都证明涂序接兑得现金后,即实际掌控了该笔款项,并行使了支配权。李贵仔在与涂序接共同实施有价证券诈骗的过程中,积极准备,购买空白的金融债券,主动找人按规格刻好了组成"中国农业银行鹰潭市支行月湖办事处城镇储蓄所"公章所需要的所有单个字及"魏上林"的私章,并加盖在空白的金融债券上,且二人约定兑换得款扣除本钱平分。其与涂序接在共同诈骗中相互配合,只是分工不同,均起主要作用,其提出属从犯的理由与事实、证据不符,不能成立。江西省高级人民法院认为:一审判决认定上诉人涂序接、李贵仔有价证券诈骗的基本事实清楚,证据确实、充分。上诉人涂序接、李贵仔使用伪造的中国农业银行金融债券骗取银行资金284 708元,数额特别巨大,其行为均已构成有价证券诈骗罪。涂序接与李贵仔分工合作,在共同犯罪中均起主要作用,均系主犯。对涂序接带公安人员抓捕同案犯,属立功表现,依法可从轻处罚;其他上诉理由,不予采纳等。因此原审判决定罪准确,审判程序合法。根据上诉人涂序接的立功表现,将其徒刑由13年改判为12年,维持一审法院的其他判决。

【法理分析】

处理本案涉及的主要问题在于：① 伪造有价证券并使用的行为的定性；② 银行债券是否属于国家发行的有价证券？

一、伪造银行债券并使用的行为的认定

有价证券的伪造、变造问题和票据的伪造、变造没有本质区别。上述问题在票据诈骗罪的案例分析中已有阐述，故不赘述。

有价证券的伪造，就是无权限人假冒他人或虚构人名义签章的行为。有价证券的伪造有广义和狭义之分：狭义的有价证券伪造，指有价证券本身的伪造，是指假冒他人的名义而为出券的行为；而广义的有价证券的伪造，指所有伪造他人签章伪造有价证券的行为。对有价证券签章以外的记载事项加以改变的行为，往往称为有价证券的变造。概而言之，所谓伪造的有价证券，是指仿照真实的国家发行的有价证券的签章、格式、式样、颜色、形状、面值等特征，采用印刷、复印、拓印等各种手法制作的冒充真实的国家有价证券的假证券。

本案上诉人李贵仔、涂序接购买空白的银行债券，主动找人按规格刻好了组成"中国农业银行鹰潭市支行月湖办事处城镇储蓄所"公章所需要的所有单个字及"魏上林"的私章，并加盖在空白的金融债券上，制作出假的银行债券。上述假的银行债券的签章属于伪造而成，所以该两上诉人制作假的银行债券的行为属于伪造签章制造银行债券的行为，也就构成伪造银行债券的行为。

伪造银行债券，并以非法占有为目的而使用的，应该按照牵连犯理论从一重罪处罚。

二、银行债券是否属于本罪的有价证券

既然已经认定了两上诉人伪造银行债券的行为，加之该两上诉人以非法占有为目的的使用上述伪造的银行债券的行为也是很明显的。只要认定上述真实的银行债券属于《刑法》第 197 条所规定的"国库券或者国家发行的其他有价证券"就能构成有价证券诈骗罪。

但是所谓"国库券或者国家发行的其他有价证券"的文字仅能说明有价证券的部分特征，尚不足以概括本罪的有价证券的内涵、外延。为此，界定上述银行债券是否构成本罪的有价证券，还需要认清"有价证券"所指和"国家发行的有价证券"的含义。

1. 《刑法》第 197 条的有价证券只能是金融证券。什么是有价证券？一般指具有一定价格和代表某种所有权或债权的凭证。有价证券有广义和狭义之分，狭义有价证券仅指资本证券，广义有价证券则包括商品证券、货币证券和资本证券三类。所谓资本证券，指由金融投资或与金融投资有直接联系的活动而产生的证券，主要指股票、债券等；货币证券，指本身能使持券人或第三者取得货币索取权的有价证券，主要指银行

券、汇票、本票、支票等;而财物证券,也称商品证券,指证明持券人有商品所有权或使用权的凭证,包括货运单、提货单、仓库栈单等。上述的资本债券和货币债券,都以资金融通为本质,所以也统称为金融债券。

1987年8月26日,北京市《有价证券转让业务管理暂行办法》第2条规定,"本办法所称有价证券,是指国家规定或金融管理机关允许并在证券发行章程中规定可以转让的国家债券、地方政府债券、金融债券、公司债券和股票,大面额可转让存款证和个人大面额储蓄存款单及其他可以转让的有价证券。"

1989年12月4日,黑龙江省《有价证券交易管理暂行规定》第2条规定,"本规定所称有价证券系指国家债券、金融债券、企业债券、股票、可转让的大面额存单等债权和股权凭证。"

1992年2月15日,国家工商行政管理局《对〈关于倒卖有价证券行为如何认定处罚的请示〉的答复》认为,"国库券、保值公债、特种国债、企业债券、金融债券、国家重点建设债券、国家经济建设债券、投资债券、股票等均属有价证券。"

上述的理论和文件均表明,就有价证券的内涵而言,指具有一定价格,并代表某种所有权或债权的凭证。其外延,包括国库券、债券、股票、提单、仓单、汇票、支票、本票等。一般来说,商品债券的票面不会标有一定的金额,其价格是通过流通环节实现的。而金融证券由于产生于金融环节,以资金的融通为本质,其代币的特征很突出,因而往往在票面标明一定的金额。所以,金融法上的有价证券,"是指标有票面金额、证明持有人有权按照证券票面记载取得一定收入,并可自由转让和买卖的所有权或债券凭证。有价证券是虚拟资本的一种形式。所谓虚拟资本是以有价证券形式存在,并能给持有者带来一定收益的资本。虚拟资本是独立于实际资本之外的一种资本存在形式,本身不能在生产过程中发生作用。它代表着一定的财产权利,持有者可凭其直接取得一定量的商品、货币,或是取得利息、股息等收入,并且可以在证券市场上流通。"①

刑法上的有价证券,1979年《刑法》第123条规定:"伪造支票、股票或者其他有价证券的,处七年以下有期徒刑,可以并处罚金。"很显然,该条的有价证券的外延指向金融证券,但又未表明即为金融证券。这种情形延续到现行刑法的有关规定。《刑法》第194—196条相继规定了票据诈骗罪、金融凭证诈骗罪、信用证诈骗罪和信用卡诈骗罪,其有关的票据、金融凭证、信用证和信用卡均属金融证券。在此之外,《刑法》第197条也指出该条的有价证券为"国库券或者国家发行的其他有价证券"。考虑到《刑法》第3章第5节所规定的金融诈骗罪都有侵犯国家金融管理秩序的客体要求,且结合上述有价证券的分类和含义,有理由相信《刑法》第197条所谓的有价证券应该是金融证券。

---

① 强力:《金融法》,法律出版社2004年版,第422页。

刑法学上关于《刑法》第 197 条有价证券的一些观点认为金融法上的有价证券还能包括提单、仓单等商品证券。① 对此,笔者认为以提单和仓单为代表的商品证券产生于商品契约关系,主要受《合同法》的规制,不是金融法上的有价证券。鉴于《刑法》第 194—196 条和第 197 条的排除关系,汇票、本票、支票、金融结算凭证、信用证和信用卡等金融证券也不是有价证券诈骗罪的有价证券。

债券代表债权,可以按期取得利息,到期取回本金,主要包括政府债券、公司债券和不动产抵押债券。亦如前文关于有价证券的分类,银行债券属于金融债券中的资本证券,若是满足《刑法》第 197 条所要求的其他条件,银行债券可以成为该条所保护的有价证券。

2.《刑法》第 197 条的有价证券只能是国家发行的金融证券。证券的发行是指符合发行条件的商业组织或政府组织,以筹集资金为目的,依照法律规定的条件和程序向社会投资者出售代表一定权利的资本证券的直接融资行为。② 根据证券发行主体的不同,分为商业证券和政府证券。政府证券,包括中央政府证券和地方政府证券。

从本案的事实来看,上诉人李贵仔从饶重人手上购得未盖章的中国农业银行金融债券共计 242 张,其中 1991 年面值 1 000 元的金融债券 218 张、1987 年面值 50 元的金融债券 24 张。上述中国农业银行的金融债券若是真实的,是否构成本罪的"国家发行的其他有价证券"将是本罪认定的关键。

关于国家发行的其他有价证券,有学者认为,"是指国库券以外的国家发行的、券面所示财产权利务必是实际持券者才能兑现的法律凭证。如财政债券、金融债券、国家建设债券、国家重点建设债券、保值公债,等等。显然,企业发行的股票、债券、金融票据等不属于这里的国家有价证券。"③

也有学者认为,《刑法》第 197 条的有价证券,只要"国家发行"即可,不要求在国内上市、流通,不限于本币债券,也包括外币债券。从现实来看,也不限于中央人民政府发行。一般是由代表国家的国家职能部门(如财政部、中央银行及其有关职能部门)发行。事实上,国家发行包括国家直接发行与国家间接发行:前者是指国家直接向特定的投资者推销有价证券;后者是指国家通过证券商(包括投资银行、证券公司等)承销出售证券的方式发行。④

笔者认为,国家发行,是以国家信用为保障,国家作为债务人向国内外的货币持有者发行证券借贷资金的行为。《刑法》第 197 条的有价证券指"国库券或国家发行的其他有价证券",由此该条所保护的有价证券必须是以国家为发行主体,或者说以国家名

---

① 张明楷:《诈骗罪与金融诈骗罪研究》,清华大学出版社 2006 年版,第 733 页。
② 参见强力:《金融法》,法律出版社 2004 年版,第 434 页。
③ 屈学武:《有价证券诈骗罪若干问题及实例评析》,载《西南民族大学学报》(人文社科版)2006 年第 8 期。
④ 参见张明楷:《诈骗罪与金融诈骗罪研究》,清华大学出版社 2006 年版,第 734—737 页。

义发行的。

1993年的国务院《关于金融体制改革的决定》第四部分中关于"完善证券市场"的第2条调整了金融债券发行对象。此后,金融债券停止向个人发行;人民银行只对全国性商业银行持有的金融债券办理抵押贷款业务;政策性银行可按照核定的数额,面向社会发行国家担保债券,用于经济结构的调整。1995年的《商业银行法》规定包括中国农业银行在内的商业银行,成为依照《商业银行法》和《公司法》设立的吸收公众存款、发放贷款、办理结算等业务的企业法人。因此,一般说来商业银行不再具有以国家名义发行债券的权力。

但是此前的发行的银行债券是否算作国家发行的有价证券,笔者认为需要个别而论。本案所涉及的中国农业银行1987年、1991年发行的金融债券能不能算作国家发行的有价证券?根据1985年8月3日中国农业银行发布的《发行金融债券开办特种贷款管理办法》的规定,当时中国农业银行发行的不记名金融债券是由所属各营业单位按业务范围向个人发行;发行债券时,由发售人在债券上加盖公章和经办人印章,填写发售当天日期,并逐日登记发行数量;而且债券的面额也有20元、50元、100元三种。由于上述银行债券分别都是发行于1985年之后1993年之前,所以依据当时的法规,有关不记名的银行债券可以面向个人发行。所以,本案上诉人李贵仔从饶重人手上购得未盖章的中国农业银行金融债券共计242张是可能的。

但是,1985年至1993年之间,各政策银行不仅自己发行金融债券,还代理发行国家债券。若是代理发行国家债券则需要在票面标明发行人。

有价证券诈骗罪的犯罪工具是伪造、变造的国库券或者国家发行的其他有价证券。据此,使用伪造、变造的地方政府债券、企业债券等进行诈骗活动的,不能构成有价证券诈骗罪,而只能以(普通)诈骗罪论处。金融债券是指"专业银行为筹集资金以补充企业流动资金不足而发行的债券"。

综上,上诉人李贵仔从饶重人手上购得的未盖章的中国农业银行金融债券,即使签章完整,是真实的中国农业银行金融债券,其发行主体实质上是具有企业性质的专业银行而非国家,即上述银行债券即使真实,也不是在国家名义下发行的,不能算作国家发行的有价证券。一旦不能构成《刑法》第197条的有价证券罪,即使相关的诈骗事实清楚,证据确实、充分,也不能构成有价证券诈骗罪,而只能构成(普通)诈骗罪。所以,一、二审法院对案件的定性都是不正确的。

【结　论】

1. 银行等金融机构非代理国家发行的银行债券不是《刑法》第197条的国家发行的有价证券。

2. 伪造各专业银行自己发行的债券骗取银行资金不构成有价证券诈骗罪。

【相关链接】

相关的法律、法规

中华人民共和国刑法

第一百九十七条 使用伪造、变造的国库券或者国家发行的其他有价证券,进行诈骗活动,数额较大的,处5年以下有期徒刑或者拘役,并处2万元以上20万元以下罚金;数额巨大或者有其他严重情节的,处5年以上10年以下有期徒刑,并处5万元以上50万元以下罚金;数额特别巨大或者有其他特别严重情节的,处10年以上有期徒刑或者无期徒刑,并处5万元以上50万元以下罚金或者没收财产。

中华人民共和国商业银行法(2003年12月27日)

第二条 本法所称的商业银行是指依照本法和《中华人民共和国公司法》设立的吸收公众存款、发放贷款、办理结算等业务的企业法人。

相关的司法解释与指导性意见

最高人民法院全国法院审理金融犯罪案件工作座谈会纪要(2001年1月21日法[2001]8号关于金融诈骗罪中非法占有目的的认定(见本书第162页)

最高人民检察院、公安部关于经济犯罪案件追诉标准的规定(2001年4月18日)

四十七、有价证券诈骗案(刑法第197条)

使用伪造、变造的国库券或者国家发行的其他有价证券进行诈骗活动,数额在五千元以上的,应予追诉。

国家工商行政管理局对《关于倒卖有价证券行为如何认定处罚的请示》的答复(工商检字1992年第19号)

浙江省工商行政管理局:

你局《关于倒卖有价证券行为如何认定处罚的请示》收悉。经与中国人民银行和财政部联系,现答复如下:国库券、保值公债、特种国债、企业债券、金融债券、国家重点建设债券、国家经济建设债券、投资债券、股票等均属有价证券。不论在任何场所交易未经国家批准转让的上述有价证券,或者在经过国家批准的中介机构之外进行交易的,均属于非法行为。不允许将有价证券当作货币流通。

中国农业银行发行金融债券开办特种贷款管理办法(1985年8月3日)

一、债券的发行

(一)一九八五年,中国农业银行债券发行总额为十五亿元,各省、自治区、直辖市分行发行债券的额度须经中国人民银行分行审核同意后,由农业银行分行和人民银行分行共同联合上报人民银行总行和农业银行总行批准。各地在批准的发行债券额度内,根据量出为入的原则,按照特种贷款的需求量发行。需要多少,发行多少,什么时候需要,什么时候发行。

(二)发行债券筹集的资金,全部用于特种贷款,不得挪作它用。发行的债券和发放的特种贷款原则上在各省、自治区、直辖市范围内自求平衡。

（三）中国农业银行债券由所属各营业单位按业务范围向个人发行。债券的面额为二十元、五十元、一百元三种，期限一年，年息为百分之九，到期还本付息。不记名，不挂失，不得提前支取，不准流通转让和抵押，逾期不另计息。

（四）发行债券时，由发售行在债券上加盖公章和经办人印章，填写发售当天日期，并逐日登记发行数量。

（五）债券只能在原发售行兑付，到期兑付时，要严格审查；是否本单位发售的债券；是否到期；有无涂改和伪造。

相关的参考案例

高相忠等票据诈骗、有价证券诈骗、私藏弹药案，河南省三门峡市中级人民法院刑事判决书（2003）三刑初字第37号

载北大法律信息网，http://vip.chinalawinfo.com/Case/Display.asp?Gid=117452847&KeyWord=高相忠等票据诈骗、有价证券诈骗、私藏弹药案。

王诚敏有价证券诈骗案，上海市第二中级人民法院刑事裁定书（2000）沪二中刑终字第157号

载北大法律信息网，http://vip.chinalawinfo.com/Case/Display.asp?Gid=117452643KeyWord=王诚敏有价证券诈骗案。

（周建军）

37. 单位事后投保是否构成保险诈骗罪？
——某航运营业部等保险诈骗案[①]

【案情介绍】

被告单位：安徽省驻沪办事处航运营业部。

被告人居德淳，男，1946年3月17日生，汉族，大学文化程度，原系安徽省驻沪办事处航运营业部法定代表人兼主任。

被告人沈荣明，男，1952年1月26日生，汉族，初中文化程度，原系安徽省驻沪办事处航运营业部职工。

被告人吴秀敏，女，1958年1月8日生，汉族，高中文化程度，上海添福工贸有限公司部门经理。

被告人吴秀敏所在的上海添福工贸有限公司（以下简称添福公司）于1997年10月下旬，通过安徽省合肥市航运局派驻安徽省驻沪办事处航运营业部（以下简称航运营业部）的张伟，委托航运营业部为其承运130吨鱼粉（价值人民币728 000元）至合肥泰正鱼粉贸易有限责任公司（以下简称泰正公司）。航运营业部将此货委托挂靠合肥市水路运输服务部肥东分部的合肥机101号船实际承运，并于同年10月28日开具了运单、开航通知单（均注明开航日期为10月28日）。10月30日下午4时，该船航经长江口岸时破损沉没。当晚，张伟得知沉船的消息，即先后打电话告知了被告人沈荣明和吴秀敏。

次日上午，被告人居德淳召集航运营业部专司保险理赔的被告人沈荣明及胡敏（营业部副主任）、张伟等有关人员就沉船一事了解情况，并商议解决办法。因该批货物在办理托运手续时未一并投保，且张伟又告知承运船船主系省航运局某领导的亲戚，无法承担这批货损赔偿。为避免事故给航运营业部等有关各方带来的麻烦或经济损失，上述人员商议后，决定利用航运营业部代理国内货物运输保险业务的便利，以添福公司名义虚开一份保单，使此项货损能通过保险赔偿的途径予以解决。当即由沈荣明查询了该营业部代保险公司开出的最后一张保单的日期，确认能以事故发生的前一日即10月29日为投保日后，沈荣明通知有关人员重开了运单、开航通知单（开航日期均随投保日变更为10月29日），并以添福公司为投保人，泰正公司为被保险人开具了

[①] (2000)沪二中刑终字第649号。案例选自北大法律信息网，http://vip.chinalawinfo.com/Case/Display.asp? Gid=117452857&KeyWord=安徽省驻沪办事处航运营业部、居德淳、沈荣明、吴秀敏保险诈骗案。

编号为0344310的国内水路、陆路货物运输保险单,保险金额为733 200.00元。同日,被告单位隐瞒为添福公司虚开保单的事实,由沈荣明就此沉船事故向中保上海分公司直属支公司(以下简称保险公司)报案。

保险公司接报后,当天遂以货运险重大案件将此沉船事故向上级部门书面报告。11月1日上午,被告人沈荣明及胡敏、张伟根据被告人居德淳的指示,要求被告人吴秀敏代表添福公司根据居德淳的意见书写了内容为:"请贵公司代我公司补办保险,如有问题我司负责"的责任保证书。11月4日,被告人沈荣明、吴秀敏及张伟等随保险公司有关人员赴沉船现场勘验、施救。当天下午,被告人居德淳在航运营业部有关干部会议上,通报了所谓该营业部根据添福公司的要求为其补办保险的决定。12月4日,保险公司核准赔付数额为722 110.20元,并根据泰正公司的委托于同年12月26日将此笔保险赔款划入添福公司开户银行。

案发后,被告人吴秀敏将添福公司所得722 110.20元保险赔款退缴公安机关(已发还保险公司)。

原审法院认为,被告单位航运营业部及作为单位直接负责的主管人员的被告人居德淳、主要责任人员被告人沈荣明和被告人吴秀敏虚构保险标的,骗取保险金,数额巨大,构成保险诈骗罪。被告单位、被告人居德淳、沈荣明系主犯,被告人沈荣明到案后能坦白交代犯罪事实,认罪态度较好,可酌情从轻处罚。被告人吴秀敏按单位犯罪的直接负责的主管人员追究刑事责任。鉴于其在本案中所起的是次要辅助作用,是从犯,依法应从轻、减轻或免除处罚。据此,对被告单位航运营业部犯保险诈骗罪,判处罚金人民币5万元;对被告人居德淳犯保险诈骗罪,判处有期徒刑6年;对被告人沈荣明犯保险诈骗罪,判处有期徒刑5年;对被告人吴秀敏犯保险诈骗罪,免予刑事处罚。被告单位航运营业部、被告人居德淳及其辩护人在上诉中提出,被告单位在本案中仅是船舶运输代理,不是实际的承运人,不承担赔偿责任,所以,没有补办保险的故意。被告单位和被告人居德淳都没有保险诈骗的故意,也没有通过居德淳在客观上实施了诈骗的行为。根据《刑法》第198条的规定,构成保险诈骗罪主体的只能是投保人、被保险人、受益人。以保险诈骗罪共犯论处的只能是保险事故的鉴定人、证明人、财产评估人。航运营业部不构成本罪的主体和共犯。上海市人民检察院第二分院认为,一审法院认定事实清楚,适用法律正确,被告单位及被告人的上诉理由不能成立。建议二审法院驳回上诉,维持原判。上海市第二中级人民法院认为,上海市人民检察院第二分院关于驳回上诉,维持原判的意见正确,本院予以采纳。裁定驳回上诉,维持原判。

【法理分析】

处理本案涉及的主要问题在于:(1)事后投保是否属于虚构保险标的?(2)被告单位既不是《刑法》第198条第1款所规定的投保人、被保险人和受益人,也不是《刑法》第198条第4款所规定的保险事故的鉴定人、证明人、财产评估人,是否构成单位犯罪,是否构成保险诈骗罪主体?

一、事后投保是否属于虚构保险标的

根据《刑法》第198条的规定,五种行为可以构成保险诈骗罪:① 投保人故意虚构保险标的,骗取保险金;② 投保人、被保险人或者受益人对发生的保险事故编造虚假的原因或者夸大损失的程度,骗取保险金;③ 投保人、被保险人或者受益人编造未曾发生的保险事故,骗取保险金;④ 投保人、被保险人故意造成财产损失的保险事故,骗取保险金;⑤ 投保人、受益人故意造成被保险人死亡、伤残或者疾病,骗取保险金。很显然,后四类行为与本案无关。事后投保是否构成虚构保险标的将成为本案如何定性的关键。

所谓事后投保,是指在保险合同标的已经损毁或灭失后,行为人隐瞒真相向保险人投保的行为。保险法规和刑法都没有事后保险的规定。但是从保险的文义出发,也是指按约定的条件或按给定的费率,对可能发生的事件(如死亡、火灾、水灾、事故或疾病)所引起的损失或破坏提供补偿的一种业务,或者被这样担保的状态。《保险法》第2条,开宗明义地规定:"本法所称保险,是指投保人根据合同约定,向保险人支付保险费,保险人对于合同约定的可能发生的事故因其发生所造成的财产损失承担赔偿保险金责任,或者当被保险人死亡、伤残、疾病或者达到合同约定的年龄、期限时承担给付保险金责任的商业保险行为。"所以,就保险的本义而言,必然指向将来的利益。

有观点认为,行为人不参加保险,当出现事故后,先不报案,而是先投保,然后再报案,要求公安机关出具事故凭证的,属于"编造未曾发生的保险事故"。①笔者认为,将客观上存在的保险事故解释成未曾发生,是出于惩处保险欺诈的需要,才将有关行为涵括进了保险诈骗行为类型。将事后投保的行为界定为"编造未曾发生的保险事故"就很难解释有关的事故已经成为保险事故的事实。就投保行为发生时,鉴于保险标的已不存在的重要事实,事后投保的行为不是编造未曾发生的保险事故,而是虚构了当时本不存在的标的。因此,事后投保的行为(故意骗保类型)可以构成"故意虚构保险标的,骗取保险金"的行为。

二、被告居德淳的骗保行为是否属于单位行为?

《刑法》第30条规定,公司、企业、事业单位、机关、团体实施的危害社会的行为,法律规定为单位犯罪的,应当负刑事责任。第31条规定单位犯罪的刑事责任:单位犯罪的,对单位判处罚金,并对其直接负责的主管人员和其他直接责任人员判处刑罚。本法分则和其他法律另有规定的,依照规定。

---

① 参见王明高、罗凤梅:《略论保险诈骗罪的客观特征》,载赵秉志、张军主编:《中国刑法学年会文集(2003年度)——第二卷:刑法实务问题研究(上册)》,中国人民公安大学出版社2003年版,第305页。

刑法关于单位的确定,从列举的情况来看,也比较明确。然而实践中,有关公司、企业的含义、单位资格的否定、单位意志的确认以及有关责任人员的认定等问题的争议也不小。

1994年3月30日,最高人民法院发布的《关于企业开办的其他企业被撤销或者歇业后民事责任承担问题的批复》,对单位人格的否认有所规定。1999年,最高人民法院《关于审理单位犯罪案件具体应用法律有关问题的解释》(本节以下称《解释》)规定三种情况下可以否定单位犯罪的主体资格:① 个人为进行违法犯罪活动而设立的公司、企业、事业单位实施犯罪的;② 公司、企业、事业单位设立后,以实施犯罪为主要活动的;③ 盗用单位名义实施犯罪,违法所得由实施犯罪的个人私分的。只要具备上述三种情况之一,就否定单位的犯罪人格,以自然人犯罪论处。

2001年,最高人民法院《全国法院审理金融犯罪案件工作座谈会纪要》(本节以下称《纪要》)关于单位犯罪问题规定:以单位名义实施犯罪,违法所得归单位所有的,是单位犯罪。有关单位成罪,主要有以下三个方面的内容。

1. 单位的分支机构或者内设机构、部门实施犯罪行为的处理。以单位的分支机构或者内设机构、部门的名义实施犯罪,违法所得亦归分支机构或者内设机构、部门所有的,应认定为单位犯罪。不能因为单位的分支机构或者内设机构、部门没有可供执行罚金的财产,就不将其认定为单位犯罪,而按照个人犯罪处理。

2. 单位犯罪直接负责的主管人员和其他直接责任人员的认定:直接负责的主管人员,是在单位实施的犯罪中起决定、批准、授意、纵容、指挥等作用的人员,一般是单位的主管负责人,包括法定代表人。其他直接责任人员,是在单位犯罪中具体实施犯罪并起较大作用的人员,既可以是单位的经营管理人员,也可以是单位的职工,包括聘任、雇佣的人员。对于受单位领导指派或奉命而参与实施了一定犯罪行为的人员,一般不宜作为直接责任人员追究刑事责任。

3. 此外,还涉及未作为单位犯罪起诉的单位犯罪案件以及单位共同犯罪的处理。

综上,我国关于单位犯罪的主体资格的认定,既存在《刑法》第30条肯定形式的列举规定,也有《解释》否定单位犯罪主体资格的规定;其存在标准,既有以形式上法人资格有无为区分的,也有以实质上是否具有独立的民事行为能力和财产责任能力为标准的。如此一来,就司法解释或司法文件所列举到的情况,容易判断有关单位是否构成犯罪主体。然而在所列举到的情况之外,还存在大量没有列举到的情况,则难以判断。上述问题随着新《公司法》的出台,有关公司成立制度方面的突破,而变得更加复杂:一方面,单位成罪的主体资格,需要得到概括;另一方面,单位成罪主体资格的否定,也值得细究。概而言之,市场主体的复杂性使得关于单位主体认定的司法标准和理论原理都要再行探讨。

实践中,判断有关行为是否构成单位犯罪行为,需要作出两个方面的认定:① 有关单位是否具有犯罪主体资格？对此,在有关新的法律依据出来之前,通说以为,单位犯罪主体必须要有合法性、独立性、组织性。② 有关不法行为是否是单位行为。在具备单位犯罪主体的前提下,还需要判断单位意志和为单位利益等问题。

1. 关于单位犯罪主体资格。具备单位犯罪主体资格,要求单位的合法性,包括依法成立和合法存在。单位犯罪主体的独立性和组织性,根据《纪要》等的精神已不限于法人。有学者认为①,对单位的独立性和组织性特征要综合起来判断,要具体分析。特别要关注整体性或组织性在单位认定中的作用,整体性和组织性是单位犯罪区别于自然人犯罪的最显著特征。这种整体性和组织性表现为单位对外有固定名称,内部有章程,有经营运作的组织机构,有地址,有职工和岗位,有法定代表人和实际负责的人,有经营范围等。具有这样的组织性和整体性的单位,一般应该有独立性,有区别于内部自然人的独立意志和独立行为,注册资金到位是独立性表现的一个方面,但不是全部,注册资金是可以追索的,可以令投资人投资到位,一个经营性组织不仅有注册资金,还有投资总额,还有其他财产。

2. 关于单位行为的判断。单位行为是单位内部决策人员或直接责任人员以单位名义实施的行为。其中,单位名义是单位犯罪的形式特征。至于为单位牟利性是否为单位犯罪的必备条件？否定说和肯定说各执一词,我们也认为值得商榷。否定说认为,由于单位犯罪纷繁复杂,既有故意犯罪,也不排除过失犯罪。若是将牟利性作为单位犯罪的必备特征,则难以反映单位犯罪的客观实际情况。笔者认为,否定说有一定的道理,也确实存在不是为单位谋利的单位犯罪立法。但是按照《解释》和《纪要》的有关规定,违法所得归单位所有或为单位谋利是单位犯罪的构成要件,上述规定仍然有效。

从本案事实来看,有关证据表明航运营业部系合法成立,且合法经营。不存在《解释》和《纪要》所列举的否定单位犯罪主体的情形。所以,航运营业部具备单位犯罪主体资格。

另外,沉船次日,航运营业部法定代表人兼主任、被告人居德淳在得知沉船事故之后,召集航运营业部专司保险理赔的被告人沈荣明及胡敏(营业部副主任)、张伟等有关人员就沉船一事了解情况,并商议解决办法。经商议决定利用航运营业部代理国内货物运输保险业务的便利,以添福公司名义虚开一份保单,使此项货损能通过保险赔偿的途径予以解决。上述事实,尽管有关上诉人表示否认,但是有充分的证据证明,所以得到了二审法院的确认。由此看出,被告单位的法定代表人在其职务范围之内召集了单位有关负责人就沉船事故商议并形成决议,可以确认上述行为属于单位名义行为。

---

① 林荫茂:《单位犯罪理念与实践的冲突》,载《政治与法律》2006年第2期。

至于有关上诉人认为,被告单位在本案中仅是船舶运输代理,不是实际的承运人,不承担赔偿责任,所以与沉船事故没有直接的重大利害关系。并因此否认他们具有补办保险的故意,自然也就没有保险诈骗的故意。查明的事实表明,因该批货物在办理托运手续时未一并投保,且张伟又告知承运船船主系省航运局某领导的亲戚,无法承担这批货损赔偿。为了避免事故给航运营业部等有关各方带来的麻烦或经济损失,有关人员经商议后才作出了事后投保、骗保的决定。笔者认为,尽管被告单位航运营业部既不是托运人,也不是船主。但是从上海添福工贸有限公司部门经理吴秀敏委托航运营业部的工作人员张伟为其承运130吨鱼粉,并由航运营业部通过其调度室将此货委托挂靠合肥市水路运输服务部肥东分部的合肥机101号船实际承运的事实来看,被告航运营业部系承运人。根据当时适用的《经济合同法》第41条的规定,运输过程中货物灭失,承运方应按货物的实际损失赔偿。被告单位航运营业部在为添福公司承运货物发生货损事故以后,为免予赔偿及其他原因,与添福公司合谋用补办保险的方法将赔偿责任转嫁给保险公司,诈骗保险公司的保险金的行为中,确实有为被告航运营业部的利益的考虑。

据此,可以认定被告航运营业部法定代表人居德淳等事后投保骗取保险公司赔款的行为系航运营业部的单位行为。

三、被告航运营业部是否本罪主体

《刑法》第198条第1款规定本罪的犯罪主体为投保人、受益人、被保险人。第198条第4款规定保险事故的鉴定人、证明人、财产评估人故意提供虚假的证明文件,为他人诈骗提供条件的,以保险诈骗的共犯论处。因此,有关的上诉人根据上述规定认为:构成保险诈骗罪主体的只能是投保人、被保险人、受益人;以保险诈骗罪共犯论处的只能是保险事故的鉴定人、证明人、财产评估人。所以,航运营业部不构成本罪的主体和共犯。

此中涉及《刑法》第198条第2款、第4款关于共犯的规定是注意规定(条款)抑或特别规定。

所谓注意规定,是在刑法已有相关规定的前提下,提示司法人员需要注意,以免被忽略的规定。把注意条款之前的规定罪刑规范的条款称为基本条款,以区分于注意条款本身。既然是提醒式的注意规定,其本身既不会改变基本规定所涉及的规范内容,也不会影响有关原理的适用。刑法中有不少注意条款,例如《刑法》第287条"关于利用计算机实施有关犯罪"的规定:"利用计算机实施金融诈骗、盗窃、贪污、挪用公款、窃取国家秘密或者其他犯罪的,依照本法有关规定定罪处罚。"对于行为人利用计算机实施的上述犯罪行为,不是要引用第287条定罪处罚,而是依据该条的提醒或者引导对有关行为的定性和罚则。

若是特别规定则不同,它指明即使某种行为不符合普通规定,但在特殊条件下也必须按基本规定论处。如果没有该特别规定，有关行为本不能依照基本规定论处的，例如《刑法》第196条第3款规定："盗窃信用卡并使用的，依照本法第二百六十四条的规定定罪处罚。"由于被盗窃的信用卡本身并没有多大的价值，若不是《刑法》第196条第3款的规定，对于盗窃信用卡并使用的行为多是要按信用卡诈骗罪论处的。由于该条款的存在，产生了将盗窃信用卡并使用的行为引向第264条（盗窃罪）的效果，从而排除了对第196条第1款的适用。

回到《刑法》第198条的有关规定。该条所规定的保险诈骗罪不是必要的共犯，对于二人以上共同犯保险诈骗罪的，应当适用共同犯罪的原理。对于第2款"保险事故的鉴定人、证明人、财产评估人故意提供虚假的证明文件，为他人诈骗提供条件的，以保险诈骗罪的共犯论处"的规定：

1. 即使没有《刑法》第198条第4款的规定，保险事故的鉴定人、证明人、财产评估人故意提供虚假的证明文件，为他人诈骗提供条件，也构成保险诈骗罪的共犯。

2. 考虑到《刑法》第229条的中介组织人员提供虚假证明文件罪，由于保险事故的鉴定人、证明人、财产评估人故意提供虚假的证明文件，为他人诈骗保险金提供条件的行为，也涉及第229条的规定，所以在此提醒：对于上述行为不得认定为中介组织人员提供虚假证明文件罪，必须以保险诈骗罪的共犯论处。

因此，该条第4款既没有改变所涉及的第198条第1、2、3款的规范内容，也不会影响有关原理的适用，属于注意规定，仅产生提醒的作用。《刑法》第198条第4款并不排除共同犯罪原理的适用。除故意提供虚假的证明文件，为他人诈骗保险金提供条件的保险事故的鉴定人、证明人、财产评估人可以构成保险诈骗罪的共犯以外，并不排除其他犯罪主体成为本罪的共犯。

被告单位航运营业部在为添福公司承运货物发生货损事故以后，为免予赔偿及基于其他原因，与添福公司合谋用补办保险的方法将赔偿责任转嫁给保险公司，诈骗保险公司的保险金。为此，航运营业部向保险公司出具虚假的保单和有关文件，虚构事实，为添福公司骗得保险公司巨额保险金创造了条件。吴秀敏作为添福公司的主管人员，同意并配合航运营业部虚构事实，诈骗保险公司保险金，并最终取得巨额赔款。所以，投保人添福公司构成保险诈骗罪，按照共同犯罪的原理，被告单位航运营业部构成保险诈骗罪的共犯。

综上，上诉理由和辩护意见不能成立。上海市人民检察院第二分院和上海市第二中级人民法院对于案件的定性和法律的适用是正确的。

【结　　论】

事后投保的行为（故意骗保类型）可以构成"故意虚构保险标的，骗取保险金"的行为。

【相关链接】

相关的法律、法规

中华人民共和国刑法

第一百九十八条 有下列情形之一,进行保险诈骗活动,数额较大的,处五年以下有期徒刑或者拘役,并处一万元以上十万元以下罚金;数额巨大或者有其他严重情节的,处五年以上十年以下有期徒刑,并处二万元以上二十万元以下罚金;数额特别巨大或者有其他特别严重情节的,处十年以上有期徒刑,并处二万元以上二十万元以下罚金或者没收财产:

(一)投保人故意虚构保险标的,骗取保险金的;

(二)投保人、被保险人或者受益人对发生的保险事故编造虚假的原因或者夸大损失的程度,骗取保险金的;

(三)投保人、被保险人或者受益人编造未曾发生的保险事故,骗取保险金的;

(四)投保人、被保险人故意造成财产损失的保险事故,骗取保险金的;

(五)投保人、受益人故意造成被保险人死亡、伤残或者疾病,骗取保险金的。

有前款第四项、第五项所列行为,同时构成其他犯罪的,依照数罪并罚的规定处罚。

单位犯第一款罪的,对单位判处罚金,并对其直接负责的主管人员和其他直接责任人员,处五年以下有期徒刑或者拘役;数额巨大或者有其他严重情节的,处五年以上十年以下有期徒刑;数额特别巨大或者有其他特别严重情节的,处十年以上有期徒刑。

保险事故的鉴定人、证明人、财产评估人故意提供虚假的证明文件,为他人诈骗提供条件的,以保险诈骗的共犯论处。

中华人民共和国保险法(2003年1月1日)

第二条 本法所称保险,是指投保人根据合同约定,向保险人支付保险费,保险人对于合同约定的可能发生的事故因其发生所造成的财产损失承担赔偿保险金责任,或者当被保险人死亡、伤残、疾病或者达到合同约定的年龄、期限时承担给付保险金责任的商业保险行为。

第二十八条 被保险人或者受益人在未发生保险事故的情况下,谎称发生了保险事故,向保险人提出赔偿或者给付保险金的请求的,保险人有权解除保险合同,并不退还保险费。

投保人、被保险人或者受益人故意制造保险事故的,保险人有权解除保险合同,不承担赔偿或者给付保险金的责任,除本法第六十五条第一款另有规定外,也不退还保险费。

保险事故发生后,投保人、被保险人或者受益人以伪造、变造的有关证明、资料或者其他证据,编造虚假的事故原因或者夸大损失程度的,保险人对其虚报的部分不承担赔偿或者给付保险金的责任。

投保人、被保险人或者受益人有前三款所列行为之一,致使保险人支付保险金或者支出费用的,应当退回或者赔偿。

第六十五条　投保人、受益人故意造成被保险人死亡、伤残或者疾病的,保险人不承担给付保险金的责任。投保人已交足二年以上保险费的,保险人应当按照合同约定向其他享有权利的受益人退还保险单的现金价值。

受益人故意造成被保险人死亡或者伤残的,或者故意杀害被保险人未遂的,丧失受益权。

第一百三十八条　投保人、被保险人或者受益人有下列行为之一,进行保险欺诈活动,构成犯罪的,依法追究刑事责任:

（一）投保人故意虚构保险标的,骗取保险金的;

（二）未发生保险事故而谎称发生保险事故,骗取保险金的;

（三）故意造成财产损失的保险事故,骗取保险金的;

（四）故意造成被保险人死亡、伤残或者疾病等人身保险事故,骗取保险金的;

（五）伪造、变造与保险事故有关的证明、资料和其他证据,或者指使、唆使、收买他人提供虚假证明、资料或者其他证据,编造虚假的事故原因或者夸大损失程度,骗取保险金的。

有前款所列行为之一,情节轻微,尚不构成犯罪的,依照国家有关规定给予行政处罚。

相关的司法解释与指导性意见

全国法院审理金融犯罪案件工作座谈会纪要(2001年1月21日法[2001]8号)关于单位犯罪问题(见本书第162页)

最高人民法院关于审理单位犯罪案件具体应用法律有关问题的解释(1999年7月3日)(见本书第177页)

最高人民法院关于企业开办的其他企业被撤销或者歇业后民事责任承担问题的批复(1994年3月30日法复[1994]4号)

二、人民法院在审理案件中,对虽然领取了企业法人营业执照,但实际上并不具备企业法人资格的企业,应当依据已查明的事实,提请核准登记该企业为法人的工商行政管理部门吊销其企业法人营业执照。工商行政管理部门不予吊销的,人民法院对该企业的法人资格可不予认定。

最高人民检察院、公安部关于经济犯罪案件追诉标准的规定(2001年4月18日)

四十八、保险诈骗案(刑法第198条)

进行保险诈骗活动,涉嫌下列情形之一的,应予追诉:

1. 个人进行保险诈骗,数额在一万元以上的;

2. 单位进行保险诈骗,数额在五万元以上的。

相关的参考案例

王新生等放火案

载最高人民法院刑事审判第一庭、第二庭编:《刑事审判参考》2002年第1辑,法律出版社2002年版,第1—8页。

河南省三星实业公司集资诈骗案

载最高人民法院刑庭编:《刑事审判参考》第5辑,总第10辑,法律出版社2000年版,第15—20页。

(周建军)

38. 设置两套账，少缴税款的行为如何定性？
——张乐常犯偷税罪上诉案①

【案情介绍】

被告人张乐常，男，1962年9月5日出生，汉族，出生地广东省佛山市顺德区，高中文化，原系顺德立刻亮电器制品有限公司法定代表人。2003年3月24日因涉嫌犯偷税罪被刑事拘留，同年4月30日被逮捕。

顺德立刻亮电器制品有限公司（以下简称立刻亮公司）于1992年12月注册成立，是中港合资企业，法定代表人为被告人张乐常，属独立经营核算的法人，系增值税一般纳税人。立刻亮公司主要生产、销售光管支架、镇流器等电器产品。立刻亮公司于1999年1月至2002年5月期间，在被告人张乐常的授意下，采用账外经营的手法，设置两套账核算销售光管支架等产品，外账用于向税务机关申报纳税，大部分销售不开具发票，只开具产品"出仓单"、"产品送货单"，而该部分销售收入记录到公司内账，以独立反映该公司大部分销售收入状况，内账的销售收入没有向税务机关申报纳税，偷逃各税种的税款共计人民币14 807 669.90元，占各税种应纳税总额的95.48%。

顺德区人民法院根据被告人的犯罪事实、情节及对社会的危害程度，依照《中华人民共和国刑法》第201条第1款、第211条、第52条、第53条以及《最高人民法院关于审理偷税抗税刑事案件具体应用法律若干问题的解释》第1条第(4)项、第3条的规定，以偷税罪判处被告人张乐常有期徒刑7年，并处罚金人民币1 500万元。

被告人张乐常不服，提出上诉。上诉理由及辩护人的辩护意见：① 一审判决书在认定涉嫌犯罪的主体方面不准确，从而导致对行为的主体及其应承担的刑事责任方面界定不准。② 偷税罪在主观上必须是故意，并且具有逃避缴纳应缴税款获取非法利益的目的。立刻亮公司存在严重的管理混乱，账目不清，上诉人张乐常实际上是没有能力管理好公司账目，导致漏报税目税款。③ 行为人如果实施了偷税行为，且数额较大或者情节严重，才能构成犯罪。一审法院在偷税、漏税、欠税没有分清的情况下，在事实不清，证据不足的情况下作出的判决是错误的。请求二审法院在查清事实的基础上对上诉人的行为作出一个公正的判决。

佛山市中级人民法院经审理查明，原审判决认定上诉人张乐常犯偷税罪的事实清

---

① (2004)佛刑终字第71号。案例选自 http://www.lawyee.net/Case/Case_Display.asp?RID=84044&KeyWord。

楚,证据确实、充分,经审核均予以确认。关于上诉人张乐常及辩护人提出一审判决书在认定涉嫌犯罪的主体方面不准确的问题,二审法院经审查认为,一审判决书已确认本案是单位犯罪,在公诉机关未起诉单位只起诉自然人的情况下,原审法院对被起诉的自然人根据指控的犯罪事实、证据及庭审查明的事实,依法按单位犯罪中的直接负责的主管人员追究刑事责任,并引用刑法分则关于单位犯罪追究直接负责的主管人员刑事责任的有关条款,符合法律规定。关于上诉人张乐常及辩护人提出张乐常实际上是没有能力管理好公司账目,导致漏报税目税款的问题,二审法院经审查认为,一审判决认定上诉人张乐常是立刻亮公司偷税行为的决策者,其偷税是有目的、有组织的行为,并不是立刻亮公司财务管理混乱才发生漏税的行为,具有明确的非法占有国家税款的主观故意,据理充分。关于上诉人张乐常及辩护人提出一审判决没有分清偷税、漏税、欠税,事实不清的问题,二审法院经审查认为,上诉人张乐常身为立刻亮公司的法定代表人,负责主管公司的财务、销售等工作,为了达到偷税目的,授意公司会计设置两套账册进行经营核算,进行虚假纳税申报,少缴应纳税款共14 807 669.90元。立刻亮公司通过虚假的纳税申报手段而少缴的上述税款应认定为偷税。佛山市中级人民法院认为,上诉人张乐常身为立刻亮公司的法定代表人、董事长,在负责公司的生产经营活动中,授意公司会计设置两套会计账实行账外经营,进行虚假纳税申报,少缴应纳税款总额达人民币14 807 669.90元,占各税种应纳税总额的95.48%,上诉人张乐常是立刻亮公司偷税犯罪的直接负责的主管人员,其行为已构成偷税罪。上诉人张乐常及辩护人所提经查没有事实和法律依据,不予采纳。原审判决认定事实和适用法律正确,量刑适当,审判程序合法。依照《中华人民共和国刑事诉讼法》第189条第(1)项的规定,裁定如下:驳回上诉,维持原判。

【法理分析】

处理本案涉及的主要问题在于:如何区分漏税与偷税?

顺德立刻亮电器制品有限公司采取设置两套账的办法,进行虚假纳税申报,少缴应纳税款,检察院指控该公司偷税,而该公司法定代表人张乐常及其辩护律师则称是漏税,一审法院认定为偷税。张乐常不服提起上诉,二审法院裁定维持原判。在实践中,很多偷税案件,被告人及其辩护人都辩称是漏税。实际上,对于我国法律中是否还规定有漏税罪存在争论。漏税一词,最早曾出现于建国后的一些单行税法中,如1958年国务院颁布的《工商统一税条例》及其实施细则中就有漏税的规定。关于什么是漏税,1981年5月5日财政部在《关于印发"什么叫偷税、抗税、漏税和欠税"问题解答稿》中,曾经解释为"纳税单位和个人属于无意识而发生的漏缴和少缴税款的行为"。1986年国务院《税收征收管理暂行条例》第37条规定:"漏税是指并非故意未缴或者少缴税款的行为。"但是,在1992年9月4日经全国人大常委会通过并颁布的《税收征收管理法》及随后制定的实施细则中,取消了漏税的规定。其后涉及的税收法规、规章等规范性文件也未出现漏税一词。1995 年修订后的《税收征收管理法》中也没有再使用"漏税"概念,而只是在第 31 条规定了因税务机关的责任以及因纳税人、扣缴义务人计算错误等失误而造成的未缴或者少缴税款的情况的处理办法(该内容被新修订的《税收征管法》第 52 条所吸收)。于是,有人认为,国外就没有漏税的说法,《征管法》对漏税不作规定符合国际惯例。有的税务机关还在下文规定,在今后的文书中不得使用漏税概念。①

笔者认为,《税收征管法》第 52 条的规定还是关于漏税的规定。"纳税人、扣缴义务人计算错误等失误",这是漏税的主观心理状态;"未缴或者少缴税款",这是漏税的客观外在表现,这种情况不是漏税还能是什么?即使不使用漏税一词,也无法解决偷税与漏税的问题。实践中仍然客观存在着漏税这种税收违法行为,并且很严重,只是改变称谓或回避是不可能解决问题的。而事实上,偷税罪罪与非罪界定的一个重要的方面就是与漏税的区别,司法实践中较易混淆的就是偷税与漏税的界限。本案就是适例。所以,不应该无视或回避漏税现象。

漏税是指纳税人因过失或无意识而漏缴或少缴税款的行为。它在主观上表现为一种过失或无意识心态,即纳税人应该知道自己的行为会造成国家税款的减少而由于疏忽大意没有认识到,或者认识到了自己的行为可能造成少缴税款但因过于自信而认为自己不会发生错误,或者纳税人由于无知而根本没有认识到自己行为的违法性;在客观行为上表现为账簿、记账凭证上的错误、纳税申报上的错误,或者是消极的不作为,如没有进行纳税申报、税务登记等;在客观结果上表现为未缴或少缴税款。

偷税与漏税的区别可从两方面来把握:

1. 从主观上区别。首先从主观认识上看。偷税是直接故意行为,纳税人认识到自己负有纳税义务,认识到自己的行为会造成社会危害,会造成不缴或少缴税款的后果;而漏税则是过失或无意识行为,纳税人没有认识到自己行为的社会危害性,没有认识到行为的违法性,也没有认识到会造成国家税收损失的后果,即对行为的性质和行为的后果没有明确认识。其次从主观意志上看。偷税行为人明知自己的行为会造成国家税收的损失而积极追求这一危害结果;而漏税行为人则对自己行为的危害结果没有认识,更谈不上对这一危害结果持什么样的态度。最后从主观目的上看,偷税行为人出于规避纳税义务,主观上具有非法谋取经济利益的目的,即占有国家税款的目的;而漏税行为人不是出于规避纳税义务,主观上不具有谋取非法经济利益,即不具有占有国家税款的目的。行为人之所以漏缴、少缴税款是因为不了解、不熟悉税收法规和财务秩序,或因工作粗心大意而错用税率,漏报应税项目等;

---

① 参见方傅根、滕必峡主编:《最新税收秩序实用手册》,经济日报出版社 1994 年版,第 512 页。

2. 从客观上判断。偷税是纳税人采取伪造、变造、隐匿、擅自销毁账簿、记账凭证等手段不缴或少缴应纳税款；而漏税则是行为人不熟悉税收法规和财务秩序致使账簿、记账凭证的记录不符合有关税法、财务秩序的要求或者错误进行了纳税申报等。当然，二者在客观上的区别是有限的，往往在客观上表现一致，单纯从客观上是较难将二者区分开来的。在客观上区分二者时应注意：凡是没有采取法定的手段进行偷税的，一律不能认定为偷税；即使采取了法定手段未缴或少缴税款，也不能一律认定为偷税，还要注意从主观上进行甄别。因为主观上的区别才是偷税与漏税的本质区别，而客观上的区别只是主观上不同的客观外在表现而已。

漏税行为在一定条件下可以转化为偷税。例如，漏税行为发生后，漏税者发觉或由他人发觉予以告知，但漏税者不予以自动更正，而是采取隐瞒欺骗手段不向税务机关申报所漏税款的，漏税行为就成为偷税行为。这种情况实际上是行为人利用自己漏税而进行偷税，完全符合偷税的主客观要件。但是，偷税行为则不可转化为漏税。有论者认为，"偷税行为发生后，偷税者主动更正向税务机关申报其未缴或少缴税款，偷税行为也可以过渡为漏税行为"。① 笔者认为，这种观点是错误的，违背了犯罪构成理论。能成为犯罪构成的东西只能是行为实施时的主客观情况，行为人事后的情况不是犯罪构成的内容，这已是达成共识的东西。偷税行为在构成犯罪情况下，决不能因行为人事后的补交税款而不成立偷税罪，甚至不成立偷税行为。行为人的事后行为不能改变其前行为的性质，只能减轻因前行为而承担的责任。这与漏税行为向偷税转化不同，前述的漏税向偷税转化，实质上是漏税行为加上事后行为而成为偷税行为，而非漏税行为本身的单纯转化。

在司法实践中，比较棘手的问题是"明漏暗偷"的情况，即纳税人采取法定手段，不缴或少缴应纳税款，而在税务检查中被税务人员查出，则以业务不熟、工作中过失或对财务制度管理的疏忽为由加以搪塞。要认定行为人主观上出于偷税故意，就必须证明行为人明知自己少缴了税款，明知自己的行为是违法的，即偷税。在司法实践中，一种观点认为，对"明知"的认定应当以嫌疑人主观上明确的意思表示作为"标准"；另一种观点认为，刑法中规定的"明知"包括"已知"与"应知"，对于案件事实与证据材料能够明确反映犯罪嫌疑人主观故意状态的，可以推定犯罪嫌疑人"应知"。

笔者同意后一种观点，第一种观点将"明知"绝对化，只看行为人是否有明确的意思表示，忽视了"主观见之于客观"的原理，对客观的证据材料的显示或者案件事实的反映不予考察，在嫌疑人拒不招供的情况下，该种认定"标准"往往会使案件陷入僵局。第二种观点符合思维方式的规律和刑事诉讼活动的需要：① 反映人类行为活动的主观意识的证明方式不是唯一的，除了行为人本人的自觉表示外，与行为人活动相关的事

---

① 参见曹康、黄河主编：《危害税收征管罪》，中国人民公安大学出版社1999年版，第39页。

实同样能反映行为人的主观意识状态,如夹藏毒品过关,反映行为人知悉其行为的违法性。所谓"应知",实际是在确认客观事实与行为人的主观认识与意志因素之间具有必然联系的前提下,对支配行为人的认知状态的一种肯定。② 犯罪嫌疑人为逃避法律制裁,其抗拒心理和自我保护意识较强,在依法不能取得嫌疑人有效口供的情况下,根据证据事实,从"应知"角度确认犯罪嫌疑人主观故意因素的存在,符合刑事诉讼法有关的规定精神,即"没有被告人口供、证据充分确定的,可以认定被告人有罪和处以刑罚"。③ 现行法律及有关规定对犯罪嫌疑人主观故意的确认已经引入"应知"的概念。例如《刑法》第219条第2款,在描述"侵犯商业秘密罪"时,就使用了"应知"的概念。最高人民法院、最高人民检察院、公安部、国家工商行政管理局于1998年5月联合发布的《关于依法查处盗窃、抢劫机动车案件的规定》规定:"本规定所称的明知,是指知道或者应当知道。"可见,刑法和有关的司法解释性文件已经对"应知"给予了规定,应当将这一规定或解释应用到办理走私犯罪案件当中。①

因此,笔者对偷税"明知"的认定,也可从"应知"来推定、证明。实践中,可以从以下几个方面来着手:

(1) 是否接受过税务辅导。一般来说,有新的税收法规,甚至新的计税方法或税收财务处理办法出台,税务机关都会组织纳税企业进行学习。如果企业参与了这样的学习,就很难以"不了解"、"不懂"为借口辩解自己是漏税了。

(2) 是否有纳税记录。只要是纳税人曾经申报缴纳过的税收项目,便有力地证明该纳税人已具有这些项目的纳税常识,再有不申报便可认定为偷税。对没有进行纳税鉴定的纳税人,或者没有鉴定过的纳税项目,该纳税人本身的纳税记录就是有效的举证材料、有力的偷税证据。

(3) 是否接受过税务检查或者税务处罚。如果某纳税人既没有纳税鉴定,又没有正确的纳税记录,税务机关进行的税务检查结论是有效的举证材料。税务机关对纳税人进行税务检查后均会作出"检查结论书"或"处罚决定书",凡经过税务检查的纳税项目,凡经税务机关纠正过的纳税项目都是该纳税人已经知晓的税务常识,在经过检查的纳税项目和范围再次出现不申报或少申报,可认定为偷税。

如果一个新办企业尚未进行纳税鉴定,而该企业又尚未交纳过税款,税务机关也从未对其进行过税务检查。其过失不申报的可能性已经很大,在税务检查中发现的未申报行为,除另有证据外,应认定为漏税。即使执法人员主观判断该纳税人是偷税,在没有证据的情况下,也不能认定为偷税。但是该次税务检查的意义仍十分重大。① 该纳税人不仅要补缴税款,还要加收滞纳金,惩戒作用很大,国家税收没有损失。② 本次

---

① 参见徐秋跃、王建明、李文健、张相军:《走私罪认定与处理的若干疑难问题研究》,载《刑事司法指南》2001年第1辑。

检查将成为今后的举证材料,即使该纳税人确有偷税的主观意图,也只有一次躲过处罚的机会。

(4) 是否存在税务代理。税务代理通常由国家注册会计师、审计师或税务师承担。专业税务代理经过国家考试录用,受行业协会管理,理应是税收法规的专家或行家。对专业税务代理机构或个人可以有必须掌握和知晓税收法规常识的假设。因此凡由专业税务代理报税的纳税人有税不申报,不缴、少缴税款的,可认定为偷税。税务代理是法制发达国家通行的方法,在由税务代理承担的纳税事项中,不能使用"计算错误"、"有争议"、"不知道税法规定"等借口。当然,对于税务代理中的刑事责任的承担,则应具体分析。

(5) 是否设置"两套账"。"两套账",即偷税企业在财务核算和纳税申报中,为了偷逃国家税款而采取的一种偷税手段。企业财务人员在日常的会计核算中,分为内部核算和外部核算两种方式,建立相应的两套账目,即一套账对内核算,真实地反映企业的经营情况和成果,提供的对象是企业的主要领导人;另一套账对外核算,以虚假的经营情况和经营成果列入,作为向税务机关申报纳税和接受日常的纳税检查。如果企业设置两套账,并隐匿"内账",而以"外账"申报纳税,经与"内账"对比,确实少缴税款,则可以此直接认定企业偷税。因为,"两套账"与单纯的企业财务管理混乱不同。企业财务管理再混乱,在税务检查时,不会隐匿账簿,更不会有明显的"两套账"。立刻亮公司采用账外经营的手法,设置两套账核算销售光管支架等产品,外账用于向税务机关申报纳税,大部分销售不开具发票,只开具产品"出仓单"、"产品送货单",而该部分销售收入记录到公司内账,以独立反映该公司大部分销售收入状况,内账的销售收入没有向税务机关申报纳税,显然属于虚假申报,并且是偷税行为,立刻亮公司法定代表人及其辩护律师辩称是公司财务管理混乱而导致纳税申报不实,少缴税款,属于漏税,这显然是站不住脚的。笔者认为,一二审法院认定立刻亮公司少缴税款的行为属于偷税,而不是漏税,这种定性是正确的。

但是,一审法院在检察机关只起诉公司法定代表人而没有起诉单位的情况下,在没有认定单位构成犯罪的情况下,径直对单位法定代表人定罪量刑,这是不正确的。上诉人及其辩护人对此提出异议并上诉,而二审法院则认为,一审判决书已确认本案是单位犯罪,在公诉机关未起诉单位只起诉自然人的情况下,原审法院对被起诉的自然人根据指控的犯罪事实、证据及庭审查明的事实,依法按单位犯罪中的直接负责的主管人员追究刑事责任,并引用刑法分则关于单位犯罪追究直接负责的主管人员刑事责任的有关条款,符合法律规定。笔者认为,这种观点和做法是不妥的。偷税罪的主体是特殊主体,即纳税人。就立刻亮公司偷税一案来说,纳税人是立刻亮公司,而不是其法定代表人张乐常。张乐常作为法定代表人只有在认定其公司构成单位犯罪时,才有可能追究其刑事责任。即使不对单位处罚,仅处罚责任人,也要先认定单位构成单位犯罪。否则,对单位中的责任人的处罚就没有前提基础。

当然,对于本案还有一个问题,即公司构成犯罪,是否一定能够追究其法定代表人的刑事责任?本案中,作为法定代表人的张乐常就提出其并没有指使财务人员设置两套账。从理论上来说,对于单位犯罪,可以追究直接负责的主管人员和直接的责任人员。由于单位的意志并非只能由法定代表人体现,所以,对于单位犯罪,并不一定要追究其法定代表人的刑事责任。比如曾经轰动一时的著名影星刘晓庆作为法定代表人的公司偷税案,最后并没有追究刘晓庆的刑事责任。不过,就本案而言,虽然张乐常辩解其并未指使财务人员偷税,但有证据足以证明其指使设置两套账,所以,追究其刑事责任是有法律和事实依据的,也是正确的。

【结　　论】

设置两套账,少缴税款是偷税行为。

【相关链接】

相关的法律、法规

中华人民共和国刑法

第二百零一条　纳税人采取伪造、变造、隐匿、擅自销毁账簿、记账凭证,在账簿上多列支出或者不列、少列收入,经税务机关通知申报而拒不申报或者进行虚假的纳税申报的手段,不缴或者少缴应纳税款,偷税数额占应纳税额的百分之十以上不满百分之三十并且偷税数额在一万元以上不满十万元的,或者因偷税被税务机关给予二次行政处罚又偷税的,处三年以下有期徒刑或者拘役,并处偷税数额一倍以上五倍以下罚金;偷税数额占应纳税额的百分之三十以上并且偷税数额在十万元以上的,处三年以上七年以下有期徒刑,并处偷税数额一倍以上五倍以下罚金。

扣缴义务人采取前款所列手段,不缴或者少缴已扣、已收税款,数额占应缴税额的百分之十以上并且数额在一万元以上的,依照前款的规定处罚。

对多次犯有前两款行为,未经处理的,按照累计数额计算。

第二百一十一条　单位犯本节第二百零一条、第二百零三条、第二百零四条、第二百零七条、第二百零八条、第二百零九条规定之罪的,对单位判处罚金,并对其直接负责的主管人员和其他直接责任人员,依照各该条的规定处罚。

第二百一十二条　犯本节第二百零一条至第二百零五条规定之罪,被判处罚金、没收财产的,在执行前,应当先由税务机关追缴税款和所骗取的出口退税款。

中华人民共和国税收征收管理法(2001年4月28日)

第四条　法律、行政法规规定负有纳税义务的单位和个人为纳税人。

法律、行政法规规定负有代扣代缴、代收代缴税款义务的单位和个人为扣缴义务人。

纳税人、扣缴义务人必须依照法律、行政法规的规定缴纳税款、代扣代缴、代收代缴税款。

第六十三条 纳税人伪造、变造、隐匿、擅自销毁账簿、记账凭证,或者在账簿上多列支出或者不列、少列收入,或者经税务机关通知申报而拒不申报或者进行虚假的纳税申报,不缴或者少缴应纳税款的,是偷税。对纳税人偷税的,由税务机关追缴其不缴或者少缴的税款、滞纳金,并处不缴或者少缴的税款百分之五十以上五倍以下的罚款;构成犯罪的,依法追究刑事责任。

扣缴义务人采取前款所列手段,不缴或者少缴已扣、已收税款,由税务机关追缴其不缴或者少缴的税款、滞纳金,并处不缴或者少缴的税款百分之五十以上五倍以下的罚款;构成犯罪的,依法追究刑事责任。

第八十条 税务人员与纳税人、扣缴义务人勾结,唆使或者协助纳税人、扣缴义务人有本法第六十三条、第六十五条、第六十六条规定的行为,构成犯罪的,依法追究刑事责任;尚不构成犯罪的,依法给予行政处分。

相关的司法解释与指导性意见

最高人民检察院、公安部关于经济犯罪案件追诉标准的规定(2001年4月18日)

四十九、纳税人进行偷税活动,涉嫌下列情形之一的,应予追诉:

1. 偷税数额在一万元以上,并且偷税数额占各税种应纳税总额的百分之十以上的;

2. 虽未达到上述数额标准,但因偷税受过行政处罚二次以上,又偷税的。

最高人民法院关于审理偷税抗税刑事案件具体应用法律若干问题的解释(法释[2002]33号)

第一条 纳税人实施下列行为之一,不缴或者少缴应纳税款,偷税数额占应纳税额的百分之十以上且偷税数额在一万元以上的,依照刑法第二百零一条第一款的规定定罪处罚:

(一)伪造、变造、隐匿、擅自销毁账簿、记账凭证;

(二)在账簿上多列支出或者不列、少列收入;

(三)经税务机关通知申报而拒不申报纳税;

(四)进行虚假纳税申报;

(五)缴纳税款后,以假报出口或者其他欺骗手段,骗取所缴纳的税款。

扣缴义务人实施前款行为之一,不缴或者少缴已扣、已收税款,数额在一万元以上且占应缴税额百分之十以上的,依照刑法第二百零一条第一款的规定定罪处罚。扣缴义务人书面承诺代纳税人支付税款的,应当认定扣缴义务人"已扣、已收税款"。

实施本条第一款、第二款规定的行为,偷税数额在五万元以下,纳税人或者扣缴义务人在公安机关立案侦查以前已经足额补缴应纳税款和滞纳金，犯罪情节轻微，不需要判处刑罚的，可以免予刑事处罚。

第二条　纳税人伪造、变造、隐匿、擅自销毁用于记账的发票等原始凭证的行为，应当认定为刑法第二百零一条第一款规定的伪造、变造、隐匿、擅自销毁记账凭证的行为。

具有下列情形之一的，应当认定为刑法第二百零一条第一款规定的"经税务机关通知申报"：

（一）纳税人、扣缴义务人已经依法办理税务登记或者扣缴税款登记的；

（二）依法不需要办理税务登记的纳税人，经税务机关依法书面通知其申报的；

（三）尚未依法办理税务登记、扣缴税款登记的纳税人、扣缴义务人，经税务机关依法书面通知其申报的。

刑法第二百零一条第一款规定的"虚假的纳税申报"，是指纳税人或者扣缴义务人向税务机关报送虚假的纳税申报表、财务报表、代扣代缴、代收代缴税款报告表或者其他纳税申报资料，如提供虚假申请，编造减税、免税、抵税、先征收后退还税款等虚假资料等。

刑法第二百零一条第三款规定的"未经处理"，是指纳税人或者扣缴义务人在五年内多次实施偷税行为，但每次偷税数额均未达到刑法第二百零一条规定的构成犯罪的数额标准，且未受行政处罚的情形。

纳税人、扣缴义务人因同一偷税犯罪行为受到行政处罚，又被移送起诉的，人民法院应当依法受理。依法定罪并判处罚金的，行政罚款折抵罚金。

第三条　偷税数额，是指在确定的纳税期间，不缴或者少缴各税种税款的总额。

偷税数额占应纳税额的百分比，是指一个纳税年度中的各税种偷税总额与该纳税年度应纳税总额的比例。不按纳税年度确定纳税期的其他纳税人，偷税数额占应纳税额的百分比，按照行为人最后一次偷税行为发生之日前一年中各税种偷税总额与该年纳税总额的比例确定。纳税义务存续期间不足一个纳税年度的，偷税数额占应纳税额的百分比，按照各税种偷税总额与实际发生纳税义务期间应当缴纳税款总额的比例确定。

偷税行为跨越若干个纳税年度，只要其中一个纳税年度的偷税数额及百分比达到刑法第二百零一条第一款规定的标准，即构成偷税罪。各纳税年度的偷税数额应当累计计算，偷税百分比应当按照最高的百分比确定。

第四条　两年内因偷税受过二次行政处罚，又偷税且数额在一万元以上的，应当以偷税罪定罪处罚。

相关的参考案例

王旭偷税案北京市西城区人民法院刑事判决书（2006）西刑初字第305号。

载 http://www.lawyee.net/Case/Case_Display.asp?RID=115335&KeyWord=.

（周洪波）

39. 福利企业发包部分资产收取管理费并享受国家减免税优惠的行为如何定性?
——沁阳市三亚玻璃钢厂、张杜娟、勒悦军偷税案①

【案情介绍】

被告人靳以东,又名勒二妞,男,1956年12月6日出生于河南省沁阳市,汉族,初中文化程度。原任沁阳市三亚玻璃钢厂厂长。因涉嫌偷税犯罪于1999年6月12日被刑事拘留,7月22日被逮捕。

被告人勒悦军,男,1957年8月29日生于河南省沁阳市,汉族,初中文化。原任沁阳市三亚玻璃钢厂副厂长。因涉嫌偷税犯罪于1999年6月12日被刑事拘留,7月22日被逮捕。

被告人张杜娟,女,1977年10月25日生于河南省沁阳市,汉族,大专文化程度,原任沁阳市三亚玻璃钢厂会计。因涉嫌偷税犯罪于1999年7月22日被逮捕。

被告单位沁阳市三亚玻璃钢厂,住所地为沁阳市西向镇西向三街。

法定代表人勒周来,男,沁阳市三亚玻璃钢厂负责人。

1996年8月12日,河南省沁阳市西向镇在沁阳市西向镇三街成立沁阳市三亚玻璃钢厂,并任命勒以东为法定代表人,同时申请福利企业。1997年2月3日被河南省民政厅、河南省国家税务局、河南省地方税务局批准为福利企业。此后,被告三亚玻璃钢厂利用国家减免税收政策,与个体业务员勒国兴、勒利、王成才等人协商,由业务员承揽玻璃钢业务后,被告沁阳市三亚玻璃钢厂向业务员出具法人委托书、合同书、销售工业税票,沁阳市三亚玻璃钢厂按税票金额收取10%至12%的管理费、税金,由此增加沁阳市三亚玻璃钢厂的收入,并增加税务部门返还沁阳市三亚玻璃钢厂的税款。1997年1月至1998年12月,沁阳市三亚玻璃钢厂用这种方法增加销售收入2 941 634.51元,骗得税务部门返还沁阳市三亚玻璃钢厂的增值税298 691.18元,企业所得税360 422.55元。在此期间偷房产税、营业税、城市维护建设税、教育附加税计4 377.8元,合计663 491.5元,占应纳税款927 101.23元的71.5%。

河南省沁阳市人民法院认为,被告沁阳市三亚玻璃钢厂与个体业务员相互内外勾

---

① (2000)焦刑终字第55号。案例选自 http://www.lawyee.net/Case/Case_Display.asp? RID = 5141&KeyWord = 。

结,恶意串通,虚报事实,骗取国家退税款,数额巨大,其行为已构成偷税罪。被告人勒以东、勒悦军、张杜娟系直接责任者均构成偷税罪。依照《中华人民共和国刑法》第211条、第201条第1款、第204条第2款、第25条第1款、第20条第1、4款、第27条、第72条之规定,判决被告沁阳市三亚玻璃钢厂犯偷税罪,判处罚金1 990 474.59元;被告人勒以东犯偷税罪,判处有期徒刑3年;被告人勒悦军犯偷税罪,判处有期徒刑1年,缓刑1年;被告人张杜娟犯偷税罪,判处有期徒刑6个月,缓刑1年。被告人勒以东上诉称,三亚玻璃钢厂招聘业务员,让业务员以三亚玻璃钢厂的名义签订合同,利用三亚玻璃钢厂的水电、场地、设备、自行组织生产,厂里的残疾人为业务员组织生产提供清扫场地、浇花、看管厂门等辅助性劳动,有时残疾人也亲自参加劳动。三亚玻璃钢厂收取货款的10%～12%的管理费,这只是三亚玻璃钢厂的一种经营方式,法律并不禁止这种经营方式,况且三亚玻璃钢厂向税务机关申报纳税时,并没有隐瞒厂里的营业额和收入,是按照规定纳税的。税务机关按三亚玻璃钢厂所交纳的税款退税,符合国家对福利企业的免税政策,故三亚玻璃钢厂及三被告人均不构成偷税罪。其辩护人辩称,原判决引用的《刑法》第201条第1款、204条第2款均与本案无关,不能作为定罪的法律依据。因为三亚玻璃钢厂并没有采用《刑法》第201条第1款规定的三种手段,也没有采用《刑法》第204条第2款规定的欺骗方法,即没有"以假报出口或者其他欺骗手段"骗取退税。被告三亚玻璃钢厂及被告人勒以东不构成偷税罪。焦作市人民法院经审理查明,1996年8月12日,沁阳市西向镇在西向镇所办企业长城工业总公司的基础上,与西向三街共同筹建沁阳市三亚玻璃钢厂,属集体企业。被告人勒以东被任命为法定代表人。1997年2月3日三亚玻璃钢厂被河南省民政厅、河南省国家税务局、河南省地方税务局批准为福利企业。该厂共有职工35人,其中残疾人员17人,管理人员5人、技术人员3人,残疾人员占生产人员的57%。被告三亚玻璃钢厂招用业务员勒国兴、勒利等人,通过工商部门核准,发给法定代表人授权证书,由业务员对外以三亚玻璃钢厂的名义用三亚玻璃钢厂的合同纸、合同专用章签订合同。然后利用三亚玻璃钢厂的厂房、设备、水电,业务员自己出资购买材料、组织生产,有时也少量使用三亚玻璃钢厂的残疾工人,残疾人主要在厂里负责养花,打扫卫生等。结算时,三亚玻璃钢厂出具增值税专用发票,收取10%～12%的管理费、税金等。三亚玻璃钢厂在进行纳税申报时,向税务机关提供的账簿记录有全部产品销售收入、原材料生产成本、销售成本等项目。三亚玻璃钢厂与业务员之间的往来账没有向税务机关提供。从1997年1月至1998年12月实现销售收入2 957 019.12元。在此期间,三亚玻璃钢厂应缴增值税309 275元,实缴309 275元,税务机关退税301 306.5元。其中三亚玻璃钢厂在没有所聘请的业务员参与下,所生产的玻璃钢销售额15 384.61元。属业务员所签合同退税298 691.18元。1997年和1998年两年三亚玻璃钢厂申请减免企业所得税360 422.55元,在此期间三亚玻璃钢厂没将房租收入进行纳税申报,少缴各种税共计4 377.8元。

39. 福利企业发包部分资产收取管理费并享受国家减免税优惠的行为如何定性？

焦作市人民法院认为，被告沁阳市三亚玻璃钢厂是经省有关部门批准的福利企业，其在经营中聘任业务员，发给授权委托书、产品说明书等资料，业务员用三亚玻璃钢厂的合同纸、合同章对外签订合同，自行组织生产，从法律关系上讲，应该视为三亚玻璃钢厂的行为。而三亚玻璃钢厂又将该经营行为的销售额等如实记账，进行纳税申报，根据福利企业享有的免税政策，税务机关返还三亚玻璃钢厂所交税款不是偷税行为。企业所得税也是通过申请并经批准予以减免。被告三亚玻璃钢厂虽然和业务员之间的往来账没有向税务机关提供，但向税务机关提供的账簿上与纳税有关的项目，如销售额等并没有虚假成分。这与设立真假两本账有本质的区别。实质上沁阳市三亚玻璃钢厂所申报和交纳的税款未少一分，所以沁阳市三亚玻璃钢厂的行为与偷税罪的客观表现也是不相符合的。即便沁阳市三亚玻璃钢厂使用业务员的方式不当，客观上使业务员享受了国家给予福利企业的减免税收的待遇，少交税。但这也是利用税法的相关规定，通过不同的经营方式来实现其不交税少交税的目的，这只是一种"避税"行为，而不是刑法意义上的偷税行为。因为被告本身并没有实施刑法中所列举的偷税手段。对于这种"避税"行为，我国刑法并没有规定惩治的条款，故被告沁阳市三亚玻璃钢厂，被告人勒以东、勒悦军、张杜娟的行为均构不上犯罪。原审法院将《刑法》第201条第1款第204条第2款竞合认定沁阳市三亚玻璃钢厂及被告人的行为属偷税行为，显然是错误的。被告人勒以东的上诉理由及其辩护人的辩护理由成立，本院予以采纳。依照《中华人民共和国刑事诉讼法》第189条第(2)项之规定，判决如下：

1. 撤销沁阳市人民法院(2000)沁刑初字第13号刑事判决。
2. 被告沁阳市三亚玻璃钢厂，被告人勒以东、勒悦军、张杜娟无罪。

【法理分析】

处理本案涉及的主要问题在于：如何区分偷税与避税？

沁阳市三亚玻璃钢厂的行为，一审被认定为偷税，构成偷税罪，二审被认定为无罪，属于避税行为。这种差别是很大的。如何来正确对沁阳市三亚玻璃钢厂的行为进行定性，就必须弄清楚什么是避税，偷税与避税的区别在哪里，沁阳市三亚玻璃钢厂与勒国兴、勒利等人的关系到底是什么性质等问题。

一、什么是避税？

如何对避税行为进行法律评价，在税收学界、税法学界，抑或刑法学界都存在不同意见，可谓众说纷纭，但大致说来，有中性说或非违法性说、合法性说、非违法性但不合理说、非违法性且合理说、非违法性＋合法性说以及违法性＋非违法性＋合法性说。

笔者较为同意"不违法性但不合理说"。这是因为：① 避税决不是合法行为。合法行为是法律允许且鼓励去做的行为，并且为法律所规定。合法行为由于是符合法律的规定，是法律所鼓励去做的行为，所以是对社会有益的行为。法律这种规定无论是明确具体的,还是原则概括的,都能在法律条文中找到。而避税行为在客观上造成了国家税收收入的减少,增加了国家财政负担,导致不平等竞争,是对社会有害的行为,其不符合合法行为的社会特征。在税收实践中,我们反避税。既然避税是合法行为,我们为什么还反避税呢,这岂不矛盾？② 避税行为在法律调整之外,是法律的疏漏、缺位,在法律条文中找不到其的位置,无法对其进行法律评价,更谈不上是合法行为,也即其不符合合法行为的法律特征。③ 避税行为也不是违法行为。违法行为为法律所禁止,并受到法律的处罚。也就是说,作为违法行为,一是法律要明确规定禁止这种行为,二是实施这种行为要受到法律的处罚。而避税行为却不具备这两点,避税行为没有法律的明文规定,税收实践中,避税行为也没有受到处罚。④ 在合法行为与违法行为之间存在一个"中间行为",这就是不为法律明文禁止但又不为法律允许且鼓励去做的行为,简言之,就是因立法疏忽而未用法律调整的行为,也即立法缺位的情况。避税行为就属于这种情况。法律没必要调整社会生活的角角落落,但是法律应该调整的地方,也未必能够调整到。社会生活的纷繁多样、千变万化,立法者的局限性以及法律本身的有限性,都使法律不可能无懈可击,必然存在着一个法律的死角。所以,某一行为并非不是合法行为,就是违法行为的简单非此即彼判断评价,而是存在一个中间区域。最后,虽然法律没有规定的东西,自然无法进行法律评价,但是可以进行道德等的价值评价。避税行为是违背道德的行为,是违背法的精神的行为。法的精神在于使社会生活有序化,使社会良性、健康向前发展。在法律中蕴涵了公平、正义和自由之精神。税法的精神在于使税收有序化,充分实现税收的财政、经济和监督职能。而避税行为减少了国家税收收入,违背了公平竞争的经济原则,弱化了税收的职能,很显然,其违背了税法的精神。

基于上述,避税,是指纳税人出于规避纳税义务,采取不违背法律规定但违背立法精神的手段,不缴或少缴税款的行为。避税具有以下特征:

1. 行为主体的特定性。避税行为的主体只能是纳税义务人。避税从根本上讲,是行为人减轻自己的税收负担。只有行为人负有纳税义务,才有可能想方设法去规避纳税义务,尽量减轻自己的税收负担。所以,非纳税义务人不负有纳税义务,也谈不上规避纳税义务,更不可能去避税了。

2. 行为的非违法性。避税行为属于立法空白,无法对其进行法律评价,不可能是合法行为,也不可能是违法行为。正如有学者所说:"虽然我们赞同非合理避税行为不是违法行为,但是我们也不能说它是合法的,因为它违背了税收立法意图,客观上减少了国家的租税收入。这种避税可以认定为出于合法与违法之间的中间状态,或叫灰色地带,故不好以合法或违法而论。"①

---

① 陈贵端:《国际租税规避与立法管制对策》,载《经济法论丛》2000年第1卷。

3. 行为的悖理性。避税行为虽然不具有违法性,但它不是合理的行为。避税行为的悖理性首先表现为行为人的主观意识的悖理。纳税人想尽量减轻自己的税收负担并无可厚非,但纳税人却违背常理,不采取合法手段,而钻法律的漏洞,这与立法精神是抵触的。其次,避税行为的悖理性还表现在行为的社会危害性上。避税行为造成国家税收收入的减少,还导致社会成本的增加,弱化了税收的职能。

4. 行为的故意性。避税行为是纳税人故意所为,而且是纳税人挖空心思所为。避税行为的故意性表现在:① 纳税人主观目的的明确性。纳税人的主观目的很明确,就是减轻自己的税收负担。② 纳税人认识的高度清楚性。要想达到避税的目的,纳税人没有较高的税法知识,是不可能的。不仅如此,纳税人还要研究税法的漏洞,研究如何才能减轻自己的税负而不受处罚。这就使得纳税人很清楚自己行为的性质、结果。③ 纳税人意志的坚定性。由于纳税人很清楚自己行为的法律性质以及给自己所带来的利益,所以纳税人在对自己行为所造成结果的态度上,表现得异常坚定,并积极追求这种结果。

二、避税与偷税的联系

1. 社会危害本质相同。从社会危害上看,避税行为并不弱于偷税。避税与偷税一样侵蚀国家税基,导致国家税收收入的减少。避税对国家税收收入减少的影响表现在三个方面:① 避税本身导致税收收入减少;② 避税的不良效应使国家要投入更多的人力、物力、财力进行反避税,即增加社会成本;③ 避税成功后导致更多的避税。另外,避税还对社会再分配、市场价格产生不良影响。由于我国税法极不健全,处于税制变革时期,可以预见,随着我国加入"世贸组织"以及我国股份经济的进一步发展,避税问题将愈加突显。避税行为危害社会的本质,是反避税的根本原因。

2. 主观方面有相似之处。在主观上二者都是故意行为,在认识因素、意志因素和目的性上都有共同之处:① 认识因素上,② 都认识到了自己行为的社会危害;二是意志因素上,二者对行为的危害社会的结果都表现为积极追求的态度;③ 二者的目的性都很强,即都是为了规避纳税义务,不缴或少缴税款。

3. 客观表现有相似之处。在客观最终表现上,二者都是不缴或少缴税款,给国家税收收入造成损失。

4. 避税可以向偷税转化。避税转化为偷税,不是说在司法实践中通过行为性质的转变来实现的,而是通过立法的规定来实现。避税是法律的疏忽,如果法律没有疏忽,而是规定禁止该类行为,则避税行为就成为了偷税行为。前已述及,避税行为在本质上是具有危害性的,只是在法律上不具有违法性,所以,一旦立法者发现了这一法律漏洞,就会采取措施来填补,把该行为纳入法律调整范围之内,使其具有违法性,也即规定为偷税。这样,原来由于法律的疏忽而是避税的行为,又由于立法对漏洞的填补而使其成为偷税行为。

三、避税与偷税的区别

笔者认为,可从以下几个方面区分偷税与避税:

1. 从行为的法律性质上。如前所述,避税不是法律明确禁止的,而偷税则是法律明确禁止的。法律有无明确禁止是区分偷税与避税的关键所在。偷税与避税的最根本的界限就在法律有无规定,除此之外,二者的其他区别都是由此而派生出来的。当然,关于行为的适法性,也即某一法律条款怎样对行为事实是有效的,在学界有着不同认识:一种观点认为,只要事实符合字面的解释,法律就是有效运用的;第二种观点认为,既要事实符合法律的字面解释,又要符合法律的立法意图,法律才是有效运用的;第三种观点认为,法律对事实或行为的应用上要合乎逻辑及前后采用一致的方法;第四种观点认为,要依据法律的经济上或社会上的目的,或是依据税法整体内容来判断某一税法条款,对于一件具体事实或行为的运用性与符合性。目前在对付避税上,许多国家并不拘泥于第一种观点,而普遍采用第二种和第四种观点,即用立法意图的观点来解释税法。具体地讲,一项经济行为的形式虽然与法律规定在字面上是吻合的,但其后果与立法的宗旨相悖,则在课税目的上仍不予承认。我国也有学者从反避税的角度出发,提出税法是否被滥用的标准和实质重于形式的标准。税法是否被滥用的标准,是指法律准则的运用明显地与该准则的目的、意义及运用范畴显著抵触的情况;实质重于形式的标准是依据法律的立法意图,而不只是法律的条文来判断问题:即检验经济上的实质关系与法律上形式条文是否一致,是否存在虚伪因素,有无经营上的目的。如果没有合理的经营上的目的,则此类交易上的行为即为税收法律上所不可接受的。① 笔者认为,避税是不违法的,判断某一行为是否违法,只能根据法律条文的规定,以法律条文的字面明文规定为限,而不能抛开条文,仅凭立法精神来认定。贝卡利亚早就说过:"'法律的精神需要探询',再没有比这更危险的公理了。采取这一公理,等于放弃了堤坝,让位给汹涌的歧见。"② 实质重于形式的原则与立法精神的原则如出一辙,其思想的本质是一样的。作为司法,只能固守法律的形式框框,以形式为界,不能抛开形式,去找实质标准,否则,就违背立法与司法分权的原则。而且仅凭立法精神(或法律的实质)来认定行为的违法性,何止导致歧见,更危险的是法官自由裁量权的滥用,刑及无辜,侵犯人权,使刑法的保障机能不可得,久而久之,刑法的保护机能亦不复存在。立法的漏洞只能留给立法自己来填补,决不可由司法越俎代庖。

2. 从行为与纳税义务的关系上。避税行为从质与量上影响纳税义务,即使得纳税义务免除或减轻。一般情况下,避税行为实施于纳税义务产生以前,即避税行为通过避免产生纳税义务或减轻纳税义务,来不缴或少缴税款。如投资避税、筹资避税等。

---

① 参见张中秀主编:《现代企业的合理避税筹划》,中华工商联合出版社2000年版,第3页。
② 参见〔意〕贝卡里亚:《论犯罪与刑罚》(黄风译),中国大百科全书出版社1993年版,第12页。

有时,在纳税义务产生后,即实施了应税行为,纳税人又采取一些不违法的行为,使得纳税义务消除或减轻。如转移定价避税、利用课税主体避税等。总之,无论采取哪种方式避税,避税行为都使纳税义务根据法律得以免除或减轻,并在事实上也能实现。而偷税行为却必须实施于纳税义务产生后,并不能在法律上消除或减轻纳税义务,如果被发现,则在事实上不仅不能实现不缴或少缴税款的目的,而且还要承担经济惩罚以及其他惩罚。

3. 从主观认识上。避税与偷税在主观认识上也存在着区别:首先是对自己行为的法律性质的认识不同。由于偷税和避税的实施需要较为专业的知识,所以,一般来讲,避税和偷税的实施者都属于"白领一族",具有较高的知识水平,大都对自己行为的法律性质具有较清楚的认识。偷税行为人认识到自己行为的违法性,而避税行为人能认识到自己的行为不具有违法性。其次是对自己行为与所负的纳税义务的关系认识不同。偷税行为人明知自己负有纳税义务,并且明知自己的偷税行为消除不了自己负有的纳税义务,而避税行为人认识到通过自己的避税行为能使自己不负有或减轻纳税义务。最后是对自己行为的法律后果认识不同。避税行为认识到自己的行为不会受到法律制裁,而偷税行为认识到自己的行为是受到法律的惩罚的。

4. 从行为表现上。① 行为的外显性不同。偷税行为由于是违法的,一般具有隐蔽性、不公开性,而避税行为并不违法,往往具有公开性。② 行为的受限性不同。偷税行为不仅违背法律,并且由法律明确规定了其具体方式,尽管某一行为违背法律,行为人主观上也出于规避纳税义务,但只要他采取的具体行为方式与法律规定的偷税方式不符,也不能认定为偷税。而避税行为则不受法律的严格约束,其行为方式表现也是多种多样,并不断"创新"。③ 行为的内容不同。偷税的行为内容就是法律规定的那几种,避税行为则与其不一样,否则就是偷税了。

四、沁阳市三亚玻璃钢厂的行为性质

1. 沁阳市三亚玻璃钢厂的行为不是偷税。根据《税收征收管理法》第63条的规定:"纳税人伪造、变造、隐匿、擅自销毁账簿、记账凭证,或者在账簿上多列支出或者不列、少列收入,或者经税务机关通知申报而拒不申报或者进行虚假的纳税申报,不缴或者少缴应纳税款的,是偷税。"某一行为是否属于偷税必须符合法律规定的四种行为之一,因为法律对偷税行为的规定采取的是叙明方式。从本案已查明的证据来看,三亚玻璃钢厂的销售额、原材料、生产成本、销售成本等,如实记账,不存在"在账簿上多列支出或者不列、少列收入"情形,同时,已有证据也没有显示该厂存在"伪造、变造、隐匿、擅自销毁账簿、记账凭证"的情形。第三,三亚玻璃钢厂如实缴纳了税款,自然也不符合"经税务机关通知申报而拒不申报"的情形。

三亚玻璃钢厂能否构成偷税,关键是看其是否存在虚假纳税申报。虽然被告三亚玻璃钢厂和业务员之间的往来账没有向税务机关提供,但向税务机关提供的账簿上与纳税有关的项目,如销售额等并没有虚假成分。这里的问题在于,三亚玻璃钢厂和业务员之间的往来账是否应该向税务机关提供,或者说是否影响对三亚玻璃钢厂应纳税额的计算。

这里应该弄清楚三亚玻璃钢厂与靳某等人的关系。二审法院认定二者属于聘用关系,即靳某等人是三亚玻璃钢厂的聘用人员,也即该厂的员工。笔者认为,这种定性可能不太准确。从二者签署的协议来看,应该是承包关系,而不是劳动关系。劳动关系是劳动者与用人单位之间为实现劳动过程而发生的劳动力与生产资料相结合的社会关系。劳动关系中,劳动者与用人单位之间的地位是不平等的,劳动力的支配权掌握在用人单位手中,双方是管理与被管理的隶属关系,因此,劳动关系中风险责任由用人单位承担,劳动者的劳动报酬特定化为持续的定期的工资支付。而在本案中,三亚玻璃钢厂与靳某等人是一种承包关系,不是雇佣关系。因为三亚玻璃钢厂不支付靳某等人的劳动报酬(工资),只收取管理费(承包费),二者不存在劳动关系,也不存在管理与被管理关系,是一种平等关系。根据增值税、营业税暂行条例实施细则的规定,对于企业承包、出租的,承包人、承租人为纳税人。但2003年财政部、国家税务总局《关于营业税若干政策问题的通知》的规定,双方签订承包、租赁合同(协议,下同)将企业或企业部分资产出包、租赁,出包、出租者向承包、承租方收取的承包费、租赁费(承租费,下同)按"服务业"税目征收营业税。出包方收取的承包费凡同时符合以下三个条件的,属于企业内部分配行为不征收营业税:① 承包方以出包方名义对外经营,由出包方承担相关的法律责任;② 承包方的经营收支全部纳入出包方的财务会计核算;③ 出包方与承包方的利益分配是以出包方的利润为基础。显然,本案中,三亚玻璃钢厂与靳某等人属于这种情况,纳税人应该是三亚玻璃钢厂。也就是说,三亚玻璃钢厂就靳某等人的生产、销售行为纳税,而靳某等人仅就自己所得缴纳所得税。因此,三亚玻璃钢厂将与业务员之间的往来账没有向税务机关提供是正确的,因为这与纳税无关。而其向税务机关提供的纳税资料也并无虚假成分。所以,三亚玻璃钢厂也不存在虚假纳税申报的行为。综上,三亚玻璃钢厂不构成偷税。

2. 三亚玻璃钢厂的行为也不属于避税。二审法院认为,即便沁阳市三亚玻璃钢厂使用业务员的方式不当,客观上使业务员享受了国家给予福利企业的减免税收的待遇,少交税。但这也是利用税法的相关规定,通过不同的经营方式来实现其不交税少交税的目的,这只是一种"避税"行为,而不是刑法意义上的偷税行为。笔者认为,三亚玻璃钢厂的行为也不是避税。如前所述,避税是指纳税人出于规避纳税义务,采取不违背法律规定但违背立法精神的手段,不缴或少缴税款的行为。问题在于,三亚玻璃钢厂客观上并没有不缴或少缴税款,主观上也没有规避纳税义务。相反,正是由于三亚玻璃钢厂与靳悦军等人签署了承包协议,使得三亚玻璃钢厂向国家缴纳的税收增加了,只不过缴纳的税又被返还回来。二审法院认为三亚玻璃钢厂使用业务员的方式不当,客观上使业务员享受了国家给予福利企业的减免税收的待遇,实际上这种观点是错误的。根据三亚玻璃钢厂与靳某的协议,靳某等人并不承担因生产、销售行为而产生的纳税义务,谈不上使他们享受了国家给予福利企业的减免税收的待遇。而且,国家法律并没有禁止福利企业采取这种承包方式进行生产,靳某等人仍然应就自己所得缴纳所得税。所以,笔者认为,三亚玻璃钢厂的行为也不属于避税行为。

【结　　论】

福利企业发包部分资产收取管理费并享受国家减免税优惠行为不构成偷税罪。

【相关链接】

相关的法律、法规

中华人民共和国刑法第201、211、212条(见本书第238页)

中华人民共和国税收征收管理法(2001年4月28日)

第四条　法律、行政法规规定负有纳税义务的单位和个人为纳税人。

法律、行政法规规定负有代扣代缴、代收代缴税款义务的单位和个人为扣缴义务人。

纳税人、扣缴义务人必须依照法律、行政法规的规定缴纳税款、代扣代缴、代收代缴税款。

第六十三条　纳税人伪造、变造、隐匿、擅自销毁账簿、记账凭证,或者在账簿上多列支出或者不列、少列收入,或者经税务机关通知申报而拒不申报或者进行虚假的纳税申报,不缴或者少缴应纳税款的,是偷税。对纳税人偷税的,由税务机关追缴其不缴或者少缴的税款、滞纳金,并处不缴或者少缴的税款百分之五十以上五倍以下的罚款;构成犯罪的,依法追究刑事责任。

扣缴义务人采取前款所列手段,不缴或者少缴已扣、已收税款,由税务机关追缴其不缴或者少缴的税款、滞纳金,并处不缴或者少缴的税款百分之五十以上五倍以下的罚款;构成犯罪的,依法追究刑事责任。

第八十条　税务人员与纳税人、扣缴义务人勾结,唆使或者协助纳税人、扣缴义务人有本法第六十三条、第六十五条、第六十六条规定的行为,构成犯罪的,依法追究刑事责任;尚不构成犯罪的,依法给予行政处分。

相关的司法解释与指导性意见

最高人民检察院、公安部关于经济犯罪案件追诉标准的规定(2001年4月18日)第四十九条(见本书第239页)

最高人民法院关于审理偷税抗税刑事案件具体应用法律若干问题的解释(法释[2002]33号)第一、二、三、四条(见本书第239—240页)

国家税务总局关于个人对企事业单位实行承包经营、承租经营取得所得征税问题的通知(国税发[1994]179号)

各县(市、区)财税局、市局各直属财税(税务)分局、市检查大队：

修订后的个人所得税法实施以来，各地反映，目前实行承包(租)经营的形式较多，分配方式也不相同，对企事业单位的承包经营、承租经营所得项目如何计征个人所得税，须作出具体规定。经我们研究，现明确如下：

一、企业实行个人承包、承租经营后，如果工商登记仍为企业的，不管其分配方式如何，均应先按照企业所得税的有关规定缴纳企业所得税。承包经营、承租经营者按照承包、承租经营合同(协议)规定取得的所得，依照个人所得税法的有关规定缴纳个人所得税，具体为：

（一）承包、承租人对企业经营成果不拥有所有权，仅是按合同(协议)规定取得一定所得的，其所得按工资、薪金所得项目征税，适用5%—45%的九级超额累进税率。

（二）承包、承租人按合同(协议)的规定只向发包、出租方交纳一定费用后，企业经营成果归其所有的，承包、承租人取得的所得，按对企事业单位的承包经营、承租经营所得项目，适用5%—35%的五级超额累进税率征税。

二、企业实行个人承包、承租经营后，如工商登记改变为个体工商户的，应依照个体工商户的生产、经营所得项目计征个人所得税，不再征收企业所得税。

三、企业实行承包经营、承租经营后，不能提供完整、准确的纳税资料、正确计算应纳税所得额的，由主管税务机关核定其应纳税所得额，并依据《中华人民共和国税收征收管理法》的有关规定，自行确定征收方式。

国家税务总局关于劳务承包行为征收营业税问题的批复(国税函[2006]493号)

新疆维吾尔自治区地方税务局：

你局《关于劳务承包征收营业税问题的请示》(新地税发〔2005〕169号)收悉。现批复如下：

建筑安装企业将其承包的某一工程项目的纯劳务部分分包给若干个施工企业，由该建筑安装企业提供施工技术、施工材料并负责工程质量监督，施工劳务由施工企业的职工提供，施工企业按照其提供的工程量与该建筑安装企业统一结算价款。按照现行营业税的有关规定，施工企业提供的施工劳务属于提供建筑业应税劳务，因此，对其取得的收入应按照"建筑业"税目征收营业税。

相关的参考案例

龙门矿业选矿厂、陈金定偷税案，福建省德化县人民法院(1999)德刑初字第14号载 http://www.lawyee.net/Case/Case_Display.asp? RID=254&KeyWord=.

（周洪波）

40. 对抗税务人员乱征税的行为如何定性?
——赵源抗税宣告无罪案①

【案情介绍】

被告人赵源,男,1938年6月15日出生,汉族,无职业,湖南省邵阳县人。1981年7月因犯故意伤害罪经该县人民法院判处有期徒刑10年,1990年7月刑满释放。1994年6月因本案被逮捕,1996年1月18日被取保候审。

湖南省邵阳市中级人民法院经审理查明:上诉人赵源系邵阳县谷洲中学语文教师,户口在该县下花桥镇。1981年因犯故意伤害罪经邵阳县人民法院判刑10年,1990年7月刑满释放回家后,长期与其妻袁玉华住在该县谷洲镇中庙村休养。1994年5月18日,该村村主任李太平及秘书赵金坤到袁玉华家收房屋印花税,正碰上被告人赵源躺在椅子上,赵说:"你们又来收什么钱?"李太平说:"要收房屋印花税。"赵源说:"是中央的还是地方的,你拿文件看看。"李太平说:"是中华人民共和国的。"赵源说:"还要调查一下,国家规定要交的,我一定交。"尔后村秘书赵金坤与赵源又为原猪栏地基发生争执,赵源叫李太平等人滚出去,双方不欢而散。次日,李太平和镇政府驻村干部刘志军汇报说:"劳改释放犯赵源不但不交税,反而叫我们滚出去,扬言要杀人,无法进行工作。"刘志军据此向镇长汇报,镇长听后叫刘志军、王高明、黄承军等8人于5月30日前往该村处理此事。刘志军等人在村干部的带领下,到被告人赵源家。刘志军对赵源说:"你为什么不缴税,还骂村干部,你讲一下。"赵对此作解释。尔后刘即叫赵源交房屋印花税,1993年的农业税及屠宰税。赵说印花税有中央文件吗,我要看看。随刘志军去的税收代征员王高明说:"公民要依法纳税,偷税、抗税要处罚的。"赵源说:"现在到处乱收费,增加农民负担。"副镇长责令赵源将农业税5元(实已交清)、教育附加费10元(实为乱收)、印花税6元(规定为5元)交出来,屠宰税查清再说。赵听后,提出免交,镇干部不同意。赵见无法推托即说:"我现在身无1分钱,欠外债8 000多元,在院子里借不到,请宽限3天,我到亲戚家去借。"刘志军说:"一天也不行,再不拿钱来,我们搬你家东西做抵。"其他乡干部也随声呼应。刘志军接着对赵源说,现在9点多钟了,限你20分钟交来。过了两分钟,刘志军又说:"搬东西去。"尔后即向赵源左边的房子走去,王高明、黄承军随后。赵源跟随进屋,当刘志军走到风车边时说:"这里还有一

---

① (1996)邵中刑经终字第23号。案例选自 http://www.lawyee.net/Case/Case_Display.asp? RID=35828&KeyWord。

个风车。"赵源说:"你们这做法是错误的。"刘志军即与赵源发生扭打,赵源顺手从门后拿一根打稻机链杆阻挡刘志军,王高明、黄承军即上来将赵源双手扭起,刘志军即用拳对赵源连击几拳,当打到赵源左眼上时,赵即呼救,被在场人劝阻,才平息事态。事后,刘志军、王高明、黄承军到邵阳县公安局经法医鉴定均系轻微伤。被告人赵源的胸口被打成青紫块,后腰边被打红肿,左眼面部颧骨青紫肿、鼻梁青肿、胸口肋骨和头部肿胀。

湖南省邵阳市中级人民法院经二审审理认为:一审法院认定事实不清,适用法律不当。上诉人赵源在村、镇干部找其收房屋印花税时,因不了解此税收条例,提出要看文件是合理的。村、镇干部拿不出文件时,赵源又以家庭困难提出免交和宽限三天的要求符合情理。从事件的全过程看,赵源没有抗税的故意。村、镇干部擅自拿赵家的家产抵税款是违法的。当镇干部准备搬东西时,赵尾随而进,因双方气不顺,发生扭打,双方都有损伤,但都系轻微伤。此事的发生被告人赵源负有一定责任,但不构成犯罪,一审据此认定上诉人赵源以暴力方法拒缴税款构成抗税罪不当。赵源上诉称"原审认定我犯抗税罪的事实错误和定性错误"有理,本院予以采纳。湖南省邵阳市中级人民法院,依照《中华人民共和国刑事诉讼法》第136条第(2)项之规定,作出如下终审判决:

1. 撤销邵阳县人民法院(1996)阳刑初字第160号刑事判决。
2. 宣告赵源无罪。

【法理分析】

处理本案涉及的主要问题在于:如何区分抗税罪与非罪的界限?

纳税人以公开的形式对抗税务机关工作人员收税,不仅侵犯了国家正常的税收征收管理秩序,还侵犯了公民的人身权利,可以说,抗税罪是税收犯罪里行为方式最激烈的一种,其伦理谴责性色彩很浓,而行政犯色彩很淡。不过,就我国而言,民众公开对抗征税并不多见。多数是由于税收争议或粗暴征税引起。实践中,如何正确界定、处理这类案件也很重要。赵源案,就是因税收争议而引起,一审法院认定其构成抗税罪,而二审法院却认定其无罪,理由是赵源主观上没有抗税故意。也有观点认为赵源不构成抗税罪,还有一个原因是抗税数额小。实践中,在农村,因几元钱、十几元钱的税款而引发冲突的也不少见。所以,正确解决这类问题,需要弄清楚抗税罪与非罪的界限,包括抗税罪的暴力、威胁手段的认定、抗税罪是否需要数额以及抗税罪与税收争议的界限等。

一、抗税罪暴力、威胁手段的认定

1. 暴力的对象问题,也即对谁实施暴力才构成抗税罪的问题。对此,刑法学界有三种观点:第一种观点认为,暴力的对象仅指税务工作人员;①第二种观点认为,暴力的对象不仅可以是税务工作人员,还包括税务机关;②第三种观点认为,暴力的对象可以是人,即税收工作人员,也可以是物,即税务机关以及税务工作人员的交通工具。如有论者论述道,"所谓暴力,指对征税人员的人身实行打击或强制,如殴打、捆绑、伤害、杀害等。此外,捣毁征税人员的交通工具,冲击或打砸税务机关,也应视为暴力。"③对于抗税罪的暴力的对象的争论,实际上是我国刑法学界对我国刑法规定的"暴力"的对象的争论的折射。在我国刑法学界,关于暴力的对象也存在着同样的争论:对于暴力的对象包含他人人身,自然没有异议。争论的焦点在于是否包括被害人的物品。我国台湾地区"刑法"中的暴力称为强暴,台湾刑法学家将强暴分为直接强暴和间接强暴。所谓直接强暴就是对被害人人身的暴力,所谓间接强暴是行为人间接地对行为客体以外之第三人,或行为客体之所有物,施以强暴。可见间接强暴中包括了对被害人所有物品的暴力。

就抗税罪而言,笔者赞同第一种观点。因为:① 从暴力的基本含义看,暴力是摧残、强制他人身体的犯罪手段,离开人身,其摧残、强制则不复存在。行为人单纯地对国家机关工作人员使用的办公物品施以暴力来阻碍执行公务,实质上是对国家机关工作人员施加压力,造成心理恐惧,从而达到阻碍执行公务的目的,因此其行为是威胁性质,应当认定为以威胁手段阻碍执行公务。② 抗税罪所侵犯的客体是复杂客体,是必然侵犯税务工作人员的人身权利。如果暴力的对象可以不是税务工作人员,那么税务工作人员的人身权利并不必然被侵犯,这样就与复杂客体的理论不符。可以肯定的是,抗税罪的暴力必然指向人,仅仅指向物的不能构成抗税罪。

2. 暴力、威胁的程度。暴力,从字面上讲,暴是凶恶、残酷;此处之力是肌肉运动所起的作用。暴力对人来讲就是一种凶恶、残酷的行为。暴力在法律上的涵义有不同的解释:有的认为暴力是指侵犯他人人身、财产等权利的强暴行为;有的认为暴力是指行为人在侵害他人的人身、财产等权利时,所采取的摧残、强制他人身体的一种凶恶、残酷的手段;有的认为暴力是指对被害人实行殴打、捆绑、伤害等强暴行为。就抗税罪而言,暴力有没有一个限度问题?这个限度是什么?就上限而言,学界一般赞成暴力不

---

① 参见黄京平主编:《破坏市场经济秩序罪研究》,中国人民大学出版社1999年版,第552页。
② 参见赵秉志主编:《新刑法教程》,中国人民大学出版社1997年版,第510页;曹康、黄河主编:《危害税收征管罪》,中国人民公安大学出版社1999年版,第56页;曹子丹、侯国云主编:《中华人民共和国刑法精解》,中国政法大学出版社1997年版,第188页。
③ 参见李永君、古建芹:《税收违法与税收犯罪通论》,河北人民出版社2000年版,第132页;张旭主编:《涉税犯罪的认定处理及案例分析》,中国人民公安大学出版社1999年版,第106页。

包括重伤、杀人。① 但也有少数论者主张暴力包括伤害、杀人的。② 事实上，从抗税罪的法定刑来看，暴力是根本不可能包括伤害、杀人方法的。就下限而言，学界普遍认为，对于一些显著轻微的暴力，如出于一时冲动，在争辩或口角中实施的推推拉拉的暴力行为等均不应视为抗税罪的"暴力"方法。但是，有论者明确将暴力手段的程度限制到"足以危及他人人身安全"。③ 还有论者将其限制到"阻碍其继续履行税务职务"的程度。④ 笔者认为，就抗税罪暴力的下限而言，必须达到足以危及他人人身安全的程度。因为，抗税罪的客体之一就是侵害他人的人身权利，如果暴力程度达不到危及人身安全的程度，就不侵害他人人身权利。但是没有必要达到"阻碍其继续履行税务职务"的程度，因为这一标准一是难以认定，二是没有必要。只要暴力对税款征收这一公务产生阻碍作用，就侵害了税款征收的正常管理秩序，而没必要要求暴力的程度达到使税款征收工作停顿下来。威胁，则是指对执行税收职务的工作人员实行恫吓、恐吓，达到精神上的强制，主要以杀害、伤害、毁坏财产、损害名誉等相威胁。威胁的内容主要是暴力，既可以是直接的，也可以是间接的。此外，威胁还需一定程度。有论者认为其程度应该达到"使他人不能抗拒"⑤，也有论者认为应达到"阻碍其继续履行税务职务"的程度⑥。笔者认为，"威胁"的程度要达到对税收征收工作人员的人身安全构成威胁，对税收征收工作构成阻碍即可。当然，尽管威胁不以足以阻止税务人员工作为限度，但对于行为人由于法制观念淡薄或对税法有偏见，气愤之下说了一些带有威胁语气的言辞等，不能视为抗税罪的"威胁"方法。

二、抗税罪的成立是否要求抗税数额

抗税数额能否影响抗税罪的成立，也即抗税数额能否成为区分抗税罪与一般抗税行为的一个标准？对此，理论界有不同看法：一种观点认为，抗税数额不影响抗税罪的成立。其理由有：只要行为人在主观上具备拒缴税款的故意，客观上实施了以暴力、威胁方法拒缴税款的行为，就构成抗税罪，至于抗税数额的多少并不影响抗税罪的成立。

---

① 参见高铭暄、马克昌主编：《刑法学》（下编），中国法制出版社1999年版，第761页；祝铭山主编：《刑法的修改与适用》，人民法院出版社1997年版，第447页；林亚刚：《认定抗税罪的若干问题》，载《刑事司法指南》2000年第3辑。
② 参见赵秉志主编：《新刑法教程》，中国人民大学出版社1997年版，第510页；李永君、古建芹：《税收违法与税收犯罪通论》，河北人民出版社2000年版，第133页。
③ 参见刘家琛主编：《新刑法新问题新罪名通释》，人民法院出版社1997年版，第543页；祝铭山主编：《刑法的修改与适用》，人民法院出版社1997年版，第447页。
④ 参见高铭暄、马克昌主编：《刑法学》，中国法制出版社1999年版，第761页；周振想主编：《中国新刑法释论与罪案》，中国方正出版社1997年版，第935页。
⑤ 参见刘家琛主编：《新刑法新问题新罪名通释》，人民法院出版社1997年版，第543页；祝铭山主编：《刑法的修改与适用》，人民法院出版社1997年版，第447页。
⑥ 参见高铭暄、马克昌主编：《刑法学》，中国法制出版社1999年版，第761页；周振想主编：《中国新刑法释论与罪案》，中国方正出版社1997年版，第935页。

再者,从新刑法修订的情况看,立法者的用意在于强调抗税罪的"暴力、威胁"手段,为此将纳税单位排除在其主体之外。并且,在司法实践中,新刑法公布后,对抗税罪的认定亦不考虑抗税罪的数额。原两高解释中的数额规定,关于单位的部分已丧失意义;关于个人部分,数额明显偏低,应认为在偷税罪数额大幅度改动的前提下,失去了参考价值。所以,抗税罪数额如果不大,与偷税数额相差悬殊,暴力、威胁手段又不严重,可作为一般抗税行为。① 第二种观点认为,抗税罪必须达到一定的数额标准,否则无论如何也不构成犯罪。第三种观点认为,数额可以作为情节是否轻微的一个参照物,它影响着抗税罪的成立。如有论者认为,抗税罪侵犯的是复杂客体,既侵犯了国家税收管理制度,又侵犯了税务人员的人身权利,这与其他税收违法犯罪有显著不同。由于人身权利的不可量化性,使得抗税与抗税罪不可能决然地依赖某个特定的数额标准,数额在衡量抗税行为时不像其他税收违法犯罪那样重要;但该罪毕竟是一种经济犯罪,有一定的经济内容,犯罪数额又不能不予考虑,这一点同抢劫罪极为相似。所以,在认定抗税的罪与非罪时,应将抗税数额同其他情节统筹考虑。②

笔者认为,抗税数额影响抗税罪的成立。因为抗税数额的多少影响着抗税行为的社会危害程度,但这种影响是很小的,不会对抗税罪的成立起决定作用。对抗税罪的成立起决定作用的是暴力、威胁的程度,抗税数额对抗税罪的成立只起间接影响作用。因此,我们既反对认为抗税罪必须达到一定数额标准的过于夸大抗税数额作用的观点,也反对认为抗税数额不影响抗税罪成立的否认抗税数额作用的观点。那么,既然抗税罪的情节轻重要受行为手段的程度和抗税数额大小的影响,我们如何来认定抗税行为是否"情节轻微",而不构成犯罪呢?有观点认为:"情节轻微应考虑两个方面的内容:(1)暴力程度、后果以及威胁的内容。如果只是一般推搡等行为,未造成严重后果,或者只有一般性威胁的语词,应认定情节比较轻微。(2)拒缴的税款数额。根据1992年3月26日两高解释精神,单位抗税达到偷税罪数额标准50%以上的构成抗税罪;个人抗税构成抗税罪的数额起点为偷税数额标准2 000—5 000元的50%,即1 000—2 500元。③ 笔者认为,行为手段的程度和抗税数额对抗税罪成立的影响是不同的,要分清主次矛盾。行为手段的程度对抗税罪的成立起决定的作用,而抗税数额只起辅助作用。单纯的抗税数额不可能决定抗税罪是否成立,它只有依附于行为手段的程度才对抗税罪的成立产生影响。所以,抗税数额不存在起点数额问题,也决不能以某一数额为起点作为抗税罪与非罪的界限标准。另外,将抗税数额的标准参照偷税罪

---

① 参见王作富主编:《经济活动中罪与非罪的界限》(增订本),中国政法大学出版社1996年版,第298页;张旭主编:《涉税犯罪的认定处理及案例分析》,中国人民公安大学出版社1999年版,第111页。
② 参见李永君、古建芹:《税收违法与税收犯罪通论》,河北人民出版社2000年版,第134页;马克昌主编:《经济犯罪新论》,武汉大学出版社1998年版,第422页。
③ 参见张旭主编:《涉税犯罪的认定处理及案例分析》,中国人民公安大学出版社1999年版,第111页。

来界定,也是没有正确把握两罪的实质界限,二者的数额根本没有可参照性。2002年最高人民法院《关于审理偷税抗税刑事案件具体应用法律若干问题的解释》也仅把抗税数额大小作为"情节严重"的一个情形,并未要求抗税罪成立需要一定数额。

三、抗税罪与税收争议的界限

税收争议,是指纳税人、扣缴义务人等与征税人员因对纳税数额、税率、税目等问题存在着不同认识而发生的争议。在税收实践中,由于征、纳双方的行为目的、利益导向差异,对某些具体问题产生不同认识而发生争议是经常发生的。此类争议业务性强、原因复杂,应当科学分析、慎重处理。在税收争议中,由于种种原因,双方或一方使用暴力、威胁是避免不了的。其中,既可能是由于纳税人的过错而引起,也可能是由于征税人员的过错而引起。对这种情况如何处理,应具体分析。下面分两种情况来探讨:

1. 因纳税人的过错而引起的税收争议。就我国民众整体素质而言,公民的纳税意识很低,当然这与税法的宣传不力也有关。因此,纳税人往往对税法产生误解,对税务人员对其征收的税款数额、税率和税目等问题发生争议也就难以避免。对于因纳税人的过错而引起的争议,不能因为过错在纳税人一方而一律认为他们故意扰乱税收管理秩序、蓄意抗税。在这里,除了客观要件以外,准确把握行为人的主观要件非常重要。对此,可以分两种情况来处理:(1)纳税人无意牟取非法经济利益,而是出于对税法的无知或对政策的曲解等原因与征税人员发生争执,即使客观上出现了暴力或威胁行为,也不能认定为抗税罪。这主要是因为纳税人主观上不具有抗税故意。(2)经税务人员解释后,纳税人明知自己错误仍无理取闹,采取暴力、威胁方法拒不缴纳税款的,可以认定为抗税罪。这种情况属于犯意转化,纳税人最初由于误解并不具有抗税的故意,但后来经税务人员解释明白后,仍采取暴力、威胁手段抗拒缴纳税款,其主观上就明显转化为抗税故意。

2. 因税务人员的过错而引起的税务争议。错征税款是指因税务人员工作疏忽,或不熟悉税法,或其他原因搞错征税对象、应税项目等错误征税的行为。在纳税人明知税务人员错征税款并向税务人员指出,而税务人员坚持征收而引起纳税人暴力拒缴的情况,对此应如何处理,理论界有不同看法:一种意见认为,应认定为抗税罪,因为,按照《税收征收管理法》规定,当纳税人与税务机关发生争议时,必须先缴税款,然后于一定时间内向上一级税务机关申请复议,即为"先缴后议"原则。即使税款错征,纳税人也必须先缴税款。否则,就是对税收法规的侵犯。同时,行为人暴力抗拒,侵犯了税收人员的人身权利,故不能以错征为由而使抗税人免予刑事追究。[①] 另一种观点认为,对此不应以抗税罪论处。因为这种行为不符合抗税罪的构成特征。理由是:第一,抗税

---

① 参见王作富主编:《经济活动中罪与非罪的界限》(增订本),中国政法大学出版社1996年版,第298页。

是针对应纳税款而言的,而错征是指本不应该征收的税款,既然不存在行为对象,也就谈不到侵犯了税收征管制度的客体。第二,抗税具有获取非法经济利益的目的,而错征情况下,行为人抗缴税款是为了维护自己的合法利益。[①]

笔者同意后一种观点,但其论证尚欠充分。拒缴错征税款的行为之所以不构成抗税罪,是因为行为人欠缺抗税罪的主观要件。抗税罪的主观要件要求行为人必须明知自己负有纳税义务并且应该缴税,认识到税收人员对其征税是合理合法的,并在这一认识基础上故意抗税;而拒缴错征税款的行为人主观上认识到自己不负有纳税义务或不负有那么多的纳税义务,认识到税务人员不应对其征税或不应征那么多税,这与抗税罪的主观要件是不符的。当然,对于行为人的暴力行为应当独立考虑,如因暴力而致税务人员受伤的,应根据具体情节决定是否以故意伤害罪论处。

综合上述,对于赵源案,笔者认为赵源是无罪的,二审法院的判决是正确的。首先赵源主观上并无抗税故意,他之所以不缴税,是因为对让自己缴纳的税种、税额有异议,让税务人员作出解释,而税务人员作不出合理解释的情况下拒绝缴纳的。其次,虽然赵源在客观上实施了暴力的行为,但赵源实施暴力行为是被迫的,是抗拒税收人员的暴力征税行为。从根本上说,赵源实施暴力行为,不是抗拒税务人员的征税行为,而是保护自己的合法权益。税务人员在赵源说明自己实在没有钱,要求宽限几天,自己出去借钱的情况下,强制搬走赵源家的物品,在赵源被迫阻挡的情况下又对赵源实施暴力,赵源是在这种情况下出于自卫而对税务人员实施暴力的。所以,赵源所实施的暴力行为并不符合抗税罪的客观行为要件。最后,即使赵源主观上存在抗税故意,就本案综合情况,也不构成抗税罪。根据2002年最高人民法院《关于审理偷税抗税刑事案件具体应用法律若干问题的解释》第5条的规定,实施抗税行为具有下列情形之一的,属于《刑法》第202条规定的"情节严重":(1)聚众抗税的首要分子;(2)抗税数额在十万元以上的;(3)多次抗税的;(4)故意伤害致人轻伤的;(5)具有其他严重情节。显然,赵源并不符合这五种情形之一,即没有达到"情节严重"的程度,因此,也就不构成抗税罪。当然,当时这个司法解释并没有出台,但并不影响根据此来评价赵源案。

【结　　论】

单纯因税收争议而引起的暴力抗拒征税行为不构成抗税罪。

[①] 参见林亚刚:《抗税罪新论》,载《法律科学》1993年第2期;曹康、黄河主编:《危害税收征管罪》,中国人民公安大学出版社1999年版,第63页。

【相关链接】

相关的法律、法规

中华人民共和国刑法

第二百零二条 以暴力、威胁方法拒不缴纳税款的,处三年以下有期徒刑或者拘役,并处拒缴税款一倍以上五倍以下罚金;情节严重的,处三年以上七年以下有期徒刑,并处拒缴税款一倍以上五倍以下罚金。

中华人民共和国税收征收管理法(2001年4月28日第九届全国人民代表大会常务委员会第二十一次会议通过)

第六十七条 以暴力、威胁方法拒不缴纳税款的,是抗税,除由税务机关追缴其拒缴的税款、滞纳金外,依法追究刑事责任。情节轻微,未构成犯罪的,由税务机关追缴其拒缴的税款、滞纳金,并处拒缴税款一倍以上五倍以下的罚款。

相关的司法解释与指导性意见

最高人民检察院、公安部关于经济犯罪案件追诉标准的规定(2001年4月18日)

五十、抗税案(刑法第202条)

以暴力、威胁方法拒不缴纳税款的,应予追诉。

最高人民法院关于审理偷税抗税刑事案件具体应用法律若干问题的解释(法释[2002]33号)

第五条 实施抗税行为具有下列情形之一的,属于刑法第二百零二条规定的"情节严重":

(一)聚众抗税的首要分子;
(二)抗税数额在十万元以上的;
(三)多次抗税的;
(四)故意伤害致人轻伤的;
(五)具有其他严重情节。

第六条 实施抗税行为致人重伤、死亡,构成故意伤害罪、故意杀人罪的,分别依照刑法第二百三十四条第二款、第二百三十二条的规定定罪处罚。

与纳税人或者扣缴义务人共同实施抗税行为的,以抗税罪的共犯依法处罚。

相关的参考案例

马新明抗税案,云南省武定县人民法院刑事判决书(1995)武刑初字第4号 载 http://www.lawyee.net/Case/Case_Display.asp?RID=16771&KeyWord=.

(周洪波)

41. 让他人为自己代开增值税专用发票的行为如何定性？
——于国胜虚开增值税专用发票案①

【案情介绍】

被告人于国胜，男，1957年6月24日生，汉族，山东省文登市人，高中文化，原系上海锦江麦德龙购物中心有限公司总部食品采购部采购员。因本案于1998年3月19日被监视居住，同年4月3日被刑事拘留，5月8日被逮捕，1999年7月26日被取保候审，同年12月22日经本院决定被再次逮捕。

被告人于国胜在担任上海锦江麦德龙购物中心有限公司（以下简称麦德龙购物中心）总部食品采购部采购员期间，为本单位向广东省汕头食品进出口（集团）世界名酒行（以下简称世界名酒行）订购价值73余万元的轩尼诗VSOP等进口名酒后，指使锦实公司法人代表江昌华于1997年11月6日虚开一份增值税专用发票，价税合计74万余元，麦德龙购物中心已将虚开的税款10.8万余元予以抵扣。上海市第一中级人民法院经审理认为，被告人于国胜的行为已构成虚开增值税专用发票罪，且虚开的税款数额较大。鉴于国胜虚开增值税专用发票并未牟取个人利益，其犯罪情节轻微，故依照《中华人民共和国刑法》第205条第3款、第4款、第37条之规定，以虚开增值税专用发票罪对被告人于国胜免予刑事处罚。

上海市人民检察院第一分院认为，被告人于国胜虚开增值税专用发票的行为并非单位意志的表示，原判依照《中华人民共和国刑法》第205条第3款对其处罚不当；原判对于国胜以犯罪情节轻微免予刑事处罚，量刑畸轻，故提出抗诉，要求二审予以改判。上海市人民检察院认为，原判认定原审被告人于国胜虚开增值税专用发票的犯罪事实清楚，证据确凿，审判程序合法。于国胜对本单位隐瞒其向世界名酒行购货的真相，又通过发出虚假订单虚构向锦实公司购货的事实，要求江昌华虚开增值税专用发票的行为应属个人犯罪。于国胜不具有法定从轻、减轻情节，原判对其免予刑事处罚也于法无据。对上海市人民检察院第一分院的抗诉予以支持。上海市人民检察院还向法庭提供了本市税务局第四分局关于锦实公司未将虚开的增值税专用发票向税务

---

① （1999）沪高刑抗字第4号。案例选自 http://www.lawyee.net/Case/Case_Display.asp？RID=16061&KeyWord.

部门申报纳税的书面证明。原审被告人于国胜在二审庭审中否认犯虚开增值税专用发票罪,辩称,在公安机关侦查阶段其承认指使他人虚开增值税专用发票,系公安人员诱供所致。事实是,世界名酒行经理黄璧明表示不能提供该批进口名酒的增值税专用发票,后又称可将该批名酒先卖与锦实公司,再由麦德龙购物中心从锦实公司购进该批名酒,故其在征得本单位主管食品采购的副总经理席睦然同意后,向锦实公司购进了该批名酒。辩护人对原判认定于国胜犯虚开增值税专用发票罪不持异议,但为证实本案系单位犯罪,向二审法庭提供了证人李飒、钱小燕的证词,同时辩护人还提供了麦德龙购物中心1997年11月12日退货发票一张,以此证明由于麦德龙购物中心曾将该批名酒向锦实公司退还过部分,因此于国胜虚开税款的数额及造成国家税款损失的数额均不足10.8万元。辩护人还以于国胜系初犯为由,要求二审法院对于国胜酌情从宽处理。上海市高级人民检察院经审理查明,原审被告人于国胜在担任麦德龙购物中心总部食品采购部采购员期间,因麦德龙购物中心举办名酒促销活动所需,于1997年10月向世界名酒行经理黄璧明订购价值73万余元的轩尼诗VSOP、轩尼诗XO、人头马XO等进口名酒,黄璧明允诺供货,但提出因定价太低,其不再开具增值税专用发票,于国胜遂指使锦实公司法人代表江昌华代世界名酒行开具供应该批名酒的增值税专用发票。同年10月28日,当黄璧明委托广东运输商将上述名酒送至麦德龙购物中心商场后,于国胜即向江昌华发出内容为麦德龙购物中心向锦实公司订购该批名酒的虚假订单。同年11月6日,江昌华在于国胜的要求下,让公司财务张荣林依据于国胜提供的麦德龙购物中心发票虚开了一份供货单位为锦实公司、购货单位为麦德龙购物中心、价税合计74万余元的上海市增值税专用发票,供麦德龙购物中心抵扣税款10.8万元。锦实公司收到麦德龙购物中心根据该份发票支付的货款后向税务部门申报纳税。上海市高级人民法院认为,原审被告人于国胜作为麦德龙购物中心采购员,在为本单位购进货物中擅自指使他人虚开增值税专用发票,其行为已构成虚开增值税专用发票罪,应依法惩处。原审判决认定于国胜虚开增值税专用发票的犯罪事实清楚,证据确凿,审判程序合法,但适用法律不当,量刑畸轻,应予纠正。上海市人民检察院第一分院的抗诉和上海市人民检察院的支持抗诉意见均应予采纳,原审被告人于国胜的辩解不能成立,辩护人要求对于国胜从轻处罚的意见不予采纳。依照《中华人民共和国刑事诉讼法》第189条第(2)项和《中华人民共和国刑法》第205条第4款、第1款的规定,判决如下:

1. 撤销上海市第一中级人民法院(1999)沪刑初字第56号刑事判决。
2. 原审被告人于国胜犯虚开增值税专用发票罪,判处有期徒刑5年,并处罚金10万元。

【法理分析】

处理本案涉及的主要问题在于:让他人为自己代开增值税专用发票的行为如何

定性？

　　于国胜案中，于国胜作为麦德龙购物中心采购员在为本单位购进货物中，由于对方不提供增值税专用发票，便指使其他企业为其开具增值税专用发票。上海市人民检察院第一分院由此指控其犯虚开增值税专用发票罪，上海市第一中级人民法院也认定构成虚开增值税专用发票罪，但属于单位犯罪，对于国胜免予刑事处罚。检察院提起抗诉，二审法院予以改判，认定属于自然人犯罪，加重了对于国胜的处罚。在案件审理过程中，于国胜的辩护人对指控罪名没有异议，于国胜本人虽然辩称自己没有虚开增值税专用发票，是世界名酒行经理黄璧明表示不能提供该批进口名酒的增值税专用发票，后又称可将该批名酒先卖与锦实公司，再由麦德龙购物中心从锦实公司购进该批名酒。但该辩解与事实不符。实际上，该案牵涉到一个重要问题，即代开增值税专用发票问题，但各方都没有注意到。什么是虚开？代开是不是虚开？这都牵涉到于某能否构成虚开增值税专用发票罪。

　　虚开增值税专用发票、用于骗取出口退税、抵扣税款发票罪，是指违反增值税专用发票管理法规，为他人虚开、为自己虚开、让他人为自己虚开、介绍他人虚开增值税专用发票或者用于骗取出口退税、抵扣税款的其他发票的行为。虚开行为是该罪的实行行为。虚开，是指行为人在没有实际商品交易的情况下，凭空填开货名、数量、价款和销项税额等商品交易的内容，即"无中生有"，或在有一定商品交易的情况下，填开发票时随意改变货名、虚增数量、价款和销项税额，即"有而不实"。"虚"，从词义上讲，是"虚假"、"与实际不符"的意思。所以，广义上说，"虚开"则是指凡与实际不符的开具发票的情况，包括主体不符、内容不符，也即形式的与实质的不符均为虚开；从狭义上说，"虚开"仅指数额的虚开，即所开具的"数额"与行为人实际经济行为所涉及的数额不符。但是，从虚开行为的社会危害本质来看，虚开增值税专用发票的"虚开"不仅指狭义上的"虚开"，还应该包括一部分广义上的"虚开"。"虚开"行为的危害本质在于使国家税款的流失，因此，对于受票人不应该接纳增值税专用发票而让人开具的，虽然在数额、品名等方面符合，即"实开"，但其用了不该接纳的增值税专用发票去抵扣税款或申请退税，就给国家税款造成损失，所以，这种情况也应属于"虚开"的范畴。

　　在《关于惩治虚开、伪造和非法出售增值税专用发票犯罪的决定》颁布以前，通常把"为他人虚开"称为"代开"。这里的"代开"是指如实为他人开具增值税专用发票的情况。在上述《决定》草案中，曾有"为他人虚开代开增值税专用发票"的提法，把"代开"和"虚开"并列。审议时，一些委员和部门建议取消"代开"一词，认为，"代开"一词含义不清，而且对代开人而言，也是虚开，因为行为人本人并未开展业务活动。因此，为他人代为开具发票，实质上也是一种虚开发票的行为，应包含在虚开发票的犯罪行为之中。① 现行刑法仍沿用《决定》的规定。尽管如此，关于"为他人虚开"是否包括"代开"，还存在着不同看法：一种观点认为，刑法只规定了"虚开"，而未规定"代开"，抓住了"代开"实为"虚开"的本质，使立法更科学。② 另一种观点认为，为他人虚开，是指行为人在经营活动中或其虚构的经营活动中，经第三人介绍，为他人以在发票联和抵扣联中多填进项金额的方法，而使他人多抵扣国家税款的行为。显然，这是不包括"代开"的。1996 年最高人民法院《关于对为他人代开增值税专用发票的行为如何定性问题的答复》规定：根据《全国人民代表大会常务委员会关于惩治虚开、伪造和非法出售增值税专用发票犯罪的决定》（以下简称《决定》）第 1 条的规定，"虚开增值税专用发票"包括自己未进行实际经营活动但为他人经营活动代开增值税专用发票的行为。对为他人代开增值税专用发票的行为构成犯罪的，应当依照《决定》第 1 条的规定依法追究刑事责任。有人对该解释提出了批评，认为将"虚开"包括"代开"，值得商榷。首先，从语义上看，"虚开"与"代开"完全是两个概念，没有包属关系。虚开增值税专用发票，是指没有发生实际经营业务而开具增值税专用发票，从而使获得进项发票的一方可以用于抵扣税款，而开具方又不用纳税，从而达到避税目的，或者开具增值税专用发票方开具金额高于实际发生经营额，以使获得进项发票方可用于多抵扣税款，以达到避税目的。而代开增值税专用发票是指实际发生了经营业务，只是卖方可能增值税专用发票暂时用完，从而找他人代为开具发票给买方，发票所反映的交易内容是真实的，只是开具的主体不是卖方本人而已。其次，代开增值税专用发票与虚开增值税专用发票在社会危害性上也不一样。虚开增值税专用发票给国家税收造成损失，这是虚开增值税专用发票的主要危害所在。而代开增值税专用发票只要是如实开具，开具方就要如实纳税，而代开方纳税后也必然要求实际经营方即要求代开方承担这笔税务开支，国家税收并没有造成损失。至于代开增值税专用发票违反了税收征管及发票管理法规，应当受到行政处罚，但其社会危害绝不能等同于虚开增值税专用发票犯罪。综上，虚开增值税专用发票之"虚"在于未实际发生经营业务，而代开增值税专用发票以实际发生经营业务为前提，两者在客观方面完全不同，在危害后果方面也相差甚远，将虚开增值税专用发票解释为包括代开增值税专用发票并不妥当。③

笔者认为，从虚开增值税专用发票的危害本质来看，不能一律把"代开"都作为"虚开"论处，也不能对代开行为一律不予处罚。因为"虚开"的危害在于受票人以"虚开"的发票去抵扣税款或骗取税款，也即受票人按税法规定本不应该抵扣或多抵扣税款，或申请退税或多申请退税而因虚开增值税专用发票抵扣或多抵扣或得到或多得到退税。对于受票人实施了经济行为，本应抵扣或申请退税，因对方没有增值税专用发票

---

① 参见王松苗、文向民主编：《新刑法与税收犯罪》，西苑出版社 1999 年版，第 158 页。
② 同上注。
③ 熊洪文：《"虚开"不应包括"代开"》，http：//www.taxsuit.com/readnews.asp? newsid = 25339。

而要求第三方代开的显然并没有对国家税收造成损失,故,这种"代开"不应以"虚开"论处。但,对于受票人虽然实施了经济行为,却不应抵扣税款或不应申请退税而要求第三方代开的,第三方属于"为他人虚开"。另外,虚开增值税专用发票罪不仅侵犯了国家对税收的征管秩序,还侵犯了国家对增值税专用发票和其他发票的管理秩序,而且,后者是本罪的主要客体。对于为他人如实代开增值税专用发票者,虽然受票方用来抵扣税款并未给国家税收造成损失,但这种行为则破坏了国家对增值税专用发票的管理秩序。不仅如此,对于代开方,由于其并没有真实的交易行为,没有取得销售款,仅取得部分开票费,所以,代开方一般是不会就这虚假的销售行为申报纳税的,而真正的卖方由于没有开具增值税专用发票,也不会就自己的销售行为申报纳税。这实际上导致了国家税收的损失。而这种损失则是由代开方代开增值税专用发票造成的。所以,笔者认为,对于代开方,应按照虚开增值税专用发票罪论处。实际上,1996年的司法解释也仅限于代开方。

根据上述,对于于国胜案来说,显然于国胜不能构成虚开增值税专用发票罪。首先,于国胜并没有虚开,而如实代开。于国胜向世界名酒行经理黄壁明订购的是价值73万余元的轩尼诗VSOP、轩尼诗XO、人头马XO等进口名酒,黄壁明允诺供货,但提出因定价太低,其不再开具增值税专用发票,于国胜遂指使锦实公司法人代表江昌华代世界名酒行开具供应该批名酒的增值税专用发票。同年11月6日,江昌华在于国胜的要求下,让公司财务张荣林依据于国胜提供的麦德龙购物中心发票虚开了一份供货单位为锦实公司、购货单位为麦德龙购物中心、价税合计74万余元的上海市增值税专用发票。可以看出,于国胜让锦实公司开具的增值税专用发票与其向世界名酒洋行所购买的进口名酒在数量、价款上是一致的,并没有多开。于国胜是在洋行不提供增值税专用发票的情况下,让锦实公司开具的。于国胜的行为实际上是让他人为己代开增值税专用发票。其次,于国胜所在单位属于一般增值税纳税人,其购买货物有权获得增值税专用发票,也有权将获得的增值税专用发票用来抵扣税款。我国增值税的征收采取的是抵扣制度,即对纳税人的销项金额进行征税,纳税人则可以用进项税额进行抵扣,显然如果纳税人不能获得增值税专用发票,就不能抵扣,也就是说纳税人多缴了税。所以,于国胜有权获得增值税专用发票并用于抵扣。在本案中,只不过是于国胜获取增值税专用发票的方法不对,但其行为本身并未造成国家税收损失。法院认定其用获得的增值税专用发票抵扣税款10.8万元,造成了国家税收的损失,这是不正确的。最后,对本案如果要追究刑事责任,则应追究代开方锦实公司虚开增值税专用发票的刑事责任。1996年最高人民法院的司法解释规定得很明确,"虚开增值税专用发票"包括自己未进行实际经营活动但为他人经营活动代开增值税专用发票的行为。对为他人代开增值税专用发票的行为构成犯罪的,应当依照规定追究刑事责任。这里仅仅限于追究代开方的刑事责任。而在于国胜案中,没有追究代开方锦实公司的刑事责任,反而追究售票方的刑事责任,这显然是错误的。另外,如果世界名酒洋行没有就自己这笔销售申报纳税,也可追究其偷税的法律责任。当然,能否构成偷税罪,还要看偷税数额以及所占应纳税额的比例。

【结　　论】

代开增值税专用发票中,代开方可以构成虚开增值税专用发票罪,而受票方一般不构成虚开增值税专用发票罪。

【相关链接】

相关的法律、法规
中华人民共和国刑法

第二百零五条　虚开增值税专用发票或者虚开用于骗取出口退税、抵扣税款的其他发票的,处三年以下有期徒刑或者拘役,并处二万元以上二十万元以下罚金;虚开的税款数额较大或者有其他严重情节的,处三年以上十年以下有期徒刑,并处五万元以上五十万元以下罚金;虚开的税款数额巨大或者有其他特别严重情节的,处十年以上有期徒刑或者无期徒刑,并处五万元以上五十万元以下罚金或者没收财产。

有前款行为骗取国家税款,数额特别巨大,情节特别严重,给国家利益造成特别重大损失的,处无期徒刑或者死刑,并处没收财产。

单位犯本条规定之罪的,对单位判处罚金,并对其直接负责的主管人员和其他直接责任人员,处三年以下有期徒刑或者拘役;虚开的税款数额较大或者有其他严重情节的,处三年以上十年以下有期徒刑;虚开的税款数额巨大或者有其他特别严重情节的,处十年以上有期徒刑或者无期徒刑。

虚开增值税专用发票或者虚开用于骗取出口退税、抵扣税款的其他发票,是指有为他人虚开、为自己虚开、让他人为自己虚开、介绍他人虚开行为之一的。

相关的司法解释与指导性意见
最高人民检察院、公安部关于经济犯罪案件追诉标准的规定(2001年4月18日)

五十三、虚开增值税专用发票、用于骗取出口退税、抵扣税款发票案(刑法第205条)

虚开增值税专用发票或者虚开用于骗取出口退税、抵扣税款的其他发票,虚开的税款数额在一万元以上或者致使国家税款被骗数额在五千元以上的,应予追诉。

最高人民法院《关于对为他人代开增值税专用发票的行为如何定性问题的答复》
(法函〔1996〕98号)

上海市高级人民法院:

你院沪高法〔1996〕40号"关于代他人实开增值税专用发票应如何定性的请示"收

悉。经研究，答复如下：

根据《全国人民代表大会常务委员会关于惩治虚开、伪造和非法出售增值税专用发票犯罪的决定》（以下简称《决定》）第一条的规定，"虚开增值税专用发票"包括自己未进行实际经营活动但为他人经营活动代开增值税专用发票的行为。对为他人代开增值税专用发票的行为构成犯罪的，应当依照《决定》第一条的规定依法追究刑事责任。

相关的参考案例

王胡春虚开增值税专用发票案［浙江省台州市路桥区人民法院刑事判决书（2006）路刑初字第304号］

载 http://www.lawyee.net/Case/Case_Display.asp?RID=82474&KeyWord.

（周洪波）

42. 虚开增值税专用发票而以此骗取国家出口退税款的行为如何定性？
——蔡伟廷骗取出口退税案①

【案情介绍】

被告人蔡伟廷，男，48岁，汉族，广东省潮阳市人，初中文化，原系广东省潮阳市中洋实业有限公司、广东省深圳市茵里仕电器有限公司法定代表人，因涉嫌骗取出口退税罪，于2001年1月11日被刑事拘留，经北京市人民检察院第一分院批准，同年2月17日被北京市公安局逮捕。

被告人蔡伟廷于1998年3月至2000年间，为骗取国家出口退税款，假借为中国邮电器材总公司办理出口业务的名义，利用虚假企业广东省潮阳市中雅仕皮革服装厂、虚构的外商及香港永利贸易公司，与中国邮电器材总公司分别签订内、外贸合同，使用虚开的增值税专用发票，假报出口，后将共计人民币10 119 689.93元的虚假出口退税凭证通过中国邮电器材总公司向税务机关申报退税，骗得出口退税款共计人民币6 026 962.23元，剩余部分因被发现骗税未遂。案发后，被骗取的国家出口退税款已由税务机关向中国邮电器材总公司追缴。蔡伟廷因此非法获利共计人民币887万余元，大部分无法追回。

北京市人民检察院第一分院认为，被告人蔡伟廷无视国家法律，骗取国家出口退税款，数额特别巨大，情节特别严重，其行为严重触犯了《中华人民共和国刑法》第204条第1款之规定，已构成骗取出口退税罪。北京市第一中级人民法院公开审理了此案，经审理认为：被告人蔡伟廷违反发票管理规定，虚开增值税发票的行为，已构成了虚开增值税发票罪，且虚开税款数额巨大，并造成抵税、退税的后果，依法应予惩处。北京市第一中级人民法院根据被告人蔡伟廷犯罪的事实、犯罪的性质、情节及对于社会的危害程度，依照《中华人民共和国刑法》第205条第1款、第57条第1款、第64条之规定，于2002年7月29日作出如下判决：

1. 被告人蔡伟廷犯虚开增值税专用发票罪，判处无期徒刑，剥夺政治权利终身，并处没收个人全部财产。

---

① (2002) 一中刑初字第495号。案例选自 http://www.lawyee.net/Case/Case_Display.asp?RID=48945&KeyWord。

2. 在案扣押的深圳爱地大厦25B住房一套及人民币2.7万元予以没收,上缴国库。

3. 继续追缴被告人蔡伟廷的犯罪所得,发还中邮公司。一审判决后,被告人蔡伟廷不服,提出上诉。北京市高级人民法院经审理认为,上诉人蔡伟廷无视国法,虚构有出口业务的事实,采用签订虚假买卖合同的手段,假报出口,骗取国家出口退税款,数额特别巨大,其行为已构成骗取出口退税罪,依法应予惩处。一审法院认定蔡伟廷犯虚开增值税专用发票罪的定性不当,予以纠正。对于蔡伟廷所提上诉理由及蔡伟廷的辩护人所提辩护意见和提交的证据,均不予采纳。据此,依据《中华人民共和国刑事诉讼法》第189条第(1)项、第(2)项及《中华人民共和国刑法》第204条第1款、第57条第1款、第64条之规定,判决如下:

1. 维持北京市第一中级人民法院(2002)一中刑初字第495号刑事判决主文第二项,即:在案扣押的深圳爱地大厦25B住房一套及人民币2.7万元予以没收,上缴国库。

2. 撤销北京市第一中级人民法院(2002)一中刑初字第495号刑事判决主文第一项、第三项。

3. 上诉人蔡伟廷犯骗取出口退税罪,判处无期徒刑,剥夺政治权利终身,并处没收个人全部财产。

4. 继续追缴上诉人蔡伟廷犯罪所得、上缴国库。

【法理分析】

处理本案涉及的主要问题在于:如何把握虚开增值税专用发票罪和骗取出口退税罪的关系?

蔡伟廷为骗取出口退税款,虚开增值税专用发票,骗得出口退税款共计人民币6 026 962.13元,检察院指控其构成骗取出口退税罪,一审法院依据《刑法》第205条第1款的规定,认定其构成虚开增值税专用发票罪,而二审法院则依据《刑法》第204条第1款的规定,认定其构成骗取出口退税罪。同样的犯罪事实,一二审法院虽然量刑一样,但定性迥然不同。实际上,《刑法》第205条第2款规定:"有前款行为骗取国家税款,数额特别巨大,情节特别严重,给国家利益造成特别重大损失的,处无期徒刑或者死刑,并处没收财产。"为什么一审法院不以该条为依据,认定蔡伟廷构成虚开增值税专用发票罪呢?虚开增值税专用发票罪和骗取出口退税罪到底是什么关系,二者的根本区别何在,实践中,什么情况下定虚开增值税专用发票罪,什么情况下定骗取出口退税罪,这些问题我们必须弄清楚,才能正确为蔡伟廷案定性。

虚开增值税专用发票、用于骗取出口退税、抵扣税款发票罪,是指违反增值税专用发票管理法规,为他人虚开、为自己虚开、让他人为自己虚开、介绍他人虚开增值税专用发票或者用于骗取出口退税、抵扣税款的其他发票的行为;而骗取出口退税罪,是指以假报出口或者其他欺骗手段,骗取出口退税款,数额较大的行为。二者有着较大的区别:① 侵犯的客体有所不同。骗取出口退税罪所侵犯的客体是国家出口退税管理秩序;而虚开增值税专用发票、用于骗取出口退税、抵扣税款发票罪侵犯的客体是国家对增值税专用发票、用于骗取出口退税、抵扣税款发票的管理秩序和国家税收征管秩序。② 犯罪对象不同。骗取出口退税罪的犯罪对象是出口退税款。出口退税,是指税务机关依法在出口环节向出口商品的生产或经营单位退还该商品在国内生产、流通环节已征收的增值税和消费税。出口退税款就是指上述已征增值税和消费税的款额。出口货物并不都退税,只有国家规定的货物出口才退税。虚开增值税专用发票、用于骗取出口退税、抵扣税款发票罪的对象是增值税专用发票或用于骗取出口退税、抵扣税款的其他发票。增值税专用发票,是指国家税务部门根据增值税征收管理需要,兼记价款及货物或劳务所负担的增值税税额而设定的一种专用发票。其不仅具有其他发票所具有的记载商品或者劳务的销售额以作为财产收支记账凭证的功能,而且是兼记销货方纳税义务和购货方进项税额的主要依据,是购货方据以抵扣税款的证明。用于骗取出口退税、抵扣税款的其他发票,是指除增值税专用发票以外的,具有抵扣税款功能或申请出口退税所需的发票。如农林牧水产品收购发票、废旧物品收购发票、运输发票等具有抵扣税款功能,征课消费税的产品出口所开具的发票可以作为出口退税的凭证。③ 客观方面不同。骗取出口退税罪在客观方面表现为违反国家有关出口退税的税收法规,采取假报出口或者其他欺骗手段,骗取出口退税款的行为。虚开增值税专用发票、用于骗取出口退税、抵扣税款发票罪在客观方面表现为违反发票管理法规,为他人虚开、为自己虚开、让他人为自己虚开、介绍他人虚开增值税专用发票或者用于骗取出口退税、抵扣税款的其他发票的行为。虚开,是指行为人在没有实际商品交易的情况下,凭空填开货名、数量、价款和销项税额等商品交易的内容,或在有一定商品交易的情况下,填开发票时随意改变货名、虚增数量、价款和销项税额。

  实践中,骗取出口退税多是采取假报出口的情形,即行为人虚构已税货物出口的事实,也即行为人根本没有出口产品,但为了骗取国家出口退税款而采取伪造申请出口退税所需的相关单据、凭证等手段,假报出口的行为。由于行为人并没有出口货物,所以若想骗取出口退税款,就必须获取申请退税所需要的票据、单证。一般来讲,假报出口的过程由这几部分组成:① 开出虚假增值税专用发票或普通发票,证明其确实购买或生产了供出口的货物。② 开具虚假的完税证明,即专用缴款书或税收(出口货物专用)缴款书,证明其已缴纳了增值税款或消费税款。③ 签订虚假外贸合同,证明其货物已外销。④ 签订虚假的内贸合同。⑤ 开出虚假报关单,证明其货物"确已出口"。⑥ 炒买外汇。指行为人在境内以人民币高价购得外汇,伪装成外商购买出口产品的货款,汇进境内银行出口企业的账户。⑦ 进行外汇核销,开出虚假结汇单。⑧ 申请退税。犯罪分子获取了出口退税所必备的单据,据此到税务机关办理退税。正是由于骗取出口退税主要是骗取增值税的退税,所以,犯罪分子在骗取出口退税过程中往往要虚开增值税专用发票。蔡伟廷案就是如此。对于实践中,犯罪分子虚开增值税发票后骗取国家出口退税款的情形如何定性,要确定两个问题:一是行为人实施的是几个行为,二是如何理解《刑法》第205条第2款规定。

对于第一个问题,笔者认为,行为人实施的是两个行为。虽然骗取出口退税往往要虚开增值税专用发票,但虚开增值税专用发票并非骗取出口退税罪的实行行为,也不是骗取出口退税款的必需行为。根据刑法对骗取出口退税罪的规定,其实行行为是犯罪分子利用虚假的相关票据到国家相关部门申请退税的行为,虚开增值税专用发票的行为以及伪造或获得其他相关票据的行为仅是骗取出口退税罪的预备行为。而骗取出口退税款也并非必须要虚开增值税专用发票。所以,行为人实际上实施的是两个或两个以上行为,虚开增值税专用发票或获取其他相关票据的行为只不过是骗取出口退税行为的预备行为或手段行为,正是由于行为人虚开增值税发票的目的是骗取出口退税款,实际上,这两个行为属于手段与目的的关系,如果都分别触犯不同罪名,应该构成牵连犯。蔡伟廷为了骗取出口退税款而虚开增值税专用发票,实际上既构成虚开增值税专用发票罪,又构成骗取出口退税罪。一般来说,应按照牵连犯的处罚原则,即从一重罪处断。对于虚开增值税专用发票罪,一般是以虚开数额作为定罪量刑的标准,而骗取出口退税罪是以骗取退税款数额作为定罪量刑的标准。往往虚开数额大,骗取的数额也大。要根据具体情节适用哪个罪的法定刑重,就按照哪个罪处理。对于虚开数额大,而实际骗取的数额小的,往往要按照虚开增值税专用发票罪定罪处理。实际上,2002年最高人民法院《关于审理骗取出口退税刑事案件具体应用法律若干问题的解释》第9条就规定:"实施骗取出口退税犯罪,同时构成虚开增值税专用发票罪等其他犯罪的,依照刑法处罚较重的规定定罪处罚。"

而对于蔡伟廷案,由于适用两个罪的法定刑一样,所以,一审法院按照虚开增值税专用发票罪定罪,而二审法院则按照骗取出口退税罪定罪。对于这种情况,一般要按照目的行为的性质定罪更好。因为目的行为是犯罪分子所追求的行为,更能体现整个犯罪行为的性质。

不过,对于实施了虚开行为又以此骗取国家税款的,《刑法》第205条第2款又作了具体规定:即有前款行为骗取国家税款,数额特别巨大,情节特别严重,给国家利益造成特别重大损失的,处无期徒刑或者死刑,并处没收财产。针对这一规定,由于骗取国家税款又涉及偷税、骗取国家出口退税,学界有不同理解:

第一种观点持法条竞合说,认为这种情况存在着行为同时适用本罪、偷税罪或骗取出口退税罪的可能性,属犯一罪同时触犯数法条的法条竞合,适用特别法(第205

条)优于普通法(第201条、第204条)的原则,应以第205条的犯罪论处。①

第二种观点持合并说,认为这种情况是立法将虚开行为和以虚开方式骗取出口退税款、偷税的行为合并为虚开增值税专用发票、用于骗取出口退税、抵扣税款发票罪的一个罪名。并且认为,从立法上讲,第1款的虚开行为虽然没有明确规定以虚开方式骗取国家税款,但也未明确规定不包括,从立法规定协调上看,第1款的规定应包括这两种行为。②

第三种观点持牵连犯说,此又复分两种意见:一种意见认为应以其中一个重罪即虚开增值税专用发票、用于骗取出口退税、抵扣税款发票罪定罪处罚;③另一种意见认为,对于《刑法》第205条第2款的情形,由于该款规定的法定刑比诈骗罪、骗取出口退税罪的法定刑重,因而应定虚开增值税专用发票、用于骗取出口退税、抵扣税款的发票罪;但对于虚开增值税专用发票又骗取国家税款不具备《刑法》第205条第2款所规定情节的情况,就应对适用各罪法定刑进行比较,按"从一重罪处断"的原则,有时定虚开增值税专用发票、用于骗取出口退税、抵扣税款的发票罪,有时定诈骗罪或骗取国家出口退税罪。④

第四种观点持加重行为说,认为虚开发票行为本身就构成犯罪,再用虚开发票骗取国家税款,属加重行为。并认为,《刑法》第205条规定本身存在一定缺陷,因为第2款的加重情况不适用于一般的虚开行为和骗取税款的行为,仅对骗取税款数额特别巨大,情节特别严重,给国家利益造成特别重大损失的情况而言,从而产生理解上的困惑。⑤

笔者认为,对于《刑法》第205条第2款的情形,单纯从理论上讲,是牵连犯,一种手段——目的型牵连犯,但是立法将此种情况规定为其中一个罪,并规定了重的法定刑,就不能按牵连犯处理。立法将两个罪作为其中一罪来处理,在这一点上,"合并说"有道理,但该说据此而认为《刑法》第205条第1款也包括这两种行为却是十分错误的。因为若据此理解,立法设立骗取出口退税罪就是虚置了。单纯就《刑法》第205条第2款来说,立法将本是两个独立的犯罪情形,而使其中一罪成为另一罪的量刑情节,虽然刑法中不只此一例,但这种立法方式却是令人费解与迷惑了。这不仅导致理论上的困惑,还使司法为难。本来对这种情况按照刑法理论完全能很好解决,达到罪刑均衡,可立法如此规定,确实产生第四种观点那样的困惑。当然,立法既然如此规定,对《刑法》第205条第2款的情形,就不应视为牵连犯,而应直接定虚开增值税专用发票、

---

① 参见赵秉志主编:《新刑法全书》,中国人民大学出版社1997年版,第772页。
② 参见赵秉志主编:《中国特别刑法研究》,中国人民公安大学出版社1997年版,第504页。
③ 参见张旭主编:《涉税犯罪的认定处理及案例分析》,中国人民公安大学出版社1999年版,第193页。
④ 参见曹康、黄河主编:《危害税收征管罪》,中国人民公安大学出版社1999年版,第131页。
⑤ 参见肖扬主编:《中国新刑法学》,中国人民公安大学出版社1997年版,第426页。

用于骗取出口退税、抵扣税款的发票罪,根据本款量刑;对于虚开增值税专用发票又骗取税款而不符合第 205 条第 2 款情形的,这属于牵连犯,按"从一重处断"原则,比较虚开增值税专用发票、用于骗取出口退税、抵扣税款的发票罪、偷税罪、骗取出口退税罪的法定刑,择重者定之。所以,对于蔡伟廷案来说,笔者认为,由于其虚开、骗取的数额特别巨大,情节特别严重,给国家利益造成了特别重大损失,应适用《刑法》205 条第 2 款的规定,即按照虚开增值税专用发票罪定罪。

【结　　论】

对于虚开增值税专用发票又骗取国家税款,数额特别巨大,情节特别严重,给国家利益造成特别重大损失的,应按照《刑法》第 205 条第 2 款的规定,以虚开增值税专用发票定罪处罚;如果不符合第 205 条第 2 款规定的情形,按照牵连犯"从一重处断"原则处理。

【相关链接】

相关的法律、法规

中华人民共和国刑法

第二百零四条　以假报出口或者其他欺骗手段,骗取国家出口退税款,数额较大的,处五年以下有期徒刑或者拘役,并处骗取税款一倍以上五倍以下罚金;数额巨大或者有其他严重情节的,处五年以上十年以下有期徒刑,并处骗取税款一倍以上五倍以下罚金;数额特别巨大或者有其他特别严重情节的,处十年以上有期徒刑或者无期徒刑,并处骗取税款一倍以上五倍以下罚金或者没收财产。

纳税人缴纳税款后,采取前款规定的欺骗方法,骗取所缴纳的税款的,依照本法第二百零一条的规定定罪处罚,骗取税款超过所缴纳的税款部分,依照前款的规定处罚。

第二百零五条(见本书第 264 页)

中华人民共和国税收征收管理法(2001 年 4 月 28 日第九届全国人民代表大会常务委员会第二十一次会议通过)

第六十六条　以假报出口或者其他欺骗手段,骗取国家出口退税款的,由税务机关追缴其骗取的退税款,并处骗取税款一倍以上五倍以下的罚款;构成犯罪的,依法追究刑事责任。

相关的司法解释与指导性意见

最高人民检察院、公安部关于经济犯罪案件追诉标准的规定(2001 年 4 月 18 日)

五十二、骗取出口退税案(刑法第 204 条第 1 款)

以假报出口或者其他欺骗手段,骗取国家出口退税款,数额在一万元以上的,应予追诉。

最高人民法院《关于审理骗取出口退税刑事案件具体应用法律若干问题的解释》
(法释〔2002〕30号)

第一条 刑法第二百零四条规定的"假报出口",是指以虚构已税货物出口事实为目的,具有下列情形之一的行为:

(一)伪造或者签订虚假的买卖合同;

(二)以伪造、变造或者其他非法手段取得出口货物报关单、出口收汇核销单、出口货物专用缴款书等有关出口退税单据、凭证;

(三)虚开、伪造、非法购买增值税专用发票或者其他可以用于出口退税的发票;

(四)其他虚构已税货物出口事实的行为。

第二条 具有下列情形之一的,应当认定为刑法第二百零四条规定的"其他欺骗手段":

(一)骗取出口货物退税资格的;

(二)将未纳税或者免税货物作为已税货物出口的;

(三)虽有货物出口,但虚构该出口货物的品名、数量、单价等要素,骗取未实际纳税部分出口退税款的;

(四)以其他手段骗取出口退税款的。

第三条 骗取国家出口退税款5万元以上的,为刑法第二百零四条规定的"数额较大";骗取国家出口退税款50万元以上的,为刑法第二百零四条规定的"数额巨大";骗取国家出口退税款250万元以上的,为刑法第二百零四条规定的"数额特别巨大"。

第四条 具有下列情形之一的,属于刑法第二百零四条规定的"其他严重情节":

(一)造成国家税款损失30万元以上并且在第一审判决宣告前无法追回的;

(二)因骗取国家出口退税行为受过行政处罚,两年内又骗取国家出口退税款数额在30万元以上的;

(三)情节严重的其他情形。

第五条 具有下列情形之一的,属于刑法第二百零四条规定的"其他特别严重情节":

(一)造成国家税款损失150万元以上并且在第一审判决宣告前无法追回的;

(二)因骗取国家出口退税行为受过行政处罚,两年内又骗取国家出口退税款数额在150万元以上的;

(三)情节特别严重的其他情形。

第六条 有进出口经营权的公司、企业,明知他人意欲骗取国家出口退税款,仍违反国家有关进出口经营的规定,允许他人自带客户、自带货源、自带汇票并自行报关,骗取国家出口退税款的,依照刑法第二百零四条第一款、第二百一十一条的规定定罪处罚。

第七条 实施骗取国家出口退税行为,没有实际取得出口退税款的,可以比照既遂犯从轻或者减轻处罚。

第八条 国家工作人员参与实施骗取出口退税犯罪活动的,依照刑法第二百零四条第一款的规定从重处罚。

第九条 实施骗取出口退税犯罪,同时构成虚开增值税专用发票罪等其他犯罪的,依照刑法处罚较重的规定定罪处罚。

2001年最高人民检察院、公安部《关于经济犯罪案件追诉标准的规定》:

五十三、虚开增值税专用发票、用于骗取出口退税、抵扣税款发票案(刑法第205条)

虚开增值税专用发票或者虚开用于骗取出口退税、抵扣税款的其他发票,虚开的税款数额在一万元以上或者致使国家税款被骗数额在五千元以上的,应予追诉。

相关的参考案例

黄文龙虚开增值税专用发票案[法公布(2001)第25号][中华人民共和国最高人民法院刑事裁定书(2001)刑复字第83号]

载http://www.lawyee.net/Case/Case_Display.asp? RID=8138&KeyWord.

(周洪波)

43. 既为他人虚开运输发票又为自己购买运输发票进行虚假纳税申报如何处理？
——上海航通船务有限公司、宝山民建线路管道安装队、唐熠、黄新祥虚开抵扣税款发票、偷税案①

【案情介绍】

被告单位：上海航通船务有限公司（以下简称航通公司）。

法定代表人：唐熠。

被告人：唐熠，男，1970年4月6日出生于上海市，汉族，航通公司法定代表人兼总经理。2003年5月26日因本案被逮捕。

1998年至2002年3月间，被告人唐熠在担任航通公司法定代表人兼总经理期间，和股东王志珍（另案处理）等人商定，采用为他人单位或个体运输司机虚开《全国联运行业货运统一发票》（以下简称联运发票）收取开票费的方法非法牟利。为此，王志珍与民建安装队法定代表人黄新祥商定：航通公司提供给黄新祥联运发票，黄以收取开票金额5%的价格向外虚开联运发票，再将其中的2.05%返还给航通公司。被告人唐熠得知后表示同意。2000年7月初至12月间，被告人黄新祥为挂靠在上海复旦化学品厂从事个体运输的驾驶员刘勇、李传本虚开联运发票共37份，开票金额达人民币1 368 352.4元（以下币种均为人民币）。刘、李两人将上述发票缴给上海比欧西气体工业有限公司抵扣税款95 784.67元。

被告人唐熠在担任航通公司总经理期间，由于其多次向有关单位和个人虚开联运发票，又没有承运单位进项发票充成本，代理费数额庞大，航通公司无法承受其应缴的税款。被告人唐熠即以低价从河南省枳城县振远航运公司、河南省枳城县航运大队、河南省鹿邑县航运公司、安徽省怀远县联运公司、江苏省高淳县丹湖水上运输管理站、江苏省高淳县凤山水运服务总公司、江苏省淮阴市顺通联运公司大肆购进了运输发票充抵成本。经侦查，被告单位航通公司和被告人唐熠从1999年1月至2002年3月间，用上述外地单位发票虚报营业额147 290 134.14元，偷逃税款7 880 022.08元。偷逃税款占同期应纳税额的96.61%。

---

① （2004）杨刑初字第257号。案例选自 http://www.lawyee.net/Case/Case_Display.asp? RID = 86387&KeyWord.

43. 既为他人虚开运输发票又为自己购买运输发票进行虚假纳税申报如何处理？

被告人唐熠的辩护人对起诉书认定被告人唐熠的行为构成虚开抵扣税款发票、偷税罪不持异议，但认为被告人唐熠在采取强制措施前，把本人和单位的基本犯罪事实作了交代，应认定为自首，建议合议庭考虑到被告人唐熠认罪悔罪态度较好，有自首情节等，对唐从轻处罚。被告人黄新祥的辩护人对起诉书指控的罪名不持异议，同时希望合议庭考虑以下情节：被告人黄新祥是因王志珍的提议参与犯罪；所得赃款是为集体谋利益；黄经口头通知办理取保候审手续并如实交代犯罪事实，系自首；在共同犯罪中处于胁从地位，系从犯，综上，建议对被告人黄新祥从轻处罚，免予刑事处罚，如不能免处，建议判处缓刑。

上海市杨浦区人民法院依照《中华人民共和国刑法》第205条第1、3款、第201条、第211条、第25条第1款、第31条、第69条、第67条第1款、第72条第1款、第73条第2、3款、第53条、第64条之规定，判决：

1. 被告单位上海航通船务有限公司犯虚开抵扣税款发票罪，判处罚金人民币20 000元；犯偷税罪，判处罚金人民币7 880 000元；决定执行罚金人民币7 900 000元。
2. 被告人唐熠犯虚开抵扣税款发票罪，判处有期徒刑8个月；犯偷税罪，判处有期徒刑4年，罚金人民币20 000元；决定执行有期徒刑4年6个月，罚金人民币20 000元。
3. 被告单位宝山民建线路管道安装队犯虚开抵扣税款发票罪，判处罚金人民币20 000元。
4. 被告人黄新祥犯虚开抵扣税款发票罪，判处有期徒刑6个月，缓刑1年。
5. 除民建安装队退出的8 000元外，其余偷逃的税款及违法所得应予追缴。

【法理分析】

唐熠为本单位牟取非法利益，在没有真实往来业务的情况下，为其他单位开具运输发票，从中收取开票费，致使运输发票被其他单位用来抵扣税款，导致国家税收遭受巨大损失；而唐熠为了冲抵自己因虚开运输发票所产生的营业额，又从其他单位大量购进运输发票。检察院据此指控其构成虚开抵扣税款发票罪和偷税罪，法院也以这两个罪名进行数罪并罚。唐熠及其辩护人对此也并无异议。实际上，处理本案涉及的主要问题在于：① 虚开用于抵扣税款发票罪的认定，是否只要实施虚开用于抵扣税款发票行为就构成本罪，其与虚开增值税专用发票罪的构成要求是否一样？② 只要将虚开的用于抵扣税款的发票冲抵自己的营业额，就构成偷税？③ 如果既构成虚开用于抵扣税款发票罪和偷税罪，能否并罚？

虚开用于抵扣发票罪是指违反发票管理法规，为他人虚开、为自己虚开、让他人为自己虚开、介绍他人虚开用于抵扣税款发票的行为。用于抵扣税款的其他发票，是指除增值税专用发票以外的，具有抵扣税款功能的发票。如农林牧水产品收购发票、废旧物品收购发票、运输发票等。

对于虚开增值税专用发票以外的可以用于骗取抵扣税款的发票的行为,如何适用法律定罪处罚,是否一律定罪,还是根据不同情况具体分析决定呢?有人认为,只要行为人一实施这一行为,并且所开额度到达追究刑事责任的标准的,均成立犯罪并处罚。理由是:《刑法》第 205 条规定的虚开用于抵扣税款发票罪是行为犯,行为人只要实施了虚开可以抵扣税款的发票(包括使用此发票),不管其主观意图是想以虚增成本的方法偷税,还是想用虚开的发票非法抵扣税,都只构成虚开用于抵扣税款发票这一种罪。也有观点认为,不能一律不加分别地予以定罪处罚。首先,从法条的表述看,《刑法》第 205 条第 1 款是这样列示的:"虚开增值税专用发票或者虚开用于骗取出口退税、抵扣税款的其他发票的……"。在这一句中,增值税专用发票是"虚开",而后面的其他发票是"虚开用于",前后相比增加了"用于"两个字。这就表明,对于增值税专用发票,只要行为人实施了虚开行为,犯罪便可成立,虚开增值税专用发票罪是行为犯。而针对骗取出口退税、抵扣税款的其他发票,行为人不仅要有虚开作为,而且必须对售票方的用意有明确的、清晰的了解,即虚开来做什么,换言之,就必须知道受票人是虚开以便拿去骗取出口退税或者抵扣税款。可见,立法意图对增值税专用发票与其他专用税专用发票在虚开问题上所持的态度是不同的。前者只要具备了行为动作,犯罪即可成立,后者则必须在动作之上再加主观认识因素才能完整构成。关于这一点,从《刑法》第 209 条的规定可进一步佐证。该条对伪造、擅自制造或者出售伪造、擅自制造的骗取出口退税、抵扣税款发票是表述为"可以用于",而不是用于或必须用于。这就表明,伪造、擅自制造或者出售这些发票,只要具备骗取出口退税功能和抵扣税款功能,犯罪就可成立,不要求必然具有主观认识因素。这也进一步表明,构成《刑法》第 205 条之虚开用于骗取出口退税、抵扣税款发票罪是不能像构成虚开增值税专用发票罪与伪造、擅自制造或者出售可以用于骗取出口退税、抵扣税款发票罪那样,直接由行为犯成罪,而必须有主观上的认识因素和客观上结果行为。即仅仅是手段行为是不成立本罪的。①

笔者同意第二种观点,但其论证欠充分,也有谬误之处。虚开增值税专用发票与虚开用于骗取出口退税、抵扣税款发票统一于虚开增值税专用发票、用于骗取出口退税、抵扣税款发票罪这一选择性罪名之中,但二者成立犯罪的要件并无不相同。在客观上要求有虚开行为,在主观上要求具备虚开故意,即明知是虚开发票,并知道虚开的发票会被用来骗取出口退税、抵扣税款。第二种观点认为虚开增值税专用发票罪仅要求有虚开行为即可,而虚开用于抵扣税款罪不仅要有虚开行为,还要求行为人必须明知虚开的发票被用来抵扣税款。实际上,这是混淆了犯罪构成要件和证明标准问题。在我国境内销售货物或者提供加工、修理修配劳务以及进口货物的单位和个人,应缴

---

① 陈运光:《税收犯罪研判》,吉林人民出版社 2004 年版,第 453 页。

43. 既为他人虚开运输发票又为自己购买运输发票进行虚假纳税申报如何处理？

纳增值税。我国对增值税的征收采取抵扣制度，即凭借开具给别人的增值税专用发票来核定应缴纳的税款，凭借别人开给自己的增值税专用发票来抵扣，不足部分再缴纳。所以，一些企业就想多让别人多开进项税额，以便多抵扣。由于增值税专用发票只能由增值税一般纳税人使用，即只能由增值税一般纳税人领取，也只能由增值税一般纳税人开具（当然税务局也可为小规模纳税人代开）给一般纳税人，而增值税专用发票一个重要功能就是可以抵扣税款或申请出口退税时使用，所以，行为人在虚开增值税专用发票时，很清楚，这些虚开的增值税专用发票是要被用于抵扣税款或骗取出口退税的。因此，对于虚开增值税专用发票罪来说，只要行为人实施虚开行为，就据此可认定构成犯罪，不需要证明行为人主观上明知虚开的发票会被用来抵扣税款或骗取出口退税，而不是说，成立虚开增值税专用发票罪不需要行为人主观上明知虚开的发票会被用来抵扣税款或骗取出口退税。但是对于虚开用于抵扣税款发票罪来说就不同了。在我国，除了增值税专用发票当然可抵扣税款外，运输发票、农林牧水产品收购发票、废旧物品收购发票也可用来抵扣税款。交通运输业由于缴纳的是营业税，不能开具增值税专用发票，而收购农林牧水产品、废旧物品也不能取得增值税专用发票，对于增值税一般纳税人来说，如果这些发票不能抵扣税款，就多缴纳增值税税款了。这就不公平。所以，运输发票、农林牧水产品收购发票、废旧物品收购发票也可用来抵扣税款。但是，这些发票，对于增值税的一般纳税人可以用来抵扣税款，而对于小规模纳税人和缴纳营业税的纳税人来说，就不能抵扣税款。不过，对于运输发票，运输企业可以冲抵营业额。当然，企业也可以用这些发票冲抵成本，少缴所得税。所以，对于虚开用于抵扣税款发票罪来说，还要证明这些发票被用来抵扣税款，否则就不能成立本罪。如果说不管发票是用来抵扣税款，还是冲抵营业额或成本，只要虚开这些发票就构成虚开用于抵扣税款发票罪，那么，就没有必要设立这个罪，直接设立虚开发票罪即可。所以，要成立虚开用于抵扣税款发票罪，就必须证明发票是开给具有增值税一般纳税人资格的企事业单位。就唐熠一案来说，其所开具的运输发票是给上海比欧西气体工业有限公司，并且该公司用这些发票抵扣税款 95 784.67 元。显然，唐熠等人为他人虚开运输发票的行为构成虚开用于抵扣税款发票罪。但是，唐熠让他人为自己虚开运输发票的行为，由于其是运输企业，不缴纳增值税，虚开的发票是用来冲抵营业额，而不能用来抵扣税款，所以就不构成虚开用于抵扣税款发票罪。

对于唐熠用虚开的运输发票冲抵营业额的行为能否构成偷税罪，笔者认为应具体分析。唐熠给他人虚开运输发票而产生的营业额，并不导致唐所在的公司产生纳税义务。是否负有纳税义务要求存在应税事实。也就是说只有实施一定的经济行为才能根据法律产生纳税义务。而唐某公司与接受虚开运输发票的单位之间并不存在运输业务，因此也就不产生纳税义务，就是说唐某公司不会因此缴纳营业税。所以，对于唐熠用虚开的运输发票冲抵的营业额应把唐某给别人虚开的营业额减去。即唐某公司实际冲抵营业额为147 290 134.14元减去1 368 352.4元,也就是145 921 781.74元。如果偷税数额在1万元以上,且占应纳税额10%以上,就构成偷税罪。

对于唐某虚开用于抵扣税款发票罪和偷税罪,由于这两个行为之间不存在牵连,相互独立,应该数罪并罚。法院处理是正确的。当然,对于上海比欧西气体工业有限公司来说,如果其偷税行为也构成偷税罪,就不能数罪并罚。因为其虚开运输发票的目的是为了偷税,也即虚开行为和抵扣行为之间存在牵连,构成牵连犯,应从一重罪处断。

【结　论】

为他人虚开运输发票后为冲抵产生的营业额又为自己购买运输发票进行虚假纳税申报,如果对方是用运输发票抵扣税款,则行为人可构成虚开用于抵扣税款发票罪;如果对方是用来冲抵营业额或虚增成本,行为人可构成偷税罪的帮助犯。而对于为自己购买运输发票冲抵营业额的行为,如果冲抵的营业额超出了为他人虚开运输发票而产生的营业额,则可能构成偷税罪。如果都构成犯罪,应数罪并罚。

【相关链接】

相关的法律、法规
中华人民共和国刑法
第二百零五条(见本书第264页)

相关的司法解释与指导性意见
最高人民检察院、公安部关于经济犯罪案件追诉标准的规定(2001年4月18日)第五十三条(见本书第264页)

相关的参考案例
芦才兴虚开抵扣税款发票案(浙江省高级人民法院2000年12月29日)
载http://www.lawyee.net/Case/Case_Display.asp? RID=4071&KeyWord.

(周洪波)

44. 如何认定假冒注册商标罪、销售假冒注册商标的商品罪与生产、销售伪劣产品罪的罪数形态？
——黄味金等假冒注册商标案[①]

【案情介绍】

被告人黄味金，男，1966年3月25日出生于四川省成都市，汉族，个体户。

被告人常荣芳，女，1968年10月31日出生于四川省自贡市，汉族，粮农。

被告人张会建，男，1973年11月26日出生于湖南省炎陵县，汉族，粮农。

被告人常祝家，男，1971年1月30日出生于四川省自贡市，汉族，粮农。

被告人邱伦富，男，1983年3月28日出生于四川省眉山市，汉族，粮农。

被告人常春荣，男，1962年12月8日出生于四川省自贡市，汉族，粮农。

被告人文勇，男，1968年10月25日出生于四川省资阳市，汉族，粮农。

2002年5月，被告人黄味金与被告人常荣芳口头约定由黄味金提供原酒，常荣芳组织包装材料及商标，为黄味金生产假冒名牌酒。此后，被告人常荣芳雇佣被告人文勇从黄味金开设于成都市华丰食品城的兴宏酒类批发部将"绵竹大曲"、"江口醇"、"尖庄"、"泸州"老窖二曲等酒运至常荣芳租赁的成都市中和镇、双流县华阳镇出租房内，由被告人常荣芳、张会建组织"剑南春"、"全兴"、"五粮液"、"泸州"商标及包装，雇佣被告人常祝家、邱伦富、常春荣洗瓶、翻装酒，并贴上"剑南春"商标648份，"全兴"商标300份，"泸州特曲"商标88份，"五粮液"商标96份。除"五粮液"外，均由被告人常荣芳雇佣被告人文勇将酒运至被告人黄味金开设于成都华丰食品城的兴宏酒类批发部及被告人黄味金与杨美会合伙开设于成都市西南食品城的兴达酒类批发部予以销售。2002年12月30日，公安机关查获被告人常荣芳、张会建、常祝家、邱伦富、常春荣及前来运送原料酒及假酒的文勇，并从该出租房内提取大量假冒名酒及包装。经查实，被告人文勇参与假冒"剑南春"商标468份，假冒"全兴"商标300份，被告人邱伦富、常祝家参与假冒"剑南春"商标504份，假冒"全兴"商标120份，假冒"泸州"老窖特曲商标88份，被告人常春荣参加假冒"剑南春"商标180份，"泸州"老窖特曲商标

---

① (2003)绵竹刑初字第66号。案例选自http://www.dfbhls.com/Article/bjs/200704/695.html。

88份。

四川省绵竹市人民法院经开庭审理后认为，被告人黄味金、常荣芳未经注册商标所有人许可，共同商议达成了假冒注册商标的口头协议。此后，由黄味金提供原酒，由被告人常荣芳与被告人张会建组织"剑南春"等老窖特曲的商标及包装物，并安排常祝家、常春荣、邱伦富将黄味金提供的原酒翻装进"剑南春"等名酒的瓶内，并贴上以上酒类的商标，由黄味金销售。其行为均已构成假冒注册商标罪。被告人文勇明知是假冒注册商标的商品而予以运输，其行为构成了假冒注册商标罪。被告人常祝家、常春荣、邱伦富受常荣芳的雇佣翻装假酒，其行为亦构成假冒注册商标罪。根据《刑法》第213条、第25条第1款、第26条第1款、第4款、第27条第1款、第2款、第65条、第64条之规定，判决如下：

1. 被告人黄味金犯假冒注册商标罪，判处有期徒刑3年6个月，并处罚金1万元。
2. 被告人常荣芳犯假冒注册商标罪，判处有期徒刑3年6个月，并处罚金1万元。
3. 被告人张会建犯假冒注册商标罪，判处有期徒刑3年6个月，并处罚金1万元。
4. 被告人常祝家犯假冒注册商标罪，判处有期徒刑1年6个月，并处罚金2 000元。
5. 被告人文勇犯假冒注册商标罪，判处有期徒刑1年，并处罚金2 000元。
6. 被告人邱伦富犯假冒注册商标罪，判处有期徒刑1年，并处罚金2 000元。
7. 被告人常春荣犯假冒注册商标罪，免予刑事处罚。

【法理分析】

处理本案涉及的主要问题是：如何认定假冒注册商标罪、销售假冒注册商标的商品罪与生产、销售伪劣产品罪罪数形态？

在本案的处理过程中，就被告人触犯的罪名问题，被告人及其辩护人与人民法院产生了分歧：① 被告人黄味金的辩护人、被告人常祝家均认为，其生产、加工假冒注册商标的假酒的行为应构成生产、销售伪劣产品罪，而不是假冒注册商标罪。人民法院则认为，被告人加工、销售的假酒并非伪劣产品，不应构成生产、销售伪劣产品罪。② 被告人黄味金认为，自己销售的假冒注册商标的假酒并非自己生产的，而是向被告人常荣芳购买的，因此自己的行为不构成假冒注册商标罪，如果构成犯罪，构成的也应是销售假冒注册商标的商品罪。而人民法院认为，由黄味金提供原酒，常荣芳组织包装材料及商标，为黄味金生产假冒名牌酒的行为属于共同实施假冒注册商标的行为，均应构成假冒注册商标罪。

笔者认为，人民法院的判决是正确的，被告人的行为均应构成假冒注册商标罪。由于本案中对各个被告人的行为构成犯罪并无异议，主要争议的乃是行为人的行为到底是构成假冒注册商标罪、销售假冒注册商标的商品罪还是生产、销售伪劣产品罪，因此笔者的论证重点将放在被告人的行为是否构成销售假冒注册商标的商品罪与生产、销售伪劣产品罪上。

一、被告人的行为不构成生产、销售伪劣产品罪

我国《刑法》第140条规定的生产、销售伪劣产品罪，是指生产者、销售者在产品中掺杂、掺假，以假充真、以次充好或者以不合格产品冒充合格产品，销售金额在5万元以上的行为。该罪客观方面主要表现为在产品中掺杂、掺假，以假充真、以次充好或者以不合格产品冒充合格产品。根据最高人民法院、最高人民检察院《关于办理生产、销售伪劣商品刑事案件具体应用法律若干问题的解释》的有关规定，所谓"在产品中掺杂、掺假"，是指在产品中掺入杂质或者异物，致使产品质量不符合国家法律、法规或者产品明示的质量标准的要求，降低、失去应有的使用性能的行为；"以假充真"，是指以不具有某种使用性能的产品冒充具有该种使用性能的产品的行为；"以次充好"，是指以低等级、低档次产品冒充高等级、高档次产品，或者以残次、废旧零部件组合、拼装后冒充正品或者新产品的行为；"不合格产品"，是指不符合《产品质量法》第26条第2款规定的质量要求的产品。

在本案中，被告人黄味金的辩护人以及被告人常祝家辩称自己实施的是生产、销售伪劣产品罪，但是，法院经审理查明，被告人用"江口醇"、"绵竹大曲"、"尖庄"等酒冒充"剑南春"、"全兴"、"五粮液"、"泸州"老窖特曲等酒并予以出售获利，其目的和主要行为方式是采用冒充他人注册商标而达到销售其他酒的目的，且"江口醇"、"尖庄"、"绵竹大曲"、"泸州"老窖二曲等酒本身并不是伪劣产品。因此，本案被告人的行为不可能构成生产、销售伪劣产品罪。

二、被告人的行为不构成销售假冒注册商标的商品罪

假冒注册商标罪与销售假冒注册商标的商品罪在犯罪客体、主体、主观方面比较容易区分，但是两个罪的实行行为之间存在一定的联系。假冒注册商标罪的实行行为是违法使用他人的注册商标的行为，即未经注册商标人的许可，在同一种商品上使用与其注册商标相同的商标的行为；而销售假冒注册商标的商品罪的实行行为则是销售行为。实践中，假冒注册商标罪的实行行为包括三种形式：① 将商标用于商品、商品包装或者容器上；② 将商标用于商品交易文书上；③ 将商标用于广告宣传、展览以及其他业务活动中，但是不论哪种形式，非法使用行为的成立都不以使用商标的商品的实际销售为成立条件，进而言之，假冒注册商标罪的成立也不以假冒注册商标的商品实际销售为成立条件。只要行为人未经注册商标权利人的同意，将他人的注册商标用于商品、商品包装或者容器、商品交易文书上，或者将商标用于广告宣传、展览以及其他业务活动中，即符合假冒注册商标罪的客观条件。但是，从实际情况看，行为人假冒注册商标的目的是为了销售自己的商品，销售假冒注册商标的商品是假冒注册商标的必然结果。假冒注册商标罪对他人注册商标的侵害，该罪的社会危害性，也只有行为人

将假冒注册商标的商品实际销售出去才能最终体现出来。从这个意义上讲,假冒注册商标的行为与销售假冒注册商标的商品行为是不能分开的,否则假冒注册商标行为也就失去了其存在的意义。因此,在实践中,行为人实施完毕假冒他人注册商标的行为后,紧接着就要实施销售假冒注册商标的商品的行为。本案中被告人黄味金等人的行为就是如此。

那么,实践中,行为人假冒他人注册商标后又将该假冒注册商标的商品销售,是构成一个罪还是两个罪,如果是一个罪,应按照假冒注册商标罪处理还是按照销售假冒注册商标的商品罪处理?从上述分析可以看出,行为人假冒他人注册商标后必然要将该假冒注册商标的商品销售出去,销售行为是假冒行为的后续阶段。但是刑法将假冒注册商标行为和销售假冒注册商标的商品行为作为两个独立的犯罪加以规定,从刑法评价的角度来看,假冒注册商标行为和销售假冒注册商标的商品的行为是作为两个独立的行为分别被法律评价的。因此,假冒他人注册商标后又将该假冒注册商标的商品销售的行为,是行为人在两个犯罪故意的支配之下,实施了两个具有独立刑法意义的行为,符合两个罪的构成要件,分别触犯了两个不同罪名。但是,销售假冒注册商标的商品的行为是假冒注册商标行为发展的必然后果,属于刑法理论上的吸收犯,对此应当按照重罪吸收轻罪的原则,只认定假冒注册商标罪一罪,至于销售假冒注册商标的商品的行为,可以作为量刑的一个情节予以考虑。只有在行为人所实施的上述两种行为分别针对不同的商品或者权利人的情况下,即行为人不仅假冒他人的注册商标,还购买假冒注册商标的商品进行销售,才分别认定为假冒注册商标罪和销售假冒注册商标的商品罪,并实行数罪并罚。

具体到本案中,被告人黄味金与常荣芳未经注册商标所有人许可,共同商议达成了假冒注册商标的口头协议。此后,由黄味金提供原酒,由被告人常荣芳等人将黄味金提供的原酒翻装进"剑南春"等名酒的瓶内,并贴上名牌酒类的商标,由黄味金销售。因此,被告人虽然实施了假冒注册商标的行为与销售假冒注册商标的商品的行为,但是销售假冒注册商标的商品的行为是假冒注册商标行为发展的必然后果,属于吸收犯,应当按照重罪吸收轻罪的原则,只认定假冒注册商标罪一罪,至于销售假冒注册商标的商品的行为,可以作为量刑的一个情节予以考虑。

三、被告人的行为均构成假冒注册商标罪

本案中被告人黄味金曾经辩解,他并没有实施假冒注册商标的行为,他只是向常荣芳购买假冒注册商标的假酒并予以销售,因此其行为只构成销售假冒注册商标的商品罪,而不构成假冒注册商标罪。笔者认为,如果被告人黄味金仅仅实施了购买假冒注册商标的商品并予以销售的行为,当然不会构成假冒注册商标罪。但是,法院有下列充分的证据证实被告人黄味金与常荣芳有共同实施假冒注册商标罪的犯罪行为:黄味金于2002年12月31日供述,他与常荣芳达成口头协议,由黄味金提供原酒,由常荣

芳翻装假酒;常荣芳供述,他与黄味金达成口头协议,由黄味金提供原酒,常荣芳翻装假酒,并雇佣文勇运输假酒;张会建供述,证实每次都是黄味金打来电话提出需要假酒,张会建便雇佣文勇到华丰黄味金的门市拉来各种低档酒由张会建、邱伦富、常荣芳、常春荣进行翻装,翻装后由文勇运送到华丰食品城;被告人黄味金在常荣芳尚未供述有口头协议之前供述称:"我们谈好的,他做酒所需原料酒由我给他提供,我进成多少给她算多少。然后他把假酒做好后给我拉下来。"这与常荣芳以后供述的口头协议相一致。因此,黄味金辩称自己没有实施假冒他人注册商标罪的行为的辩解不能成立。

此外,本案中有一部分被告人并未直接参与假冒注册商标的行为,例如,被告人文勇受雇主要从黄味金开设于成都市华丰食品城的兴宏酒类批发部将"绵竹大曲"、"江口醇"、"尖庄"、"泸洲"老窖二曲等酒运至常荣芳租赁的成都市中和镇、双流县华阳镇出租房内,再将假冒注册商标的白酒运至被告人黄味金的兴宏酒类批发部及被告人黄味金与杨美会合伙开的兴达酒类批发部予以销售。被告人常春荣在假冒注册商标案件中,只帮忙洗瓶子。但是人民法院最终判决上述被告人均构成假冒注册商标罪,这是为什么呢?这需要结合共同犯罪理论来解释。侵犯知识产权犯罪之所以能够形成气候,并在许多地方呈现出规模化、集团化、地域化的特征,与一些人的帮助和支持密切相关。对此种情况,有关的司法解释已经进行了规定。例如,在1993年最高人民检察院《关于假冒注册商标犯罪立案标准的规定》中已经规定,同假冒他人注册商标的犯罪人通谋,为其提供制造、销售、使用、仓储、运输、邮寄、隐匿等便利条件的,以假冒注册商标罪的共犯追究刑事责任。虽然该立案标准已经被《关于经济犯罪案件追诉标准的规定》所取代,但是上述规定对于我们认定知识产权犯罪的共犯问题仍具有指导意义。同时,对各种参与或帮助侵犯知识产权犯罪的行为按照共犯论处,既有理论依据,又有法律依据。从理论上看,明知他人实施犯罪而为其提供各种便利条件的,属于帮助犯,应该按照共同犯罪处理。从法律上看,事先同实行犯通谋按照共犯论处的原则已为我国刑事立法所广泛采纳,法条中就规定了许多通谋共犯,例如《刑法》第156条规定的走私罪的通谋共犯。因此,对于与实行犯通谋按照共犯论处的原则也可以适用于知识产权犯罪共犯的司法认定中。基于此,2004年11月12日最高人民法院、最高人民检察院《关于办理侵犯知识产权刑事案件具体应用法律若干问题的解释》明确规定,明知他人实施侵犯知识产权犯罪,而为其提供贷款、资金、账号、发票、证明、许可证件,或者提供生产、经营场所或者运输、储存、代理进出口等便利条件、帮助的,以侵犯知识产权犯罪的共犯论处。在本案中,被告人文勇明知是假冒注册商标的商品而予以运输,被告人常祝家、常春荣、邱伦富受常荣芳的雇佣翻装假酒,均属于假冒注册商标犯罪的帮助行为,均可以构成假冒注册商标罪。

【结　　论】

实施假冒注册商标犯罪,又销售该假冒注册商标的商品,构成犯罪的,应以假冒注册商标罪定罪处罚。

【相关链接】

相关的法律、法规
中华人民共和国刑法

第一百四十条 生产者、销售者在产品中掺杂、掺假,以假充真,以次充好或者以不合格产品冒充合格产品,销售金额五万元以上不满二十万元的,处二年以下有期徒刑或者拘役,并处或者单处销售金额百分之五十以上二倍以下罚金;销售金额二十万元以上不满五十万元的,处二年以上七年以下有期徒刑,并处销售金额百分之五十以上二倍以下罚金;销售金额五十万元以上不满二百万元的,处七年以上有期徒刑,并处销售金额百分之五十以上二倍以下罚金;销售金额二百万元以上的,处十五年有期徒刑或者无期徒刑,并处销售金额百分之五十以上二倍以下罚金或者没收财产。

第二百一十三条 未经注册商标所有人许可,在同一种商品上使用与其注册商标相同的商标,情节严重的,处三年以下有期徒刑或者拘役,并处或者单处罚金;情节特别严重的,处三年以上七年以下有期徒刑,并处罚金。

第二百一十四条 销售明知是假冒注册商标的商品,销售金额数额较大的,处三年以下有期徒刑或者拘役,并处或者单处罚金;销售金额数额巨大的,处三年以上七年以下有期徒刑,并处罚金。

相关的司法解释与指导性意见
最高人民法院、最高人民检察院关于办理生产、销售伪劣商品刑事案件具体应用法律若干问题的解释[2001年4月10日起施行 法释〔2001〕10号]

第一条 刑法第一百四十条规定的"在产品中掺杂、掺假",是指在产品中掺入杂质或者异物,致使产品质量不符合国家法律、法规或者产品明示质量标准规定的质量要求,降低、失去应有使用性能的行为。

刑法第一百四十条规定的"以假充真",是指以不具有某种使用性能的产品冒充具有该种使用性能的产品的行为。

刑法第一百四十条规定的"以次充好",是指以低等级、低档次产品冒充高等级、高档次产品,或者以残次、废旧零配件组合、拼装后冒充正品或者新产品的行为。

刑法第一百四十条规定的"不合格产品",是指不符合《中华人民共和国产品质量法》第二十六条第二款规定的质量要求的产品。

对本条规定的上述行为难以确定的,应当委托法律、行政法规规定的产品质量检验机构进行鉴定。

最高人民检察院、公安部关于经济犯罪追诉标准的规定(2001年4月18日)

六十一、假冒注册商标案(刑法第213条)

未经注册商标所有人许可，在同一种商品上使用与其注册商标相同的商标，涉嫌下列情形之一的，应予追诉：

1. 个人假冒他人注册商标，非法经营数额在十万元以上的；
2. 单位假冒他人注册商标，非法经营数额在五十万元以上的；
3. 假冒他人驰名商标或者人用药品商标的；
4. 虽未达到上述数额标准，但因假冒他人注册商标，受过行政处罚二次以上，又假冒他人注册商标的；
5. 造成恶劣影响的。

最高人民法院、最高人民检察院关于办理侵犯知识产权刑事案件具体应用法律若干问题的解释（2004年12月22日起施行 法释[2004]19号）

第八条 刑法第二百一十三条规定的"相同的商标"，是指与被假冒的注册商标完全相同，或者与被假冒的注册商标在视觉上基本无差别、足以对公众产生误导的商标。

刑法第二百一十三条规定的"使用"，是指将注册商标或者假冒的注册商标用于商品、商品包装或者容器以及产品说明书、商品交易文书，或者将注册商标或者假冒的注册商标用于广告宣传、展览以及其他商业活动等行为。

第十三条 实施刑法第二百一十三条规定的假冒注册商标犯罪，又销售该假冒注册商标的商品，构成犯罪的，应当依照刑法第二百一十三条的规定，以假冒注册商标罪定罪处罚。

实施刑法第二百一十三条规定的假冒注册商标犯罪，又销售明知是他人的假冒注册商标的商品，构成犯罪的，应当实行数罪并罚。

第十六条 明知他人实施侵犯知识产权犯罪，而为其提供贷款、资金、账号、发票、证明、许可证件，或者提供生产、经营场所或者运输、储存、代理进出口等便利条件、帮助的，以侵犯知识产权犯罪的共犯论处。

相关的参考案例

朱军明、李健等四人假冒注册商标、非法制造、销售非法制造的注册商标标识案

载胡捷、邱华红：《惩治商标权犯罪：立法的盲点与司法的难点——以假冒思科公司注册商标案为视角》，http://www.szls.gov.cn/2005/news_detail.php? newsid=689

易青松等销售假冒注册商标的商品、假冒注册商标、非法制造注册商标标识案（[2006]绵竹刑初字第19号）

载 http//vip.chinalawinfo.com/Case/DisplayContent.asp? Gid=117478222&keyword=.

（刘 科）

45. 如何认定假冒注册商标罪、非法经营罪的罪数形态？
——郭嵘非法经营、假冒注册商标案[①]

【案情介绍】

被告人郭嵘，男，1961年出生于江苏省如皋市，汉族，南通三联农用化学品有限公司法定代表人，原南通三联科技发展公司法定代表人。

江苏省如皋市人民法院经审理查明，被告人郭嵘于2003年至2005年1月，明知其经营的南通三联科技发展公司已被工商行政管理机关注销，却以该公司的名义购进农药。在未另行向国务院工业产品许可管理部门申请农药生产许可证的情况下，擅自以"小改大"或"大改小"方式分装农药，分别向上海旗忠高尔夫俱乐部有限公司、广州麓湖高尔夫乡村俱乐部、深圳观澜湖高尔夫球会有限公司、东莞观澜湖高尔夫球会有限公司、富阳富春山居休闲事业有限公司等单位销售，销售额计人民币708 585元；此外，被告人郭嵘还以国产农药假冒陶氏益农中国有限公司生产的注册商标为"乐斯本"的农药进行销售，销售金额计人民币127 760.3元。

江苏省如皋市人民法院认为，被告人郭嵘违反国家规定，未经国家许可，以南通三联科技发展公司分装农药进行销售，扰乱市场秩序，情节严重，其行为构成非法经营罪；未经注册商标所有人许可，在同一种商品上使用与其注册商标相同的商标，情节严重，其行为已构成假冒注册商标罪。被告人郭嵘一人犯数罪，应实行数罪并罚。依照《中华人民共和国刑法》第225条、第213条、第69条、第64条之规定，判决如下：被告人郭嵘犯非法经营罪，判处有期徒刑6个月，并处罚金人民币10万元；犯假冒注册商标罪，判处有期徒刑1年，并处罚金人民币20万元。决定执行有期徒刑1年，并处罚金人民币30万元。

【法理分析】

处理本案涉及的主要问题是：如何认定假冒注册商标罪、非法经营罪罪数形态？

本案在审理中，控、辩双方对被告人行为涉嫌罪名有不同认识。公诉机关认为被告人郭嵘的行为分别构成非法经营罪、假冒注册商标罪。辩护人则提出：对被告人郭

[①] (2005)皋刑初字第0269号。案例选自http://www.lawyer119.cn/researchview.asp?id=1362。

嵘应以非法经营罪一罪处断,而不应以非法经营罪与假冒注册商标罪实行数罪并罚,理由是被告人郭嵘假冒注册商标行为是其销售农药的一种手段,对该行为应根据牵连犯的处罚原则,从一重罪处断,即以非法经营罪一罪处断。如皋市人民法院最终以非法经营罪、假冒注册商标罪对被告人判处了刑罚。

笔者认为,被告人的行为已分别构成非法经营罪、假冒注册商标罪,应予数罪并罚。

一、构成非法经营罪的理由

根据我国《刑法》第225条的规定,非法经营罪是指违反国家规定,从事非法经营活动,扰乱市场秩序,情节严重的行为。该罪的客观行为方式之一就是未经许可经营法律、行政法规规定的专营、专卖物品及其他限制买卖的物品。未经许可,指未经国家有关主管部门的批准;专营、专卖物品,指国家法律、行政法规明确规定必须由专门的机构专营、专卖的物品,如食盐、烟草等;其他限制买卖的物品,指国家根据经济发展和维护国家、社会和人民群众利益的需要,规定在一定时期实行限制性经营的物品,如化肥、农药、放射性物品等。根据国务院《农药管理条例》的规定,生产(包括分装)农药,应当向国务院工业产品许可管理部门申请农药生产许可证。在本案中,被告人郭嵘违反国家规定,未经国家许可,以南通三联科技发展公司的名义擅自分装国家限制买卖的农药进行销售,扰乱市场秩序,情节严重,其行为已经构成非法经营罪。

二、构成假冒注册商标罪的理由

根据我国《刑法》第213条的规定,假冒注册商标罪是指未经注册商标所有人许可,在同一种商品上使用与其注册商标相同的商标,情节严重的行为。该罪的构成要件是:① 主观要件是故意;② 客观要件是实施了未经注册商标所有人许可,在同一种商品上使用与其注册商标相同的商标,情节严重的行为;③ 主体要件是一般犯罪主体;④ 客体要件是国家的市场经济管理秩序和注册商标权利人的利益。在本案中,被告人郭嵘以非法营利为目的,未经注册商标所有权人(陶氏益农中国有限公司)许可,擅自以国产农药假冒该公司注册商标"乐斯本"销售农药,销售数额较大,严重侵犯了国家对农药市场的管理秩序和权利人的利益,完全符合假冒注册商标罪的构成要件,因此对被告人擅自以国产农药假冒陶氏益农中国有限公司注册商标"乐斯本"销售农药的行为,应以假冒注册商标罪论处。

三、被告人的行为应予数罪并罚

本案在审理中,辩护人提出,被告人郭嵘实施假冒陶氏益农中国有限公司注册商标"乐斯本"向深圳及东莞观澜湖高尔夫球会有限公司销售农药的行为包含在郭嵘非法经营农药的整个行为之中,其假冒注册商标行为是其销售农药的一种手段,对该行为应根据牵连犯的处罚原则,从一重罪处断,即以非法经营罪一罪处断。但是法院并未采纳该辩护意见。

笔者认为,被告人郭嵘的上述行为不属于牵连犯,不能以非法经营罪论处。所谓牵连犯,是指行为人实施某种犯罪(即本罪),而方法行为或结果行为又触犯其他罪名(即他罪)的犯罪形态。成立牵连犯,必须满足以下几个要件:① 牵连犯必须基于一个最终犯罪目的,这是构成牵连犯的主观要件,而且是认定数个犯罪行为之间具有牵连关系的主要标准。② 牵连犯必须具有两个以上的、相对独立的危害社会行为,这是牵连犯的客观外部特征。也就是说,行为人只有实施了数个相对独立并完全具备犯罪构成要件的危害社会行为,才可能构成牵连犯。若行为人实施的数个危害社会行为中只有一个构成犯罪,则也因不存在数个犯罪之间的牵连关系而不能构成牵连犯。③ 牵连犯所包含的数个危害社会行为之间必须具有牵连关系。所谓牵连关系,是指行为人实施的数个危害社会行为之间具有手段与目的或原因与结果的内在联系,亦即行为人数个危害社会行为分别表现为目的行为(或原因行为)、方法行为或结果行为,并相互依存形成一个有机整体。④ 牵连犯的数个行为必须触犯不同的罪名,这是牵连犯的法律特征,也是确定牵连犯的标志。

根据国务院《农药管理条例》的规定,生产农药之前要进行登记,生产要有许可证,国家实行生产农药登记制度,但是国家并没有规定销售农药实行登记许可制度,对个人销售农药也没有禁止性规定,因此虽然本案中的三联公司已被注销,但被告人郭嵘直接销售假冒陶氏益农中国有限公司注册商标"乐斯本"农药的行为只能属于无证经营,而不是刑法意义上的非法经营,不能构成非法经营罪。因此,被告人郭嵘实施假冒陶氏益农中国有限公司注册商标"乐斯本"销售农药的行为中只存在一个假冒注册商标的行为,不能满足牵连犯"必须具有两个以上的、相对独立的危害社会行为"的牵连犯客观外部特征的要求,因此不能构成非法经营罪的牵连犯。

总之,在本案中,被告人郭嵘在未向国务院工业产品许可管理部门申请农药生产许可证的情况下,擅自以"小改大"或"大改小"方式分装农药并销售的行为,属于非法经营行为,且情节严重,已经构成非法经营罪;以国产农药假冒他人注册商标销售的行为属于假冒注册商标行为,且情节严重,已经构成假冒注册商标罪。被告人实施的上述两种行为彼此之间并不存在牵连或者吸收关系,属于典型的异种数罪形态,对此,应按照数罪并罚的规定实行数罪并罚。

【结　　论】

既实施假冒注册商标的犯罪行为,又实施非法经营的犯罪行为,应当实行数罪并罚。

【相关链接】

相关的法律、法规

中华人民共和国刑法

第二百一十三条　(见本书第284页)

第二百二十五条 违反国家规定,有下列非法经营行为之一,扰乱市场秩序,情节严重的,处五年以下有期徒刑或者拘役,并处或者单处违法所得一倍以上五倍以下罚金;情节特别严重的,处五年以上有期徒刑,并处违法所得一倍以上五倍以下罚金或者没收财产:

(一)未经许可经营法律、行政法规规定的专营、专卖物品或者其他限制买卖的物品的;

(二)买卖进出口许可证、进出口原产地证明以及其他法律、行政法规规定的经营许可证或者批准文件的;

(三)未经国家有关主管部门批准,非法经营证券、期货、保险业务的;

(四)其他严重扰乱市场秩序的非法经营行为。

中华人民共和国农药管理条例(2001年)

第六条 国家实行农药登记制度。

生产(包括原药生产、制剂加工和分装,下同)农药和进口农药,必须进行登记。

第十四条 国家实行农药生产许可制度。

生产有国家标准或者行业标准的农药的,应当向国务院工业产品许可管理部门申请农药生产许可证。

生产尚未制定国家标准、行业标准但已有企业标准的农药的,应当经省、自治区、直辖市工业产品许可管理部门审核同意后,报国务院工业产品许可管理部门批准,发给农药生产批准文件。

第十九条 农药经营单位应当具备下列条件和有关法律、行政法规规定的条件,并依法向工商行政管理机关申请领取营业执照后,方可经营农药:

(一)有与其经营的农药相适应的技术人员;

(二)有与其经营的农药相适应的营业场所、设备、仓储设施、安全防护措施和环境污染防治设施、措施;

(三)有与其经营的农药相适应的规章制度;

(四)有与其经营的农药相适应的质量管理制度和管理手段。

第三十条 任何单位和个人不得生产未取得农药生产许可证或者农药生产批准文件的农药。

任何单位和个人不得生产、经营、进口或者使用未取得农药登记证或者农药临时登记证的农药。

相关的司法解释与指导性意见

最高人民检察院、公安部关于经济犯罪追诉标准的规定(2001年4月18日)

六十一、假冒注册商标案(刑法第213条)(见本书第284—285页)

七十、非法经营案(刑法第225条)

违反国家规定,采取租用国际专线、私设转接设备或者其他方法,擅自经营国际电信业务或者涉港澳台电信业务进行营利活动,涉嫌下列情形之一的,应予追诉:

1. 经营去话业务数额在一百万元以上的;
2. 经营来话业务造成电信资费损失数额在一百万元以上的;
3. 虽未达到上述数额标准,但因非法经营国际电信业务或者涉港澳台电信业务,受过行政处罚二次以上,又进行非法经营活动的。

非法经营外汇,涉嫌下列情形之一的,应予追诉:

1. 在外汇指定银行和中国外汇交易中心及其分中心以外买卖外汇,数额在二十万美元以上的,或者违法所得数额在五万元人民币以上的;
2. 公司、企业或者其他单位违反有关外贸代理业务的规定,采用非法手段,或者明知是伪造、变造的凭证、商业单据,为他人向外汇指定银行骗购外汇,数额在五百万美元以上的,或者违法所得数额在五十万元人民币以上的;
3. 居间介绍骗购外汇,数额在一百万美元以上或者违法所得数额在十万元人民币以上的。

违反国家规定,出版、印刷、复制、发行非法出版物,涉嫌下列情形之一的,应予追诉:

1. 个人非法经营数额在五万元以上的,单位非法经营数额在十五万元以上的;
2. 个人违法所得数额在二万元以上的,单位违法所得数额在五万元以上的;
3. 个人非法经营报纸五千份或者期刊五千本或者图书二千册或者音像制品、电子出版物五百张(盒)以上的,单位非法经营报纸一万五千份或者期刊一万五千本或者图书五千册或者音像制品、电子出版物一千五百张(盒)以上的。

未经国家有关主管部门批准,非法经营证券、期货或者保险业务,非法经营数额在三十万元以上,或者违法所得数额在五万元以上的,应予追诉。

从事其他非法经营活动,涉嫌下列情形之一的,应予追诉:

1. 个人非法经营数额在五万元以上,或者违法所得数额在一万元以上的;
2. 单位非法经营数额在五十万元以上,或者违法所得数额在十万元以上的。

最高人民法院、最高人民检察院关于办理侵犯知识产权刑事案件具体应用法律若干问题的解释(2004年12月22日起施行 法释[2004]19号)第八、十三、十六条(见本书第285页)

相关的参考案例

赵扣忠假冒注册商标案([2005]天刑初字第193号)

载 http://www.haolawyer.com/Case/view_16814.html.

(刘 科)

46. 如何认定假冒注册商标罪中的非法经营数额？
——张万平等假冒注册商标案[①]

【案情介绍】

被告人张万平,男,1969年11月15日出生,汉族,出生地广东省南雄市,大学本科文化,原是佛山市飞天电脑耗材制造厂负责人。

被告人韦文光,男,1974年8月5日出生,壮族,出生地广西壮族自治区贵港市,初中文化,无业。

2001年9月份,被告人张万平伙同王辉(另案处理)在其开设的惠而顿公司利用回收的旧"惠普"硒鼓、墨盒进行再生产,然后贴上"惠普"商标的标识以及用有"惠普"商标标识的包装盒进行包装后,将假冒"惠普"注册商标的硒鼓、墨盒进行销售。同年11月份,被告人张万平与被告人韦文光商议后,由被告人张万平提供经再生产好的硒鼓、墨盒,交由被告人韦文光包装,然后将包装好的"惠普"商标的硒鼓、墨盒交由被告人张万平进行销售,获取非法利益。2002年5月份,被告人张万平设立"佛山市飞天电脑耗材制造厂"(以下称"飞天厂"),聘请工人为其生产"惠普"商标的硒鼓及墨盒。经统计,被告人张万平非法生产"惠普"商标的硒鼓共8 000个、"惠普"商标的墨盒共15 757个;被告人韦文光参与非法生产假冒"惠普"商标的硒鼓共7 923个、假冒"惠普"商标的墨盒共10 045个。被告人张万平将其中的"惠普"商标的硒鼓3 133个及"惠普"商标的墨盒13 745个销售给张文洋(另案处理)等人,销售收入达人民币1 294 650元,其中销售被告人韦文光包装的"惠普"商标的硒鼓3 080个、墨盒10 045个,销售被告人韦文光包装的"惠普"商标的产品收入共人民币1 067 700元。

广东省佛山市中级人民法院审理后认为,被告人张万平、韦文光未经注册商标所有人许可,在同一种商品上使用与其注册商标相同的商标;被告人张万平个人非法经营数额人民币1 294 650元,情节特别严重;在被告人张万平销售收入的人民币1 294 650元中,有价值1 064 700元的假冒惠普产品由被告人韦文光参与生产,情节特别严重。二被告人的行为均已构成假冒注册商标罪。判处被告人张万平有期徒刑五年,并处罚金人民币80 000元,被告人韦文光有期徒刑3年6个月,并处罚金人民币50 000元。

[①] (2003)佛刑终字第235号。案例选自http://www.fsou.com/html/text/fnl/1174804/117480488.html.

【法理分析】

处理本案涉及的主要问题是:如何认定假冒注册商标罪中的非法经营数额?

本案在一审、二审的审理中对于认定被告人的犯罪数额到底是非法经营数额还是违法所得数额,有不同意见。一审人民法院认为,被告人张万平个人违法所得人民币1 294 650元,在被告人张万平违法所得的人民币1 294 650元中,有价值1 067 700元的假冒惠普产品由被告人韦文光参与生产,因此认定韦文光的违法所得数额为1 067 700元。而被告人及其辩护人认为,一审法院认定的犯罪数额应是"非法经营数额"而非"个人违法所得数额"。二审法院采纳了被告人及其辩护人的意见。

笔者认为,二审法院的裁定是正确的。

1. 我国《刑法》第213条规定,未经注册商标所有人许可,在同一种商品上使用与其注册商标相同的商标,情节严重的,处三年以下有期徒刑或者拘役,并处或者单处罚金;情节特别严重的,处三年以上七年以下有期徒刑,并处罚金。该罪中的"情节严重",根据最高人民法院、最高人民检察院《关于办理侵犯知识产权刑事案件具体应用法律若干问题的解释》(法释[2004]19号)第1条的规定,是指非法经营数额在五万元以上或者违法所得数额在三万元以上的;假冒两种以上注册商标,非法经营数额在三万元以上或者违法所得数额在二万元以上的等情形。所谓的"情节特别严重",是指非法经营数额在二十五万元以上或者违法所得数额在十五万元以上的;假冒两种以上注册商标,非法经营数额在十五万元以上或者违法所得数额在十万元以上等情形。但是,在该案件的一审和二审时,该司法解释尚未出台,人民法院无法引用该解释作为判案依据。在当时,能够参考的规范性文件只有最高人民检察院、公安部《关于经济犯罪案件追诉标准的规定》(2001年4月18日)第61条的规定,该条规定的应予追诉的犯罪数额只有非法经营数额(要求十万元以上)。因此,一审法院以被告人个人违法所得数额巨大而认定其犯罪"情节特别严重"并没有充分的法律依据。

2. 被告人的犯罪金额并不属于违法所得数额。尽管最高人民法院发布的《关于审理非法出版物刑事案件具体应用法律若干问题的解释》第17条第2款规定,"违法所得数额"是指"获利数额"遭到了许多学者的反对①,但是,其相对于最高人民检察院1993年12月1日在《关于假冒注册商标犯罪立案标准的规定》中把"违法所得数额"理

---

① 反对者的理由主要是:对非法经济行为的评价,应当是整体的,而不应当是部分的,如果区分行为人获利或者不获利,对于行为人非法经营数额巨大但没有获利的案件,侵权产品没有销售出去的案件,销售出去后无法计算利润的案件等,都无法追究刑事责任。同时,如果认为是利润,是按照毛利润还是净利润计算,是按照经营利润还是按照销售利润计算等,也无法进行。况且实施侵犯知识产权犯罪的行为人,通常不作账或者作假账,使司法机关和权利人根本无法分清竟造假的成本是多少,利润是多少。因此,把违法所得数额理解为非法利润数额,既不符合立法原意也不切合实际。参见胡云腾、刘科:《知识产权刑事司法解释若干问题研究》,载《中国法学》2004年第6期。

解为"销售收入"(即销售金额)的见解还是要合理得多,因为按照最高人民检察院的上述解释,违法所得数额就变成了销售金额,也就等于取消了违法所得数额,这显然更不符合立法原意;按照语义解释的方法,也应把违法所得数额理解为非法获利数额,因为既然是违法所得,当然就是其非法经济活动后的投入与产出之比,行为人实际上获利多少,才是非法所得数额,这更符合人们的语言习惯。如此,按照最高人民法院的上述解释,被告人张万平、韦文光非法生产"惠普"商标的硒鼓共8 000个、"惠普"商标的墨盒共15 757个所得的1 294 650元的销售收入,就不应认定为是被告人的违法所得数额。

3. 被告人的犯罪数额应认定为非法经营数额。侵犯知识产权犯罪的非法经营数额,是指行为人在非法经营活动中所涉及的侵权产品的总数额。范围包括非法制造的侵权产品的数额,运输的侵权产品的数额,储存的侵权产品的数额以及销售的侵权产品的数额等。这一点在理论界并没有争议。在本案中,被告人张万平将假冒"惠普"商标的硒鼓3 133个及"惠普"商标的墨盒13 745个销售给张文洋(另案处理)等人,销售收入达人民币1 294 650元,其中销售被告人韦文光包装的"惠普"商标的硒鼓3 080个、墨盒10 045个,共计人民币1 067 700元。按照非法经营数额的基本含义,上述销售收入均可以认定为行为人的非法经营数额。

【结　论】

行为人在假冒注册商标犯罪中销售的侵权产品的数额应认定为非法经营数额。

【相关链接】

相关的法律、法规

中华人民共和国刑法第二百一十三条(见本书第284页)

相关的司法解释与指导性意见

最高人民检察院、公安部《关于经济犯罪案件追诉标准的规定》(2001年4月18日)第六十一条(见本书第284—285页)

最高人民法院、最高人民检察院《关于办理侵犯知识产权刑事案件具体应用法律若干问题的解释》(2004年12月22日起施行 法释[2004]19号)

第一条　未经注册商标所有人许可,在同一种商品上使用与其注册商标相同的商标,具有下列情形之一的,属于刑法第二百一十三条规定的"情节严重",应当以假冒注册商标罪判处三年以下有期徒刑或者拘役,并处或者单处罚金:

(一)非法经营数额在五万元以上或者违法所得数额在三万元以上的;

(二)假冒两种以上注册商标,非法经营数额在三万元以上或者违法所得数额在二万元以上的;

(三) 其他情节严重的情形。

具有下列情形之一的，属于刑法第二百一十三条规定的"情节特别严重"，应当以假冒注册商标罪判处三年以上七年以下有期徒刑，并处罚金：

(一) 非法经营数额在二十五万元以上或者违法所得数额在十五万元以上的；

(二) 假冒两种以上注册商标，非法经营数额在十五万元以上或者违法所得数额在十万元以上的；

(三) 其他情节特别严重的情形。

第十二条 本解释所称"非法经营数额"，是指行为人在实施侵犯知识产权行为过程中，制造、储存、运输、销售侵权产品的价值。已销售的侵权产品的价值，按照实际销售的价格计算。制造、储存、运输和未销售的侵权产品的价值，按照标价或者已经查清的侵权产品的实际销售平均价格计算。侵权产品没有标价或者无法查清其实际销售价格的，按照被侵权产品的市场中间价格计算。

多次实施侵犯知识产权行为，未经行政处理或者刑事处罚的，非法经营数额、违法所得数额或者销售金额累计计算。

相关的参考案例

黄桂彬、梁志兴假冒注册商标案（[2004]佛刑终字第257号）

载 http://www.viplaw110.com/ShowArticle.shtml? ID=2007630215379037.htm.

（刘 科）

47. 如何认定非法制造注册商标标识罪中的"他人"？
——张弘伪造国家机关印章案、非法制造注册商标标识案[①]

【案情介绍】

被告人张弘,男,1963年7月7日生,汉族,大专文化程度,上海美仓食品有限公司总经理。

川崎商标于1993年2月注册,注册商标权人是被告人张弘任法定代表人的南联商行(全民所有制)。次年11月,川崎商标被转让给被告人张弘之兄张忱任法定代表人的川崎食品公司(集体所有制、1994年8月成立),1999年3月再次被转让给川崎有限公司(国内合资,张忱任法定代表人,1998年10月成立)。被告人张弘曾任川崎食品公司副总经理,1997年因故离开。1999年6月至9月,被告人张弘持川崎食品公司公章、介绍信、川崎注册商标证书复印件委托制版公司制作川崎火锅调料封口膜模板13根,交塑印厂制作川崎火锅调料封口膜约180公斤(约合20余万只),委托包装公司制作川崎火锅调料包装箱1万只,在上海市龙吴路2439号以川崎食品公司名义生产川崎火锅调料970小箱(计48 500杯)、61大箱(计6 100杯),使用封口膜54 600只,上述物品均印有与川崎有限公司第631230号川崎文字注册商标相同的商标。所制造的注册商标标识尚未出售即于同年9月27日被上海市工商行政管理局检查总队查获。

上海市浦东新区人民法院审理后认为,被告人张弘未经商标所有权人川崎有限公司许可,擅自委托他人制造该公司的注册商标标识达20余万只,其行为已构成非法制造注册商标标识罪。鉴于被告人的行为尚没有造成川崎有限公司较大损失,其起因涉及家庭内部纠纷,其犯罪主观恶性程度不大,可以免予刑事处罚。依照《中华人民共和国刑法》第215条之规定,判决被告人张弘犯非法制造注册商标标识罪,免予刑事处罚。(张弘伪造国家机关印章一案,因与本书写作目的无关,在此略去)。

【法理分析】

处理本案涉及的主要问题是:如何认定非法制造注册商标标识罪中的"他人"?

在本案的审理过程中,就被告人张弘是否属于非法制造注册商标标识罪中的"他

[①] (2000)浦刑初字第179号。案例选自 http://wenshu.lawtime.cn/pjxscpwsyishen/2006110942893.html.

人"存在争议。被告人认为,其本人是川崎商标创始人之一,有权使用该商标,不属于非法制造注册商标标识罪中的"他人"。其辩护人提出,被告人以川崎食品公司名义使用川崎商标,属有权使用,由此产生的纠纷应由民事法律调整。而人民检察院及法院均认为,被告人张弘在制造注册商标标识时已经不是该商标的合法权利人,属于非法制造注册商标标识罪中的"他人",其行为属于伪造注册商标标识的行为。

根据我国《刑法》第215条的规定,非法制造注册商标标识罪是指伪造、擅自制造他人注册商标标识,情节严重的行为。构成本罪,必须要求被告人实施了伪造、擅自制造他人注册商标标识的行为。所谓"他人注册商标标识",是指自己没有权利制造的注册商标标识。如果行为人制造的是自己有权制造的注册商标标识,则不存在伪造或者擅自制造的问题,不可能构成本罪;如果行为人制造了自己没有权利制造的注册商标标识,符合其他条件的,则有可能构成本罪。换言之,行为人制造的注册商标标识是自己有权制造的还是无权制造的,就成了本罪是否成立的要件之一。笔者认为,被告人张弘不是川崎商标的权利主体,无权使用和制造川崎商标,其擅自委托制造川崎商标标识的行为构成了非法制造注册商标标识罪:① 张弘无权使用该注册商标。从本案看,川崎注册商标最初由南联商行注册(张弘系法定代表人),尔后,南联商行将资产和川崎商标并入川崎食品公司(张弘系公司副总经理,后因故离开)。1999年3月,川崎商标转让给川崎有限公司。两次转让均经国家工商行政管理局批准并发布公告,在规定期限内张弘均未对转让事宜提出异议,国家工商行政管理局的行政行为应认定合法有效。该商标自1999年3月28日起,应属川崎有限公司所有,任何单位或个人包括川崎有限公司的员工,未经川崎有限公司许可,均无权使用川崎商标。被告人从原川崎食品公司脱离,原川崎食品公司被注销后,再擅自使用川崎商标,即侵犯了川崎有限公司的合法权益。② 张弘的行为已经构成非法制造注册商标标识罪。该罪是指行为人明知系他人的注册商标标识,仍进行伪造或擅自制造,情节严重的行为。所谓伪造,是指无印制经营权的单位和个人,在没有得到商标印刷委托人委托的情况下,制造与他人注册商标标识相同的商标标识,或者非商标所有权人,委托商标印刷单位为自己非法制造他人注册商标标识的行为。在本案中,张弘在未经商标所有权人川崎有限公司许可的情况下,擅自委托他人制造该公司的注册商标标识达20余万只,严重侵犯了注册商标所有权人的利益,其行为构成非法制造注册商标标识罪是毫无疑问的。

【结　　论】

任何个人或单位,未经注册商标所有权人的许可,制造其注册商标标识的,均属于非法制造注册商标标识的行为,情节严重的,构成非法制造注册商标标识罪。

【相关链接】

相关的法律、法规

中华人民共和国刑法

第二百一十五条 伪造、擅自制造他人注册商标标识或者销售伪造、擅自制造的注册商标标识,情节严重的,处三年以下有期徒刑、拘役或者管制,并处或者单处罚金;情节特别严重的,处三年以上七年以下有期徒刑,并处罚金。

相关的司法解释与指导性意见

最高人民检察院、公安部《关于经济犯罪案件追诉标准的规定》(2001年4月18日)

六十三、非法制造、销售非法制造的注册商标标识案(刑法第215条)

伪造、擅自制造他人注册商标标识或者销售伪造、擅自制造的注册商标标识,涉嫌下列情形之一的,应予追诉:

1. 非法制造、销售非法制造的注册商标标识,数量在二万件(套)以上,或者违法所得数额在二万元以上,或者非法经营数额在二十万元以上的;

2. 非法制造、销售非法制造的驰名商标标识的;

3. 虽未达到上述数额标准,但因非法制造、销售非法制造的注册商标标识,受过行政处罚二次以上,又非法制造、销售非法制造的注册商标标识的;

4. 利用贿赂等非法手段推销非法制造的注册商标标识的。

最高人民法院、最高人民检察院《关于办理侵犯知识产权刑事案件具体应用法律若干问题的解释》(2004年12月22日起施行 法释[2004]19号)

第三条 伪造、擅自制造他人注册商标标识或者销售伪造、擅自制造的注册商标标识,具有下列情形之一的,属于刑法第二百一十五条规定的"情节严重",应当以非法制造、销售非法制造的注册商标标识罪判处三年以下有期徒刑、拘役或者管制,并处或者单处罚金:

(一)伪造、擅自制造或者销售伪造、擅自制造的注册商标标识数量在二万件以上,或者非法经营数额在五万元以上,或者违法所得数额在三万元以上的;

(二)伪造、擅自制造或者销售伪造、擅自制造两种以上注册商标标识数量在一万件以上,或者非法经营数额在三万元以上,或者违法所得数额在二万元以上的;

(三)其他情节严重的情形。

具有下列情形之一的,属于刑法第二百一十五条规定的"情节特别严重",应当以非法制造、销售非法制造的注册商标标识罪判处三年以上七年以下有期徒刑,并处罚金:

(一)伪造、擅自制造或者销售伪造、擅自制造的注册商标标识数量在十万件以上,或者非法经营数额在二十五万元以上,或者违法所得数额在十五万元以上的;

（二）伪造、擅自制造或者销售伪造、擅自制造两种以上注册商标标识数量在五万件以上，或者非法经营数额在十五万元以上，或者违法所得数额在十万元以上的；

（三）其他情节特别严重的情形。

第十二条 ……

本解释第三条所规定的"件"，是指标有完整商标图样的一份标识。

第十七条 以前发布的有关侵犯知识产权犯罪的司法解释，与本解释相抵触的，自本解释施行后不再适用。

相关的参考案例

韩其明销售非法制造的注册商标标识案（[2007]海刑初字第175号）

载 http://www.lawyee.net/Case/Case_Display.asp?RID=115674&KeyWord=.

吴连对、吴联梅、白炳家非法制造注册商标标识案（[2006]穗中法刑二知终字第3号）

载 http://www.lawyee.net/Case/Case_Display.asp?RID=95986&KeyWord=.

（刘　科）

48. 非法实施他人专利的行为是否属于假冒专利罪的行为方式？
——周小波假冒专利案[①]

【案情介绍】

被告人周小波，男，1965年4月4日出生于湖北省荆沙市，汉族，高中文化，成都市武侯区乐凯保温制品厂负责人。

1996年9月7日，山东阳谷玻璃工艺制品厂职工卢恩光就其"双层艺术玻璃容器"发明设计获实用新型专利，专利号为中国ZL-95229146.0，专利保护期限10年，1997年5月山东阳谷玻璃工艺制品厂与卢恩光就该专利的实施达成书面实施许可合同，并生产专利产品"诺亚"牌双层艺术玻璃口杯。1999年3月，被告人周小波注册成立乐凯保温制品厂（个体性质），同年4月，河北开元实业有限公司授权乐凯制品厂使用其拥有商标权的"乐凯"商标。被告人周小波即自滕州天元瓶盖厂购进杯体，生产双层艺术玻璃口杯。同年5月13日，被告人向中国专利局专利复审委员会请求宣告卢恩光的"双层艺术玻璃容器"实用新型无效。并于同年的5月至9月以每只78元至182元的不等价格在成都、南昌等地公开大量销售"乐凯"牌口杯，共销售3 168只，经营额282 366.52元，非法获利76 446.52元。2000年3月20日，专利复审委员会作出决定，维持卢恩光95229146.0号专利有效。经山东省专利管理局专利侵权咨询鉴定机构鉴定，被告人生产的"乐凯"口杯，与卢恩光的95229146.0号专利的权利要求相同，具备了95229146.0号专利的必要技术特征，属于侵犯专利权的行为。

本案一审人民法院经审理后认为，被告人在没有经过专利权人许可的情况下，为生产经营目的制造、销售上述专利产品，且非法经营数额巨大，情节严重，其行为属于侵犯专利权人卢恩光的95229146.0号实用新型专利权的行为，遂以假冒专利罪判处被告人周小波有期徒刑2年，并处罚金5万元。二审法院山东省聊城市中级人民法院维持了该判决。

【法理分析】

处理本案涉及的主要问题是：非法实施他人专利的行为是否属于假冒专利罪的行

[①] （2000）聊刑经终字第7号。案例选自http://www.xingfa66.com/fanzui/zhuanlifanzui/zlfzal/7836.html。

为方式?

本案在审理中争议较多,比如被告人是否具有侵犯他人专利权的故意,山东省专利管理局的《专利侵权咨询鉴定书》是否具有法律效力,阳谷县法院对该案是否有管辖权等等,但是真正引起广泛关注的是被告人非法实施他人专利的行为是否属于假冒专利罪的客观行为方式。人民法院认为,被告人在生产、销售乐凯口杯前即明知卢恩光具有该口杯的专利权,未经专利权人许可,为生产经营目的非法制造、销售侵犯他人专利权的乐凯口杯,属假冒专利的行为,严重侵犯了国家的专利管理制度和他人的专利专有权,构成假冒专利罪。而被告人及其辩护人认为,其非法实施他人专利的行为不属于假冒专利罪的客观行为方式,因而不应构成假冒专利罪。下面,笔者将对我国学术界和实务界在这个问题的分歧进行仔细分析的基础上,提出自己的观点。

我国现行刑法对假冒专利罪构成要件的规定,采取的是空白罪状的立法模式。由空白罪状的特征所决定,对于假冒他人专利行为的内涵的理解和把握,也应当以与专利有关的法律、法规的规定为依据予以确定。由于1997年《刑法》通过时,适用的专利法还是1992年修订的专利法,而这部专利法虽然规定假冒他人专利构成犯罪的,可以比照假冒商标罪处理,但对于假冒他人专利行为的具体表现却未作任何明确规定,从而在一定程度上导致了刑法理论界和实务界在假冒他人专利内涵理解上的争议和分歧。归纳起来,主要有以下几种主张:

第一种观点认为,在认定假冒专利时,应当注意划清假冒专利罪的行为同专利法第60条规定的"未经专利权人许可,实施其专利的侵权行为"的界限。擅自实施他人专利的行为不是犯罪行为,是一般违法行为,应当由专利管理机关处理,或者由人民法院按照民事侵权纠纷处理。但是,该书并没有进一步论述假冒专利行为的具体表现形式。[1]

第二种观点认为,假冒他人专利的方式有两种:① 未经专利权人同意,在其制造、使用或者出售的产品上,标注或者在与该产品有关的广告中冒用专利权人的姓名、专利名称、专利号或者专利权人的其他专利标记;② 未经专利权人的许可,为生产经营目的而非法制造、使用或者销售其专利产品,或者使用其专利方法。但是,如果不是假冒他人专利,而是将非专利产品冒充专利产品或者是将非专利方法冒充专利方法的,则不能构成本罪。[2]

第三种观点认为,假冒他人专利的行为方式表现为两种:① 在非专利产品上或者其包装上表明他人的专利标记和专利号;② 以欺骗手段在专利局登记,冒取他人的专利。[3]

第四种观点认为,假冒他人专利的表现主要有三种:① 以欺骗手段在专利局登记为专利权人、专利受让人、专利许可证持有人。② 未经专利权人的许可而非法制造、使用或者销售其专利产品,或者使用其专利方法。③ 在非专利产品或者其包装上表明某

---

[1] 林准主编:《中国刑法教程》,人民法院出版社1989年版,第414页。
[2] 高铭暄主编:《刑法学》,中央广播电视大学出版社1993年版,第526页。
[3] 马克昌等主编:《刑法学全书》,上海科学技术文献出版社1993年版,第295页。

项专利的专利标记和专利号。①

上述关于假冒专利罪客观行为方式的各种观点之间存在一定的交叉与包容。归纳起来,上述关于假冒专利行为方式的分歧有:① 非法实施他人专利的行为,包括伪造、仿造他人专利产品的行为,贩卖伪造、变造他人专利产品的行为是否属于假冒专利罪的客观行为方式;② 冒充专利的行为,包括专利权已经终止或者被宣告无效后,仍然使用原专利标记或者专利号,是否属于假冒专利罪的客观行为方式;③ 骗取专利权的行为是否属于假冒专利罪的客观行为方式;④ 假冒专利行为的周边行为,例如伪造或者擅自制造他人专利标记、故意销售伪造或者擅自制造的他人专利标记、销售假冒他人专利的产品等是否属于假冒专利罪的客观行为方式。在这些争议中,与本案相关的问题主要是非法实施他人专利的行为是否属于假冒他人专利的行为,因此,下面笔者将主要围绕该问题展开论述。

笔者认为,根据罪刑法定原则的要求,非法实施他人专利的行为不属于假冒他人专利的行为。主要理由是:

1. 从法律、行政法规规定相协调来看,不应当将非法实施他人专利的行为认定为假冒他人专利罪的行为方式。① 从专利法的有关规定看,《专利法》第七章"专利权的保护"规定了两种侵犯专利权的行为:一类是《专利法》第 57 条规定的非法实施他人专利的侵权行为,另一类是第 58 条规定的假冒他人专利的行为。第 57 条第 1 款规定:"未经专利权人许可,实施其专利,即侵犯其专利权,引起纠纷的,由当事人协商解决;不愿协商或者协商不成的,专利权人或者利害关系人可以向人民法院起诉,也可以请求管理专利工作的部门处理。管理专利工作的部门处理时,认定侵权行为成立的,可以责令侵权人立即停止侵权行为,当事人不服的,可以自收到处理通知之日起十五日内依照《中华人民共和国行政诉讼法》向人民法院起诉;侵权人期满不起诉又不停止侵权行为的,管理专利工作的部门可以申请人民法院强制执行。进行处理的管理专利工作的部门应当事人的请求,可以就侵犯专利权的赔偿数额进行调解;调解不成的,当事人可以依照《中华人民共和国民事诉讼法》向人民法院起诉。"第 58 条规定,"假冒他人专利的,除依法承担民事责任外,由管理专利工作的部门责令改正并予以公告,没收违法所得,可以并处违法所得三倍以下的罚款,没有违法所得的,可以处五万元以下的罚款;构成犯罪的,依法追究刑事责任。"从上述规定可以看出,《专利法》第 57 条规定的是对于未经专利权人许可而实施其专利的侵权行为的处理方式,而第 58 条规定的是对于假冒他人专利行为的处理方式。试想,如果未经专利权人许可而实施其专利的侵权行为,同时也是假冒他人专利的行为,则法律就没有必要对二者在两个条文中分别

---

① "当前惩治经济违法违纪犯罪丛书"编委会:《当前知识产权及出版违法违纪犯罪的政策法律界限与认定处理》,中国方正出版社 1996 年版,第 43 页。

规定了。因而将未经专利权人许可实施其专利的侵权行为,作为假冒专利的行为来处理,有悖于立法意图。② 从有关的行政法规来看,2001年6月国务院《专利法实施细则》第84条对假冒专利行为作了规定:"下列行为属于假冒他人专利的行为:(一)未经许可,在其制造或者销售的产品、产品的包装上标注他人的专利号;(二)未经许可,在广告或者其他宣传材料上使用他人的专利号,使人将所涉及的技术误认为是他人的专利技术;(三)未经许可,在合同中使用他人的专利号,使人将合同涉及的技术误认为是他人的专利技术;(四)伪造或者变造他人的专利证书、专利文件或者专利申请文件"。可以看出,上述几种假冒专利的行为没有一种是非法实施他人专利权的行为。

从上述可知,在专利法和专利法实施细则中,假冒他人专利和非法实施他人专利是两种不同性质的行为。在刑法和专利法中,对假冒专利行为也应作一致理解,使"假冒专利"在不同部门法中内涵与外延保持一致,从而将假冒专利与非法实施专利行为区别开来。保持部门法之间法律专业用语的一致性,是一国法律体系和谐、统一的基本要求。在部门法中,刑法是后盾法,它主要通过将违反部门法规定的严重危害社会的行为规定为犯罪,来保障行政法、民商法、经济法等部门法的强制贯彻实施。因此,刑法中的许多犯罪直接来自相关部门法的规定,尤其是经济犯罪,例如走私、妨害对公司、企业管理秩序罪、破坏金融管理秩序罪等等。立法者设置这类犯罪时,常采用空白罪状的立法模式,即在罪状中仅规定某种犯罪行为,但其具体特征要参照有关民事、行政法律、法规的规定来确定。空白罪状的特征就在于其具体犯罪构成要素的确定要参照有关法律、法规,而不能在有关刑法条文中得到具体体现。因此,在对这些法定犯进行理解时,不能离开相关部门法的规定,对犯罪构成中有关法律术语的解释,应与部门法的解释相一致。若脱离有关部门法的规定、解释去理解、阐释有关法律术语、概念,必然造成各部门法之间的矛盾、冲突,破坏整个法律体系的协调统一,不能更好地发挥刑法的后盾法的功能,也必然违背设立本罪的立法精神。《刑法》第216条对假冒专利罪的规定也是采用了空白罪状的形式,假冒专利行为的具体含义只有参照专利法的有关规定才能确定。在专利法中,明确区分了假冒专利行为与非法实施他人专利的行为,在刑法中,也应当作相应的区分,这是符合法律解释的规则的。

2. 从立法过程来看,立法机关在制定刑法的时候,一系列的草案中对非法实施他人专利行为曾经规定了刑事罚则①,但是在人大常委会审议期间,人大常委会法制工作

---

① 例如,全国人大常委会法制工作委员会1996年8月31日《刑法》(修改草案)规定,未经专利权人许可,使用其专利,违法所得数额较大或者有其他严重情节的,处3年以下有期徒刑或者拘役,并处或者单处罚金;违法所得数额巨大或者有其他特别严重情节的,处3年以上7年以下有期徒刑,并处罚金。此外,全国人大常委会法工委1996年10月10日《刑法》(修改草案)(征求意见稿)、全国人大常委会法工委1996年12月《刑法》(修改草案)、全国人大常委会办公厅秘书局1996年12月20日印《刑法》(修改草案)、全国人大常委会法工委1997年1月10日《刑法》(修订草案)等六个刑法草案都规定了本罪。参见高铭暄、赵秉志主编:《新中国刑法立法文献资料总览》,中国人民公安大学出版社1999年版,第1248、1329、1412、1495、1590、1684页。

委员会认为,对于实施他人专利的侵权行为,给予民事制裁就够了。因此,刑法最后通过的时候,删去了非法实施专利行为的刑事责任,仅规定了假冒他人专利行为的刑事责任。这表明,从立法原意来看,立法者无意对非法实施他人专利的行为追究刑事责任。

3. 不将非法实施他人专利行为规定为犯罪与世界上大部分国家的专利法律相协调。世界各国对专利侵权行为的危害性认识不同,采用的法律救济手段也有差异。大陆法系国家除了采用民事或经济手段制裁专利侵权行为以外,还采用刑事手段规制专利侵权行为。例如,德国、法国、日本的专利法中都有专利侵权刑事责任的规定。但是,即使在上述国家中,在运用刑事手段制裁专利侵权行为时,也都非常慎重。前联邦德国专利法中虽然规定了非法实施他人专利的侵权行为的刑事责任,但据德国专利法专家说,联邦德国法院系统在判决中从未使用过这些规定,他们仅仅是作为对侵权人的一种威胁而存在于专利法中,而且,前联邦德国已经有人提出在法律条文中应该删除这种备而不用的条文。[①] 在英美法系的大部分国家的专利法中,对专利侵权行为都不实行刑事制裁。之所以如此,是基于这样一种理论:版权与商标权是昭示于众的,侵犯这两种权利,不仅损害了权利人的利益,而且在许多情况下同时欺骗了公众;而欺骗公众的行为则不是任何民事赔偿能够解决的,只有通过行政的或者刑事的方法来处理。侵犯专利权则不同,从直接意义上讲,它不会起到欺骗公众的作用,它仅仅是损害了权利人的利益,所以不需要刑事法律加以保护。在这方面,我国专利法关于法律责任的立法设计,显然是更多地吸取了英美法系的作法,不对非法实施他人专利的行为设置刑事责任,符合世界大多数国家的规定。

4. 从行为性质来看。根据我国《专利法》第12条的规定,任何单位或者个人实施他人专利的,除该法第14条规定的强制许可的情形以外,都必须与专利权人订立书面实施许可合同,向专利权人支付专利使用费。因此,未经专利权人许可,为生产经营目的实施其专利的行为,其违法性在于未经专利权人许可,即未与专利权人订立书面实施许可合同而实施其专利。其行为侵犯的是专利人的合法权益,是一种专利侵权行为,但专利侵权行为却并不一定都是假冒专利的行为。因为,假冒他人专利行为,是指在与专利产品类似的产品或者包装上加上他人的专利标记和专利号,冒充他人的专利产品。通常情况是,假冒他人专利时,以低劣的产品去冒充优质的产品,从中获取非法利润。这种行为的实施,使得消费者将粗制滥造的以专利权人名义倾销的产品误以为专利产品,从而在消费者中给专利权人的专利产品造成不良影响,所以,假冒专利行为所侵犯的不仅仅是专利权人的权利,而且还侵犯了公共利益,破坏了公平竞争的市场竞争秩序,扰乱了商品的质量管理秩序。而未经专利权人许可,为生产经营目的实施

---

① 郑成思:《知识产权法》,法律出版社1997年版,第283页。

其专利的行为,由于行为人所实施的事实上就是专利权人的有效专利,行为人所制造、销售、使用的是真实的专利产品,或者行为人所使用的方法的确是专利方法,而不是以非专利产品来冒充专利产品,以非专利方法来冒充专利方法,只不过,行为人的这种行为未经专利权人的许可罢了。因而上述行为是一种单纯的专利侵权行为,不存在假冒的问题。从现实生活中的实际情况来看,专利的实施共有以下三种情形:① 由专利权人自己来实施;② 由专利权人许可他人来实施;③ 他人未经专利权人许可而实施。仅仅从实施专利的角度来说,这三种情形是没有本质区别的,只不过前两种情形具有合法依据,而第三种情形未取得合法依据罢了,但这并不就是"假冒他人专利"的行为。这是因为,行为人制造的产品确实是专利产品,其所使用的专利标记或者专利号也均是真实的,其违法性只是在于未经专利权人的许可,而实施了专利权人的专利。申言之,行为人的行为并非以假充真,既然如此,自不能以假冒他人专利认定。

事实上,在我国新刑法通过以后,许多学者从罪刑法定的原则出发,主张对假冒专利罪的客观表现形式进行严格解释,认为假冒他人专利只有一种表现形式,即行为人未经专利权人的许可,在非专利产品或者方法上标明专利人的专利号或者专利标记,使公众误认为是他人的专利产品或者专利方法的行为。对于专利法中规定的专利侵权行为、骗取专利行为、伪造或者擅自制造他人的专利标记的行为、故意销售伪造或者擅自制造的他人专利标记行为、冒充专利行为等行为不再解释为假冒专利行为的方式。① 尤其是2004年最高人民法院、最高人民检察院《关于办理侵犯知识产权刑事案件具体应用法律若干问题的解释》第10条用列举方式明确规定了假冒专利罪的四种客观表现形式之后,学术界和理论界对非法实施他人专利行为不属于假冒专利罪的客观行为方式的认识基本上取得了一致意见。

应该指出的是,由于本案在发生时,学术界对于非法实施他人专利行为是否属于假冒专利罪的客观行为方式尚有不同认识,也没有明确的司法解释可资参考,因此,人民法院以假冒专利罪判处被告人刑罚,也不能说属于错判。但是,在上述司法解释颁布以后,对于非法实施他人专利行为,即使情节再严重,也不能再按照假冒专利罪定罪处罚了。

【结　　论】

非法实施他人专利的行为不属于假冒专利罪的客观行为方式。

---

① 赵秉志主编:《侵犯知识产权犯罪研究》,中国方正出版社1999年版,第153—159页;高铭暄、马克昌主编:《刑法学》,北京大学出版社、高等教育出版社2000年版,第451页;王作富、赵永红:《试论假冒专利罪与非罪的界限》,载《法学杂志》2001年第2期,第10—11页。

【相关链接】

相关的法律、法规

中华人民共和国刑法

第二百一十六条 假冒他人专利,情节严重的,处三年以下有期徒刑或者拘役,并处或者单处罚金。

中华人民共和国专利法(2000年8月25日第九届全国人民代表大会常务委员会第十七次会议修正)

第五十七条 未经专利权人许可,实施其专利,即侵犯其专利权,引起纠纷的,由当事人协商解决;不愿协商或者协商不成的,专利权人或者利害关系人可以向人民法院起诉,也可以请求管理专利工作的部门处理。管理专利工作的部门处理时,认定侵权行为成立的,可以责令侵权人立即停止侵权行为,当事人不服的,可以自收到处理通知之日起十五日内依照《中华人民共和国行政诉讼法》向人民法院起诉;侵权人期满不起诉又不停止侵权行为的,管理专利工作的部门可以申请人民法院强制执行。进行处理的管理专利工作的部门应当事人的请求,可以就侵犯专利权的赔偿数额进行调解;调解不成的,当事人可以依照《中华人民共和国民事诉讼法》向人民法院起诉。

专利侵权纠纷涉及新产品制造方法的发明专利的,制造同样产品的单位或者个人应当提供其产品制造方法不同于专利方法的证明;涉及实用新型专利的,人民法院或者管理专利工作的部门可以要求专利权人出具由国务院专利行政部门作出的检索报告。

第五十八条 假冒他人专利的,除依法承担民事责任外,由管理专利工作的部门责令改正并予公告,没收违法所得,可以并处违法所得三倍以下的罚款,没有违法所得的,可以处五万元以下的罚款;构成犯罪的,依法追究刑事责任。

第五十九条 以非专利产品冒充专利产品、以非专利方法冒充专利方法的,由管理专利工作的部门责令改正并予公告,可以处五万元以下的罚款。

中华人民共和国专利法实施细则(2001年6月15日国务院令第306号公布)

第八十四条 下列行为属于假冒他人专利的行为:

(一)未经许可,在其制造或者销售的产品、产品的包装上标注他人的专利号;

(二)未经许可,在广告或者其他宣传材料中使用他人的专利号,使人将所涉及的技术误认为是他人的专利技术;

(三)未经许可,在合同中使用他人的专利号,使人将合同涉及的技术误认为是他人的专利技术;

(四)伪造或者变造他人的专利证书、专利文件或者专利申请文件。

第八十五条 下列行为属于以非专利产品冒充专利产品、以非专利方法冒充专利方法的行为:

（一）制造或者销售标有专利标记的非专利产品；

（二）专利权被宣告无效后，继续在制造或者销售的产品上标注专利标记；

（三）在广告或者其他宣传材料中将非专利技术称为专利技术；

（四）在合同中将非专利技术称为专利技术；

（五）伪造或者变造专利证书、专利文件或者专利申请文件。

相关的司法解释与指导性意见

最高人民检察院、公安部《关于经济犯罪案件追诉标准的规定》（2001年4月18日）

六十四、假冒专利案（刑法第216条）

假冒他人专利，涉嫌下列情形之一的，应予追诉：

1. 违法所得数额在十万元以上的；

2. 给专利权人造成直接经济损失数额在五十万元以上的；

3. 虽未达到上述数额标准，但因假冒他人专利，受过行政处罚二次以上，又假冒他人专利的；

4. 造成恶劣影响的。

最高人民法院、最高人民检察院《关于办理侵犯知识产权刑事案件具体应用法律若干问题的解释》（2004年12月22日起施行法释[2004]19号）

第十条 实施下列行为之一的，属于刑法第二百一十六条规定的"假冒他人专利"的行为：

（一）未经许可，在其制造或者销售的产品、产品的包装上标注他人专利号的；

（二）未经许可，在广告或者其他宣传材料中使用他人的专利号，使人将所涉及的技术误认为是他人专利技术的；

（三）未经许可，在合同中使用他人的专利号，使人将合同涉及的技术误认为是他人专利技术的；

（四）伪造或者变造他人的专利证书、专利文件或者专利申请文件的。

相关的参考案例

历××假冒专利案

载 http://www.lawyee.net/Case/Case_Display.asp? RID=48398&KeyWord=.

（刘　科）

49. 如何认定侵犯著作权罪和销售侵权复制品罪的罪数形态?
——葛权卫侵犯著作权案[①]

【案情介绍】

被告人葛权卫,男,1965年3月15日出生于江苏省大丰市,汉族,初中文化。

2003年4月,被告人葛权卫用胡冬荣的身份证在广西柳州市三江县工商局办理了三江县鑫鸿书店营业执照。尔后,伙同蔡成军(在逃,另案处理)以鑫鸿书店的名义窜到晋江市教育局教育科找到科长许承斌商谈售书一事,并于2003年4月26日与蔡成军分别化名郭权伟、胡冬荣与许承斌签订了协议:由鑫鸿书店负责晋江市教育局辖区内2003年《中小学寒暑假作业》等系列书籍的采购和发行,并以总码洋的40%作为回扣给晋江市教育局及下属各镇教委办、直属中小学。随后,许承斌将汇总的各类书籍订单交给被告人葛权卫和蔡成军,共计78种681 823册。2003年4月,被告人葛权卫伙同蔡成军、宋桂芳(身份不详,另案处理)先后窜到福建省龙岩市龙川中学等4家学校,以厦门鹭江出版社业务员的名义推销《中学生素质教育学习丛书》,并分别许诺以总码洋的32%、20%、25%、20%作为回扣给校方,尔后同上述4家中学签订了2003年秋季高中用书预订单。4家中学预订了2003年秋季高中学生素质教育学习丛书计29种22 668册。2003年5月,被告人葛权卫将收集到的厦门鹭江出版社出版的部分《高中课时训练》样本、北京教育出版社出版的《中小学暑假作业》样本提供给山西省临汾市天涯印刷厂老板李世明,由李根据样本进行印刷。后李世明盗印了厦门鹭江出版社出版的《小学课时训练》、《初中课时训练》、《高中中学生素质教育学习丛书》、北京教育出版社出版的《中小学暑假作业》等系列书籍发送到泉州(被告人葛权卫陆续向李世明支付货款505 000元)。2003年6月、9月初,被告人葛权卫与蔡成军将已到的书籍分送到晋江市教育局下属各镇教委办、直属中小学、龙岩市龙川中学、长汀县新桥中学。据统计,已到书籍总数为526 094册,总价值人民币2 765 951.50元。经福建省新闻出版局鉴定,被告人葛权卫销售给晋江市、龙岩市各学校的教学辅导书中《中小学暑假作业》、《初中课时训练》、《小学课时训练》、《高中中学生素质教育学习丛书》均属非

[①] (2004)泉刑终字第484号。案例选自《中国审判案例要览》(2005年刑事审判案例卷),中国人民大学、人民法院出版社2006年7月版,第149页。

法出版物,并先后实际收到购书款人民币591 846元。

本案经福建省晋江市人民法院一审判决,以侵犯著作权罪判处被告人葛权卫有期徒刑5年6个月,并处罚金人民币5万元。一审判决后,被告人葛权卫认为其行为不构成侵犯著作权罪,而是构成销售侵权复制品罪,向福建省泉州市中级人民法院提起上诉。二审法院(福建省泉州市中级人民法院)裁定驳回上诉,维持原判。

【法理分析】

处理本案涉及的主要问题是:如何认定侵犯著作权罪和销售侵权复制品罪之间的罪数形态?

本案在认定被告人葛权卫究竟是构成侵犯著作权罪还是构成销售侵权复制品罪问题上产生了争议。人民法院认为,被告人葛权卫行为已构成侵犯著作权罪。而被告人葛权卫则认为,自己的行为只构成销售侵权复制品罪,而不构成侵犯著作权罪。

笔者认为,本案中被告人的行为是构成侵犯著作权罪还是构成销售侵权复制品罪,需要结合刑法规定以及相关的刑法理论才能正确认定。

我国刑法主要规定了两种侵犯著作权的犯罪行为,即第217条的侵犯著作权罪和第218条的销售侵权复制品罪。侵犯著作权罪是指以营利为目的,违反著作权法规定,未经著作权人或与著作权有关的权益人许可,复制发行其作品,出版他人享有专有出版权的图书,复制发行其制作的音像制品,或者制售假冒他人署名的美术作品,违法所得数额较大或者有其他严重情节的行为。销售侵权复制品罪,是指以营利为目的,销售明知是侵犯他人著作权的复制品,违法所得数额巨大的行为。两罪在行为方式等方面有较大区别,在一般情况下并不难区分。但是,当行为人既实施了侵犯著作权罪的行为,又实施了销售侵权复制品罪的行为时,其罪数的认定问题就有一定难度。对此,需要结合刑法中的罪数理论加以分析才能得出正确结论。

笔者认为,对于行为人同时实施了侵犯著作权罪的行为和销售侵权复制品罪的行为,是按一罪处理,还是数罪并罚,要分别情况,不能一概而论。如果行为人实施了侵犯著作权的犯罪行为(例如复制发行别人的作品等),又将其侵权产品予以销售的,对行为人应以侵犯著作权罪定罪处罚。因为在这种情况下,侵犯著作权行为和销售侵权复制品行为是在一个主观目的指导下实施的两个相关联的行为,彼此形成一种吸收关系,侵犯同一或相同的直接客体,并且指向同一的具体犯罪对象。根据吸收犯的处断原则,应当从一重罪处断,由于侵犯著作权罪的法定刑重于销售侵权复制品罪的法定刑,所以应当按照侵犯著作权罪处罚。如果行为人销售的侵权复制品不是自己实施侵犯著作权行为所产生的侵权产品,而是别人实施侵犯著作权行为所产生的侵权复制品,两种行为都构成犯罪的,应当对行为人分别定侵犯著作权罪和销售侵权复制品罪,实行数罪并罚。因为在这种情况下,行为人实施的两个犯罪行为是在两个不同的主观目的支配下进行的,而且两罪的犯罪对象也不相同。①

在本案中,被告人葛权卫以营利为目的,经与李世明通谋后,未经著作权人许可,授意李世明盗印出版他人享有出版权的图书,交由其非法发行,其与李世明经策划后相互分工、配合,是共同实施了复制他人专有出版权图书的侵犯著作权行为,其行为已经构成了侵犯著作权罪。被告人葛权卫在非法复制了他人享有版权的图书以后,又将其销售给其事先联系好的中小学等单位,非法经营数额达 2 765 951.5 元,违法所得 591 846 元,其行为可以构成销售侵权复制品罪。但是,由于被告人销售的侵权复制品是自己实施侵犯著作权行为所产生的侵权产品,而不是别人实施侵犯著作权行为所产生的侵权复制品,因此,被告人葛权卫的复制他人专有出版权图书的侵犯著作权行为与销售该侵权制品的行为就具有吸收关系,对此,应按照处理吸收犯的原则,即按照侵犯著作权罪论处。

【结　论】

实施侵犯著作权罪的犯罪行为,又销售该侵权复制品,违法所得数额巨大的,只定侵犯著作权罪,不实行数罪并罚。

【相关链接】

相关的法律、法规
中华人民共和国刑法

第二百一十七条　以营利为目的,有下列侵犯著作权情形之一,违法所得数额较大或者有其他严重情节的,处三年以下有期徒刑或者拘役,并处或者单处罚金;违法所得数额巨大或者有其他特别严重情节的,处三年以上七年以下有期徒刑,并处罚金:

(一)未经著作权人许可,复制发行其文字作品、音乐、电影、电视、录像作品、计算机软件及其他作品的;

(二)出版他人享有专有出版权的图书的;

(三)未经录音录像制作者许可,复制发行其制作的录音录像的;

(四)制作、出售假冒他人署名的美术作品的。

第二百一十八条　以营利为目的,销售明知是本法第二百一十七条规定的侵权复制品,违法所得数额巨大的,处三年以下有期徒刑或者拘役,并处或者单处罚金。

相关的司法解释与指导性意见
最高人民法院《关于审理非法出版物刑事案件具体应用法律若干问题的解释》
(1998 年 12 月 23 日起施行)

---

① 参见胡云腾、刘科:《知识产权刑事司法解释若干问题研究》,载《中国法学》2004 年第 6 期。

第五条　实施刑法第二百一十七条规定的侵犯著作权行为,又销售该侵权复制品,违法所得数额巨大的,只定侵犯著作权罪,不实行数罪并罚。

实施刑法第二百一十七条规定的侵犯著作权的犯罪行为,又明知是他人的侵权复制品而予以销售,构成犯罪的,应当实行数罪并罚。

最高人民法院、最高人民检察院《关于办理侵犯知识产权刑事案件具体应用法律若干问题的解释》(2004年12月22日起施行 法释[2004]19号)

第十四条　实施刑法第二百一十七条规定的侵犯著作权犯罪,又销售该侵权复制品,构成犯罪的,应当依照刑法第二百一十七条的规定,以侵犯著作权罪定罪处罚。

实施刑法第二百一十七条规定的侵犯著作权犯罪,又销售明知是他人的侵权复制品,构成犯罪的,应当实行数罪并罚。

相关的参考案例

翟岩红侵犯著作权案([2006]朝刑初字第02036号)

载http://vip.chinalawinfo.com/Case/DisplayContent.asp?Gid=117509117&keyword=.

王红星等侵犯著作权案([2003]海法刑初字第2343号)

载http://vip.chinalawinfo.com/Case/DisplayContent.asp?Gid=117452259&keyword=.

(刘　科)

50. 如何选择销售侵权复制品罪与非法经营罪竞合时的法律适用原则?
——顾然地等人非法经营案[①]

【案情介绍】

被告人:RANDOLPH HOBSON GUTHRIE III(中文名顾然地),男,37岁,美国国籍。

被告人:吴东,男,23岁,上海市人。

被告人:CODY ABRAM THRUSH(中文名库迪),男,29岁,美国国籍。

被告人:吴世彪,男,34岁,黑龙江省人,原系上海彭浦安邦快客雷速递服务部负责人。

被告人顾然地(英文名 RANDOLPH HOBSON GUTHRIE III,美国国籍)于2003年11月3日至2004年7月1日期间,在没有取得《音像制品经营许可证》的情况下,在其上海住处内用电脑与国际互联网联网,通过"三美元 DVD 网站",向境外发送销售 DVD 信息。当境外客户确认了所需 DVD 名称、数量、价格和运费等,并向顾然地指定的华夏银行上海分行、西联汇款中心账户汇款后,顾然地经金剑泳、谢春艳(均另案处理,已判刑)低价购进侵权复制的 DVD,然后通过超马赫运输公司、上海速递公司向境外发送。顾然地向境外销售的侵权 DVD 累计13.3万余张,销售金额折合为330万余元,违法所得97万余元。被告人吴东、库迪(英文名 CODY ABRAM THRUSH,美国国籍)、吴世彪均在明知顾然地销售侵权 DVD 的情况下,仍参与其中,分别为顾然地提供了收发货、联络客户、电脑管理、运输等帮助。吴东参与销售侵权 DVD 共计13.1万余张,参与销售的金额折合为326万余元,涉及违法所得94万余元,个人实际非法获利1.2万元;库迪参与销售侵权 DVD 共计7万余张,参与销售的金额折合为175万余元,涉及违法所得38万余元,个人实际非法获利1.2万余元;吴世彪参与销售侵权 DVD 共计6万余张,参与销售的金额折合为151万余元,涉及违法所得23万余元,个人实际非法获利5万元。公安机关在顾然地住处和吴世彪暂借的仓库内,共查获侵权 DVD 计11.9万余张。

上海市第二中级人民法院审理后认为,4名被告人通过"三美元 DVD 网站"销售侵权音像复制品的行为,严重侵犯了著作权人的著作权和市场秩序,已经构成销售侵权复制品罪。判决如下:

---

① (2005)沪二中刑初字第1号。案例选自《中华人民共和国最高人民法院公报》,2005年第9期。

1. 被告人顾然地犯销售侵权复制品罪,判处有期徒刑2年6个月,并处罚金50万元,驱逐出境。

2. 被告人吴东犯销售侵权复制品罪,判处有期徒刑1年3个月,并处罚金1万元。

3. 被告人库迪犯销售侵权复制品罪,判处有期徒刑1年,并处罚金1万元,驱逐出境。

4. 被告人吴世彪犯销售侵权复制品罪,判处罚金3万元;违法所得财物和犯罪工具予以没收。

【法理分析】

处理本案涉及的主要问题是:如何选择销售侵权复制品罪与非法经营罪发生竞合时的法律适用原则?

本案在审理过程中,就被告人行为是构成销售侵权复制品罪还是非法经营罪存在争议。公诉机关认为,被告人顾然地未经工商登记、未获得国家管理部门颁发的《音像制品经营许可证》,擅自销售侵权音像复制品,情节特别严重;被告人吴东、库迪、吴世彪在明知顾然地未取得《音像制品经营许可证》而销售侵权音像复制品的情况下,仍积极参与、帮助其销售,情节特别严重,均应以非法经营罪追究这4名被告人的刑事责任。审判机关认为,被告人顾然地销售明知是未经著作权人许可而复制的侵权音像复制品,违法所得97万余元,数额巨大,其行为已构成销售侵权复制品罪。被告人吴东、库迪、吴世彪虽然受雇于顾然地,但在明知顾然地大量销售侵权音像复制品后,仍为了获取一己私利,给顾然地提供各种帮助,是销售侵权复制品罪的共犯,也应按照销售侵权复制品罪定罪处罚。

笔者认为,被告人顾然地等人行为的定性问题,需要根据刑法规定,结合刑法中的罪数理论才能正确解决。我国《刑法》第225条规定:"违反国家规定,有下列非法经营行为之一,扰乱市场秩序,情节严重的,处五年以下有期徒刑或者拘役,并处或者单处违法所得一倍以上五倍以下罚金;情节特别严重的,处五年以上有期徒刑,并处违法所得一倍以上五倍以下罚金或者没收财产:(一)未经许可经营法律、行政法规规定的专营、专卖物品或者其他限制买卖的物品的……"。国务院《音像制品管理条例》(2002年2月1日起施行)第5条规定:"国家对出版、制作、复制、进口、批发、零售、出租音像制品,实行许可制度;未经许可,任何单位和个人不得从事音像制品的出版、制作、复制、进口、批发、零售、出租等活动";第36条规定:"音像制品批发单位和从事音像制品零售、出租等业务的单位或者个人,不得经营非音像出版单位出版的音像制品或者非音像复制单位复制的音像制品,不得经营侵犯他人著作权的音像制品"。根据上述规定,被告人顾然地等人在没有取得《音像制品经营许可证》的情况下,向国外大量销售侵权音像复制品,而且非法经营数额巨大,严重扰乱了音像制品的市场管理秩序,其行为已经符合非法经营罪的构成要件。

但是,本案中行为人销售的音像制品是侵权复制品,还侵犯了音像制品著作权人的著作权。对销售侵权音像复制品且违法所得数额巨大的行为,《刑法》第218条规定:"以营利为目的,销售明知是本法第二百一十七条规定的侵权复制品,违法所得数额巨大的,处三年以下有期徒刑或者拘役,并处或者单处罚金。"该条的立法目的,就在于打击没有复制,只是单纯销售侵权复制品的间接侵犯著作权或者邻接权的行为。本案中的行为人以营利为目的,销售侵权音像复制品,而且违法所得数额巨大,已经符合销售侵权复制品罪的构成要件。

在行为人的行为同时符合非法经营罪与销售侵权复制品罪构成要件的情况下,如何适用法律?对此,有以下两种观点:第一种观点认为,应认定销售侵权复制品罪,其理由是:行为人从事非法音像制品的销售是一行为触犯了销售侵权复制品罪和非法经营罪两个法条,属于法条竞合,且两者是特别法与普通法的关系,对此,因按照特别法优于普通法的原则认定。第二种观点认为,应定非法经营罪。其理由是:虽然行为人非法销售侵权复制品的行为是一行为触犯了销售侵权复制品罪和非法经营罪两个法条,应按照特别法优于普通法的原则认定,但是当特别法明显罚不抵罪时,根据罪刑相适应原则,应适用重法而排斥轻法。① 这种理论上的争议反映到本案的具体处理中,就是公诉机关认为对行为人应按照非法经营罪定罪处罚,而审判机关认为应按照销售侵权复制品罪定罪处罚。

从上述理论争议来看,第一种观点和第二种观点都认为销售侵权音像制品的行为同时触犯了两个法条,是法条竞合犯。两种观点的区别是对于法条竞合犯的法律适用原则有不同认识:第一种观点认为,应适用特别法优于普通法的原则认定;第二种观点承认在一般情况下应适用特别法优于普通法的原则,但是在特别法明显罚不抵罪时,应适用重法优于轻法的原则。

笔者认为,第二种观点相对较为合理。销售侵权复制品罪与非法经营罪是特殊法与一般法的关系。在一般情况下,应根据特殊法优于一般法的原则适用。这一认识符合立法精神和司法实践的一贯做法。这是因为,特殊法规定的是立法者认为需要特别予以重视和保护的内容,是法律对某种社会关系予以特别保护所设立的条款,一般来讲,它与一般法就是例外与原则的关系,在具体适用法律时,在符合特殊法规定的情况下,应优先适用特殊法,而不再适用一般法。但是,在适用特殊法优于一般法的原则罚不当罪的情况下,特殊法优于一般法的原则就不应再适用,而应适用重法优于轻法的原则。这是因为,罪刑相适应原则是我国刑法的基本原则,既然是基本原则,它就应当在我国的刑法立法、司法以及刑法理论中得到体现和贯彻。当一种犯罪行为同时触犯

---

① 参见赵秉志主编:《刑事法判解研究》,人民法院出版社2003年版,第102页。

两个以上法条,而特殊法规定的刑事责任又轻于一般法规定的刑事责任时,如果仍坚持适用特殊法优于一般法的原则,就会与罪刑相适应原则相冲突,就有放纵犯罪之嫌。

在本案中,被告人顾然地以营利为目的,在未取得《音像制品经营许可证》的情况下,低价购进明知是侵权的音像复制品,然后高价销往国外,违法所得数额巨大。其行为已经分别触犯了《刑法》第 218 条规定的销售侵权复制品罪和《刑法》第 225 条规定的非法经营罪,由于销售侵权复制品罪和非法经营罪存在着特殊法与一般法的法条竞合关系,在一般情况下,应优先适用特殊法条(即第 218 条),按照销售侵权复制品罪定罪处罚。但是,由于该罪规定的法定刑最高只有 3 年有期徒刑,轻于一般法条(即第 225 条非法经营罪)规定的 15 年有期徒刑,因此,如果坚持适用特殊法优于一般法的原则,就只能在最高为 3 年的有期徒刑的量刑幅度内判处刑罚,这显然与该侵权行为所具有的严重危害性并不适应,从而有违罪刑相适应原则。相反,如果适用重法优于轻法的原则,按照非法经营罪定罪处罚,就可以在最高为 15 年有期徒刑的量刑幅度内选择适当的刑罚,从而符合罪刑相适应原则的基本要求。

【结　　论】

行为人非法销售侵权复制品的行为同时触犯了销售侵权复制品罪和非法经营罪两个法条时,应按照特别法优于普通法的原则认定,但是当特别法明显罚不抵罪时,应适用重法而排斥轻法。

【相关链接】

相关的法律、法规

中华人民共和国刑法

第二百一十八条　以营利为目的,销售明知是本法第二百一十七条规定的侵权复制品,违法所得数额巨大的,处三年以下有期徒刑或者拘役,并处或者单处罚金。

第二百二十五条　违反国家规定,有下列非法经营行为之一,扰乱市场秩序,情节严重的,处五年以下有期徒刑或者拘役,并处或者单处违法所得一倍以上五倍以下罚金;情节特别严重的,处五年以上有期徒刑,并处违法所得一倍以上五倍以下罚金或者没收财产:

(一)未经许可经营法律、行政法规规定的专营、专卖物品或者其他限制买卖的物品的;

(二)买卖进出口许可证、进出口原产地证明以及其他法律、行政法规规定的经营许可证或者批准文件的;

(三)其他严重扰乱市场秩序的非法经营行为。

中华人民共和国音像制品管理条例(2002 年 2 月 1 日)

第五条　国家对出版、制作、复制、进口、批发、零售、出租音像制品，实行许可制度；未经许可，任何单位和个人不得从事音像制品的出版、制作、复制、进口、批发、零售、出租等活动。

依照本条例发放的许可证和批准文件，不得出租、出借、出售或者以其他任何形式转让。

第三十二条　申请设立全国性音像制品连锁经营单位，应当由其总部所在地省、自治区、直辖市人民政府文化行政部门审核同意后，报国务院文化行政部门审批。申请设立音像制品批发单位，应当报所在地省、自治区、直辖市人民政府文化行政部门审批。申请从事音像制品零售、出租业务，应当报县级地方人民政府文化行政部门审批。文化行政部门应当自收到申请书之日起30日内作出批准或者不批准的决定，并通知申请人。批准的，应当发给《音像制品经营许可证》，由申请人持《音像制品经营许可证》到工商行政管理部门登记，依法领取营业执照；不批准的，应当说明理由。

《音像制品经营许可证》应当注明音像制品经营活动的种类。

第三十六条　音像制品批发单位和从事音像制品零售、出租等业务的单位或者个人，不得经营非音像出版单位出版的音像制品或者非音像复制单位复制的音像制品，不得经营未经国务院文化行政部门批准进口的音像制品，不得经营侵犯他人著作权的音像制品。

相关的司法解释与指导性意见

最高人民法院《关于审理非法出版物刑事案件具体应用法律若干问题的解释》（1998年12月23日起施行）

第四条　以营利为目的，实施刑法第二百一十八条规定的行为，个人违法所得数额在十万元以上，单位违法所得数额在五十万元以上的，依照刑法第二百一十八条的规定，以销售侵权复制品罪定罪处罚。

第十一条　违反国家规定，出版、印刷、复制、发行本解释第一条至第十条规定以外的其他严重危害社会秩序和扰乱市场秩序的非法出版物，情节严重的，依照刑法第二百二十五条第（三）项的规定，以非法经营罪定罪处罚。

第十七条　本解释所称"经营数额"，是指以非法出版物的定价数额乘以行为人经营的非法出版物数量所得的数额。

本解释所称"违法所得数额"，是指获利数额。

非法出版物没有定价或者以境外货币定价的，其单价数额应当按照行为人实际出售的价格认定。

最高人民法院、最高人民检察院《关于办理侵犯知识产权刑事案件具体应用法律若干问题的解释》（2004年12月22日起施行　法释[2004]19号）

第六条　以营利为目的，实施刑法第二百一十八条规定的行为，违法所得数额在十万元以上的,属于"违法所得数额巨大",应当以销售侵权复制品罪判处三年以下有期徒刑或者拘役,并处或者单处罚金。

第十六条 明知他人实施侵犯知识产权犯罪,而为其提供贷款、资金、账号、发票、证明、许可证件,或者提供生产、经营场所或者运输、储存、代理进出口等便利条件、帮助的,以侵犯知识产权犯罪的共犯论处。

相关的参考案例

刘肇欣侵犯著作权、非法经营案([2006]通刑初字第174号)

载 http://vip.chinalawinfo.com/Case/DisplayContent.asp? Gid=117508971&keyword=.

(刘 科)

51. 如何认定侵犯著作权罪中的定罪情节?
——湖南大学财税远程教育中心等侵犯著作权案[①]

【案情介绍】

被告单位湖南大学财税远程教育中心。

被告人谭慧渊,1955年×月×日出生于湖南省澧县,汉族,大学文化,原系湖南税务高等专科学校党委副书记、副校长,2001年3月至案发兼任湖南大学财税远程教育中心主任。

被告人蒋菊香,1963年×月×日出生于湖南省澧县,汉族,大学文化,系湖南税务高等专科学校教师,2001年4月到湖南大学财税远程教育中心兼职,任资源办主任。

被告人吴远柏,1952年×月×日出生于湖南省澧县,汉族,小学文化,长沙市思源摄影器材商行经理。

从2000年下半年起,国家税务总局为配合税务系统机构改革,提高税务系统公务员学历,与湖南大学协商开展税务系统远程学历教育。2001年1月2日,湖南大学发文成立湖南大学财税远程教育中心(以下简称财税中心),隶属于湖南大学现代教育技术中心(又称湖南大学多媒体信息教育学院,后更名为湖南大学网络学院)管理。2001年4月15日和9月5日,湖南大学现代教育技术中心与财税中心签订管理合同书和补充协议书。湖南大学现代教育技术中心要求财税中心,"在国家税务总局教育中心、湖南大学指导下相对独立地开展教育教学工作,按企业化管理模式运作"。2001年3月22日,经国家税务总局教育中心委托湖南省国家税务局推荐,湖南税务高等专科学校党委副书记、副校长谭慧渊被湖南大学聘任为财税中心主任。财税中心在办学过程中,按照与湖南大学现代教育技术中心签订的《关于湖南大学财税远程教育中心管理合同书》、《补充协议书》,负责向学员收取教育资源费,发放教科书和光盘给学员。2001年4月,被告人蒋菊香被被告人谭慧渊口头聘请到财税中心资源办兼职。2001年9、10月间,财税中心开学在即,急需教材,谭慧渊认为根据与湖南大学现代教育技术中心签订的管理合同书,财税中心可以使用湖南大学的教材,遂要求资源办翻印教材。时任资源办负责人的符霞生将从湖南大学现代教育技术中心取回的《邓小平理论概论》、《大学英语预备级1》、《INTERNET基础》3本样书及《现代远程教育基础》的印刷

[①] (2004)湘高法刑二终字第141号。案例选自 http://vip.chinalawinfo.com/case/Display.asp? Gid = 117467475&KeyWord。

胶片交给蒋菊香要其翻印。蒋菊香经请示谭慧渊同意后,在没有征得著作权人许可和专有出版权人同意,也没有向印刷厂提供印刷证明的情况下,找到被告人吴远柏,要其帮助联系印刷厂家翻印。吴远柏找到长沙市芙蓉区育华学校校办工厂业务厂长文献铭,文通过国防科技大学炮兵学院印刷厂厂长朱炳江在该厂制作了样书的印刷胶片,并拿制作好的印刷胶片在育华学校校办工厂印刷了《邓小平理论概论》3万册、《大学英语预备级1》3万册、《现代远程教育基础》3万册、《INTERNET基础》1万册。书印好后,文将书送到长沙市长桥劳教所戒毒大队装订。事后,财税中心付给长沙市芙蓉区育华学校校办工厂印刷费48.1793万元。其中《邓小平理论概论》是财税中心学员必修课程。财税中心共翻印该书3万册,该书定价11.50元/册,发放给学员29 187册,免费配发给各教学点759册,库存54册,非法经营额为 $3\,万 \times 11.50 = 34.5\,万元$。《INTERNET基础》为财税中心学员的必修课。财税中心共翻印该书1万册,该书定价为19元/册,其中发放给学员9249册,免费配发给各教学点751册,非法经营额为 $19 \times 1\,万 = 19\,万元$。

二审法院审理后认为,湖南大学财税远程教育中心为节约成本,未经著作权人许可和享有专有出版权的出版社同意,非法复制发行《邓小平理论概论》、《INTERNET基础》2本书,系侵犯著作权的行为。财税中心非法复制《邓小平理论概论》一书,因本案案发而未实际获利,没有违法所得;财税中心非法复制《INTERNET基础》一书,虽实际获利,但由于复制成本费无法查清,折扣率无法确定,不能准确确定其违法所得。一审法院认定财税中心非法复制上述2本书,非法获利28万余元的证据不足。根据最高人民法院《关于审理非法出版物刑事案件具体应用法律若干问题的解释》的规定,由于本案中财税中心侵犯著作权的违法所得无法准确认定,则应当以非法经营数额来判断是否构成犯罪,本案中财税中心非法复制上述2本书的非法经营额为53.5万元,亦没有达到犯罪标准100万元,故财税中心非法复制上述2本书的侵权行为,不构成侵犯著作权罪,从而不能追究该单位主管人员谭慧渊、直接责任人蒋菊香的刑事责任,上诉人谭慧渊、蒋菊香亦不构成侵犯著作权罪。判决被告单位湖南大学财税远程教育中心、被告人谭慧渊、蒋菊香、吴远柏无罪。

【法理分析】

处理本案涉及的主要问题在于:如何认定侵犯著作权罪中的定罪情节?

被告单位和被告人在一审、二审中分别被宣告有罪和无罪,说明本案在适用法律时有严重分歧。其中关于定罪情节的主要分歧是违法所得数额和非法经营数额的认定。下面分别予以评述。

一、关于违法所得数额的认定

本案一审法院认为,被告单位湖南大学财税远程教育中心及被告人谭慧渊等非法复制发行《邓小平理论概论》、《INTERNET 基础》两书共获取违法所得 28 万余元,根据最高人民法院《关于审理非法出版物刑事案件具体应用法律若干问题的解释》(1998 年 12 月 23 日起施行)第 2 条"以营利为目的,实施刑法第二百一十七条所列侵犯著作权行为之一,个人违法所得数额在五万元以上,单位违法所得数额在二十万元以上的,属于违法所得数额较大"的规定,其行为已构成侵犯著作权罪。

被告单位湖南大学财税远程教育中心及其他被告人提出:本案不应以"违法所得数额"作为认定是否达到刑事责任起点的标准,而应按照非法经营数额的标准,按此标准被告单位湖南大学财税远程教育中心不构成犯罪;即使采用"合理估算收入,扣除直接成本"的方式估算"违法所得数额",两本书的"所得数额"也未达到 20 万元的刑事责任标准,其行为亦不构成犯罪。

二审法院认为,财税中心非法复制《邓小平理论概论》一书,因本案案发而未实际获利,没有违法所得;财税中心非法复制《INTERNET 基础》一书,虽实际获利,但由于复制成本费无法查清,折扣率无法确定,不能准确确定其违法所得。一审认定财税中心非法复制上述 2 本书,非法获利 28 万余元的证据不足。

可见,上述争议主要在于:① 本案是否应以"违法所得数额"作为认定被告人的犯罪数额是否达到刑事责任起点的标准;② 本案"违法所得数额"的计算是否正确。关于第一个争议,笔者认为,《刑法》第 217 条明确规定"以营利为目的,有下列侵犯著作权情形之一,违法所得数额较大或者有其他严重情节的",明确规定了"违法所得数额"是本罪的定罪情节之一。最高人民法院《关于审理非法出版物刑事案件具体应用法律若干问题的解释》(1998 年 12 月 23 日起施行)也明确规定了"违法所得数额"的具体认定标准,因此,"违法所得数额"完全可以作为认定被告人的犯罪数额是否达到侵犯著作权罪刑事责任起点的标准。

关于第二个问题,即"违法所得数额"的计算是否正确的问题,相对较为复杂。因为想正确计算违法所得数额,必须首先确定违法所得数额的含义。但是,对于什么是违法所得数额,违法所得数额与非法经营数额和销售金额的区别是什么,理论界素有争议,刑法也没有明确,一些司法解释还出现过相互矛盾的情况。例如,最高人民检察院 1993 年 12 月 1 日在《关于假冒注册商标犯罪立案标准的规定》中,就把"违法所得数额"理解为"销售收入",而"销售收入"实际上就是"销售金额"。1997 年刑法修订后,最高人民法院发布的《关于审理非法出版物刑事案件具体应用法律若干问题的解释》第 17 条第 2 款则规定,本解释所称"违法所得数额",是指获利数额。而最高人民检察院和公安部联合发布的《关于经济犯罪案件追诉标准的规定》,不知出于何种原因,对"违法所得数额"的含义没有作出规定。在讨论 2004 年最高人民法院、最高人民检察院《关于办理侵犯知识产权刑事案件具体应用法律若干问题的解释》的过程中,有人也主张违法所得数额就是行为人非法获利数额,认为既然是违法所得,当然就是其非法经济活动后的投入与产出之比,行为人实际上获利多少,才是违法所得数额。但很多人不赞成这一理解,认为对非法经济行为的评价,应当是整体的,而不应当是部分的,如果区分行为人获利或者不获利,对于行为人非法经营数额巨大但没有获利的案件,侵权产品没有销售出去的案件,销售出去后无法计算利润的案件等,都无法追究刑事责任。同时,如果认为是利润,是按照毛利润还是净利润计算,是按照经营利润还是按照销售利润计算等,也无法进行。况且实施侵犯知识产权犯罪的行为人,通常不作账或者作假账,使司法机关和权利人根本无法分清究竟造假的成本是多少,利润是多少。因此,把违法所得数额理解为非法利润数额,既不符合立法原意也不切合实际。[1]正是由于理论界和实务界对于"违法所得数额"的含义一直不能取得一致意见,2004年最高人民法院、最高人民检察院《关于办理侵犯知识产权刑事案件具体应用法律若干问题的解释》与2007年最高人民法院、最高人民检察院《关于办理侵犯知识产权刑事案件具体应用法律若干问题的解释(二)》也没有对违法所得数额的含义作出明确规定。因此,明确"违法所得数额"的含义,是对其进行正确计算的前提。

笔者认为,如何界定违法所得数额的含义确实是一个难题,如果按照最高人民检察院的上述解释,违法所得数额就变成了销售金额,也就等于取消了违法所得数额。如果按照最高人民法院的上述解释,则把违法所得数额等同于非法营利数额,也难以令人信服。值得注意的是,我国刑法规定违法所得数额的条款,并不限于侵犯知识产权犯罪,在组织或运送他人偷越国(边)境罪中,也有违法所得数额的规定。结合起来理解,笔者认为违法所得数额至少在以下两个方面是确定的:第一,必须是行为人已经获得的全部非法收入,没有获得的收入,不应视为违法所得数额。在侵犯知识产权犯罪中,行为人在实施犯罪的过程中获得的加工费、运输费、保管费及已得的销售收入等,都属于违法所得。在运送他人偷越国(边)境的犯罪中,"蛇头"运送他人偷越国(边)境收取偷渡费,就属于违法所得数额。如果他还没有收取到偷渡费,则不能视为违法所得数额。第二,违法所得数额一般不应减去行为人实施犯罪的投入,否则不仅难以计算,而且会出现可笑的情形。因为很多犯罪都会涉及犯罪投入,在认定犯罪时均不会减去相关投入。例如,行为人为诈骗财物而买了一份保险,花了数千元的费用,案发后在计算诈骗的数额时,显然不能把行为人花的费用减掉。同理,在计算侵犯知识产权犯罪的违法所得数额时,也不应当减掉行为人为犯罪而付出的各种投入。当然,这样理解是否完全没有疑问,也存在争议。究竟如何界定违法所得数额的含义,或许只有规定这一术语的立法机关将来作出立法解释,才能解决有关的争议。

在审判实践中,由于最高人民法院的司法解释对各级人民法院在审理案件时具有拘束力,因此,审理该案的一审、二审法院对违法所得数额的理解和认定,都应坚持"获

---

[1] 参见胡云腾、刘科:《知识产权刑事司法解释若干问题研究》,载《中国法学》2004年第6期。

利数额"的观点。也就是说,在计算被告人违法所得数额时,应当扣除被告人为此支出的各项费用,例如装订费、印刷费、运输费等,也应考虑被告人销售侵权复制品时给销售对象的折扣情况等因素。具体到本案中,由于《邓小平理论概论》一书没有违法所得,《INTERNET 基础》一书复制成本费无法查清,折扣率也无法确定,因此一审法院认定其违法所得 28 万余元的证据并不充分,二审法院予以纠正是正确的。

二、关于非法经营数额的认定

在刑法关于侵犯著作权罪的规定中,并未使用"非法经营数额"这一术语,而是使用"情节严重"这一更为模糊宽泛的术语。考虑到"情节严重"主要是关于侵权行为的定量规定,而量的主要表现形式是侵权行为的非法经营数额,所以,现有的司法解释和相关文件在解释"情节严重"时,使用了"非法经营数额"这一术语。在认定侵犯著作权罪时,需要用非法经营数额来量化和界定一般违法行为和构成犯罪的行为。

一般认为,侵犯知识产权犯罪的非法经营数额,是指行为人在非法经营活动中所涉及的侵权产品的总数额。范围包括非法制造的侵权产品的数额,运输的侵权产品的数额,储存的侵权产品的数额以及销售的侵权产品的数额等。关于侵犯知识产权犯罪非法经营数额的计算标准,不宜一概按照被侵权产品的市场价格计算。因为既然是非法经营数额,理所当然是行为人实施侵权行为所涉及的数额,这个数额实际是多少,就应当认定多少,不应当把行为人实际没有经营的数额认定为其非法经营的数额。对于侵犯著作权罪中的"非法经营数额",应当按照《关于审理非法出版物刑事案件具体应用法律若干问题的解释》第 17 条的规定计算,即以非法出版物的定价数额乘以行为人经营的非法出版物数量所得的金额计算,非法出版物没有定价或者以境外货币定价的,其单价数额应当按照行为人实际出售的价格认定。

具体到本案中,二审法院认定,财税中心共翻印《邓小平理论概论》3 万册,该书定价 11.50 元/册,发放给学员 29 187 册,免费配发给各教学点 759 册,库存 54 册,非法经营额为 3 万 ×11.50 = 34.5 万元。财税中心共翻印《INTERNET 基础》1 万册,该书定价为 19 元/册,其中发放给学员 9 249 册,免费配发给各教学点 751 册,非法经营额为 19×1 万 = 19 万元。合计非法经营数额 53.5 万元。其中《邓小平理论概论》发放给学员的 29 187 册及库存 54 册、《INTERNET 基础》发放给学员的 9 249 册,按照定价计算非法经营数额没有争议。但是,免费配发给各教学点的《邓小平理论概论》759 册、《INTERNET 基础》751 册是否应当计算非法经营数额呢? 笔者认为,也应将免费发放的侵权复制品涉及金额计算在非法经营数额之内。这是因为,非法经营数额不同于销售金额。销售金额是指行为人销售侵权产品所得和应得的全部金额,没有销售的侵权复制品涉及金额不应计入销售金额的范围之内,在本案中,被告人免费配发给各教学点图书的行为既无销售意图、也无销售行为,因此其涉及金额不应计入销售金额之内。但是,非法经营数额的含义比销售金额的含义范围要宽,它涵盖了行为人在实施侵犯知识产权行为过程中,制造、储存、运输、销售侵权产品的价值总额。被告人免费配发给各教学点图书的行为虽不属于销售行为,但是其制造这些图书的行为属于非法经营行为,其涉及的金额应作为非法经营数额的一部分。根据最高人民法院《关于审理非法出版物刑事案件具体应用法律若干问题的解释》(1998 年 12 月 23 日起施行)的规定,计算这部分数额,仍应按照侵权图书的定价数额乘以被告人免费派发的图书数量所得的数额计算。

  顺便指出,本案二审法院是以被告单位财税中心的非法经营数额没有达到单位侵犯著作权犯罪所要求的非法经营数额 100 万元的定罪标准,而宣告被告单位及其主管人员谭慧渊、直接责任人蒋菊香不构成犯罪的。其依据是最高人民法院《关于审理非法出版物刑事案件具体应用法律若干问题的解释》(1998 年 12 月 23 日起施行)第 2 条"个人非法经营数额在二十万元以上,单位非法经营数额在一百万元以上的"才能追究刑事责任的规定。在该解释中,单位犯罪的起点数额是自然人犯罪的五倍。但是,在该解释颁布以后,越来越多的人认为,这种差距过大的定罪量刑标准,客观上容易放纵犯罪,应当取消或者缩小这种差距。① 综合考虑了上述意见以后,最高人民法院、最高人民检察院《关于办理侵犯知识产权刑事案件具体应用法律若干问题的解释》(2004 年 12 月 22 日起施行 法释[2004]19 号)第 15 条规定,"单位实施刑法第二百一十三条至第二百一十九条规定的行为,按照本解释规定的相应个人犯罪的定罪量刑标准的三倍定罪量刑",从而降低了单位侵犯著作权罪的定罪门槛。由于本案侵权行为主要发生在 2001 年,因此应当适用当时的法律、司法解释,不应追究被告单位及其直接责任人员的刑事责任。本案如果发生在 2004 年《关于办理侵犯知识产权刑事案件具体应用法律若干问题的解释》颁布以后,则应当适用该解释的规定,对单位犯本罪的,应按照自然人犯罪的三倍执行,从而可以追究被告单位及其主管人员和直接责任人员的刑事责任。

【结　论】

  计算侵犯著作权犯罪中的违法所得数额时,应当扣除被告人为此支出的各项费用,例如运输费、给销售对象的折扣费等。

【相关链接】

相关的法律、法规
中华人民共和国刑法第二百一十七条(见本书第 309 页)

---

① 参见胡云腾、刘科:《知识产权刑事司法解释若干问题研究》,载《中国法学》2004 年第 6 期。

相关的司法解释与指导性意见

最高人民法院《关于审理非法出版物刑事案件具体应用法律若干问题的解释》（1998年12月23日起施行）

第二条 以营利为目的,实施刑法第二百一十七条所列侵犯著作权行为之一,个人违法所得数额在五万元以上,单位违法所得数额在二十万元以上的,属于"违法所得数额较大";具有下列情形之一的,属于"有其他严重情节":

（一）因侵犯著作权曾经两次以上被追究行政责任或者民事责任,两年内又实施刑法第二百一十七条所列侵犯著作权行为之一的;

（二）个人非法经营数额在二十万元以上,单位非法经营数额在一百万元以上的;

（三）造成其他严重后果的。

以营利为目的,实施刑法第二百一十七条所列侵犯著作权行为之一,个人违法所得数额在二十万元以上,单位违法所得数额在一百万元以上的,属于"违法所得数额巨大";具有下列情形之一的,属于"有其他特别严重情节":

（一）个人非法经营数额在一百万元以上,单位非法经营数额在五百万元以上的;

（二）造成其他特别严重后果的。

第十七条 本解释所称"经营数额",是指以非法出版物的定价数额乘以行为人经营的非法出版物数量所得的数额。

本解释所称"违法所得数额",是指获利数额。

非法出版物没有定价或者以境外货币定价的,其单价数额应当按照行为人实际出售的价格认定。

最高人民法院、最高人民检察院《关于办理侵犯知识产权刑事案件具体应用法律若干问题的解释》（2004年12月22日起施行法释[2004]19号）

第五条 以营利为目的,实施刑法第二百一十七条所列侵犯著作权行为之一,违法所得数额在三万元以上的,属于"违法所得数额较大";具有下列情形之一的,属于"有其他严重情节",应当以侵犯著作权罪判处三年以下有期徒刑或者拘役,并处或者单处罚金:

（一）非法经营数额在五万元以上的;

（二）未经著作权人许可,复制发行其文字作品、音乐、电影、电视、录像作品、计算机软件及其他作品,复制品数量合计在一千张（份）以上的;

（三）其他严重情节的情形。

以营利为目的,实施刑法第二百一十七条所列侵犯著作权行为之一,违法所得数额在十五万元以上的,属于"违法所得数额巨大";具有下列情形之一的,属于"有其他特别严重情节",应当以侵犯著作权罪判处三年以上七年以下有期徒刑,并处罚金:

（一）非法经营数额在二十五万元以上的;

（二）未经著作权人许可，复制发行其文字作品、音乐、电影、电视、录像作品、计算机软件及其他作品，复制品数量合计在五千张（份）以上的；

（三）其他特别严重情节的情形。

第十二条 本解释所称"非法经营数额"，是指行为人在实施侵犯知识产权行为过程中，制造、储存、运输、销售侵权产品的价值。已销售的侵权产品的价值，按照实际销售的价格计算。制造、储存、运输和未销售的侵权产品的价值，按照标价或者已经查清的侵权产品的实际销售平均价格计算。侵权产品没有标价或者无法查清其实际销售价格的，按照被侵权产品的市场中间价格计算。

多次实施侵犯知识产权行为，未经行政处理或者刑事处罚的，非法经营数额、违法所得数额或者销售金额累计计算。

第十四条 实施刑法第二百一十七条规定的侵犯著作权犯罪，又销售该侵权复制品，构成犯罪的，应当依照刑法第二百一十七条的规定，以侵犯著作权罪定罪处罚。

实施刑法第二百一十七条规定的侵犯著作权犯罪，又销售明知是他人的侵权复制品，构成犯罪的，应当实行数罪并罚。

第十五条 单位实施刑法第二百一十三条至第二百一十九条规定的行为，按照本解释规定的相应个人犯罪的定罪量刑标准的三倍定罪量刑。

第十七条 以前发布的有关侵犯知识产权犯罪的司法解释，与本解释相抵触的，自本解释施行后不再适用。

相关的参考案例

王红星等侵犯著作权案（[2003]海法刑初字第2343号）

载 http://vip.chinalawinfo.com/Case/display.asp? Gid = 117452259.

（刘　科）

52. 如何认定侵犯著作权罪中的非法经营数额?
——李渭渭等侵犯著作权案[①]

【案情介绍】

被告人李渭渭,1951年×月×日出生于陕西省华县,汉族,初中文化,个体书商。

被告人哈翎,1963年×月×日出生于江苏省南京市,回族,中专文化,个体书商。

被告人李渭渭、哈翎因从事个体经营而相识,1999年秋,李、哈为谋取非法利益,共谋出资复制发行1999年版普及本《辞海》(每套分上、中、下三卷,下同)后,由哈向李提供一套《辞海》样书及出资人民币15万元,李渭渭则向朋友刘正军借款人民币29万余元作为出资,并负责与陕西省汉中印刷厂(以下简称"汉中印刷厂")联系复制《辞海》的具体事宜。同年12月,汉中印刷厂副厂长张明在未经辞海编辑委员会和上海辞书出版社同意的情况下,与李渭渭达成复制《辞海》5 000套,每套加工费人民币120元的协议;李渭渭向汉中印刷厂提供了《辞海》的胶片,并预付加工费人民币30万元后,汉中印刷厂即开始复制。其间,两被告人还到汉中印刷厂检查复制质量。至2000年3月止,汉中印刷厂实际复制《辞海》共计4 700余套,每套定价人民币480元。同年4月至5月间,两被告人从汉中印刷厂提取《辞海》约2 400余套,并将其中1 800余套以低价批发给新疆、吉林、辽宁、浙江、上海、福建、陕西、四川、河南等地的书商销售。案发后,公安机关从"汉中印刷厂"缴获复制《辞海》2 300余套,从各地书商等处陆续收缴600余套。

人民法院审理后认为,被告人李渭渭、哈翎以营利为目的,未经著作权人辞海编辑委员会的许可,共同出资并复制发行《辞海》4 700余套,每套定价人民币480元,非法经营额达人民币220余万元,已经构成侵犯著作权罪。判决如下:

1. 被告人李渭渭犯侵犯著作权罪,判处有期徒刑3年,并处罚金人民币4万元。

2. 被告人哈翎犯侵犯著作权罪,判处有期徒刑4年,并处罚金人民币5万元;违法所得予以追缴,非法复制发行的《辞海》予以没收。

【法理分析】

处理本案涉及的主要问题是:如何计算侵犯著作权罪中的非法经营数额?

[①] (2002)沪二中刑初字第77号。案例选自http://law.westcn.com/jdal/zscqal/2004722173505.htm.

在本案的处理过程中，对于如何计算被告人复制发行《辞海》的非法经营数额主要有以下两个争议：第一是应该按照侵权物品的定价还是实际销售价来计算被告人的非法经营数额；第二是被告人非法复制、但没有来得及发行的侵权物品的数额是否应计入被告人的非法经营数额。

关于第一个问题，笔者认为，应该按照侵权物品的定价来计算被告人的非法经营数额。在刑法关于知识产权犯罪的规定中，并未使用"非法经营数额"这一术语，使用的是"情节严重"等更为模糊宽泛的术语。考虑到"情节严重"主要是关于侵权行为的定量规定，而量的主要表现形式是侵权行为的非法经营数额，所以，现有的司法解释和相关文件在解释"情节严重"时，使用了"非法经营数额"这一术语。那么，如何正确认定和计算非法经营数额呢？1998年12月23日起施行的最高人民法院《关于审理非法出版物刑事案件具体应用法律若干问题的解释》第17条对非法经营数额的含义和计算方法有明确规定："本解释所称经营数额，是指以非法出版物的定价数额乘以行为人经营的非法出版物数量所得的数额。""非法出版物没有定价或者以境外货币定价的，其单价数额应当按照行为人实际出售的价格认定。"从该条规定的逻辑关系来看，只有在非法出版物没有定价或者定价的货币是外币的情况下，才能按照实际销售价格来计算被告人的非法经营数额。在本案中，被告人李渭渭委托"汉中印刷厂"复制的《辞海》合计4700余套，每套定价人民币480元。因此，被告人的非法经营数额就应当是复制的侵权物品的数量（4700）乘以每套侵权物品的定价（480元），合计非法经营额为人民币220余万元。本案中的被告人及其辩护人提出，被告人的非法经营数额应按照实际销售价格计算的意见于法无据，人民法院也没有采纳该辩护意见。①

关于第二个问题，笔者认为，被告人非法复制、但没有来得及发行的侵权物品的数额应计入被告人的非法经营数额。这是因为，非法经营数额是指行为人在非法经营活动中所涉及的侵权产品的总数额。范围包括非法制造的侵权产品的数额，运输的侵权产品的数额，储存的侵权产品的数额以及销售的侵权产品的数额等。被告人委托汉中印刷厂复制《辞海》的行为本身就属非法经营性质，它与发行《辞海》同属非法经营的范

---

① 值得注意的是，最高人民法院、最高人民检察院《关于办理侵犯知识产权刑事案件具体应用法律若干问题的解释》(2004年12月22日起施行，法释[2004]19号)第12条规定："本解释所称非法经营数额，是指行为人在实施侵犯知识产权行为过程中，制造、储存、运输、销售侵权产品的价值。已销售的侵权产品的价值，按照实际销售的价格计算。制造、储存、运输和未销售的侵权产品的价值，按照标价或者已经查清的侵权产品的实际销售平均价格计算。侵权产品没有标价或者无法查清其实际销售价格的，按照被侵权产品的市场中间价格计算。"也就是说，该解释对非法经营数额的计算标准与1998年最高人民法院《关于审理非法出版物刑事案件具体应用法律若干问题的解释》规定的非法经营数额的计算标准有所不同。如果本案发生在2004年最高人民法院、最高人民检察院《关于办理侵犯知识产权刑事案件具体应用法律若干问题的解释》颁布以后，其非法经营数额的计算应按照2004年该解释的规定，对于已销售的盗版图书，按照实际销售的价格计算；对于未销售的盗版图书，按照标价或者已经查清的盗版图书的实际销售平均价格计算。

畴，况且最高人民法院《关于审理非法出版物刑事案件具体应用法律若干问题的解释》第3条明确规定，所谓"复制发行"是指行为人以营利为目的，未经著作权人许可而实施的复制、发行或既复制又发行其文字作品等的行为。所以，无论是被告人复制并发行的侵权物品的数额，还是其仅仅复制或者发行的侵权物品的数额，都应计入被告人的非法经营数额。辩护人否认复制《辞海》的行为是非法经营行为，并提出应以既复制又发行的《辞海》数量认定非法经营数额的辩护意见并不能成立。

【结　论】

侵犯著作权罪中行为人非法复制、但没有来得及发行的侵权物品的数额应计入行为人的非法经营数额。

【相关链接】

相关的法律、法规

中华人民共和国刑法第二百一十七条（见本书第309页）

相关的司法解释与指导性意见

最高人民法院关于审理非法出版物刑事案件具体应用法律若干问题的解释（1998年12月23日起施行）第二条、第十七条（见本书第323页）

最高人民法院、最高人民检察院《关于办理侵犯知识产权刑事案件具体应用法律若干问题的解释》（2004年12月22日起施行法释〔2004〕19号）第五条、第十二条、第十五条（见本书第323—324页）

（刘　科）

53. 如何理解侵犯著作权罪中"违法所得数额"的含义？
——王红星、赵坤侵犯著作权案①

【案情介绍】

被告人王红星，男，1973年1月26日出生，汉族，出生地陕西省大荔县，大学文化程度，原系北京亿维视数字技术有限公司职员。

被告人赵坤，男，1977年10月15日出生，汉族，出生地山东省菏泽市，大学文化程度，原系北京亿维视数字技术有限公司职员。

被告人王红星、赵坤原系北京雷石世纪数字技术有限公司职员，负责软件的开发工作。2002年3月，二人从雷石公司辞职后，带走了雷石公司KTV点歌系统软件的源代码，欲继续从事该系统软件的开发和销售活动。2002年3月至2003年1月间，二被告人以营利为目的，将"雷石KTV宽带服务系统"软件稍加修改后复制安装盘，先后向西安云志电子科技发展有限公司、杭州新时空数字科技有限公司、北京伍俱娱乐城、北京时尚街区餐饮有限公司、北京金宇泰科贸有限公司等七家公司销售该软件复制品，违法所得数额共计人民币119 295元。

北京市海淀区人民法院经审理后认为，被告人王红星、赵坤以营利为目的，未经著作权人许可，复制发行其计算机软件，违法所得数额较大，其行为均已构成侵犯著作权罪。依照《中华人民共和国刑法》第217条第1项、第25条第1款、第53条、第64条之规定，判处：

1. 被告人王红星有期徒刑1年零6个月，罚金人民币5 000元。
2. 被告人赵坤有期徒刑1年，罚金人民币3 000元。

【法理分析】

处理本案涉及的主要问题是：如何理解侵犯著作权罪中"违法所得数额"的含义？

在本案的处理过程中，对于被告人违法所得的具体数额产生了争议。第一种意见认为，行为人通过销售侵权软件复制品，共获得违法所得数额人民币247 000元；第二

---

① (2003)海法刑初字第2343号。案例选自 http://law.freekaoyan.com/xingfa/20070305/11730790341093.shtml。

种意见认为,被告人违法所得数额为人民币119 295元。争议双方对被告人违法所得数额认定之所以存在如此大的差异,主要是对以下三笔款项能否认定为被告人的违法所得数额存在不同看法:

1. 2003年1月12日,北京时尚街区餐饮有限公司与王红星签订了一份合同,由王红星所在的亿维视公司提供一套KTV点歌系统软件,价格为人民币75 000元。由于软件还没有完全调试好,75 000元的软件款尚未支付。

2. 2002年10月31日,北京伍俱娱乐城与王红星签订了一份合同,由王红星、赵坤所在的公司提供一套KTV点歌系统软件,价格为人民币75 000元,另外还提供97台机顶盒,总价款为人民币302 950元,现已支付王红星、赵坤人民币195 500元,其中点歌系统软件款为人民币30 295元。也就是说,尚有44 705元软件款未支付。

3. 2002年7月,大连日日圆酒店购买了一套雷石公司的视频点歌系统软件,价格为8万余元。

在上述三项争议款项中,大连日日圆酒店在庭审时明确证明该软件不是从王红星、赵坤处购买,该证言经法院确认,因此该部分涉及金额不应计入被告人的违法所得数额,对此,争议双方取得了一致意见。仍存在争议的是上述第一笔和第二笔涉及的款项共计119 705元能否计算为被告人的违法所得数额。第一种意见认为,上述行为人实施销售侵权复制品的行为,无论款项是否支付,均应认定为行为人的违法所得数额;而第二种意见则认为,只有行为人实际收到的款项才能作为违法所得数额,如果尚未支付,则不能认定为行为人的违法所得数额。

上述双方的分歧从理论上加以剖析,源自于对违法所得数额到底是指销售金额还是指非法获利数额的不同认识,而该不同认识,源自于我国刑法与司法解释的模糊规定。我国1997年《刑法》第217条规定:"以营利为目的,有下列侵犯著作权情形之一,违法所得数额较大或者有其他严重情节的,处三年以下有期徒刑或者拘役,并处或者单处罚金;违法所得数额巨大或者有其他特别严重情节的,处三年以上七年以下有期徒刑,并处罚金:(一)未经著作权人许可,复制发行其文字作品、音乐、电影、电视、录像作品、计算机软件及其他作品的;(二)出版他人享有专有出版权的图书的;(三)未经录音录像制作者许可,复制发行其制作的录音录像的;(四)制作、出售假冒他人署名的美术作品的。"根据该条规定,行为人实施侵犯著作权行为"违法所得数额"的有无、大小,对认定行为人的刑事责任的有无、大小具有重要作用;其如何具体计算,也直接关系着定罪量刑的准确与否,对于认定犯罪和区分罪与非罪界限具有重要意义。

但是,对于什么是违法所得,违法所得如何计算,违法所得与非法经营数额和销售金额的区别,刑法并没有明确,一些司法解释还出现过相互矛盾的情况。例如,最高人民检察院1993年12月1日在《关于假冒注册商标犯罪立案标准的规定》中,就把"违法所得数额"理解为"销售收入",而"销售收入"实际上就是"销售金额"。1997年《刑法》修订后,最高人民法院发布的《关于审理非法出版物刑事案件具体应用法律若干问题的解释》第 17 条第 2 款则规定,本解释所称"违法所得数额",是指获利数额。而最高人民检察院和公安部联合发布的《关于经济犯罪案件追诉标准的规定》以及最高人民法院、最高人民检察院《关于办理侵犯知识产权刑事案件具体应用法律若干问题的解释》(2004 年 12 月 22 日起施行 法释[2004]19 号),不知出于何种原因,对"违法所得数额"的含义没有作出具体规定。

违法所得数额到底是指销售金额还是指非法获利数额,在我国学术界也有不同意见。有人主张违法所得数额就是行为人非法获利数额,认为既然是违法所得,当然就是其非法经济活动后的投入与产出之比,行为人实际上获利多少,才是非法所得数额。但很多人不赞成这一理解,认为对非法经济行为的评价,应当是整体的,而不应当是部分的,如果区分行为人获利或者不获利,对于行为人非法经营数额巨大但没有获利的案件,侵权产品没有销售出去的案件,销售出去后无法计算利润的案件等,都无法追究刑事责任。同时,如果认为是利润,是按照毛利润还是净利润计算,是按照经营利润还是按照销售利润计算等,也无法进行。况且实施侵犯知识产权犯罪的行为人,通常不作账或者作假账,使司法机关和权利人根本无法分清究竟造假的成本是多少,利润是多少。因此,把违法所得数额理解为非法利润数额,既不符合立法原意也不切合实际。①

笔者认为,如何界定违法所得数额的含义确实是一个难题,如果按照最高人民检察院的上述解释,违法所得数额就变成了销售金额,也就等于取消了违法所得数额。如果按照最高人民法院的上述解释,则把违法所得数额等同于非法营利数额,也难以令人信服。值得注意的是,我国刑法规定违法所得数额的条款,并不限于侵犯知识产权犯罪,在组织或运送他人偷越国(边)境罪中,也有违法所得数额的规定。结合起来理解,违法所得数额的含义至少在以下两个方面是确定的:① 必须是行为人已经获得的全部非法收入,没有获得的收入,不应视为违法所得数额。在侵犯知识产权犯罪中,行为人在实施犯罪的过程中获得的加工费、运输费、保管费及已得的销售收入等,都属于违法所得。在运送他人偷越国(边)境的犯罪中,"蛇头"运送他人偷越国(边)境收取偷渡费,就属于违法所得数额。如果他还没有收取到偷渡费,则不能视为违法所得数额。② 违法所得一般不应减去行为人实施犯罪的投入,否则不仅难以计算,而且会出现可笑的情形。因为很多犯罪都会涉及犯罪投入,在认定犯罪时均不会减去相关投入。例如,行为人为诈骗财物而买了一份保险,花了数千元的费用,案发后在计算诈骗的数额时,显然不能把行为人花的费用减掉。同理,在计算侵犯知识产权犯罪的违法所得数额时,也不应当减掉行为人为犯罪而付出的各种投入。当然,这样理解是否完

---

① 参见胡云腾、刘科:《知识产权刑事司法解释若干问题研究》,载《中国法学》2004 年第 6 期。

全没有疑问,也存在争议。究竟如何界定违法所得数额的含义,或许只有规定这一术语的立法机关将来作出立法解释,才能解决有关的争议。

具体到上述案件中,第一种意见认为,参考1993年12月1日最高人民检察院《关于假冒注册商标犯罪立案标准的规定》,"违法所得数额"就是指"销售收入",而"销售收入"实际上就是"销售金额",而通说认为,销售金额是指销售商品后所得和应得的全部违法收入。北京时尚街区餐饮有限公司与北京伍俱娱乐城从被告人处购买的盗版软件款项虽未支付或尚未完全支付,但是按照"违法所得数额"是指"销售收入"的理解,上述款项也应计入被告人的违法所得数额。而第二种意见认为,依据最高人民法院《关于审理非法出版物刑事案件具体应用法律若干问题的解释》中"违法所得数额"是指获利数额的理解,不应将北京时尚街区餐饮有限公司与北京伍俱娱乐城购买的盗版软件款项计算在被告人的违法所得数额内。由于最高人民法院作出的司法解释对各级人民法院的审判活动具有拘束力,因此,海淀区人民法院的判决是正确的。

【结　　论】

违法所得数额的含义至少在以下两个方面是确定的:第一,必须是行为人已经获得的全部非法收入,没有获得的收入,不应视为违法所得数额。第二,违法所得一般不应减去行为人实施犯罪的投入。

【相关链接】

　　相关的法律、法规
　　中华人民共和国刑法第二百一十七条(见本书第309页)

　　相关的司法解释与指导性意见
　　最高人民法院关于审理非法出版物刑事案件具体应用法律若干问题的解释(1998年12月23日起施行)第二条、第十七条(见本书第323页)

　　最高人民法院、最高人民检察院《关于办理侵犯知识产权刑事案件具体应用法律若干问题的解释》(2004年12月22日起施行法释[2004]19号)第五条、第十二条、第十五条(见本书第323—324页)

(刘　科)

54. 如何认定侵犯商业秘密罪中的"商业秘密"？
——马长根、马国庆、李国钢、袁永林侵犯商业秘密案[①]

【案情介绍】

被告人马长根，男，1949年1月11日生于浙江省绍兴市，汉族，大专文化，系杭州森锐道路机械科技有限公司副总经理兼总工程师。

被告人袁永林，男，1963年10月16日生于浙江省绍兴县，汉族，高中文化，系杭州森锐道路机械科技有限公司董事长。

被告人马国庆，男，1950年10月11日生于浙江省绍兴市，汉族，初中文化，系杭州森锐道路机械科技有限公司员工。

被告人李国钢，男，1977年10月12日生于浙江省绍兴县，汉族，高中文化，系杭州森锐道路机械科技有限公司总经理。

浙江兰亭高科有限公司（以下简称兰亭公司）是一家具有从事生产、加工改性沥青与成套设备系列产品等经营范围的有限责任公司。该公司为适应市场需求而自主研发的移动式改性沥青成套设备系列产品，为公司带来了良好的经济效益并获得多项奖励。前述设备中关于"SBS改性沥青生产溶胀罐的搅拌器结构"和"研磨工艺流程"等技术信息以及与生产改性沥青成套设备有关的原材料、设备仪器采购及配件外加工单位名录等各类经营信息，被公司界定为商业秘密加以保护，制定了《技术资料保管保密制度》、《自动控制保密制度》、《研究中心保密制度》（均于2003年6月10日施行）等保密制度。同时，兰亭公司还通过与员工签订《劳动合同》、《企业员工保密合同》等形式确定了企业员工对公司商业秘密的保密义务。在兰亭公司与其他单位发生前述设备的买卖业务中，亦作了"买受人不得对设备进行仿制测绘及向其他单位扩散"内容的明确约定。

被告人马长根、马国庆、李国钢原均系兰亭公司的员工，依照公司的惯例，上述三被告人均与兰亭公司签订了《劳动合同》、《企业员工保密合同》或《保密协议》，合同约定"与兰亭公司利益有关的关键原材料、设备仪器采购及产品销售的各类经营信息"、"兰亭公司和产品的分子结构、生产配方、工艺流程和参数、技术要求及操作方法、步骤、要点等相关技术"及"兰亭公司研究制造的设备图纸、设计技术数据及仪器仪表、生

[①] (2005)绍刑初字第620号。案例选自《刑事审判参考》总第48辑，法律出版社2006年5月版。

产专用工具的规格、型号、形状、产地及其流程图等技术"等信息为公司的商业秘密,被告人马长根、马国庆、李国钢均以签名的形式承诺在兰亭公司工作期间及离职后承担保密义务。在兰亭公司任职期间,被告人马长根曾任设计室主任,被告人马国庆曾任质检评估处处长,利用各自职务形成的条件,马长根掌握了移动式改性沥青成套设备中多项涉及保密的技术信息,马国庆掌握了兰亭公司前述设备关键零部件采购渠道及配件外加工单位名录等经营信息。

2004年2月,被告人马长根因故离开兰亭公司。2004年8月16日,被告人马长根伙同被告人李国钢,违反前述合同中有关保密义务的要求,与知晓两人原为兰亭公司员工的被告人袁永林经多次商议后签订《合作协议书》。约定:三被告人合作组建森锐公司生产改性沥青成套设备;袁永林以固定资产及流动资金入股占公司股份的55%;马长根、李国钢以技术入股,各占有公司20%的股份,股东分红按股份分配。同年9月29日,森锐公司正式登记成立,由袁永林任董事长,马长根、李国钢分别担任该公司常务副总经理兼总工程师、总经理职务,并开始生产和兰亭公司同类的移动式改性沥青成套设备。被告人马长根利用在兰亭公司工作期间掌握的专有技术,为生产移动式改性沥青成套设备提供了主要技术支持。为获取制造设备所需的关键设备采购渠道及配件外加工单位名录,被告人马长根又于同年10月至12月期间,多次致电被告人马国庆提出泄露要求,马国庆违反兰亭公司保密义务要求将相关经营信息泄露给马长根,并分三次收受了马长根给予的现金共计600元。2005年3月,被告人马国庆亦因故离开兰亭公司进入森锐公司从事与兰亭公司同类工作,并继续披露兰亭公司的经营信息为森锐公司物色配件外加工单位,促使森锐公司与兰亭公司九家原业务单位建立了业务联系,并最终形成了生产移动式改性沥青成套设备的生产能力。至2005年6月,森锐公司利用上述条件共制造移动式改性沥青成套设备6套,并已用于山西省汾阳至柳林高速公路项目,从事加工改性沥青成品业务,约定加工费为每吨250元,实际加工量合计15 414.89吨。

经浙江省科技信息研究院进行国内查新,兰亭公司"采用螺旋式与框式、浆式集成搅拌器"及"以二台或三台磨机为核心配置,通过回路直接连接,实现串联的工艺流程"的技术信息,在所检文献中未见述及。经浙江省科技咨询中心鉴定,兰亭公司生产的SG-12Ⅱ移动式改性沥青成套设备包含前述两项技术信息,森锐公司生产的移动式改性沥青成套设备中用于SBS改性沥青生产溶胀罐的搅拌器结构与兰亭公司设备相应的技术信息相同,森锐公司设备中研磨工艺流程与兰亭公司设备相应的技术信息相同。经浙江武林资产评估有限公司评估,森锐公司在山西省汾柳高速公路改性沥青加工业务中获得的利润计人民币267万元。

浙江省绍兴县人民法院审理后认为,被告人马长根违反商业秘密权利人兰亭公司有关保守商业秘密的要求,为获取非法利益,伙同被告人李国钢等人成立森锐公司,披露、使用其掌握的商业秘密,生产与兰亭公司同类的产品;被告人袁永林在知悉马长根违反保守商业秘密义务后,仍决定并实际参与涉案侵权产品的继续生产,并将产品投放市场;被告人马国庆在被告人马长根的利诱下违反保守商业秘密的义务,泄漏商业秘密;被告人李国钢明知马长根违反保密义务披露、使用商业秘密生产侵权产品,仍为牟利而参与涉案犯罪;四被告人的行为给权利人造成了特别严重的后果,均已构成侵犯商业秘密罪,属于共同犯罪。判处:

1. 被告人马长根有期徒刑3年,并处罚金12万元。
2. 被告人袁永林有期徒刑2年,缓刑2年6个月,并处罚金10万元。
3. 被告人马国庆有期徒刑2年,缓刑2年6个月,并处罚金8万元;李国钢有期徒刑1年6个月,缓刑2年,并处罚金4万元。

【法理分析】

处理本案涉及的主要问题是:如何认定侵犯商业秘密罪中的"商业秘密"?

本案在审理过程中,关于兰亭公司涉案的技术信息与经营信息是否属于商业秘密,有不同意见:一种意见认为,涉案的技术信息和经营信息不具备商业秘密的构成特征,因此被告人的行为不能构成侵犯商业秘密罪。另一种意见认为,涉案的技术信息和经营信息具备商业秘密的构成特征,被告人的行为可以构成侵犯商业秘密罪。

笔者认为,正确审理本案的关键在于能否认定涉案的经营信息与技术信息为商业秘密。对此,需要结合刑法关于商业秘密的规定和有关理论,对商业秘密的含义进行剖析。

一、商业秘密的含义及其特征

根据1997年《刑法》第219条的规定,所谓商业秘密,是指不为公众所知悉,能为权利人带来经济利益,具有实用性并经权利人采取保密措施的技术信息和经营信息。理论界一般认为,商业秘密必须具备以下特征:① 不为公众所知悉(新颖性);② 能够实际投入生产或者经营(实用性);③ 能够为权利人带来经济利益(价值性);④ 权利人对商业秘密采取保密措施(保密性)。① 下面对这些特征分述如下:

1. 新颖性。商业秘密的新颖性表现在其"不为公众所知悉"方面。这里的"公众",一般是指有可能从该商业秘密的利用中取得经济利益的同业竞争者,而不是泛指所有的自然人。因此,商业秘密的新颖性是相对而言的,有行业和地域的限制。

在认定商业秘密的新颖性时,需要注意的是,最高人民法院在其公布的侵犯商业秘密的民事判决中,对应当明确界定技术秘密的具体内容和范围有过指导意见,即法律对技术秘密等商业秘密的保护只能以该商业秘密具体明确的内容和范围为对象。

---

① 参见周光权:《侵犯商业秘密罪疑难问题研究》,载《清华大学学报(哲学社会科学版)》2003年第5期。

在司法实践中,不能将某个机器或产品的全部技术都看作商业秘密,商业秘密必须是具体地表现在产品当中的个别部分、具体功能和作用原理。这是因为,事实上某部机器或某项产品不可能全部属于商业秘密,它的部分技术总是从已知技术成果中移植过来的。

2. 价值性、实用性。某一技术信息是否能够成为商业秘密,还必须考虑该技术是否能够被推广使用,或者在经营活动中确实能够发挥作用,能为权利人带来经济利益。所以,商业秘密的价值性,是指技术信息或经营信息具有可确定的应用性,能够为权利人带来经济利益和竞争优势。商业秘密的实用性,是指其必须能够用于生产、贸易或管理,并能产生积极的效益。在笔者看来,实用性和价值性是一个问题的两个方面,具有同一性。如果实用性特征不具备,价值性就无从谈起,商业秘密自然就不存在。

刑法中商业秘密的价值性、实用性,应当是指商业秘密已经投入生产经营并带来了经济效益或者肯定可以投入生产并带来经济效益。商业秘密只具有现实的应用可能性,但是,事后证明其投入批量生产时存在重大缺陷,难以在实际中应用,不具有刑法上所讲的实用性、价值性,用民事法律保护即为已足,不需要动用刑法惩罚侵权行为人;而且将不能实际投入生产的商业秘密在刑法上加以保护,会遇到刑罚适用上的难题,因为构成本罪,要求行为人给权利人造成重大损失,在商业秘密本身不能立即投入生产之时,权利人的损失数额难以确定。

3. 保密性。商业秘密是否具有保密性,关键在于权利人是否采取了保密措施。这些措施具体包括:① 企业制定有关保守企业技术或经营秘密的有关规定,明确商业秘密的种类、范围、密级、管理职责、违规处罚等,以此来约束企业职工履行保密的义务;② 企业与职工签订保密协议,用合同的方式来约束知晓商业秘密的人。《劳动法》第 22 条规定,劳动合同当事人可以在劳动合同中约定保护用人单位商业秘密的有关事项。第 102 条规定,劳动者违反劳动合同中约定的保密事项,对用人单位造成经济损失的,应当依法承担赔偿责任;③ 在合作技术开发合同、技术转让合同中订立保密条款;④ 通过技术手段进行监控,如设立防盗装置、电子监视系统等。因此,对采取保密措施就不能简单理解为:对相关文档妥善保管、分类管理,采取技术性或者物质性保密手段,限定知情人范围,限制复制、限制脱离一定区域等。

在有的案件中,权利人制定了保守企业秘密的相关制度。但是,需要注意,该制度下发后,只对企业内部职工产生效力,不能约束非企业职工的其他人。换言之,对商业秘密要保守,仅仅有规章制度是不行的。尤其是对本公司员工以外的其他相关人员,更应该有特别的书面保密协议。例如,在聘用合同中,聘用单位应与这些人签订专门的"不得将公司的技术用于被聘方或告知第三方"的保密条款;在技术合作开发关系、联合经营关系甚至供销关系中都应对保密义务有书面合同予以明确。在知晓秘密者不是权利人所在单位职工,而是平等的技术合作开发者时,只有在与其签订书面的、明确的保密协议之后,才能要求其承担保密义务,否则就是对其苛加了过多的义务。权利人没有与知晓秘密的合作开发者签订关于保守企业秘密的专门协议,说明其对自身技术是否具有独创性、新颖性没有把握,说明其对自身技术是否需要保护并不在意。所以,对这样的技术,没有必要作为商业秘密加以保护。

二、本案中的技术信息和经营信息属于商业秘密

结合商业秘密的含义及其特征,"是否不为公众所知悉"(新颖性)、"能为权利人带来经济利益,具有实用性"(实用性或价值性)和"是否采取保密措施"(保密性),是认定本案技术信息和经营信息是否属于商业秘密的关键。

1. 涉案的技术信息和经营信息具有新颖性

(1)涉案的技术信息具有新颖性。在判断商业秘密的新颖性时,主要应当考虑以下因素:① 技术信息是否在公开发行的出版物上发表。这里的出版物是一个广义的概念,包括正式出版的书籍、报刊、专利文献及打印材料、广告资料等其他书面形式的出版物;同时还包括缩微胶卷、录音、录像等。如果在出版物上将商业秘密公开或者将载有商业秘密的资料予以散布,将直接导致其新颖性的丧失。② 技术信息是否被公开使用。商业秘密如果广泛应用于工商、教学或者科研等部门,或被权利人出示、销售或者交换利用,或被个人展览、实施、销售、转让等,原则上属于公开使用,即在可以为公众了解、掌握的条件下使用商业秘密。技术信息一旦被公开使用,将导致其新颖性的丧失。③ 以其他方式为公众所知悉。这包括口头谈话、报告发言、视听报道等方式泄露商业秘密,也包括用模拟演示的方法使公众了解商业秘密的内容。技术信息无论以何种方式为公众所知悉,都将导致其新颖性的丧失。

在本案中,辩护人潘某某提供了大量证据,例如杭州市公证处第6345、6747、6828、6318号公证书,专利号03234736.7和专利号为03235039.2的实用新型专利说明书,书籍《SBS改性沥青的生产与应用》、《化工工艺设计手册》、《机械设计手册》,兰亭公司的宣传资料、森锐公司资料汇编、浙江省科技信息研究院的检索资料、杨林江的专利目录与专利证书、科学技术部知识产权事务中心出具的《鉴定咨询报告书》等等,以证明有大量公开的文献及出版物对兰亭公司涉案的两项技术信息予以公开,并且由于涉案技术信息的直观性特征,公众能够通过对兰亭公司销售的产品实施反向工程的途径获取涉案技术信息,从而证明涉案的技术信息不具有新颖性。但是,经过法院的审查,辩护人提供的证据并不能否定涉案技术信息的新颖性特征:① 辩护人提供的《化工工艺设计手册》、森锐公司汇编资料等材料中确有集成型搅拌结构的描述,但是与兰亭公司"采用螺旋式与框式、浆式集成搅拌器"的描述并不相同,因此并不能否定兰亭公司集成型搅拌结构的新颖性;② 杨林江、李井轩编著的《SBS改性沥青的生产与应用》一书及专利号03234736.7和专利号为03235039.2的实用新型专利说明书,虽然记载了与

兰亭公司"研磨工艺流程"技术信息原理性一致的技术方案,但是这种出版物上所公开披露的内容仅是对"研磨工艺流程"最基本的原理性表述,缺乏作为一个具体技术方案的必备要素,公众仅知道该出版物上公开的内容,根本无法知晓或推导出"研磨工艺流程"的技术方案,因此,这些公开出版物所披露的内容也不能否定"研磨工艺流程"技术信息的新颖性特征;③辩护人在兰亭公司客户处拍摄的兰亭公司改性沥青生产设备的相关照片,虽然可以显示出涉案技术信息的基本原理,但是对于公众而言,这种使用公开仅具有导致技术信息新颖性丧失的可能性,并不必然导致社会公众知悉该技术秘密,而且直接地观察机械设备的结构,其"知悉"也是一知半解的,通过这种方法得到的技术应用到具体加工中,往往会因误差较大而无法实现预期效果。实际上兰亭公司在业务合同中都与相对方作了禁止反向工程的约定,所以,辩护人以使用公开否认兰亭公司涉案技术信息具有新颖性的意见也不能成立。

（2）涉案的经营信息具有新颖性。本案辩护人提出,涉案的经营信息都能从公开途径获取,并提供了对相关设备、配件在互联网上搜索的结果的公证书,以证明涉案经营信息不具有新颖性。但是法院审查后认为,关于涉案的配件外加工单位等经营信息确实可以通过互联网络搜索获得,但是,在互联网上,此类信息往往多达几万、甚至几十万条,如果没有被告人马国庆违法提供明确信息,森锐公司根本无法从现有的无数选择对象中筛选出这些特定的配件加工生产单位。而且侵权设备的制造完成,需要有很多配件单位的组合共同构成,在不掌握相关信息的情况下,很难实现共同的具有实效的组合。因此,辩护人关于本案中的经营信息不具有新颖性的辩护意见不能成立,涉案的经营信息具有新颖性特征。

2. 涉案的技术信息、经营信息具有实用性、价值性。本案的辩护人潘某某、李某某认为,涉案的两项技术信息均为原理性描述,其内涵、外延并不确定,将该原理性描述加以组合、变化,可以派生无穷多个具体的技术方案,只有具体的技术方案、技术参数才有可能作为技术秘密保护。因此,涉案的技术信息不具有实用性,不能成为商业秘密。但是,人民法院审理后认为,涉案的技术信息对于具体的改性沥青成套设备而言,并非一个不确定的技术原理,客观上已经成为一个明确的技术方案,并在兰亭公司及森锐公司的设备中有所体现。由于被告人马长根原系兰亭公司的员工,对兰亭公司控制的技术信息有深刻的认识,所以即使涉案文书中技术信息体现了原理性表述的表象,但在马长根因职务条件形成的知识的基础上,能够明白此类表述所指向的相对确定的内容,并不当然存在无数种选择。因此,兰亭公司涉案的该两项技术信息具有实施可能,并且具有实用性和价值性,应作为商业秘密加以保护。此外,从兰亭公司与森锐公司在设备制造过程中运用涉案信息而形成生产能力,到经营过程中实际取得的明显效益,以及被告人马长根、袁永林、李国钢以获取利润为作案动机等方面而言,能够确认涉案的"SBS改性沥青生产溶胀罐的搅拌器结构"和"研磨工艺流程"等技术信息以及与生产改性沥青成套设备有关的原材料、设备仪器采购及配件外加工单位名录等各类经营信息具有实用性和价值性。

3. 涉案的技术信息与经营信息具有保密性。从有关证据来看,兰亭公司不仅建立了相关的保密制度,明确划定了公司商业秘密的范围,而且在劳动合同中与公司职工约定了职工离职后的保密义务,被告人马长根、马国庆、李国钢均知晓合同的具体内容并签字确认。兰亭公司的销售合同也证实了该公司对改性沥青成套设备销售环节也采取了禁止反向工程的保密措施。由此可见,本案商业秘密权利人兰亭公司提出了保密要求,兰亭公司的职工及业务相对方都知道兰亭公司的商业秘密,所以能够确认兰亭公司对涉案的技术信息和经营信息采取了合理的保密措施。

【结　　论】

1. 商业秘密的新颖性表现在其"不为公众所知悉"方面,这里的"公众",一般是指有可能从该商业秘密的利用中取得经济利益的同业竞争者,而不是泛指所有的自然人。

2. 商业秘密的实用性,是指其必须能够用于生产、贸易或管理,并能产生积极的效益。商业秘密的实用性与其价值性具有同一性,是一个问题的两个方面。

【相关链接】

相关的法律、法规

中华人民共和国刑法

第二百一十九条　有下列侵犯商业秘密行为之一,给商业秘密的权利人造成重大损失的,处三年以下有期徒刑或者拘役,并处或者单处罚金;造成特别严重后果的,处三年以上七年以下有期徒刑,并处罚金:

(一)以盗窃、利诱、胁迫或者其他不正当手段获取权利人的商业秘密的;

(二)披露、使用或者允许他人使用以前项手段获取的权利人的商业秘密的;

(三)违反约定或者违反权利人有关保守商业秘密的要求,披露、使用或者允许他人使用其所掌握的商业秘密的。

明知或者应知前款所列行为,获取、使用或者披露他人的商业秘密的,以侵犯商业秘密论。

本条所称商业秘密,是指不为公众所知悉,能为权利人带来经济利益,具有实用性并经权利人采取保密措施的技术信息和经营信息。

本条所称权利人,是指商业秘密的所有人和经商业秘密所有人许可的商业秘密使用人。

相关的司法解释与指导性意见

国家工商行政管理总局《关于商业秘密构成要件问题的答复》（工商公字[1998]第109号）(1998年6月12日)

商业秘密的构成要件有三：一是该信息不为公众所知悉，即该信息是不能从公开渠道直接获取的；二是该信息能为权利人带来经济利益，具有实用性；三是权利人对该信息采取了保密措施。概括地说，不能从公开渠道直接获取的，能为权利人带来经济利益，具有实用性，并经权利人采取保密措施的信息，即为《反不正当竞争法》所保护的商业秘密。

权利人采取保密措施，包括口头或书面的保密协议、对商业秘密权利人的职工提出保密要求等合理措施。只要权利人提出了保密要求，商业秘密权利人的职工知道或应该知道存在商业秘密，即为权利人采取了合理的保密措施，职工就对权利人承担保密义务。

国家工商行政管理局《关于禁止侵犯商业秘密行为的若干规定》(1998年12月3日)

第二条　本规定所称商业秘密，是指不为公众所知悉、能为权利人带来经济利益、具有实用性并经权利人采取保密措施的技术信息和经营信息。

本规定所称不为公众所知悉，是指该信息是不能从公开渠道直接获取的。

本规定所称能为权利人带来经济利益、具有实用性，是指该信息具有确定的可应用性，能为权利人带来现实的或者潜在的经济利益或者竞争优势。

本规定所称权利人采取保密措施，包括订立保密协议，建立保密制度及采取其他合理的保密措施。

本规定所称技术信息和经营信息，包括设计、程序、产品配方、制作工艺、制作方法、管理诀窍、客户名单、货源情报、产销策略、招投标中的标底及标书内容等信息。

全国法院知识产权审判工作会议《关于审理技术合同纠纷案件若干问题的纪要》(2001年6月15日)

不为公众所知悉，是指该技术信息的整体或者精确的排列组合或者要素，并非为通常涉及该信息有关范围的人所普遍知道或者容易获得；能为权利人带来经济利益、具有实用性，是指该技术信息因属于秘密而具有商业价值，能够使拥有者获得经济利益或者获得竞争优势；权利人采取保密措施，是指该技术信息的合法拥有者根据有关情况采取的合理措施，在正常情况下可以使该技术信息得以保密。

最高人民检察院、公安部《关于经济犯罪案件追诉标准的规定》(2001年4月18日)

六十五、侵犯商业秘密案(刑法第219条)

侵犯商业秘密，涉嫌下列情形之一的，应予追诉：

1. 给商业秘密权利人造成直接经济损失数额在五十万元以上的;
2. 致使权利人破产或者造成其他严重后果的。

最高人民法院、最高人民检察院《关于办理侵犯知识产权刑事案件具体应用法律若干问题的解释》(法释[2004]19号)(2004年12月22日)

第七条 实施刑法第二百一十九条规定的行为之一,给商业秘密的权利人造成损失数额在五十万元以上的,属于"给商业秘密的权利人造成重大损失",应当以侵犯商业秘密罪判处三年以下有期徒刑或者拘役,并处或者单处罚金。

给商业秘密的权利人造成损失数额在二百五十万元以上的,属于刑法第二百一十九条规定的"造成特别严重后果",应当以侵犯商业秘密罪判处三年以上七年以下有期徒刑,并处罚金。

相关的参考案例

龚仁贵、李远近侵犯商业秘密案([2006]穗中法刑二知终字第5号)
载 http://www.lawyee.net/Case/Case_Display.asp? RID=102715&KeyWord=.

陈社会、陈士田侵犯商业秘密、虚报注册资本案([2006]徐刑二终字第70号)
载 http://www.lawyee.net/Case/Case_Display.asp? RID=121333&KeyWord=.

(刘 科)

55. 技术信息是否属于侵犯商业秘密罪中的商业秘密？
——方顺龙、林耀章、向小祥、黄应中、李启兵、李如润侵犯商业秘密案[①]

【案情介绍】

被告人方顺龙（附带民事诉讼被告人），男，1965年12月20日出生，汉族，台湾省台南县人，小学文化，上海流行饰品厂董事长。

被告人林耀章（附带民事诉讼被告人），男，1970年5月13日出生，汉族，广东省中山市人，初中文化。

被告人向小祥（附带民事诉讼被告人），男，1976年9月26日出生，汉族，重庆市开县人，初中文化，农民。

被告人黄应中（附带民事诉讼被告人），男，1967年9月24日出生，汉族，四川省邻水县人，初中文化，农民。

被告人李启兵（附带民事诉讼被告人），男，1965年4月25日出生，汉族，重庆市开县人，初中文化，农民。

被告人李如润（附带民事诉讼被告人），男，1971年5月22日出生，汉族，四川省大竹县人，初中文化，农民。

深圳市宝安区公明镇塘尾村树桑五金首饰厂（以下简称树桑厂）是深圳市宝安区公明镇塘尾村经济发展公司与香港树桑五金首饰厂的合伙人潘国基于1994年2月13日合作开办的"三来一补"企业，其主要生产各种型号的平底和圆底爪链，按照合作协议由香港树桑厂提供加工、生产产品所需的设备，其产权归其所有，并由其派出技术人员对工人进行技术培训。由于潘国基提供的生产爪链的技术不为业内人士所掌握，产品投放市场后，获得良好的经济效益。

被告人向小祥、黄应中、李启兵、李如润分别于1994年年底、1995年5月、1994年底前后、1995年12月份以五金模具师傅的身份被招聘到树桑厂。经树桑厂的专门培训，被告人向小祥等分别掌握了该厂圆底、平底爪链模具的制作、安装、调试、维修等技

[①] （2004）深中法刑二终字第74号。案例选自 http://www.lawyee.net/Case/Case_Display.asp?RID=53729&KeyWord.

术,其中,黄应中是制作平底爪链模具配件的模床工,李启兵是制作圆底爪链模具配件的模床工,向小祥、李如润是模具装配维修工。由于潘国基所掌握的爪链生产技术系其长期摸索形成的不为业内人士所知晓的技术,为保障其技术的秘密性,潘曾多次要求该厂的技术工人对其掌握的技术保密,不准将该厂的技术外传。此外,厂里有专人保管图纸,并设立了谢绝参观的警示牌以及门卫制度。

上海流行饰品有限公司(以下简称流行公司)是被告人方顺龙为法人代表的独资公司,以爪链为主要配件制造、加工首饰,1994年后一直使用潘国基生产的爪链产品。1997年7、8月份,方顺龙与被告人林耀章等人合作开始生产爪链,将其生产车间设在流行公司内,由方顺龙控股,生产经营及管理由林耀章负责。2003年3月,该生产车间从流行公司分立出来注册为上海宏艺五金饰品有限公司,法定代表人登记为陆崎,但实际上由方顺龙占该公司60%的股份。

因为爪链质量的好坏,关键在于模具的开发、安装、调试及维修。被告人林耀章感到其所在厂生产的爪链产品质量不好,其生产爪链的技术不如树燊厂,遂起意挖走该厂的技术工人。林耀章经人介绍认识了该厂的技术工人向小祥,林便许以较多的薪酬和福利要其到流行公司打工。被告人向小祥后将此情况告诉被告人黄应中、李启兵并与林耀章见面,后经商量便于1998年4月之后以种种借口离开树燊厂陆续到流行公司。被告人李如润离开树燊厂后,也经由向小祥介绍进到流行公司。被告人向小祥、黄应中、李启兵、李如润到流行公司后,林耀章再次以高薪、分红等手段利诱向小祥等四被告人,要求他们按照树燊厂的爪链生产技术制作同样的模具用于流行公司的爪链生产。被告人方顺龙得知此情况后也提出同样要求。被告人向小祥、黄应中、李启兵、李如润便利用其在树燊厂掌握的爪链模具制作和装配维修技术,为流行公司制造爪链模具,并投入生产。

后被告人向小祥、黄应中、李启兵、李如润于2000年底先后离开流行公司在浙江省义乌市江东南路、机场路等处自己办厂继续使用上述技术生产爪链谋利,直至案发。2001年7月9日,被害单位向公安机关报案,六被告人先后被抓获。

深圳市中衡信资产评估有限公司出具的资产评估报告证实:上海流行饰品有限公司、上海宏艺五金饰品有限公司于1998年8月—2001年12月期间侵权获利为人民币1160万元。

深圳市中级人民法院审理后认为,林耀章实施了以利诱手段获取、使用权利人的商业秘密的行为;向小祥、黄应中、李启兵、李如润违反权利人有关保守商业秘密的要求,披露、使用其掌握的商业秘密;方顺龙在知悉上述被告人的违法行为后,仍使用以不正当手段获取的权利人的商业秘密,给被害人造成了重大经济损失,其行为均已构成侵犯商业秘密罪,依法应予惩处。遂以侵犯商业秘密罪判处向小祥、黄应中、李启兵、李如润各有期徒刑1年6个月,缓刑2年,处罚金4万元。判处林耀章、方顺龙有期徒刑3年,缓刑4年,各处罚金10万元。同时,6名被告还要赔偿被害厂家经济损失1160万元。

【法理分析】

处理本案涉及的主要问题是:技术秘密是否属于侵犯商业秘密罪中的商业秘密?

本案在审理过程中,关于涉案的技术信息是否属于商业秘密,有不同意见:一审法院认为,根据现有证据,可以认定被害人的技术信息具有实用性且能为被害人带来经济利益,但是无法认定被害人的技术信息是不为公众所知悉的,被害人也未对自己的技术信息采取合理的保密措施。公诉机关指控被告人所侵犯的被害人的技术信息不属于刑法所规定的商业秘密。原公诉机关抗诉提出,关于本案所涉及的被害人的技术信息依法属于商业秘密。二审法院部分采纳了公诉机关的抗诉意见,依法认定被害人的技术信息属于商业秘密。

笔者认为,正确认定本案中的技术信息是否属于商业秘密,需要结合我国刑法的规定和有关刑法理论加以分析。关于我国《刑法》第219条对商业秘密的规定及其法理阐释,笔者在上篇文章中已有论述,在此不再赘述。

本案涉案技术信息依法属于商业秘密,理由如下:

一、被害人的爪链生产技术具有新颖性

我国《刑法》第219条规定:"商业秘密是指不为公众所知悉,能为权利人带来经济利益,具有实用性并经权利人采取保密措施的技术信息和经营信息。"其中,技术信息是否"不为公众所知悉"(即是否具有"新颖性"),是认定其能否成为商业秘密的条件之一。"不为公众所知悉",根据国家工商行政管理局修订公布的《关于禁止侵犯商业秘密行为的若干规定》第2条的规定,是指"不能从公共渠道直接获取",亦即该信息经权利人的保密努力后处于隐秘状态,未被公知并且是不能轻易获得的。这里的"公众"应当是商业秘密应用行业的特定人员,即可能从该商业秘密的利用中取得经济利益的同业竞争者,而不是泛指所有自然人。这是因为,商业秘密的经济价值必须通过范围有限的人员的利用才能实现,而在"相对秘密"这一要求下,商业秘密所有人为了有限的目的,在有限的范围内披露、使用其技术信息并不丧失新颖性。同时,在认定某种信息是否具有新颖性时,应将构成商业秘密的各部分组合起来作为一个整体看待,即使其各个部分分开看都不具有新颖性,但如果组合以后发生质变,仍不能否认其具有新颖性。

根据上述原理,结合法院认定的证据,我们可以肯定树燊厂的圆底、平底爪链生产技术具有"不为公众所知悉"的特征,具有新颖性:① 从控辩双方提供的证据反映的情况来看,爪链生产在国内外确已有多年的历史,但各生产者的生产工艺及相关技术并不相同,从而也直接导致了其产品品质的差异。各原审被告人的多次供述及有关证人证言所证实的情况,如树燊厂生产的爪链与市场其他生产厂的产品外观品质等的优劣、原审林耀章不择手段地从树燊厂挖走向小祥等技术工人、而后加工制造了与树燊厂相同的生产模具等,均反映了这种爪链生产行业内爪链生产工艺不同的特点。② 根据中国科技法学会华科知识产权鉴定中心《司法鉴定书》就树燊厂的平底、圆底爪链制造技术与其他公知技术的比较,得出的结论认为,圆底爪链制造技术在模具的整体结构、成型工艺的设计、剪口形状和参数等六项技术要点和平底爪链制造技术在模具的整体结构、剪口形状和参数等五项技术要点属于非公知技术,认为"树燊厂的爪链生产的整体技术方案包含若干工艺环节,上述工艺环节的组合,具有一定的创造性和实用性,并非为通常涉及该技术信息有关范围的人所普遍知道的,应属非公知技术。"③ 浙江科技技术信息研究所的文献检索证明,树燊厂所拥有的技术,在所检文献内未见有报道。而且,树燊厂爪链生产技术权利人潘国基将平底及圆底爪链生产设备工艺于2000年9月6日和11月7日向国家知识产权局申请并于2001年6月16日和12月12日被授予了实用新型专利证书,后又于2004年4月6日和2月11日被授予发明专利证书(专利号分别为ZL00131833.0和ZL00125045.0)。按照我国《专利法》第22条规定:"授予专利权发明和实用新型应当具备新颖性、创造性和实用性。""新颖性,是指在申请日以前没有同样的发明或实用新型在国内外出版物上公开发表过、在国内公开使用过或以其他方式为公众所知,也没有同样的发明或者实用新型由他人向专利局提出过申请并记载在申请日以后公布的专利申请文件中。""创造性,是指同申请日以前已有的技术相比,该发明有突出的实质性特点和显著的进步,该实用新型有实质性特点和进步。"中国专利局的《审查指南》第二部分第四章2.3和2.4则进一步解释:"突出的实质性特点"是指发明相对于现有技术对所属技术领域的技术人员来说,是非显而易见的;"显著的进步"是指发明与最接近的现有技术相比能够产生有益的技术效果;比如,发明克服了现有技术中存在的缺点和不足,或者为解决某一技术问题提供了一种不同构思的技术方案,或者代表某种新的技术趋势。据此,树燊厂的爪链生产技术具有的创造性、新颖性应当是不容置疑的,进而认定其在申请专利前属于非公知技术也是符合逻辑的结论。

二、被害人已对其爪链生产技术采取了合理的保密措施

刑法要求权利人对技术信息采取保密措施为其构成商业秘密的要件之一。最高人民法院《全国法院知识产权审判工作会议关于审理技术合同纠纷案件若干问题的纪要》指出:"权利人采取保密措施,是指该技术信息的合法拥有者根据有关情况采取的合理措施,在正常情况下可以使该技术信息得以保密。"国家工商行政管理局也规定"权利人采取保密措施,包括签订保密协议、建立保密制度及采取其他合理的保密措施。""权利人采取保密措施,包括口头或书面的保密协议、对商业秘密权利人的职工

或与商业秘密权利人有义务关系的他人提出保密要求等合理措施。只要权利人提出了保密要求,商业秘密权利人的职工知道或应该知道存在商业秘密,即为权利人采取了合理的保密措施,职工就对权利人承担保密义务。"《广东省技术秘密保护条例》也明确把"技术秘密权利人把该技术秘密保护要求明确告知有关人员"的行为列为合法的保密措施。显然,根据上述规定的精神,法律对保密措施的要求是有无,而不是其严密程度。这种保密措施是否完善及完善程度,即其是否"合理"应当根据具体的保密对象而定。本案中爪链生产技术的权利人潘国基反复告诫涉及制造装配爪链生产模具的技术工人,要求保守模具技术秘密,并采取了产品图纸专门管理、设立谢绝参观的警示牌以及门卫制度等措施。对于爪链生产技术而言,只要上述措施得以实施,就足以保障其不致泄露或公开,或者不被其他不正当手段所侵犯,故可以认定被害单位已采取了"合理"的保密措施。

三、被害人的爪链生产技术具有实用性和经济价值。这点在控辩双方都没有争议,在此不再赘述。

【结　论】

1. 商业秘密的新颖性表现在其"不为公众所知悉"方面,这里的"公众",一般是指有可能从该商业秘密的利用中取得经济利益的同业竞争者,而不是泛指所有的自然人。

2. 法律对商业秘密的"保密措施"的要求是有无,而不是其严密程度。这种保密措施是否"合理",应当根据具体的保密对象而定。

【相关链接】

相关的法律、法规
中华人民共和国刑法第二百一十九条(见本书第338页)

相关的司法解释与指导性意见
国家工商行政管理总局《关于商业秘密构成要件问题的答复》(工商公字[1998]第109号)(1998年6月12日)(见本书第339页)

国家工商行政管理局《关于禁止侵犯商业秘密行为的若干规定》(1998年12月3日)第二条(见本书第339页)

全国法院知识产权审判工作会议《关于审理技术合同纠纷案件若干问题的纪要》(2001年6月15日)(见本书第339页)

最高人民检察院、公安部《关于经济犯罪案件追诉标准的规定》(2001年4月18日)第六十五条(见本书第339—340页)

**最高人民法院、最高人民检察院《关于办理侵犯知识产权刑事案件具体应用法

律若干问题的解释》(法释[2004]19号)(2004年12月22日)第七条(见本书第341页)

相关的参考案例

胡学民、黄晓雷侵犯商业秘密案([2004]高新刑初字第106号)
载http://www.lawyee.net/Case/Case_Display.asp?RID=77157&KeyWord=.

(刘 科)

56. 如何认定侵犯商业秘密罪中的"重大经济损失"?
——朱家辉等侵犯商业秘密案①

【案情介绍】

被告人朱家辉,男,1948年10月19日出生于广东省佛山市南海区,汉族,文化程度小学,原鹤山市科雅实业有限公司法定代表人。

被告人朱七口地,男,1963年2月12日出生于广东省佛山市南海区,汉族,文化程度初中,原鹤山市科雅实业有限公司负责人。

被告人刘年华,男,1973年2月5日出生于江西省浮梁县,汉族,文化程度高中,原鹤山市科雅实业有限公司厂长。

被告人刘惠广,又名刘慧广,男,1971年5月10日出生于江西省浮梁县,汉族,文化程度初中,原鹤山市科雅实业有限公司电工。

被告人伦锦荣,男,1965年9月8日出生于广东省佛山市南海区,汉族,文化程度高中,原南海澳宝实业有限公司调色员。

被告人邓敦强,男,1974年12月5日出生于广西壮族自治区合浦县,汉族,文化程度大学本科,原鹤山市科雅实业有限公司技术员。

南海澳宝实业有限公司(以下简称澳宝公司)先后投入人民币230多万元进行研发,最终形成了现有的"澳宝石"生产技术(包括一套独有生产配方、独特生产工艺和专用设备),并采取了一系列保密措施,和员工签订带保密条款的劳动合同或保密保证书。2001年5月,被告人朱家辉等见澳宝公司生意兴旺,便产生开办人造大理石厂的念头。为了得到生产人造大理石的技术,被告人朱七口地结识了时任澳宝公司厂长、电工的被告人刘年华、刘惠广,并高薪聘请二刘筹建一间人造大理石厂。同年9月,被告人朱家辉、朱七口地和曾国辉(另案处理)出资在广东省鹤山市沙坪镇成立鹤山市科雅实业有限公司(以下简称科雅公司),以生产人造大理石。被告人刘惠广、刘年华借合同期满向澳宝公司提出辞职,并参与筹建科雅公司,由被告人刘惠广依照澳宝公司的车间模式、工艺流程、生产设备,设计、制造和安装科雅公司的生产设备。

为了得到生产人造大理石的核心技术,被告人刘年华在离开澳宝公司的前几天向

---

① (2003)佛刑终字第540号。案例选自 http://www.fsou.com/html/text/fnl/1174805/117480544_6.html。

澳宝公司调色员、被告人伦锦荣提出购买澳宝石的色浆配方。被告人伦锦荣在明知刘年华购买色浆配方是用作生产人造大理石的情况下，仍利用职务之便，私下抄录了澳宝石的色浆配方，并以人民币6000元卖给了被告人刘年华。被告人刘年华将此色浆配方和在澳宝公司工作时抄录的颗粒、胶水配比数据和工作记录等资料带到科雅公司用于生产。此外，被告人朱七口地以年薪80000元并先预付50000元的条件聘请了原澳宝公司技术员、被告人邓敦强到科雅公司工作。被告人刘年华将从被告人伦锦荣处买来的色浆配方交给被告人邓敦强，让邓按照配方进行调试，以此生产出同澳宝公司一样的人造大理石。2002年3月，被告人伦锦荣利用职务之便，将其掌握的澳宝公司新产品的一整套生产配方以人民币3万元卖给了被告人朱七口地。被告人朱七口地将此配方带回科雅公司交由被告人刘年华用于生产（后因试产效果不理想而未进行规模生产）。

在完成上述准备后，科雅公司在被告人朱家辉、朱七口地的安排下，由被告人刘年华、刘惠广、邓敦强等人组织具体操作，利用不正当手段得来的澳宝公司生产技术，于2002年2月生产出无论在外观、色泽和规格上都与澳宝石一样的人造大理石，冲击澳宝公司的市场。为使科雅公司的产品迅速占领市场，被告人朱七口地雇员到国内昆明、厦门、西安等11个城市设立销售网点（澳宝公司已在上述大部分城市中设立销售网点），以低价销售科雅公司产品，争夺澳宝公司客源。自2002年2月至7月间，科雅公司共生产出人造大理石8000多块，销售了其中的3000多块，销售额为153万多元。六被告人的侵权行为给澳宝公司造成了重大损失，其中澳宝公司2002年2月至5月的销售收入与2001年同期相比减少了135万多元。

佛山市中级人民法院审理后认为，被告人朱家辉、朱七口地以高薪聘请澳宝公司员工及贿买的方式，获得澳宝公司包括生产设备、生产配方等技术信息秘密，并用于同类产品的生产；被告人刘年华、刘惠广、伦锦荣身为澳宝公司的员工，违反、违背澳宝公司的保密规定、协议，将其或通过职务之便或通过私下抄录或通过购买而掌握的澳宝公司的技术信息秘密披露给科雅公司用于同类产品的生产；被告人邓敦强明知是采取不正当手段获得的澳宝公司的技术信息秘密还加以利用进行生产，造成了权利人澳宝公司的重大损失，其行为均已构成侵犯商业秘密罪。依法判处：

1. 被告人朱家辉有期徒刑1年9个月，罚金1万元。
2. 被告人朱七口地有期徒刑1年9个月，罚金1万元。
3. 被告人刘年华有期徒刑1年9个月，罚金1万元。
4. 被告人刘惠广有期徒刑1年7个月，罚金8000元。
5. 被告人伦锦荣有期徒刑1年7个月，罚金8000元。
6. 被告人邓敦强有期徒刑1年5个月，罚金5000元。

【法理分析】

处理本案涉及的主要问题是:如何认定侵犯商业秘密罪中的"重大经济损失"?

本案在审理中关于被告人的侵权行为是否给澳宝公司造成了重大的经济损失,有两种意见。一种意见认为,六被告人的侵权行为给澳宝公司造成了重大损失,而被告人朱家辉等人则否认其行为给澳宝公司造成了重大经济损失。因此,如何正确理解和判定被告人的行为是否给商业秘密权利人造成重大损失,是正确处理本案的关键因素之一。

根据《刑法》第219条的规定,侵犯商业秘密罪必须以给商业秘密的权利人造成"重大损失"为要件。但是刑法并未对"重大损失"的含义和计算方法作出界定和说明。有关司法解释指出,侵犯商业秘密行为给权利人造成直接经济损失在50万元以上的可以立案。但是,这里的"直接经济损失",是指被盗窃商业秘密本身及其载体的价值,还是指商业秘密被侵犯后给权利人造成的实际损失,在该规定中也并未明确。从理论界和实务界来看,关于重大损失的计算,一直有不同看法。一种意见是成本说,即根据权利人研究该商业秘密所投入的开发费用、保密费用等成本来计算损失,例如,权利人开发该商业秘密投入了100万元,就按照这100万元计算损失;第二种意见是价值说,即根据商业秘密的经济价值计算权利人的损失,假如该商业秘密的经济价值是200万元,被他人侵犯后就按照该数额计算损失;第三种意见是损失说,即根据商业秘密被侵犯后权利人失去的利润来计算损失,例如,权利人损失了一个地区的市场份额,为此使权利人损失了百万利润,就按照该利润的数额计算损失;第四种意见是获利说,即根据行为人侵犯商业秘密后实际获得的违法所得数额计算权利人的损失,如行为人把他人的商业秘密转让给他人,得到了50万元的转让费或者自己进行生产,获得了可观的利润,该转让费或利润就属于权利人的损失,等等。[①]

在上述关于商业秘密的含义与计算方法中,哪一种是合理的呢? 笔者认为,不论按照上述哪一种标准计算,都有不合理或不全面之处,有的只是相对合理,有的可能连相对合理也达不到。这或许也是2001年4月18日最高人民检察院、公安部《关于经济犯罪案件追诉标准的规定》与2004年12月22日最高人民法院、最高人民检察院《关于办理侵犯知识产权刑事案件具体应用法律若干问题的解释》没有解释如何计算重大损失和学术界对此问题争论不休的重要原因。例如,按照上述第二种意见,即根据商业秘密的经济价值计算权利人的损失的意见,就存在着不合理之处:① 商业秘密是无形财产,其与有形财产之间存在着重大区别。所以,刑法将侵犯商业秘密罪列入破坏市场经济秩序罪中的"侵犯知识产权罪"一节中,而不是置于"侵犯财产罪"中。侵犯有形

---

① 参见胡云腾、刘科:《知识产权刑事司法解释若干问题研究》,载《中国法学》2004年第6期。

财产的盗窃、诈骗、抢劫以及故意毁坏财物罪,由于行为是直接取得财物,或者是故意毁坏被害人的财物,排除了原物和合法所有人或者占有人的权利,所以,犯罪数额以财产价值计算是合理的。但是,侵犯商业秘密罪和普通财产罪在数额计算上有根本区别:在侵犯商业秘密的场合,财产是无形的,不是一个实体,侵权人在使用,但是也没有排斥合法权利人的使用。所以,将技术秘密自身价值作为侵犯商业秘密给权利人造成的损失是不准确的,混淆了侵犯商业秘密罪与普通财产罪的犯罪认定标准。② 在很多场合,商业秘密自身价值高,但是侵权人实施盗窃等不法取得商业秘密行为后,不久就被发现、制止,给被害人造成的损失远远小于商业秘密自身的价值。如果以商业秘密自身价值作为被害人的损失数额,就可能出现技术图纸被盗数天内被追回,并没有给权利人造成重大利益损失,却以侵犯商业秘密罪定罪量刑的情况。同样,按照"成本说"或"获利说"来计算商业秘密受到的损失,也都存在一定的问题。

在目前还难以找到一个完全合理的计算方法,甚至永远都无法找到的情况下,如何计算商业秘密受到的损失呢?笔者认为,采取一种相对合理主义的态度,坚持具体案件具体分析,由各地的司法机关根据案件的具体情况来计算商业秘密的损失更具有合理性。例如,行为人盗窃他人的商业秘密后卖给他人,获利100万元,虽然被及时发现后没有给权利人造成实际损失,但考虑到行为人获利巨大的情节,就可以按照这一数额追求其刑事责任。相反,如果行为人盗窃他人商业秘密后没有获利,被及时发现后又没有给权利人造成实际损失的,就可以不视为犯罪。又如,行为人侵犯他人商业秘密后造成权利人的销售数额急剧下降,利润损失巨大并有证据证明的,就应当按照该利润损失计算重大损失的数额。再如,权利人花费巨资开发的商业秘密,被侵犯后变成了公共信息,权利人因此无法收回开发费用的,这笔巨资也可以作为重大损失考虑。因此,鉴于重大损失计算方法的多样性和复杂性,司法解释不确定某一种计算方法,而是由司法人员根据立法的精神和案件的具体情况确定,或许是更为明智的。

在本案中,澳宝公司为研发生产人造大理石技术支付了各项研发费用共计236万多元。而上述被告人通过私下抄录、贿买等方法获取了澳宝公司花费巨额资金研发出来的技术信息,用于生产同类产品并低价销售,使其节省了如通过正常途径获取相应的技术信息需支付的巨额成本,获取同类产品的竞争优势,相应地导致了澳宝公司巨额研发资本价值减少,削弱了其原有的竞争优势,且现有证据证实澳宝公司2002年2月至5月的销售收入与2001年同期相比减少了135万多元。因此,可以认定商业秘密权利人遭受了重大损失。

【结 论】

商业秘密权利人投入的开发费用、保密费用等成本可以作为计算权利人受到重大经济损失的依据。

【相关链接】

相关的法律、法规

中华人民共和国刑法第二百一十九条(见本书第338页)

相关的司法解释与指导性意见

最高人民检察院、公安部关于经济犯罪案件追诉标准的规定(2001年4月18日)第六十五条(见本书第339—340页)

最高人民法院、最高人民检察院《关于办理侵犯知识产权刑事案件具体应用法律若干问题的解释》(法释[2004]19号)(2004年12月22日)第七条(见本书第340页)

相关的参考案例

上海邦捷科技有限公司、金浩峰、张曙贤侵犯商业秘密案([2003]沪一中刑终字第343号)

载 http://www.lawyee.net/Case/Case_Display.asp?RID=48645&KeyWord=.

(刘 科)

57. 非直接投标人以暴力威胁利诱等手段串标勒索的行为如何定性？
——徐淑华等串通投标案①

【案情介绍】

1998年4月至6月间，被告人徐淑华、叶天荣、胡兴春、陶福坤、钟建月、胡荣达先后在后树硼矿、大塘口硼矿、剃刀畈硼矿及倪桥沙场招投标过程中相互串通投标报价，损害招标人及其他投标人利益。其中，1998年4月3日，浙江省武义县矿产资源管理局对大塘口硼矿采矿权出让进行招投标。参加竞标的被告人徐淑华虽认为80万元标底太高，无意竞标，却在投标数日前便与同去竞标的其余五人商定让义乌人中标，并在中标后索要了义乌人15万元人民币与其余人分红。1998年5月16日，武义县矿产资源管理局对剃刀畈硼矿承包权进行竞价投标。被告人徐淑华、胡荣达等人参加投标。竞标前，被告人胡荣达、叶天荣曾与义乌的投标者协商串通投标而无结果。开始竞标后，竞价主要在胡荣达与义乌人陈献省之间进行。期间，叶天荣等人多次在胡荣达与陈献省之间牵线，要其中一方放弃竞标，另一方出钱付给其他人。最终陈献省中标。胡荣达遂叫叶天荣去索要了对方8万元人民币，胡荣达将8万元作了分配，其中叶天荣分得2万元，胡荣达、徐淑华各分得8000元。1998年6月14日上午，武义县桐琴镇倪桥村委会在村办公室进行村沙场承包招投标，被告人胡兴春领到标票后，招呼13名有标票的人在操场上集中，并向大家提出要承包这个沙场，愿以每票800元之价买下每人手中的标票。当听到方新、陈天顺愿出5000元买标时，胡兴春抱住方新和陈天顺的头将他们带到操场边上，拍打陈的头部。其他投标人见状都将标票交出。最终胡兴春以高于底价800元的标价中标。事后，被告人胡兴春拿出2万余元分发给其他投标人。1998年6月15日，武义县矿山公司对后树硼矿在确定的19位有投标资格的内部职工中进行内部投标。被告人钟建月属内部职工有投标资格，其余被告人徐淑华、叶天荣、胡荣达、胡兴春、陶福坤则合股于其他有资格投标者。投标前，徐淑华、叶天荣、胡兴春、陶福坤、钟建月、胡荣达等人即多次协商串通，初步决定由钟建月与陶福坤等人合伙以30万元多一点的标额中标，并拿出18万元给其余参与投标者分，其余参与投标者

---

① 浙江省武义县人民法院（1998）武刑初字第164号。案例选自《中国审判案例要览（2000年刑事审判案例卷）》，中国人民大学出版社2002年版，第157—163页。

放弃中标。并分头采用威胁、利诱、辱骂、威逼等手段,去做其他投标人的工作,迫使其他投标人改低标上交或放弃投标。开标后,叶天荣、胡兴春、陶福坤以及周建荣等人以讨欠款或语言威胁等方法对第一中标人陈启勤施加压力。迫使陈启勤弃权。在开出第二个标后,胡兴春当众拦住第二中标人郑林军,用语言威胁、讥讽,迫使郑弃标、退标。在胡兴春、徐淑华等人的操作下,最终钟建月中标。此后,徐淑华、叶天荣、胡兴春等人从钟处索要14万元,由叶天荣、徐淑华、胡荣达、胡兴春、陶福坤将钱瓜分。

浙江省武义县人民检察院以串通投标罪对徐淑华、叶天荣、胡兴春、陶福坤、钟建月、胡荣达六人提起公诉。浙江省武义县人民法院经公开审理后认为,被告人徐淑华、叶天荣、胡兴春、陶福坤、钟建月、胡荣达共同或分别在后树硴矿、剃刀岰硴矿、大塘口硴矿、倪桥沙场的招投标过程中相互串通投标报价,损害招标人及其他投标人利益,情节严重,其行为已触犯《中华人民共和国刑法》第223条第1款之规定,均构成串通投标罪。公诉机关指控的罪名成立。6名被告人的辩护人关于被告人的行为不构成串通投标罪的辩护理由不能成立。依法对徐淑华以犯串通投标罪判处有期徒刑1年6个月,并处罚金20000元;对叶天荣以犯串通投标罪判处有期徒刑两年,并处罚金20000元;对胡兴春以犯串通投标罪判处有期徒刑1年6个月,并处罚金20000元;对陶福坤以犯串通投标罪判处有期徒刑6个月,并处罚金20000元;对钟建月以犯串通投标罪判处有期徒刑6个月,并处罚金10000元;对胡荣达以犯串通投标罪判处拘役5个月,并处罚金20000元。

一审法院判决后,胡荣达不服,以胡荣达并非后树硴矿的投标人,其在后树硴矿投标中不符合串标主体条件,并且胡在后树硴矿、剃刀岰硴矿投标中无串标行为为由提出上诉,请求改判宣告上诉人无罪。二审浙江省金华市中级人民法院经审理裁定,驳回上诉,维持原判。

【法理分析】

处理本案主要涉及以下几个争议问题:(1)串通投标罪的主体是特殊主体即招标人或投标人,那么不具有招投标规则规定的投标资格的人不能出现在投标现场,是否具备串通投标罪的主体资格?(2)串通投标罪是情节犯,只有串通投标报价,损害招标人或其他投标人利益情节严重的才构成本罪,那么如何认定"情节严重"呢?(3)如何区分敲诈勒索罪与串通投标罪?

一、关于不具有招投标规则规定的投标资格的人是否具备串通投标罪的主体资格问题

串通投标罪是一种严重的扰乱市场经济秩序的不正当竞争犯罪行为。根据《刑法》第223条的规定,所谓串通投标罪,是指投标人相互串通,损害招标人或者其他投标人利益,以及投标人与招标人串通投标,损害国家、集体、公民的合法利益,情节严重的行为。串通投标罪的主体是特殊主体,仅限于招标人和投标人,当然,这里的招标人和投标人既可以是自然人,也可以是单位。在本案中,对于被告人徐淑华是1998年4月3日对大塘口砩矿采矿权出让招投标中的投标人、被告人徐淑华、胡荣达、叶天荣是1998年5月16日剃刀畈砩矿承包权招投标中的投标人、被告人胡兴春是1998年6月14日倪桥沙场承包招投标中的投标人、被告人钟建月是1998年6月15日后树砩矿招投标中的投标人均无异议,但对于被告人徐淑华、叶天荣、胡兴春、陶福坤、胡荣达5人因不具有后树砩矿招投标规则规定的投标资格,不能出现在投标现场,是否具备串通投标罪的主体资格却存在争议。

所谓"投标人",是指在投标竞争活动中,决定并影响投标报价的参与人,并非仅指在投标现场直接投标报价的人。在后树砩矿投标中,徐淑华、叶天荣、胡兴春、陶福坤、胡荣达等人虽因投标规则限制而未直接参与投标报价现场,但都委托了武义县莹石矿山公司中层干部出面在投标现场代为投标,可以说那些被委托出面投标人实际上仅仅是代投人而已。因此,他们自己本身并不是决定投标报价的人,只是按照徐等人的授意填写标票上的报价,然后上交招标人而已。而徐淑华、叶天荣等人虽因投标规则限制不能出现在投标现场,但他们作为主要的投资人(隐名投资人)才是真正决定、影响投标报价的人,他们完全符合串通投标罪的主体条件。若把投标人仅理解为现场直接投标报价的人,则未免显得过于片面。

串通投标罪在客观方面具体包括以下两种行为方式:

1. 投标人相互串通投标报价,损害招标人或者其他投标人利益。即参加投标的经营者彼此之间就投标报价相互沟通信息,并达成约定,以避免相互竞争,从中谋取利益。投标者相互串通投标,主要有以下几种表现形式:① 投标人之间互相约定,一致抬高投标报价;② 投标人之间相互约定,一致压低投标报价;③ 投标人之间相互约定,在类似项目中轮流以高价位或低价位中标;④ 投标人之间相互串通,约定给没有招标或弃标的其他投标人以"弃标补偿费"。

2. 投标者与招标者串通投标,即招标者与特定投标者在竞标过程中,采取不正当竞争手段,使公开招标、投标流于形式,损害国家、集体、公民(包括其他投标者)的利益。[①] 本案中被告人作为投标人串通投标报价,损害了招标人和其他投标人的利益,显然属于上述第一种行为方式。

二、关于如何认定串通投标罪中的"情节严重"问题

如前所述,串通投标罪是情节犯,只有串通投标报价,损害招标人或其他投标人利益,情节严重的才构成本罪,那么如何认定"情节严重"呢?从学理上讲,情节严重主要是指投保人采用暴力、威胁、利诱等卑鄙的手段,相互串通投标报价,给招标人或者其他投标人造成严重的损失;多次串通投标,严重扰乱市场竞争秩序;造成了恶劣的社会

---

① 参见王作富主编:《刑法分则实务研究(上)》(第二版),中国方正出版社2003年版,第888—889页。

影响等。根据最高人民检察院、公安部2001年4月18日《关于经济犯罪案件追诉标准的规定》第68条的规定,投标人相互串通投标报价,或者投标人与招标人串通投标,涉嫌下列情形之一的,应予追诉:① 损害招标人、投标人或者国家、集体、公民的合法权益,造成的直接经济损失数额在50万元以上的;② 对其他投标人、招标人等投标活动的参加人采取威胁、欺骗等非法手段的;③ 虽未达到上述数额标准,但因串通投标,受过行政处罚二次以上,又串通投标的。本案中被告人对其他投标人采取辱骂、暴力、威胁、利诱等非法手段,串通投标,完全符合上述规定的第二种情形,属于损害招标人或其他投标人利益,情节严重的行为。

三、关于敲诈勒索罪与串通投标罪的区别

审理中有一种意见认为,本案被告人在后树硼矿、大塘口硼矿、倪桥沙场等招投标过程中,主观上以获取非法经济利益为目的(即以非法占有为目的),客观上实施了以暴力或语言相威胁,迫使他人拿出钱财的行为,其行为符合敲诈勒索罪的构成特征,应定敲诈勒索罪。那么怎么区别敲诈勒索罪与串通投标罪呢?

根据《刑法》第274条规定,敲诈勒索罪是指以非法占有为目的,对被害人实施威胁或者要挟的方法,迫使其当场或日后交付数额较大的公私财物的行为。敲诈勒索罪的客体是公司财产的所有权和被害人的人身权利等其他权利。威胁的对象只能是针对被害人或其近亲属。而串通投标罪的犯罪客体是正常的招投标市场竞争秩序与国家、社会、公民的合法权益,其敲诈的对象与威胁的对象并不是一致的,甚至可以说其敲诈的对象从某种程度上说是获益的人(中标者),从本案事实看,虽然行为人也有获取非法经济利益的目的,并实施了一些暴力威胁及要挟手段,但其威胁所针对的并不是中标人或其近亲属,而是其他投标人,且威胁、要挟的直接目的是使其他投标人投低标或弃标,进而向中标者索取钱财,事实上被威胁或要挟的人最终也从中分得了钱财。因此其行为不符合敲诈勒索罪的构成特征,不能认定敲诈勒索罪。

总之,徐淑华等人符合串通投标罪的主体特征,他们共同或分别在大塘口、剃刀畈、后树硼矿及倪桥沙场的招投标过程中参与串通投标,相互私下串通报价,暗中压低标价或公开以暴力或胁迫手段压低他人标价,使其他投标人丧失了公平竞争的机会,损害了其他投标人的利益,手段恶劣、社会影响极坏,属于情节严重的串标行为,完全具备了串通投标罪的犯罪构成要件。因此,一审浙江省武义县人民法院及二审浙江省金华市中级人民法院以串通投标罪对其定罪处刑是正确的。

【结　　论】

非直接投标人以暴力、威胁、利诱等手段串标勒索行为也构成串通投标罪。

【相关链接】

相关的法律、法规
中华人民共和国刑法

第二百二十三条 投标人相互串通投标报价,损害招标人或者其他投标人利益,情节严重的,处三年以下有期徒刑或者拘役,并处或者单处罚金。

投标人与招标人串通投标,损害国家、集体、公民的合法利益的,依照前款的规定处罚。

第二百七十四条 敲诈勒索公私财物,数额较大的,处三年以下有期徒刑、拘役或者管制;数额巨大或者有其他严重情节的,处三年以上十年以下有期徒刑。

相关的司法解释与指导性意见
最高人民检察院、公安部关于经济犯罪案件追诉标准的规定(2001年4月18日)

六十八、串通投标案(刑法第223条)

投标人相互串通投标报价,或者投标人与招标人串通投标,涉嫌下列情形之一的,应予追诉:

1. 损害招标人、投标人或者国家、集体、公民的合法利益,造成的直接经济损失额在五十万元以上的;

2. 对其他投标人、招标人等投标招标活动的参加人采取威胁、欺骗等非法手段的;

3. 虽未达到上述数额标准,但因串通投标,受过行政处罚二次以上,又串通投标的。

相关的参考案例
徐淑华、叶天荣、胡兴春、陶福坤、钟建月等串通投标案[浙江省金华市中级人民法院(1999)金中刑终字第16号]

载 http://www.lawyee.net/Case/Case_Display.asp? RID = 20874&KeyWord = ,2007年12月1日。

(郭 健)

58. 如何认定合同诈骗与经济合同纠纷的界限及与合同欺诈行为的区别？
——李庆吉合同诈骗案[①]

【案情介绍】

被告人李庆吉原系开原市起重机械制造公司经理。被告人李庆吉开办的开原市起重机械制造公司（以下简称制造公司）早已停产，并因拖欠沈阳市第三建筑工程公司工程款于1997年4月被沈阳市中级人民法院依法查封，没有任何履行合同的能力。虽然明知自己无履约能力，但1997年5月，李庆吉经其公司在辽阳的业务员王惠纯介绍，与辽阳市四通物资有限公司经理范振善相识，并达成购销钢材的口头协议。范振善于5月31日、6月6日、6月7日，分三次将84余吨钢材（价值人民币25.77万余元）送到李庆吉的制造公司。嗣后，李庆吉指使其胞弟李庆祝（已作不起诉决定）到辽阳与范振善补签合同。李庆祝在补签合同时冒用"张玉伟"之名，加盖未经年检的开原市振宇贸易公司（李庆祝为法定代表人，以下简称振宇公司）的合同专用章，后范振善多次找李庆吉催要货款未果，因被告人李庆吉无履行合同能力，钢材被非法占有。同年7月19日被告人李庆吉再次通过王惠纯介绍，与辽阳文圣区辽鞍金属有限公司经理孟昭义相识，并签订了钢材购销合同，李庆吉在合同上加盖了未经年检的开原市起重机械制造公司的合同专用章。7月22日，孟昭义将25.85吨钢材（价值人民币8.0135万元）送到李庆吉的制造公司。因被告人李庆吉无履行合同能力，后孟昭义多次找李催要货款未果，钢材被李庆吉非法占有。

公诉机关辽宁省辽阳市文圣区人民检察院以合同诈骗罪向辽宁省辽阳市文圣区人民法院提起公诉，辽宁省辽阳市文圣区人民法院经审理后认为，被告人刘庆吉以非法占有为目的，在没有实际履行能力的情况下，采取与他人签订购销合同的手段，骗取他人财物，数额特别巨大，其行为已构成合同诈骗罪，遂判决被告人刘庆吉构成合同诈骗罪，判处有期徒刑11年，罚金人民币30万元。

【法理分析】

处理本案涉及的主要问题是：如何认定合同诈骗与经济合同纠纷的界限及与合同

[①] 辽宁省辽阳市文圣区人民法院(2000)文刑初字第106号。案例选自《中国审判案例要览(2001年刑事审判案例卷)》，中国人民大学出版社2002年版，第169—172页。

欺诈行为的区别?

根据《刑法》第224条规定,合同诈骗罪,是指以非法占有为目的,在签订、履行合同过程中,以虚构事实或者隐瞒真相的方法,骗取对方当事人财物,数额较大的行为。合同诈骗罪的主要特征是:

(一)客观方面表现为在签订、履行经济合同过程中,以虚构事实隐瞒真相的欺骗手段骗取他人财物的行为。具体包括下列欺骗方法:① 以虚构的单位或者冒用他人的名义签订合同;② 以伪造、变造、作废的票据或者其他虚假的产权证明作担保的;③ 没有实际履行能力,以先履行小额合同或部分履行合同的方法,诱骗对方当事人继续履行和签订合同的;④ 收受对方当事人给付的货物、货款、预付款或者担保财产后逃匿的;⑤ 以其他方法骗取对方当事人财物的。

(二)主观方面由故意构成,并具有非法占有对方当事人财物的目的。合同诈骗罪属于刑法理论上所说的"目的犯",因而合同诈骗罪的成立,要求行为人在主观上必须出于故意,且具有非法占有他人财物的目的。根据1996年12月24日最高人民法院《关于审理诈骗案件具体应用法律的若干问题的解释》的有关规定,行为人具有下列情形之一的,应认定其行为属于以非法占有为目的,利用经济合同进行诈骗:

(1)明知没有履行合同的能力或者有效的担保,采取下列欺骗手段与他人签订合同,骗取财物数额较大并造成较大损失的:① 虚构主体;② 冒用他人名义;③ 使用伪造、变造或者无效的单据、介绍信、印章或者其他证明文件的;④ 隐瞒真相,使用明知不能兑现的票据或者其他结算凭证作为合同履行担保的;⑤ 隐瞒真相,使用明知不符合担保条件的抵押物、债权文书等作为合同履行担保的;⑥ 使用其他欺骗手段使对方交付款、物的。

(2)合同签订后携带对方当事人交付的货物、货款、预付款或者定金、保证金等担保合同履行的财产逃跑的。

(3)挥霍对方当事人交付的货物、货款、预付款或者定金、保证金等担保合同履行的财产,致使上述款物无法返还的。

(4)使用对方当事人交付的货物、货款、预付款或者定金、保证金等担保合同履行的财产进行违法犯罪活动,致使上述款物无法返还的。

(5)隐匿合同货物、货款、预付款或者定金、保证金等担保合同履行的财产,拒不返还的。

(6)合同签订后,以支付部分货款,开始履行合同为诱饵,骗取全部货物后,在合同规定的期限内或者双方另行约定的付款期限内,无正当理由拒不支付其余货款的。

经济合同纠纷是行为人有履行或基本履行合同的诚意,只是由于某种原因而未能完全履行,或在合同履行过程中,一方违约,而使合同另一方遭受损失,从而引起双方对合同约定的权利、义务发生争议。区分二者的关键在于查明行为人有无通过欺骗方法签订、履行合同以非法占有对方财物的目的。合同诈骗在主观上是以非法占有他人财物为目的,并非进行实实在在的经济合同行为。从诈骗方式上看,不是虚构就是假冒;不是没有履约能力,就是得到他人财物后即行逃避隐藏。但经济合同纠纷的当事人是以履行合同,进行产、供、销经济行为为出发点的。即使由于某种客观原因,合同未能履行甚至给一方造成重大经济损失,但经济合同纠纷的性质仍未改变。在签订经济合同时,一方当事人为能够顺利签约,可能会夸大自己的履约能力或一定程度地隐瞒自己的商业缺陷,甚至一方当事人会弄虚作假,诱使对方当事人与自己签订合同。但上述行为人均是以努力践约作为自己的目标,不是以诈骗钱物为目的,不具有非法占有他人财物的目的。对于这种因当事人的民事欺诈行为引起的纠纷,不能以合同诈骗罪论处。

合同欺诈行为是指签订合同的一方当事人用虚构事实或者隐瞒真相的方法,诱使对方当事人在违背其真实意思表示的情况下,与其签订合同的行为。因欺诈而签订的合同是无效合同。合同诈骗罪也是一种合同欺诈行为,两者具有相同的法律后果即所签订的合同被依法宣布为无效。两者的根本区别在于是否实际骗取了对方当事人数额较大的财物。如果采用刑法规定的欺骗方法实际骗取了对方当事人数额较大的财物,则应当以合同诈骗罪论处;如果虽然实施了刑法规定的合同欺诈行为,但尚未骗取对方当事人的财物,或者骗取的财物尚未达到数额较大的程度,则不以合同诈骗罪论处,而以一般合同欺诈行为论处。根据2001年4月18日最高人民检察院、公安部《关于经济犯罪案件追诉标准的规定》,个人犯合同诈骗罪,诈骗数额在5千元以上2万元以下;单位犯合同诈骗罪,诈骗数额在5万元以上20万元以下的,即视为合同诈骗"数额较大",应当根据合同诈骗罪进行追诉。

本案中,被告人李庆吉的制造公司1997年已停止生产,4月又被沈阳市中级人民法院查封,证明李庆吉无能力履行与被害人范振善、孟昭义签订的购销合同;李庆吉授意其胞弟李庆祝另行成立振宇公司和销售公司,其本人四处联系购进钢材,以无任何资产的振宇公司的名义与他人签订合同,所进钢材由销售公司使用,顶债或变卖,回款落在销售公司账户,归其二人支取使用,另外李庆吉在从辽阳购进钢材时指使其工人制造生产假象,骗取对方当事人的信任,由此可见,被告人李庆吉有非法占有的目的,其行为既是规避法律的行为,也是对对方当事人的欺骗行为。而且其骗取钢材价值数额高达33万余元,并非一般的合同欺诈行为。辽宁省辽阳市文圣区人民法院以合同诈骗罪对被告人李庆吉进行定罪处刑是完全正确的。

【结　　论】

以非法占有为目的与他人签订合同骗取财物数额较大的行为,可构成合同诈骗罪。

【相关链接】

相关的法律、法规

中华人民共和国刑法

第二百二十四条 有下列情形之一,以非法占有为目的,在签订、履行合同过程中,骗取对方当事人财物,数额较大的,处三年以下有期徒刑或者拘役,并处或者单处罚金;数额巨大或者有其他严重情节的,处三年以上十年以下有期徒刑,并处罚金;数额特别巨大或者有其他特别严重情节的,处十年以上有期徒刑或者无期徒刑,并处罚金或者没收财产:

(一)以虚构的单位或者冒用他人名义签订合同的;

(二)以伪造、变造、作废的票据或者其他虚假的产权证明作担保的;

(三)没有实际履行能力,以先履行小额合同或者部分履行合同的方法,诱骗对方当事人继续签订和履行合同的;

(四)收受对方当事人给付的货物、货款、预付款或者担保财产后逃匿的;

(五)以其他方法骗取对方当事人财物的。

相关的司法解释与指导性意见

最高人民检察院、公安部关于经济犯罪案件追诉标准的规定(2001年4月18日)

六十九、合同诈骗案(刑法第224条)

以非法占有为目的,在签订、履行合同过程中,骗取对方当事人财物,涉嫌下列情形之一的,应予追诉:

1. 个人诈骗公私财物,数额在五千元至二万元以上的;

2. 单位直接负责的主管人员和其他直接责任人员以单位名义实施诈骗,诈骗所得归单位所有的,数额在五万至二十万元以上的。

最高人民法院关于审理诈骗案件具体应用法律的若干问题的解释[1996年12月16日 法发(1996)32号]

二、根据《刑法》第一百五十一条和第一百五十二条的规定,利用经济合同诈骗他人财物数额较大的,构成诈骗罪。

利用经济合同进行诈骗的,诈骗数额应当以行为人实际骗取的数额认定,合同标的数额可以作为量刑情节予以考虑。

行为人具有下列情形之一的,应认定其行为属于以非法占有为目的,利用经济合同进行诈骗:

(一)明知没有履行合同的能力或者有效的担保,采取下列欺骗手段与他人签订合同,骗取财物数额较大并造成较大损失的:

1. 虚构主体;

2. 冒用他人名义;

3. 使用伪造、变造或者无效的单据、介绍信、印章或者其他证明文件的；

4. 隐瞒真相,使用明知不能兑现的票据或者其他结算凭证作为合同履行担保的；

5. 隐瞒真相,使用明知不符合担保条件的抵押物、债权文书等作为合同履行担保的；

6. 使用其他欺骗手段使对方交付款、物的。

（二）合同签订后携带对方当事人交付的货物、货款、预付款或者定金、保证金等担保合同履行的财产逃跑的；

（三）挥霍对方当事人交付的货物、货款、预付款或者定金、保证金等担保合同履行的财产,致使上述款物无法返还的；

（四）使用对方当事人交付的货物、货款、预付款或者定金、保证金等担保合同履行的财产进行违法犯罪活动,致使上述款物无法返还的；

（五）隐匿合同货物、货款、预付款或者定金、保证金等担保合同履行的财产,拒不返还的；

（六）合同签订后,以支付部分货款,开始履行合同为诱饵,骗取全部货物后,在合同规定的期限内或者双方另行约定的付款期限内,无正当理由拒不支付其余货款的。

相关的参考案例

林朝晖合同诈骗案[福建省龙岩市中级人民法院(2002)岩刑终字第163号]

载万鄂湘主编:《最新刑事法律文件解读(2007.3 总第27辑)》,人民法院出版社2007年版,第282—298页。

（郭 健）

59. 预付小额合同押金并在得到对方预付货款后没能履行经济合同的行为如何定性?
——廖国万被控合同诈骗宣告无罪案①

【案情介绍】

被告廖国万原系湖南省郴州市国利炉料有限公司法人代表,于1997年6月经陈靖芬等人介绍认识了光明公司深圳分公司总经理冼秋雄。经过协商,双方于1997年6月18日在广东省韶关市签订了一项工矿产品购销合同,签订合同次日至同月23日,被告廖国万坐火车赴河南联系货源。后来由于行情变化该合同没有执行。同年7月4日,需方法定代表人冼秋雄电话通知供方廖国万、陈靖芬到广东韶关,要求在已签订的合同基础上签订一份补充合同。根据补充合同规定,需方开出100万元银行承兑汇票,供方先付2万元银行利息(100万元银行汇票利息)给需方,供方根据需方开出的银行承兑汇票金额发货。签订合同当日,被告与郴州市苏仙区农业银行金穗卡部联系在自己已透支的金穗卡账户上再次透支2万元给了需方法定代表人冼秋雄。但需方未按补充合同规定开出100万元银行汇票给廖,被告廖国万无法到河南汝阳落实货源。同年7月16日,需方法定代表人冼秋雄在深圳电话通知被告廖国万到深圳办理银行承兑汇票。当廖与陈及时赶到深圳时,冼秋雄再一次要求签订补充合同。1997年7月17日,被告廖国万以及陈靖芬再一次代表供方与冼秋雄代表需方签订了第二份补充合同。合同约定需方预付20万元货款给供方,供方保证按质按量供货180吨实物量,预付款使用由陈靖芬负责。签订合同次日,即7月18日,需方仅给付供方预付货款15万元,余欠5万元由陈靖芬垫付(陈靖芬是合同供方的代表人,而在合同履行过程中又成了需方的委托代理人)。即日,被告廖国万与陈靖芬回到郴州。被告廖国万将收取的15万元预付货款留下1万元,余下14万元全部存入苏仙区农业银行金穗卡账户上。该行金穗卡部随即将被告廖国万已透支的本金及银行利息共计124870.7元全部扣还透支款。同月19日,被告廖国万与陈靖芬一同从郴州坐火车到河南组织货源。被告廖国万在河南找到其表妹杜高琼出面担保三节火车皮未果。次日下午,廖与陈到达河南汝阳县城,廖用手机与汝阳县矿产局一宋姓局长联系货源事宜。在未取得联系的情况

---

① 湖南省郴州市北湖区人民法院(1998)郴北刑初字第24号。案例选自《中国审判案例要览(2000年刑事审判案例卷)》,中国人民大学出版社2002年版,第164—170页。

下，被告廖国万与陈靖芬直接到达汝阳县东沟选厂联系货源。经协商，双方签订一份供货协议书。陈靖芬认为协议价高出合同价，遂对廖产生怀疑，认为廖是在设计骗局，便将自己怀疑的情况向冼秋雄作出了汇报。冼秋雄听后假意承诺追加货款，要求廖与陈到深圳协商。7月25日，廖与陈赶到深圳，冼秋雄对廖国万说，可以开银行汇票50万元，但要求廖在开票之前先将13万元预付款（15万元—2万元）返还给光明公司。被告廖国万未同意退款，并于7月27日不辞而别离开深圳。冼秋雄与陈靖芬认为被告廖国万是合同诈骗犯罪，遂向公安机关举报。

湖南省郴州市北湖区人民检察院指控被告人廖国万骗取他人财物数额巨大，其行为已构成合同诈骗罪。湖南省郴州市北湖区人民法院经公开审理后认为，被告人廖国万明知自己无履行合同的能力，却与他人签订铅精矿购销合同，然后利用自己在苏仙区农业银行金穗卡部设立的金穗卡户头，从中透支少量保证金用于履行部分合约，取得对方信用后，再欲骗取他人数额巨大的货款据为己有，然后又用以归还原已大量透支的款目，其行为已构成了合同诈骗罪。

据此，依法对廖国万以犯合同诈骗罪判处有期徒刑8年；同时应赔偿附带民事诉讼的原告光明公司被骗款94414.1元，利息5926.75元，合计人民币100350.85元。限被告在判决生效后1月内付清。

一审法院宣判后，被告人廖国万以"原审法院定性错误"等为由提出上诉。湖南省郴州市中级人民法院经公开开庭审理后认为，上诉人廖国万在合同的签订和履行过程中，没有非法占有原审附带民事诉讼原告人货款的故意，也没有虚构和隐瞒事实真相的行为，而是积极地想办法去联系并组织货源。只是由于其他客观原因没有履行合同，其行为不构成犯罪。鉴于该案是双方当事人签订的经济合同所引起的纠纷，故上诉人廖国万的行为不构成合同诈骗罪。原审判决认定上诉人廖国万犯合同诈骗罪，属定性错误，应予撤销。二审宣告廖国万无罪。

【法理分析】

正确处理本案，主要涉及的问题是如何认定合同诈骗罪与经济合同纠纷的界限？

合同诈骗罪是利用经济合同的形式而进行的犯罪行为，具有相当的复杂性、隐蔽性和欺骗性，往往与经济合同纠纷纠缠在一起，罪与非罪的界限极其容易混淆。根据《刑法》第224条规定，合同诈骗罪是以非法占有为目的，在签订、履行合同过程中，骗取对方当事人财物数额较大的行为。就本案而言，对被告人廖国万的行为到底是否构成合同诈骗罪，一审与二审法院作出了截然相反的判定。笔者认为，在认定被告人廖国万的行为是否构成合同诈骗罪，是合同诈骗罪呢还是一般的经济合同纠纷，关键要严格依照法律规定，从其主观和客观两个方面进行把握：

1. 被告人廖国万主观上是否具有"以非法占有为目的"，这是区分罪与非罪的标准,也是区别合同诈骗罪与经济合同纠纷的关键。目的属于主观方面的内在因素,认定起来比较困难,但主观总是要见之于客观而以外在的形式表现出来的。在审判实践中,我们应当结合合同签订时被告人的实际履约能力,合同货款的用途和去向,行为人是否有过积极履行合同的作为等情况进行综合分析。然后,再来判断被告人是否具有通过合同行为非法占有合同相对方财物的目的。而被告廖国万系郴州国利炉料有限公司经理,该公司于1995年11月17日正式成立,注册资金160万元,经营范围为铁合金系列产品及政策允许的黑色、有色、非金属矿产品,其完全有资格、有能力代表郴州国利炉料有限公司与冼秋雄代表光明公司签订了《铅精矿购销合同》。而且被告人廖国万在签订合同次日,即坐火车赴河南联系货源。后来在需方要求下,被告同意签订一份补充合同并按约定预付了2万元利息作为履约押金,需方却未按约定开出100万元银行承兑汇票,致使被告无法到河南汝阳落实货源。其后,被告应需方再一次要求签订补充合同,约定需方预付20万元货款给供方,供方保证按质按量供货。但因银行金穗卡部将被告已透支的本金及银行利息扣还透支款,致使被告无足够资金履约,而被告仍积极远赴河南组织货源。总之,即使行为人在签订合同时履行能力不足,但在合同成立后积极去履行合同,虽然未能履行合同或者未能完全履行合同,不能认定其具有非法占有他人财物的目的。

2. 被告人廖国万客观上在签订、履行合同的过程中是否实施了利用经济合同诈骗对方当事人的行为。《刑法》第224条规定了合同诈骗罪的5种行为方式:① 以虚构的单位或冒用他人名义签订合同的;② 以伪造、变造、作废的票据或其他虚假的产权证明作为担保的;③ 没有实际履行能力,以先履行小额合同或者部分履行合同的办法,诱骗对方当事人继续签订和履行合同的;④ 收受对方当事人给付的货物、货款、预付款或者担保财产后逃匿的;⑤ 以其他方法骗取对方当事人财物的。这里的以其他方法,是指利用伪造、变造的公章欺骗他人签订合同,假称非自己所有的财产、货物、工厂为自己所有而欺骗他人签订合同等方式骗取合同对方当事人财物的行为。对于"以其他方法骗取对方当事人财物"的规定,不能随意扩大解释。本案被告人廖国万担任郴州市国利炉料有限公司经理,其与光明公司签订了供应铅锌矿产品购销合同,并没有以虚构的单位或冒用他人名义签订合同,也没有以伪造、变造、作废的票据或其他虚假的产权证明作为担保。当被告按约先付给光明公司2万元作为货款利息后,光明公司没有向其提供所需的全部货款,而是只付了部分货款(15万元)。被告得到此款后又再次与他人到河南联系并组织货源。经检验,其货源质量符合合同规定的标准。被告廖国万在合同签订和履行的过程中,没有虚构和隐瞒事实真相,骗取光明公司签订、履行合同的行为。廖国万本人还具有积极履行合同的行为,只是由于其他一些客观原因而使该合同未能履行。

总之,本案被告廖国万在合同签订和履行的过程中,主观上没有非法占有光明公司货款的故意,客观上没有虚构和隐瞒事实真相,骗取光明公司签订、履行合同的行为。其积极履行合同的行为,只是由于其他一些客观原因而使合同未能履行。故本案属经济合同纠纷,廖国万的行为不构成合同诈骗罪。本案一审法院对廖国万以合同诈骗罪定罪处刑是错误的。

【结　　论】

因客观原因未能履行经济合同的不构成合同诈骗罪。

【相关链接】

相关的法律、法规

中华人民共和国刑法第二百二十四条(见本书第360页)

相关的司法解释与指导性意见

最高人民检察院、公安部《关于经济犯罪案件追诉标准的规定》(2001年4月18日)第六十九条(第360页)

最高人民法院关于审理诈骗案件具体应用法律的若干问题的解释[1996年12月16日 法发(1996)32号]第二条(见本书第360—361页)

全国法院审理金融犯罪案件工作座谈会纪要(2001年1月21日)

单位不能构成贷款诈骗罪,对于单位实施的贷款诈骗行为,不能以贷款诈骗罪定罪处罚,也不能以贷款诈骗罪追究直接负责的主管人员和其他直接责任人员的刑事责任。但是,在司法实践中,对于单位十分明显地以非法占有为目的,利用签订、履行借款合同诈骗银行或其他金融机构贷款,符合刑法第224条规定的合同诈骗罪构成要件的,应当以合同诈骗罪定罪处罚。

相关的参考案例

赵飞合同诈骗案[北京市第一中级人民法院(2007)一中刑终字第02071号]

载 http://edu.lawyee.net/Case/Case_Display.asp?RID=131716&KeyWord=,2007年12月1日。

(郭　健)

60. 通过电话诈骗对方供货的行为如何定性?
——卞光斗等合同诈骗案[①]

【案情介绍】

1997年6月至7月间,被告人卞光斗与王城富预谋,由卞光斗承包连云港市海州区生产资料公司(以下简称生资公司)进行诈骗,后王城富回盐城勾结李荣军、王明超、姜德前来连云港市,五被告人又就诈骗方式、分赃等进行预谋。五被告人预谋后又勾结了被告人孙守洪、周明亚、吴恒足、周立志等人,相互配合,于1997年7月至9月间,共诈骗作案9起,诈骗总额计价值人民币70万元。其中被告人卞光斗参与8起、王城富参与6起、李荣军参与6起、王明超参与4起、姜德前参与4起、孙守洪参与5起、周明亚参与3起、吴恒足参与2起、周立志参与2起。卞光斗等9名被告人以非法占有为目的,采用签订合同的手段,骗取财物,其行为属共同犯罪,且诈骗数额特别巨大。

江苏省连云港市海州区人民检察院以合同诈骗罪向江苏省连云港市海州区人民法院提起公诉。江苏省连云港市海州区人民法院认为,卞光斗等9名被告人,以非法占有为目的,采取虚构事实、支付小额货款、出具欠条等手段,在签订、履行经济合同过程中,骗取对方当事人财物价值近70万元,其行为均已构成合同诈骗罪,系共同犯罪。据此,依法作出如下判决:

1. 被告人卞光斗犯合同诈骗罪,判处有期徒刑14年,剥夺政治权利4年,并处罚金60 000元。

2. 被告人王城富犯合同诈骗罪,判处有期徒刑13年,剥夺政治权利3年,并处罚金60 000元。

3. 被告人李荣军犯合同诈骗罪,判处有期徒刑13年,剥夺政治权利3年,并处罚金60 000元。

4. 被告人王明超犯合同诈骗罪,判处有期徒刑12年,剥夺政治权利2年,并处罚金40 000元。

5. 被告人姜德前犯合同诈骗罪,判处有期徒刑11年,剥夺政治权利2年,并处罚金40 000元。

6. 被告人孙守洪犯合同诈骗罪,判处有期徒刑8年,剥夺政治权利1年,并处罚金

[①] 江苏省连云港市海州区人民法院(1998)海刑初字第32号。案例选自《中国审判案例要览(1999年刑事审判案例卷)》,中国人民大学出版社2002年版,第131—137页。

20 000 元。

7. 被告人周明亚犯合同诈骗罪,判处有期徒刑 5 年,剥夺政治权利 1 年,并处罚金 20 000 元。

8. 被告人吴恒足犯合同诈骗罪,判处有期徒刑 3 年,并处罚金 10 000 元。

9. 被告人周立志犯合同诈骗罪,判处有期徒刑 3 年,并处罚金 10 000 元。

宣判后卞光斗、王城富、李荣军、孙守洪、周明亚、周立志分别提出上诉,二审法院江苏省连云港市中级人民法院认为,上列被告人以非法占有为目的,明知自己没有实际履行能力,以货到付款等手段骗取对方当事人货物,数额特别巨大,均已构成合同诈骗罪。各被告人的上诉理由不能成立。原审判决认定事实清楚,定性正确,适用法律准确,量刑适当,程序合法。裁定驳回上诉,维持原判。

【法理分析】

处理本案涉及的主要问题在于:(1) 本案是单位犯罪还是自然人犯罪? (2) 合同诈骗罪中的合同是否包括口头合同?

根据《刑法》第 224 条规定,合同诈骗罪是以非法占有为目的,在签订、履行合同过程中,骗取对方当事人财物数额较大的行为。合同诈骗罪的客体包括财产所有关系和市场交易秩序。立法对合同诈骗行为规定了五种行为方式:① 以虚构的单位或者冒用他人名义签订合同骗取对方当事人数额较大的财物;② 以伪造、变造、作废的票据或者其他虚假的产权证明作担保,诱骗对方当事人与其签订合同、履行合同,从而骗取财物的行为;③ 没有实际履约能力,以先履行小额合同或者部分履行合同的方法,诱骗对方当事人继续签订和履行合同的行为;④ 收受对方当事人的货物、货款、预付款或者担保财产后逃匿的行为;⑤ 以其他方法骗取对方当事人财物的行为。合同诈骗罪的犯罪主体包括自然人和单位。主观方面为故意,且具有非法占有他人财物的目的。

1. 由于合同诈骗罪的主体既可以是自然人,也可以是单位,司法实践中对于个人承包经营国有或集体企业、个人租赁经营的企业、名为集体实为个体的企业、挂靠企业实施的合同诈骗行为到底是单位犯罪? 还是自然人犯罪? 很容易引起混淆,往往歧义丛生。对于这种情形,应具体情况具体分析,细加区分。一般来说,对于个人承包经营国有或集体企业,以承包企业的名义实施合同诈骗活动的,若骗取财物主要用于企业活动的,应认定为单位诈骗。但如果承包人明知承包的企业无履行合同的能力和清偿能力,而以承包企业名义订立合同,骗取财物用于归还私人债务或者用于个人挥霍的,则应认定假借企业名义的个人诈骗。就本案而言,被告人承包连云港市海州区生产资料公司进行诈骗,其行为到底是单位犯罪还是自然人犯罪?

一种观点认为,本案系单位犯罪,应追究单位及主要负责人和直接责任人的刑事责任。理由是:① 9名被告人对外进行诈骗均以单位名义;② 卞光斗系生资公司的法定代表人,其余被告人的诈骗行为得到其认可,且各被告均知道自己实施的行为系诈骗犯罪行为,体现了法人的意志;③ 生资公司虽系卞光斗承包的单位,但就单位本身看是合法单位,而不是虚构的;④ 卞光斗每年上缴管理费,而管理费又是诈骗来的非法所得,故各被告人的行为在某种程度上讲是为单位谋利益。

另一种观点认为,本案的犯罪主体只能是个人。理由是:① 卞光斗承包生资公司的目的是为诈骗财物;② 从其承包的方式看属定额承包,也称死包,经营中的一切风险自负;③ 各被告人诈骗目的是为个人占有,且实际上已为个人占有。

一审、二审法院在主体认定上均采纳了第二种观点,即本案的犯罪主体是自然人,而非单位,这是正确的。理由是:单位犯罪与个人犯罪的主要区别在于,单位犯罪的行为人的行为必须是在单位意志支配下,以单位名义为单位谋取利益;个人犯罪中,行为人在主观上有过错,客观上是在本人意志支配下为谋取个人私利而实施犯罪行为。本案的9名被告人虽然对外以单位的名义进行诈骗,但其各自相对独立,盲目地对外联系货源,得手后低价出售,所得赃款各人按事先的约定或所起作用瓜分,显然不是在单位意志支配下从事活动。卞光斗虽然每年上缴承包费,但其目的是利用单位的名义进行诈骗,属个人非法行为,不应认定为单位行为,也不存在为单位谋利益,更不能因生资公司是合法单位,而否认各被告人打着单位之旗号行个人诈骗财物之目的这一事实,否则,则违反罪责自负的刑法原则。因此,对本案不应认定为单位犯罪。卞光斗定额承包生资公司,目的不是为合法经营,而是想以公司经营的合法形式,掩盖其骗取财物的真正目的。事实上各被告人相互配合,甚至利用化名,交叉作案,坐地分赃,也证明了其非法占有的目的。故各被告人的犯罪行为纯系个人行为,与单位无关。

2. 合同诈骗罪是一种特殊类型的诈骗犯罪,与普通诈骗罪相比,其特殊性在于其诈骗手段是采用签订、履行合同的方式进行的。但是对于利用口头合同的方式进行诈骗活动的行为,能否以合同诈骗罪来定罪处罚?实践中存在很大争议。

肯定说认为,《刑法》第224条规定的合同诈骗罪中的合同,与《合同法》中规定的合同是一致的,对于利用口头合同进行诈骗的,也应当以合同诈骗罪定罪处罚。因为:①《合同法》第10条规定,"当事人订立合同,有书面合同、口头合同和其他形式,法律、行政法规规定采用书面形式的,应当采用书面形式。当事人约定采用书面形式的,应当采用书面形式。"为了体现交易的便捷与安全的均衡追求,修订后的合同法弱化了对合同必须采取书面形式的要求,在没有强制性规定的情况下,当事人可以自由选择合同的形式,包括口头合同。利用口头合同实施诈骗,不仅侵犯了他人的财产所有权,也侵犯了国家对合同的管理制度。② 刑法关于合同诈骗罪的规定并没排除利用口头合同进行诈骗的情形。《刑法》第224条规定,合同诈骗罪是以非法占有为目的,在签订、履行合同过程中,骗取对方当事人财物数额较大的行为。虽然"签订"一词意指书面合同,但在该法律条文中,"签订""履行"属于并列关系,而法律并未对履行行为所依据的合同的形式作出规定,因此,这里的"履行"合同,可以是书面合同,也可以是口头合同。③ 利用口头合同进行诈骗是合同诈骗犯罪的形式之一。在人们民事商事的活动中存在着大量的口头合同。作为一种确定契约关系的方式,口头合同也常常被不法分子的诈骗行为所利用。由于在合同法中,口头合同和书面合同调整范围相同,因此,利用口头合同实施诈骗犯罪与利用书面合同一样,所侵犯的客体都是他人的财产所有权以及合同法所调整的市场经济秩序。若将利用口头合同实施诈骗犯罪排除在合同诈骗罪之外,不仅与口头合同大量存在的社会现实不符,而且会造成利用口头合同实施诈骗行为无刑法调整的真空,违背新刑法确立合同诈骗罪的初衷。

否定说认为,利用口头合同进行诈骗,不应以合同诈骗罪定罪处罚。因为虽然合同诈骗罪的客体不同于诈骗罪,但合同诈骗罪与诈骗罪的最大不同点应体现在诈骗的行为方式上,即合同诈骗罪是利用合同进行,没有利用合同进行诈骗的,均不构成合同诈骗罪,而利用合同进行诈骗的,不一定都构成合同诈骗罪,如利用贷款合同进行诈骗构成贷款诈骗罪的情形,利用保险合同进行诈骗构成保险诈骗罪的情形,此其一;其二,虽然《合同法》第10条规定的合同形式包括书面合同、口头合同和其他形式,但1997年刑法修订时,我国还没有制定合同法。1997年《刑法》第224条中的规定的"合同",应当与1993年《经济合同法》中规定的"合同"一致,即指的是书面合同。从刑法第224条使用的"签订"一词的本义来看,合同诈骗罪重的合同也应该理解为书面合同,而不应包括口头合同。其三,如果将合同诈骗罪中的"合同"理解为包括口头合同,那么,由于合同诈骗罪与诈骗罪之间是一种法条竞合关系,而诈骗罪中的行为人采取的虚构事实、隐瞒真相等手段使被害人上当受骗,往往都是具有利用口头合同性质的"契约"而进行的,在被害人与行为人之间也形成所谓的"合意"。一种法条竞合情况下,特殊法条优于一般法条的法律适用原则,这种犯罪行为只能适用合同诈骗罪的法律条款,从而排除了一般诈骗罪的适用范围。

折衷说认为,合同诈骗罪是规定在刑法分则第三章破坏社会主义市场经济秩序罪中的一个具体罪名,而该章犯罪的共同客体是市场经济秩序。合同诈骗罪中的"合同",应当能够体现一定的市场秩序。与市场秩序无关的各种"合同"、"协议",如赠与合同、扶养协议等不属于合同诈骗罪的"合同"范围。同时,虽然以维护正常市场秩序为宗旨的现行合同法基本涵盖绝大部分民商事合同,对各种民商事合同行为进行了规范与调整,其对于各种民商事合同的规定应作为刑事法中认定合同成立、生效、履行等相关概念的参考,但不能认为凡是行为人利用了合同法中所规定的合同进行诈骗的,就构成合同诈骗罪,而应当结合该合同的具体情况,考察其行为是否符合"扰乱市场经济秩序"的特征,否则就不能定合同诈骗罪。一般说来,对于在生产、销售等经济活动中,利用口头合同进行诈骗的,只要具备《合同法》第 12 条规定的合同要件和刑法第 224 条合同诈骗罪的构成要件,就应当以合同诈骗罪定罪处罚。而对于在日常生活中利用口头合同进行诈骗的,不能以合同诈骗罪定罪处罚。笔者基本同意折衷说的观点。

就本案而言,在 9 起犯罪中有 3 起是利用电话联系进行诈骗,没有签订书面合同,是定诈骗罪与其余 6 起利用合同诈骗的合同诈骗罪实行数罪并罚,还是直接以合同诈骗罪定罪处刑呢?存在不同意见。在 9 起诈骗中虽有 3 起诈骗没有签订书面合同,被告人是以通过电话要求被害人送货的形式进行诈骗,但其在电话中已明确约定货物的数量、价格、付款方式、运费承担等合同的主要条款,因此,应认定该行为方式属签订口头合同。故仅以合同形式要件作为两罪间的区别是错误的。本案被告人明知自己无履行能力,也没有履行的诚意,却采用签订、履行口头或书面合同的形式,诱骗对方当事人送货,货到后或先小额履行部分合同,或根本不履行合同,相互配合,迅速以低价销售并分赃,完全符合合同诈骗罪的构成要件。综上所述,本案系各被告人假借单位名义买卖货物,利用合同进行诈骗,以达到非法占有他人财物之目的的共同犯罪。因此,一审、二审法院对各被告人均定为合同诈骗罪是完全正确的。

【结　　论】

以非法占有为目的,通过电话诈骗对方供货,数额较大的,构成合同诈骗罪。

【相关链接】

相关的法律、法规

中华人民共和国刑法

第二百二十四条(见本书第 360 页)

第二百六十六条　诈骗公私财物,数额较大的,处三年以下有期徒刑、拘役或者管制,并处或者单处罚金;数额巨大或者有其他严重情节的,处三年以上十年以下有期徒刑,并处罚金;数额特别巨大或者有其他特别严重情节的,处十年以上有期徒刑或者无期徒刑,并处罚金或者没收财产。本法另有规定的,依照规定。

相关的司法解释与指导性意见

最高人民检察院、公安部关于经济犯罪案件追诉标准的规定(2001 年 4 月 18 日)第六十九条(第 360 页)

最高人民法院关于审理诈骗案件具体应用法律的若干问题的解释[1996 年 12 月 16 日　法发(1996)32 号]第一条、第二条(见本书第 360—361 页)

相关的参考案例

王跟命合同诈骗、诈骗,赵大伟合同诈骗,张建华、刘冰诈骗案[北京市第一中级人民法院(2007)一中刑终字第02141号]

载 http://bigy.chinacourt.org/public/detail.php? id = 58397,2007 年 12 月 1 日。

(郭　健)

61. 骗取他人巨款经营国家限制流通棉花的行为如何定性?
——于军非法经营案①

【案情介绍】

被告人于军原系新疆宏业经济发展总公司经理,1994年5月,被告人于军违反国务院(1993)61号文件关于"非棉花经营单位和个人一律不得经营棉花"的规定,与山东省商河县棉麻公司(以下简称商棉公司)达成供应棉花协议,约定供给商棉公司棉花并负责发运,发货日期为1994年10月底以前。同年7月,于军对商棉公司称,资金到位就发货,商棉公司于同年7月至8月间分两次将450万元货款打入于军在中国银行塔里木石油支行的信用卡上。于军收到货款后,于1994年7月至8月间非法购买棉花211.56吨,付货款2 897 379元。于军购买棉花后,由于其非法经营行为受到行政干预,始终未给商棉公司发货。在此期间,于军将商棉公司的货款1 317 871元,用于其公司的开支,一直未归还。案发后,巴州公安局、工商局扣留宏业公司棉花158.16吨,价值1 488 159.9元。

新疆维吾尔自治区巴音郭楞蒙古自治州人民检察院以诈骗罪和非法经营罪向新疆维吾尔自治区巴音郭楞蒙古自治州中级人民法院提起公诉,一审法院认为检察机关指控被告人于军的行为构成诈骗罪不成立,并以非法经营罪判处被告人于军非有期徒刑15年,剥夺政治权利5年。一审宣判后,新疆维吾尔自治区巴音郭楞蒙古自治州人民检察院以一审判决书中遗漏罪名,未认定于军犯诈骗罪,导致量刑畸轻为由提起抗诉,被告人于军不服一审判决,以不构成犯罪、量刑过重为由提出上诉。新疆维吾尔自治区人民检察院经审查认为,于军在与商棉公司达成供棉协议后,是积极履行合同的,之所以其后来未能履行合同,是由于非法经营受到行政干预,因为于军的账面上尚有几百万元资金,其开支的资金不能认为是商棉公司打进的款项,故不同时构成诈骗罪,新疆维吾尔自治区巴音郭楞蒙古自治州人民检察院的抗诉理由不能成立。决定撤回抗诉。二审法院新疆维吾尔自治区高级人民法院认为于军为谋取非法利益,未经许可,经营国家规定专营的棉花,其行为已构成非法经营罪,且情节严重,应依法惩处,但

---

① 新疆维吾尔自治区巴音郭楞蒙古自治州中级人民法院(1997)中刑初字第54号。案例选自《中国审判案例要览(1999年刑事审判案例卷)》,中国人民大学出版社2002年版,第138—141页。

原判量刑不当,应予改判。

【法理分析】

处理本案涉及的主要问题在于:① 如何认定非法经营罪构成要件中的"情节严重"? ② 本案是否同时构成诈骗犯罪?

非法经营罪是从1979年《刑法》规定的投机倒把罪中分解出来的一个新罪名,由于投机倒把罪是一种覆盖面太广泛而备受争议的口袋罪名,1997年修改刑法时将投机倒把罪进行了分解,非法经营罪由此应运而生。国家根据宏观调控和国民经济发展的需要,为了本国人民的利益,在一定时期,会对一部分关系国计民生的重要物资实行专营、专卖,只允许特定部门、或者单位经营,禁止或限制民间自由买卖。根据《刑法》第225条的规定,非法经营罪是指违反国家规定,从事非法经营行为行为,扰乱市场秩序,情节严重的行为。法定的非法经营行为有五类:① 未经许可经营法律、行政法规规定的专营、专卖物品或者其他限制买卖的物品;② 买卖进出口许可证、进出口原产地证明以及其他法律、行政法规规定的经营许可证或者批准文件;③ 未经国家有关主管部门批准,非法经营证券、期货或者保险业务;④ 在国家规定的交易场所以外非法买卖外汇,扰乱市场秩序;⑤ 其他严重扰乱市场秩序的非法经营行为。非法经营罪的犯罪对象包括:法律、行政法规规定的专营、专卖物品或者其他限制买卖的物品;进出口许可证、进出口原产地证明以及其他法律、行政法规规定的经营许可证或者批准文件;其他严重扰乱市场秩序的非法经营行为指向的对象。因为市场经济中的非法经营行为五花八门,立法者不可能将其穷尽,其中第五项便采用了兜底条款,对非法经营行为作了概括性的规定。据第五项的规定,其他严重扰乱市场秩序的非法经营行为应当具备以下条件:① 这种行为发生在经营活动中,主要是在生产、流通领域。② 这种行为违反法律、行政法规的规定。③ 这种行为具有社会危害性,严重扰乱市场经济秩序。例如,垄断货源、哄抬物价,违反国家规定,进行严重扰乱市场秩序的传销活动,等等。

随着我国刑事司法经验的日积月累,立法机关和最高司法机关采用单行刑法或者司法解释的方法,将市场经济发展进程中出现的新的严重扰乱市场经济秩序的非法经营行为归纳为刑法打击的范围,例如,根据最高人民法院分别于1998年8月28日通过的《关于审理骗购外汇、非法买卖外汇刑事案件具体应用法律若干问题的解释》、1998年12月11日通过的《关于审理非法出版物刑事案件具体应用法律若干问题的解释》、2000年4月28日通过的《关于审理扰乱电信市场管理秩序案件具体应用法律若干问题的解释》,以及全国人大常委会1998年12月29日通过的《关于惩治骗购外汇、逃汇和非法买卖外汇犯罪的决定》的有关规定,以下几种情形即属于其他严重扰乱市场秩序的非法经营行为:① 违反国家关于外汇买卖的规定,在国家规定的交易场所以外非法买卖外汇,扰乱市场秩序,情节严重的;② 违反国家规定,采取租用国际专线、私设转接设备或者其他方法,擅自经营国际电信业务或者涉港澳台电信业务进行营利活动,扰乱电信市场管理秩序,情节严重的。③ 违反国家规定,出版、印刷、复制、发行《关于审理非法出版物刑事案件具体应用法律若干问题的解释》第1条至第10条规定以外的其他严重危害社会秩序和扰乱市场秩序的非法出版物,情节严重的。④ 非法从事出版物的出版、印刷、复制、发行业务,严重扰乱市场秩序,情节特别严重的。如此一来,非法经营罪也难以避免投机倒把罪的那种口袋罪恶名,难怪许多学者认为非法经营罪实际上是一种新的口袋罪名。

正确认定非法经营罪应当区分它与正当经营行为的界限。正当经营是指根据国家法律、行政法规规定或者经政府有关部门批准获得经营许可,经营法律、行政法规规定的专营、专卖物品或者其他限制买卖物品的行为。正确区分非法经营罪与合法经营行为应考虑以下因素:① 客观方面上的区分,行为人的行为是否在国家法律、法规和政策允许的范围内进行,进而言之,行为人的行为在客观方面有无违反国家关于物品专营、专卖及许可证制度的法律规定,是否有未经有关主管部门审批的经营许可证而经营的行为。② 主观方面的区分,即行为人主观方面有无非法经营的故意及是否具有牟取非法利润的目的。③ 从行为性质上判断,行为是否具有社会危害性,是否侵害了国家、集体和个人的利益。如果行为人主观上出于故意,行为性质具有社会危害性,情节严重的,即构成非法经营罪;反之,则不能以犯罪论处。

正确认定非法经营罪也应注意区分它与一般非法经营行为的界限。本罪与一般非法经营行为外在表现形式相同,因而是否构成非法经营罪,关键在于非法经营行为是否情节严重,这是从量的规定性对非法经营行为的罪与非罪的界定。情节严重的构成本罪;情节一般的,属于违反市场管理法规的一般违法经营行为,根据触犯的相关法律、法规进行行政处罚。"情节严重",一般以非法经营数额或者非法所得数额为基础,同时综合考虑其他情节进行判断,如犯罪动机、目的、时间、地点、手段、形式、对象和危害后果等。2001年4月18日《最高人民检察院、公安部关于经济犯罪案件追诉标准的规定》第69条对非法经营罪的追诉标准作了明确规定,为我们提供了认定非法经营行为情节严与否的明确标准,在司法实践中要严格遵照执行。

本案中,被告人于军所在单位新疆宏业经济发展总公司没有棉花经营权,作为法定代表人他在1994年与商棉公司订立购销棉花的合同。这一年,党中央、国务院作出了建立社会主义市场经济体制的决定,这个决定明确规定,必须在加强宏观调控的前提下鼓励平等竞争。对当时的棉花收购,国务院的国发(1993)61号《关于做好棉花工作及有关政策问题的通知》中明确规定:必须"保持良好的收购秩序","非棉花收购经营单位和个人,一律不得经营棉花","严格禁止棉花倒卖活动",同时明确规定1994年度"继续实行棉花合同订购政策,由供销社统一收购经营"。这样做,在当时是完全符合我国国情和邓小平提出的"三个有利于"标准的。而新疆宏业经济开发总公司本身没有购销棉花的经营范围,于军为谋取非法利益,违反国务院关于棉花收购的政策,未经许可,经营国家规定专营的棉花,其行为是非法经营行为,且情节严重。本案发生在1979年刑法施行期间,但审判却是在1997年刑法生效之后,故应按照刑法规定的有关溯及力问题的原则来决定适用的法律。根据全国人大常委会《关于严惩严重破坏经济的罪犯的决定》投机倒把犯罪的法定最高刑为死刑,而根据新刑法,非法经营罪的法定最高刑为有期徒刑15年,因此,对被告人应按照1997年新刑法,以非法经营罪定罪处罚。

检察机关以于军将商棉公司打来的货款中160多万元用于归还个人债务、炒股、挥霍为理由指控被告人于军同时构成诈骗罪是错误的。因为被告人于军不属于以虚构单位或者冒用他人名义签订合同的,不属于以伪造、变造、作废的票据或者其他虚假的产权证明作担保的,不属于没有实际履行能力的,不属于收受对方当事人给付的货款逃匿的,而是积极组织货源,至于不能履行供棉合同是因非法经营被行政干预的原因造成的,其开支的160万元款项也不能认定是商棉公司打来的货款,因为于军的账面上尚有几百万元资金。被告人于军的行为不符合诈骗罪的构成要件,新疆维吾尔自治区巴音郭楞蒙古自治州人民检察院的抗诉理由不能成立,所以新疆维吾尔自治区人民检察院撤销抗诉和新疆维吾尔自治区高级人民法院裁定准予撤销抗诉的裁定是完全正确的。

【结　　论】

经营国家限制流通棉花,情节严重的,构成非法经营罪。且由于行政干预,致使其获取交易相对方的货款后无法履行合同的,不构成合同诈骗罪。

【相关链接】

相关的法律、法规

中华人民共和国刑法

第十二条　中华人民共和国成立以后本法施行以前的行为,如果当时的法律不认为是犯罪的,适用当时的法律;如果当时的法律认为是犯罪的,依照本法总则第四章第八节的规定应当追诉的,按照当时的法律追究刑事责任,但是如果本法不认为是犯罪或者处刑较轻的,适用本法。

本法施行以前,依照当时的法律已经作出的生效判决,继续有效。

第二百二十四条(见本书第360页)

第二百二十五条　违反国家规定,有下列非法经营行为之一,扰乱市场秩序,情节严重的,处五年以下有期徒刑或者拘役,并处或者单处违法所得一倍以上五倍以下罚金;情节特别严重的,处五年以上有期徒刑,并处违法所得一倍以上五倍以下罚金或者没收财产:

（一）未经许可经营法律、行政法规规定的专营、专卖物品或者其他限制买卖的物品的；
（二）买卖进出口许可证、进出口原产地证明以及其他法律、行政法规规定的经营许可证或者批准文件的；
（三）未经国家有关主管部门批准，非法经营证券、期货或者保险业务的；
（四）其他严重扰乱市场秩序的非法经营行为。

相关的司法解释与指导性意见
最高人民检察院、公安部关于经济犯罪案件追诉标准的规定（2001年4月18日）
七十、非法经营案（刑法第225条）
违反国家规定，采取租用国际专线、私设转接设备或者其他方法，擅自经营国际电信业务或者涉港澳台电信业务进行营利活动，涉嫌下列情形之一的，应予追诉：
1. 经营去话业务数额在一百万元以上的；
2. 经营来话业务造成电信资费损失数额在一百万元以上的；
3. 虽未达到上述数额标准，但因非法经营国际电信业务或者涉港澳台电信业务，受过行政处罚二次以上，又进行非法经营活动的。

非法经营外汇，涉嫌下列情形之一的，应予追诉：
1. 在外汇指定银行和中国外汇交易中心及其分中心以外买卖外汇，数额在二十万美元以上的，或者违法所得数额在五万元人民币以上的；
2. 公司、企业或者其他单位违反有关外贸代理业务的规定，采用非法手段，或者明知是伪造、变造的凭证、商业单据，为他人向外汇指定银行骗购外汇，数额在五百万美元以上的，或者违法所得数额在五十万元人民币以上的；
3. 居间介绍骗购外汇，数额在一百万美元以上或者违法所得数额在十万元人民币以上的。

违反国家规定，出版、印刷、复制、发行非法出版物，涉嫌下列情形之一的，应予追诉：
1. 个人非法经营数额在五万元以上的，单位非法经营数额在十五万元以上的；
2. 个人违法所得数额在二万元以上的，单位违法所得数额在五万元以上的；
3. 个人非法经营报纸五千份或者期刊五千本或者图书二千册或者音像制品、电子出版物五百张（盒）以上的，单位非法经营报纸一万五千份或者期刊一万五千本或者图书五千册或者音像制品、电子出版物一千五百张（盒）以上的。

未经国家有关主管部门批准，非法经营证券、期货或者保险业务，非法经营数额在三十万元以上，或者违法所得数额在五万元以上的，应予追诉。

从事其他非法经营活动，涉嫌下列情形之一的，应予追诉：
1. 个人非法经营数额在五万元以上，或者违法所得数额在一万元以上的；
2. 单位非法经营数额在五十万元以上，或者违法所得数额在十万元以上的。

相关的参考案例

徐国庆等非法经营案[上海市高级人民法院(2002)沪高刑终字第93号]
载 http://law.chinalawinfo.com/newlaw2002/SLC/SLC.asp?Db=fnl&Gid=117486311,2007年12月1日。

（郭　健）

62. 采用传销手段为单位进行非法集资的行为如何定性？
——王大江非法经营案[①]

【案情介绍】

1999年3月至2000年4月间，被告人王大江受上海先利经贸有限公司（另案处理，以下简称先利公司）委托，在崇明地区代表先利公司以招聘促销员收取加盟费或保证金为名进行非法传销活动，承诺每个促销员每份交纳280元，首月享受20元，第二、三月可各得200元的所谓促销费（广告费、基本工资）以吸引他人加盟投资。其间，被告人王大江共为上海先利经贸有限公司发展传销份额1.5764万份，累计金额达人民币441.392万元，被告人王大江个人非法收取代理手续费人民币25.7274万元。

公诉机关上海市崇明县人民检察院据此认为，被告人王大江违反国务院《关于禁止传销经营活动的通知》，采用传销手段为单位进行非法集资，扰乱市场秩序，情节特别严重，其行为已触犯我国《刑法》第225条第（4）项之规定，构成非法经营罪，提请法院依法审判。上海市崇明县人民法院经查明事实公开审理后以非法经营罪对被告人王大江判处有期徒刑5年，并处罚金人民币45万元。

【法理分析】

处理本案涉及的主要问题在于：对于以传销为手段的非法集资行为应如何定性？

非法经营罪是指违反国家规定，从事非法经营活动，扰乱市场秩序情节严重的行为。除了刑事立法明确规定的非法经营行为之外，《刑法》第225条第（四）项采用兜底条款的形式，富有弹性地规定了打击非法经营行为的法律依据，从而回避了完整地列举穷尽"其他严重扰乱市场秩序的非法经营行为"，那样既没有必要也不可能。由于经济生活异常复杂，并随着社会的发展而呈现千变万化的态势，刑法不可能以罗列的方式穷尽非法经营行为的所有行为方式，但凡是严重扰乱市场秩序的非法经营行为都属于非法经营罪的打击对象，这样就能够适应市场经济的变动情况，不致使其他严重扰乱市场秩序的非法经营行为者逃脱刑事法律的制裁。对于"其他严重扰乱市场秩序的

---

① 上海市崇明县人民法院（2000）崇刑初字第293号。案例选自《中国审判案例要览（2001年刑事审判案例卷）》，中国人民大学出版社2002年版，第172—176页。

非法经营行为"的理解,关键要把握其两个基本特征:① 这种非法经营行为具有行政违法性,即违反了国家法律、行政法规的禁止性或者限制性规定,未经有关部门的批准或者超出有关部门的批准范围开展经营活动;② 其社会危害性达到犯罪的程度,严重扰乱了市场秩序。① 对于现实生活中的非法经营行为的认定应结合行为时的法律法规以及非法经营罪的罪质与构成要件进行衡平。

传销是指组织者或者经营者发展人员,通过对被发展人员以其直接或者间接发展的人员数量或者销售业绩为依据计算和给付报酬,或者要求被发展人员以交纳一定费用为条件取得加入资格等方式牟取非法利益,扰乱经济秩序,影响社会稳定的行为。传销或变相传销活动为我国法律所禁止。1998 年 4 月 18 日,国务院发布了《关于禁止传销经营活动的通知》,对传销及变相传销活动进行取缔,以维护健康的社会主义市场经济秩序。随后相关司法解释规定,对于 1998 年 4 月 18 日国务院发布《关于禁止传销经营活动的通知》以后仍然从事传销或变相传销活动,扰乱市场秩序,情节严重的,应当以非法经营罪定罪处罚。

本案被告人王大江于 1999 年 3 月至 2000 年 4 月间,在国务院下发《关于禁止传销经营活动的通知》之后,接受上海先利公司委托,在崇明地区代表先利公司以招聘促销员收取加盟费或保证金为名进行非法传销活动,共为上海先利经贸有限公司发展传销份额 1.5764 万份,累计金额达人民币 441.392 万元,严重扰乱了市场经济秩序,属于"从事传销或变相传销活动,扰乱市场秩序,情节严重"的行为。从其主观方面看,被告人王大江虽然没有集资诈骗的主观故意,但被告人王大江作为具有行为能力的人,对先利公司向投资者许诺的在 3 个月内不仅归还本金,还可获取 50% 红利的营销方案的不可实现性以及对社会的危害性应当是明知的;且从崇明县工商局在 1999 年 6 月、8 月告知被告人王大江停止传销活动,以及上海市工商行政管理局崇明分局于 2000 年 1 月对上海先利经贸有限公司非法传销活动进行行政处罚后,王仍积极从事先利公司"280"产品促销活动这一事实来看,可以证明王大江有非法经营的主观故意。被告人王大江的行为完全符合非法经营罪的主客观构成要件。那种以"被告人王大江事前既未与先利公司通谋,也未参与策划组织,对先利公司进行非法集资诈骗活动是不知情的,且在经营活动中,王也没有私下占有他人钱款"为由认为被告人王大江的行为不构成非法经营罪,不应追究刑事责任的说法是站不住脚的。

虽然司法机关对先利公司的行为正在查处之中,目前尚未作出定性,但这并不妨碍对已查明犯罪事实并已具备构成非法经营罪主客观要件的直接责任人员王大江追究刑事责任。所以上海市崇明县人民法院依照刑法规定,对被告人王大江以非法经营罪进行定罪处刑是完全正确的。

---

① 王作富:《刑法分则实务研究(上)》(第二版),中国方正出版社 2001 年版,第 922—923 页。

【结　论】

采用传销手段为单位进行非法集资,扰乱市场秩序,情节严重的,应当以非法经营罪定罪处罚。

【相关链接】

相关的法律、法规

中华人民共和国刑法第二百二十五条(见本书第375—376页)

相关的司法解释与指导性意见

国务院关于禁止传销经营活动的通知(1998年4月18日)

第二条　自本通知发布之日起,禁止任何形式的传销经营活动。此前已经批准登记从事传销经营的企业,应一律立即停止传销经营活动,……转变为其他经营方式,至迟应于1998年10月31日前到工商行政管理机关办理变更登记或注销登记。……对未经批准登记擅自从事传销经营活动的,要立即取缔,并依法严肃查处;第3条规定,自本停止发布之日起,一经发现有下列行为之一的,各级人民政府和工商行政管理、公安等有关部门,要采取有力措施,坚决取缔,严肃处理:(一)将传销由公开转入地下的;(二)以双赢利、电脑排网、框架营销等形式进行传销的;(三)假借专卖、代理、特许加盟经营、直销、连锁、网络销售等名义进行变相传销的;(四)采取会员卡、储蓄卡、彩票、职业培训等手段进行传销和变相传销,骗取人会费、加盟费、许可费、培训费的;(五)其他传销和变相传销的行为;对传销和变相传销行为,由工商行政管理机关依据国家有关规定予以认定并进行处罚;对利用传销进行诈骗、推销假冒伪劣产品、走私产品以及进行邪教、帮会、迷信、流氓等活动的,由有关部门予以查处;构成犯罪的,移送司法机关依法追究刑事责任。

最高人民法院《关于情节严重的传销与变相传销行为如何定性问题的批复》(2001年4月18日)

对于1998年4月18日国务院《关于禁止传销经营活动的通知》发布以后,仍然从事传销或者变相传销活动,扰乱市场秩序,情节严重的,应当依照刑法第二百二十五条第(四)项的规定,以非法经营罪定罪处罚。

实施上述犯罪,同时构成刑法规定的其他犯罪的,依照处罚较重的规定定罪处罚。

相关的参考案例

王锐等非法经营案[上海市宝山区人民法院(2003)宝刑初字第563号]

载http://law.chinalawinfo.com/newlaw2002/SLC/SLC.asp?Db=fnl&Gid=117487657,2007年12月1日。

(郭　健)

63. 非法印制、销售法轮功类书籍的行为如何定性？
——覃皿等非法经营案[①]

【案情介绍】

被告人覃皿，原系广西壮族自治区中国国际旅行社职员。

被告人胡国栋，原系南宁市郊区发发印刷厂代理厂长。

被告人李林，原系南宁市金达印刷厂厂长。

被告人黄树柏，原系南宁市郊区秀田装订厂厂长。

被告人覃皿于1998年6月至12月间，先后委托南宁市郊区发发印刷厂的胡国栋、南宁市金达印刷厂厂长李林、南宁市郊区秀田装订厂厂长黄树柏以及南宁市阳光彩色印刷厂的庞坤绍（另案处理）重印《法轮佛法》、《转法轮》、《法轮大法义解》、《法轮大法修炼心得体会选》、《法轮佛法大圆满法》等法轮功类书籍和李洪志画像，李邻邦（另案处理）亦委托胡国栋重印法轮功类书籍。其中，覃皿参与非法印刷法轮功类书籍7.25万册和李洪志画像5000张；胡国栋参与非法印制法轮功类书籍4.5万册；李林参与非法印制法轮功类书籍1.25万册、李洪志画像5000张；黄树柏参与非法印制法轮功类书籍1.75万册。覃皿将所重印的法轮功类书籍和李洪志画像存放入于本市古城路24号的住处、建政路广西壮族自治区二轻局的临时住处和广西壮族自治区电力设计院仓库，并除在本市销售外，还分别销往桂林、柳州、梧州、百色、桂平、容县、靖西、武鸣、马山等地。

广西壮族自治区南宁市新城区人民检察院认为覃皿、胡国栋、李林、黄树柏的行为均已构成非法经营罪，遂向广西壮族自治区南宁市新城区人民法院提起公诉，请求依法判处。广西壮族自治区南宁市新城区人民法院查明事实并公开审理后认为，被告人覃皿、胡国栋、李林、黄树柏印刷、销售国家新闻出版署已于1996年7月明令收缴封存的法轮功类书籍，其行为确已触犯了《中华人民共和国刑法》第225条第(3)项的规定，构成非法经营罪。公诉机关指控四被告人犯非法经营罪成立。四被告人的行为均属情节特别严重。被告人胡国栋、李林、黄树柏均为印刷、装订企业的负责人，对国家的

[①] 广西壮族自治区南宁市中级人民法院(2000)南市刑终字第125号。案例选自《中国审判案例要览(2001年刑事审判案例卷)》，中国人民大学出版社2002年版，第176—183页。

有关规定应当是知道的,对三被告人及其辩护人提出的三被告人不知所印的书籍是非法出版物的辩解,不予采信。至于三被告人印刷法轮功类书籍获利多少未能确定的辩护意见,与本案的定性无直接联系,不予采纳。据此,依法以非法经营罪对覃皿判处有期徒刑7年,并处罚金30000元;对胡国栋判处有期徒刑5年,并处罚金15000元;对李林判处有期徒刑5年,并处罚金10000元;对黄树柏判处有期徒刑5年,并处罚金10000元。一审宣判后,覃皿、胡国栋、李林、黄树柏分别向广西壮族自治区南宁市中级人民法院提出上诉。二审法院广西壮族自治区南宁市中级人民法院经审理后作出裁定,驳回上诉、维持原判。

【法理分析】

处理本案涉及的主要问题在于:(1)不知道法轮功类书籍是非法出版物,能否认定被告人存在非法经营的犯罪故意?(2)如何确定被告人的犯罪数额?

非法经营罪是指违反国家规定,从事非法经营活动,扰乱市场秩序和社会秩序,情节严重的行为。其客体是国家对市场的管理秩序;其客观方面,表现为违反国家规定,非法从事经营活动,扰乱市场秩序的行为。就以出版物为对象的非法经营而言,根据1998年最高人民法院《关于审理非法出版物刑事案件具体应用法律若干问题的解释》第11条规定,违反国家规定,出版、印刷、复制、发行严重危害社会秩序和扰乱市场秩序的非法出版物,情节严重的,以非法经营罪定罪处罚。

就本案的犯罪对象而言,如何认定法轮功类书籍是非法出版物呢?被告人的"对于中华人民共和国新闻出版署1996年7月明令收缴封存法轮功类书籍并不知晓,不知道法轮功类书籍是非法出版物"的辩解能否成立呢?答案是否定的。因为我国对图书的出版、印刷、发行实行的是一种限制准入的制度,图书的出版、印刷、经营必须要取得出版行政管理部门的审批和许可,并取得出版经营许可证,否则其从事的出版、印刷、经营均被视为非法行为,所出版、印刷、经营的出版物均属非法出版物。覃皿、胡国栋、李林、黄树柏四人通过委托和受托的形式从事图书的出版印刷活动,其对未取得相关行政管理部门审批和许可情况下的印刷、经营行为的非法性是明知的,而不论其是否明知其所翻印、销售的法轮功类书籍已于1996年就被有关出版行政管理部门查禁。因此,覃皿、胡国栋、黄树柏及其辩护人以其不知所翻印、销售的法轮功类书籍为非法出版物,其行为不属非法印刷、经营等理由所提出的意见是不能成立的。对覃皿及其辩护人提出的所谓覃皿只是"委托印刷",并未非法从事出版物的印刷业务及其与本案其他被告人不属共犯等理由,广西壮族自治区南宁市中级人民法院认为,覃皿的常业虽然不是出版印刷行业,但其通过"委托印刷"实际已介入并从事了出版印刷活动(更何况其还从事了图书的销售经营行为),理应受到相关的出版、印刷及发行规范的制约。对于本案法轮功类书籍的翻印而言,覃皿作为委托人,提供了犯意,并设定一定的要求,要胡国栋等人完成其提供的法轮功类书籍的翻印工作,胡国栋、李林、黄树柏及庞坤绍诸人作为受托人则按照覃皿的各项要求对其提供的法轮功类书籍进行翻印,双方均对该法轮功类书籍的翻印行为存在共同的目标,有着共同的故意,应属本案的共犯。

至于非法经营数量问题,因非法经营的行为不仅包括销售行为,还包括了出版、印刷、复制的行为,因此,对覃皿、胡国栋、李林、黄树柏四人的非法经营数量应以实际翻印的数量为据,李林虽在《转法轮》和《法轮佛法》的翻印中只是翻印了书的封面和插图,但其行为是与黄树柏翻印分工的一个组成部分,原判以两人共同完成的书籍翻印数量予以认定并无不当。根据上述《关于审理非法出版物刑事案件具体应用法律若干问题的解释》第12条第2款第3项的规定,非法经营图书5 000册以上者,即属于非法经营行为"情节特别严重"的情形。本案中,覃皿参与翻印的法轮功类书籍达7.232万册、李洪志像达5 000张;胡国栋参与翻印的法轮功类书籍达4.5万册;李林参与翻印的法轮功类书籍达1.25万册、李洪志像达5 000张;黄树柏参与翻印的法轮功类书籍达1.75万册,其数额已远远超过"情节特别严重"的底线,四人的行为均符合非法经营罪情节特别严重的情形。

对于本案四被告人的行为到底是定侵犯著作权罪,还是定非法经营罪呢？一方面,法轮功类书籍宣扬的迷信与伪科学的内容,在1996年就已被有关部门查禁,因此此类书籍不存在受法律保护的著作权问题;另一方面,正是由于这些法轮功类书籍的伪科学性,本案被告人对其复制发行,任其流入社会蛊惑人心,进而严重扰乱了社会秩序,这是一般的侵权复制行为所不具有的特点。《关于审理非法出版物刑事案件具体应用法律若干问题的解释》第11条规定的非法经营罪也要求非法经营行为不仅扰乱市场秩序,而且严重危害社会秩序。从本案犯罪对象,即法轮功类书籍的社会危害性角度来看,本案定非法经营罪是正确的。

综上,本案覃皿、胡国栋、李林、黄树柏四人翻印法轮功类书籍的行为,不仅程序违法,而且出版物内容违法,其非法复制数额巨大,属于"情节特别严重"的情形,既扰乱了市场秩序,又严重危害了社会秩序,应构成非法经营罪。一审法院广西壮族自治区南宁市新城区人民法院的判决和二审法院广西壮族自治区南宁市中级人民法院的裁定都是正确的。

【结　论】

非法印制、销售法轮功类书籍数额巨大的,构成非法经营罪。

【相关链接】

相关的法律、法规
中华人民共和国刑法第二百二十五条(见本书第375—376页)

相关的司法解释与指导意见

最高人民法院关于审理非法出版物刑事案件具体应用法律若干问题的解释(1998年12月17日)

第二条 以营利为目的,实施刑法第二百一十七条所列侵犯著作权行为之一,个人违法所得数额在五万元以上,单位违法所得数额在二十万元以上的,属于"违法所得数额较大";具有下列情形之一的,属于"有其他严重情节":

(一)因侵犯著作权曾经两次以上被追究行政责任或者民事责任,两年内又实施刑法第二百一十七条所列侵犯著作权行为之一的;

(二)个人非法经营数额在二十万元以上,单位非法经营数额在一百万元以上的;

(三)造成其他严重后果的。

以营利为目的,实施刑法第二百一十七条所列侵犯著作权行为之一,个人违法所得数额在二十万元以上,单位违法所得数额在一百万元以上的,属于"违法所得数额巨大";具有下列情形之一的,属于"有其他特别严重情节":

(一)个人非法经营数额在一百万元以上,单位非法经营数额在五百万元以上的;

(二)造成其他特别严重后果的。

第十一条 违反国家规定,出版、印刷、复制、发行本解释第一条至第十条规定以外的其他严重危害社会秩序和扰乱市场秩序的非法出版物,情节严重的,依照刑法第二百二十五条第(三)项的规定,以非法经营罪定罪处罚。

第十二条 个人实施本解释第十一条规定的行为,具有下列情形之一的,属于非法经营行为"情节严重":

(一)经营数额在五万元至十万元以上的;

(二)违法所得数额在二万元至三万元以上的;

(三)经营报纸五千份或者期刊五千本或者图书二千册或者音像制品、电子出版物五百张(盒)以上的。

具有下列情形之一的,属于非法经营行为"情节特别严重":

(一)经营数额在十五万元至三十万元以上的;

(二)违法所得数额在五万元至十万元以上的;

(三)经营报纸一万五千份或者期刊一万五千本或者图书五千册或者音像制品、电子出版物一千五百张(盒)以上的。

相关的参考案例

刘志希等非法经营案[广东省佛山市南海区人民法院(2004)南刑初字第1278号]载 http://law.chinalawinfo.com/newlaw2002/SLC/SLC.asp? Db=fnl&Gid=117473131,2007年12月1日。

(郭　健)

64. 伪造假邮票冒充真邮票进行销售的行为如何定性？
——何超等伪造有价票证案①

【案情介绍】

被告人何超系河南省遂平县农民，陈建军系河南省西平县农民。1992年春天，被告人何超产生印制假邮票邪念，于是伪造了"河南省邮政管理局"、"北京邮票发行总公司"公章各一枚，又购买了中国人民邮政发行的"福建民居"整版邮票一张(60枚，每枚1元)，后让被告人陈建军带到武汉市7218印刷厂以集邮宣传为名进行了制版电子分色。被告人何超、陈建军又伪造了"授权委托书"、"介绍信"后，何找到遂平县个体印刷厂的刘万性、驻马店报社印刷厂等，将"福建民居"邮票晒成印版。1993年春天，何超通过舞阳县邮电局职工万灵仙(已处理)介绍，与该县的朱二贞(在逃)合伙联系印制"福建民居"邮票。不久，朱二贞筹资与何超在河南省沈丘县冯营乡韩庄村韩洪泉、韩大军(均在逃)处，分期分批印制成"福建民居"假邮票1.8万张(每张60枚，每枚1元)，价值共108万元人民币。印制好的假邮票除一部分被朱二贞带走外，其余假邮票何超拣出残次品烧掉，将较好的假邮票打孔后，分别在河南省许昌市、南阳市等地的乡下邮电所销售(每张以几元、十几元销售)，获款1万余元，全部挥霍。

河南省遂平县人民检察院认为，被告人何超、陈建军以营利为目的，伪造假邮票冒充真邮票进行销售，情节严重，其行为已触犯《中华人民共和国刑法》第124条②之规定，构成伪造有价票证罪，依法提起公诉，请求依法惩处。河南省遂平县人民法院经公开审理后认为，被告人何超、陈建军以营利为目的，伪造国家邮票的样式，印制假邮票冒充"福建民居"之真邮票，在社会上进行销售，二被告人的行为已构成伪造有价票证罪，且印制的假邮票数量大，情节严重。被告人何超在共同犯罪中起主要作用，系主犯，应从重处罚；被告人陈建军在共同犯罪中起次要作用，系从犯。遂判决二人构成伪造有价票证罪，以伪造有价票证罪进行了定罪处罚。

---

① 河南省遂平县人民法院(1996)刑初字第136号。案例选自《中国审判案例要览(1997年刑事审判案例卷)》，中国人民大学出版社1998年版，第228—231页。
② 注：本案发生于1993年，审结于1996年，诉讼及审理所依据的刑法规定是1979年《刑法》，而非1997年修订后的刑法。本案的罪行在新刑法中应当适用新《刑法》第227条第1款规定的伪造、倒卖伪造的有价票证罪。

【法理分析】

处理本案涉及的主要问题在于:如何确定伪造有价票证罪的犯罪数额?

有价票证只能由有关主管部门或单位统一发行和管理,我国对车票、船票、邮票等有价票证的制作和发售都有严格的规定,从而为我国的经济建设提供了有力的保障。由于有价票证具有有价性,其中包含有一定的物质利益,致使一些不法之徒在利益的驱动下去伪造、倒卖这些有价票证,既损害了有价票证管理部门的利益和形象,又破坏了国家对有价票证的管理秩序,进而影响了国家相关社会管理功能的发挥。六七十年代我国的邮票价值较小,伪造邮票牟利的案件基本没有,但随着我国改革开放的不断深入,经济的不断发展,国家发行的邮票价值亦不断增大,一些不法分子为达营利之目的,已将犯罪之手伸向了邮票领域,严重破坏了我国的邮政管理事业。此案是我国首例特大伪造国家邮票案,伪造的邮票价值达 108 万元,实属罕见。据了解假邮票流通的比较广泛,先后在广东省、河南省新乡市等地区发现了这种使用过的假邮票。

1979 年《中华人民共和国刑法》第 124 条规定:"以营利为目的,伪造车票、船票、邮票、税票、货票的,处二年以下有期徒刑、拘役或者罚金;情节严重的,处二年以上七年以下有期徒刑,可以并处罚金。"据此,所谓伪造有价票证罪就是指以营利为目的,伪造有价票证数额较大的行为。这里的"数额"指的是行为人伪造的有价票证本身的数额,而不是指销售量或非法所得数额。因此,本案中行为人所辩解的关于残次品较多,实际销售不多的情节并不影响本案的性质认定。被告人何超、陈建军以非法牟利为目的,大量伪造邮票冒充真邮票进行销售,其印制成"福建民居"假邮票 1.8 万张(每张 60 枚,每枚 1 元),价值共 108 万元人民币,并分别在河南省许昌市、南阳市等地的乡下邮电所进行销售,属于情节严重的情形。

本罪是故意犯罪,1979 年《刑法》还要求行为人具有营利的目的。被告人陈建军辩称自己是受蒙骗的,不存在伪造有价票证罪的犯罪故意,不构成伪造有价票证罪。笔者认为,其辩解是不成立的。首先,陈建军主观上明知何超是个农民,无权印制邮票,仍接受其旨意,携带一张原版邮票到武汉一厂家进行制版电子分色,并把电子分色版做成。陈建军对犯罪结果的发生,有希望或放任的故意态度,具备共同犯罪的主观要件。其次,陈建军实施了共同犯罪行为。陈不但将假邮票电子分色版制成,还伙同何超伪造打印了"授权委托书"、"介绍信",又到两个印刷厂联系晒版,他们的行为都是为了达到同一犯罪目的,指向同一犯罪目标,从而有机配合,与犯罪结果之间都有必然的因果关系,符合共同犯罪的客观要件。本案中陈建军在主观上具有共同犯罪的故意,客观上实施了共同犯罪行为,符合共同犯罪的成立条件。只不过他在共同犯罪所起作用较小,处于从犯的地位。

总之,河南省遂平县人民法院依照 1979 年《刑法》第 124 条的规定,对何超、陈建军二位被告人按照伪造有价票证罪进行的定罪处刑是正确的。

【结　　论】

　　以营利为目的,伪造假邮票冒充真邮票进行销售,数额较大的,构成伪造有价票证罪。

【相关链接】

　　相关的法律、法规
　　中华人民共和国刑法(1979年7月6日公布,现已失效)
　　第一百二十四条　以营利为目的,伪造车票、船票、邮票、税票、货票的,处二年以下有期徒刑、拘役或者罚金;情节严重的,处二年以上七年以下有期徒刑,可以并处罚金。
　　中华人民共和国刑法(1997年3月14日公布)
　　第二百二十七条第一款规定:"伪造或者倒卖伪造的车票、船票、邮票或者其他有价票证,数额较大的,处二年以下有期徒刑、拘役或者管制,并处或者单处票证价额一倍以上五倍以下罚金;数额巨大的,处二年以上七年以下有期徒刑,并处票证价额一倍以上五倍以下罚金。"

　　相关的司法解释与指导性意见
　　最高人民法院关于对变造、倒卖变造邮票行为如何适用法律问题的解释[2000年12月9日起施行,法释(2000)41号]
　　为了正确适用刑法,现对审理变造、倒卖变造邮票案件如何适用法律问题解释如下:
　　对变造或者倒卖变造的邮票数额较大的,应当依照刑法第二百二十七条第一款的规定定罪处罚。
　　此复。

　　相关的参考案例
　　王珂伪造、倒卖伪造的有价票证、蔡明喜被控倒卖伪造的有价票证宣告无罪案[甘肃省兰州铁路运输法院(2002)兰铁刑初字]
　　载 http://law.chinalawinfo.com/newlaw2002/SLC/SLC.asp?Db=fnl&Gid=117487660,2007年12月1日。

(郭　健)

65. 为使对方交付合同定金而施以暴力、抢劫的行为如何定性？
——吴建林强迫交易案[①]

【案情介绍】

  福建省福安市的张春尧、黄华祥为到醴陵购买鞭炮，经人介绍于1999年8月18日来到醴陵并住宿到被告人吴建林家中。当晚双方即开始协商购销鞭炮事宜，并就数量、单价、交货期限、地点、货款交付及运输方法很快取得一致意见，虽对预付定金存在分歧，但仍于次日达成协议，签订了订货合同。该合同规定：乙方吴建林供给甲方张春尧大地红鞭炮3000件，每件单价120元，货款金额为36万元，于1999年12月份前在甲方仓库交货，甲方在乙方生产期间预付给乙方定金4.8万元，货到甲方后付清80％，余款于2000年1月20日前付清，规格以每挂70为准。并约定合同经双方当事人签字生效，合同成立时间为1999年8月18日。吴建林代表乙方，张春尧代表甲方，均在合同上签了名。合同签订后，张春尧认为预付定金过多，要求先付5000元，吴建林为促成交易也表示同意。1999年8月21日，张春尧又与醴陵市浦口镇东方村人曾益文签订了鞭炮销售协议，并在协议中约定购买曾益文的鞭炮应先由张春尧支付1万元定金存银行，并由曾益文管存折。后来因张春尧将汇来的1.5万元让银行退回去，曾益文便怀疑张春尧、黄华祥二人来购买鞭炮的诚意，又担心对方所需规格的鞭炮已开始生产，对方随时可能走，预付定金不到位自己要受经济损失，便于1999年8月26日与其姻兄朱发军将刚从韶山归来的张春尧、黄华祥带至吴建林家中，要二人按合同约定付定金。张、黄二人认为虽签订了合同，但后来又有约定，为此双方发生争执。被告人吴建林为收到定金，使对方依合同交易，即对在一旁替张春尧争辩的黄华祥施以暴力，朝黄华祥嘴上打了一拳，黄被打后嘴角当即流血，在旁的朱发军亦用啤酒瓶、椅子砸张春尧，并踢了黄华祥一脚。尔后，被告人吴建林与朱发军要张、黄二人付定金。张、黄二人迫于对方暴力，只得交出人民币3000元、手机一部、金戒指一枚及手表一块。事后黄华祥提出重新签订合同，被告人吴建林与朱发军以对方不守信用为由而不同意，反而要张春尧打电话回去汇2万元款给朱发军，并不许黄、张二人离开吴建林家。直到

[①] 湖南省醴陵市人民法院(2000)醴刑初字第222号。案例选自《中国审判案例要览(2001年刑事审判案例卷)》，中国人民大学出版社2002年版，第195—198页。

同月30日醴陵市公安局浦口警务站的公安干警闻讯赶至,张、黄二人才离开吴建林家。经浦口警务站调处后,吴建林当即退还了所收取的手机、手表、金戒指和1100元人民币,给张春尧出具了余欠款欠条。

湖南省醴陵市人民检察院以吴建林构成抢劫罪提起公诉,请求法院依法惩处。湖南省醴陵市人民法院经公开审理后依照《中华人民共和国刑法》第226条的规定,以强迫交易罪对吴建林判处有期徒刑6个月,并处罚金10 000元。其违法所得1 900元责令退赔给张春尧。

【法理分析】

处理本案涉及的主要问题在于:如何区别抢劫罪与强迫交易罪的界限?

根据《刑法》第226条的规定,强迫交易罪,是指以暴力、威胁手段强买强卖商品、强迫他人提供服务或者强迫他人接受服务,情节严重的行为。该罪具有如下特征:本罪侵犯的客体是自由公平竞争的市场秩序和被强迫交易人的合法权益;本罪在客观方面表现为,以暴力、威胁等强制手段强买强卖商品,强迫他人提供或接受服务,情节严重的行为。"暴力",是指在交易活动中,行为人对消费者或经营者的身体实行强制和打击的行为,从暴力形式上讲,是指对他人人身实行殴打、等人身强制手段。从暴力程度上看,其对人身的伤害程度以轻伤为限。"威胁",是指在交易活动中,行为人对交易相对方实行恐吓、要挟等精神强制手段,使对方产生恐惧,不敢作真实的意思表示而不得已与之进行交易。"强买强卖",是指违背交易相对方的意愿,在不与其协商一致的情况下强行交易的行为。"情节严重"是构成本罪的必要条件,强行交易行为如果属于一般程度的,危害不大的不构成本罪;本罪的主体是一般主体,既包括自然人,也包括单位;本罪在主观方面是出于故意,过失不构成本罪。在认定强迫交易罪与非罪时应考虑以下两点:① 行为人实施暴力、威胁手段是强迫交易罪成立的前提条件。行为人实施具体的暴力、威胁行为是进行强迫交易的犯罪手段,二者具有手段与目的关系。如果强迫行为的使用与交易的方式之间不存在因果关系,则不能以本罪论处。② 强迫交易行为必须达到"情节严重"才构成强迫交易罪。本罪是情节犯,只有情节严重的强迫交易行为才能构成本罪。这里的"情节严重",通常包括以下情形:因强迫交易行为致他人身体伤害或者精神遭受较大刺激的;造成他人严重经济损失的;对市场公平竞争秩序造成严重混乱;对社会治安秩序造成危害;经常性地实施强迫交易的;因强迫交易受过行政处分的;强迫交易非法牟利数额大的;强迫交易采用暴力、威胁,手段恶劣的;强迫交易造成恶劣影响的;强迫交易造成其他严重后果的。

强迫交易罪与抢劫罪有许多相似之处,二者都是故意犯罪,都采用了暴力、威胁手段,都侵犯了公民的人身权利并对被害人造成了一定的经济损失。但二者存在着本质的区别:① 两者的犯罪客体不同。强迫交易罪侵犯市场正常的交易秩序和他人的合法权益,而抢劫罪侵犯的是公民的人身权利和公私财产的所有权;② 两者所使用的暴力、胁迫的程度不同。强迫交易罪指要求行为人的暴力、威胁使得被害人不得已违背其真实意思表示进行交易即可,而抢劫的暴力、威胁则需使得被害人不敢或者不能反抗,显然程度要求高一些;③ 两者施以暴力、威胁的目的不同。强迫交易罪的目的在于强买强卖,强迫进行交易,而抢劫罪的目的在于排除对方反抗而当场劫取财物;④ 两者的客观后果不同。强迫交易罪虽然违背了自愿、平等、公平、诚实信用的市场交易原则,但加害方与受害方之间仍然存在合同关系,而抢劫罪的行为人与受害人之间不存在任何合同关系;⑤ 两者的情节要求不同。强迫交易罪是情节犯,其构成以"情节严重"为要件,而抢劫罪则不然;⑥ 两罪的犯罪主体不同。强迫交易罪的主体既可以是自然人,也可以是单位。而抢劫罪的主体只能是自然人。

强迫交易罪是以实现交易为目的,除了其目的行为可能构成犯罪之外,其使用的暴力、威胁等手段行为也可能会触犯其他罪名。也就是说,在认定强迫交易罪过程中时常会遇到牵连犯的问题,比如为了销售伪劣商品而强迫交易,同时构成销售伪劣商品罪与强迫交易罪,再比如在强迫交易时所使用的暴力导致了被害人轻微伤、轻伤、重伤或者死亡的后果,同时构成强迫交易罪与故意伤害罪等,对于这种情形,应按照牵连犯的处断原则从一重罪论处。

本案中,被害人张春尧、黄华祥来醴陵购买鞭炮时,与被告人吴建林协商双方签订了购销鞭炮协议。后因对预付定金有分歧,张春尧将汇来的1.5万元定金让银行退了回去,致使按协议承诺的定金不能到位。吴建林等便怀疑张春尧、黄华祥二人交易的诚意,担心交易不成会给自己带来经济损失。为迫使张春尧、黄华祥与自己完成交易,吴建林即以殴打及强制人身等暴力手段,强迫张、黄二人支付定金。吴建林的行为侵犯正常的市场商品交易秩序,违背了自愿公正的交易原则,侵害了他人的合法权益,其行为已达到情节严重之程度,符合强迫交易罪之特征,故应构成强迫交易罪。同时,由于吴建林只是为了避免自己的经济损失,而并不具有非法占有他人财物的目的,其行为侵害的也不主要是公私财产所有权,故与抢劫罪的犯罪特征不符,所以,吴建林的行为不构成抢劫罪。湖南省醴陵市人民检察院指控被告人吴建林使用暴力劫取公民财物,其行为构成抢劫罪的定性是错误的。

总之,湖南省醴陵市人民法院按强迫交易罪追究被告人吴建林的刑事责任是完全正确的。

【结　　论】

为使对方交付合同定金而施以暴力、抢劫行为,情节严重的,构成强迫交易罪。

【相关链接】

相关的法律、法规

中华人民共和国刑法

第二百二十六条 以暴力、威胁手段强买强卖商品、强迫他人提供服务或者强迫他人接受服务,情节严重的,处三年以下有期徒刑或者拘役,并处或者单处罚金。

第二百六十三条 以暴力、胁迫或者其他方法抢劫公私财物的,处三年以上十年以下有期徒刑,并处罚金;有下列情形之一的,处十年以上有期徒刑、无期徒刑或者死刑,并处罚金或者没收财产:

(一)入户抢劫的;
(二)在公共交通工具上抢劫的;
(三)抢劫银行或者其他金融机构的;
(四)多次抢劫或者抢劫数额巨大的;
(五)抢劫致人重伤、死亡的;
(六)冒充军警人员抢劫的;
(七)持枪抢劫的;
(八)抢劫军用物资或者抢险、救灾、救济物资的。

相关的参考案例

黄梅娇强迫交易案[江西省永新县人民法院(2000)永刑初字第36号]

载 http://law.chinalawinfo.com/newlaw2002/SLC/SLC.asp? Db = fnl&Gid = 117456363,2007年12月1日。

(郭 健)

66. 将审计验证核定书盖章后的复印件交给委托方的行为如何定性？
——张昌祥等被控中介组织人员出具证明文件重大失实宣告无罪案①

【案情介绍】

被告人张昌祥原系启东市审计事务所所长，被告人施建生原系启东市第二设计院职工。1995 年初，启东市化纤厂办公楼装潢工程由启东市永恒装潢公司承建，至 1995 年 8 月 11 日，建设方实际预付工程款人民币 185 万元。1995 年 6 月，被告人张昌祥接受启东市化纤厂的口头委托，承接该厂办公楼装潢工程审计工作，并指派被告人施建生进行审计。施建生在委托方提供资料不全的情况下按惯例在建设方、施工方参加下进行实地丈量，形成审计验证核定书，核定额为人民币 1 939 989.64 元。同年 8 月 19 日，原审被告人张昌祥、施建生组织建设方、施工方、审计方三方对审计验证核定书等审计文稿会签，建设方、施工方代表及两原审被告人均在核定书上签字。因委托方未交纳审计费，原审被告人施建生、张昌祥未制作审计报告。同月 20 日，启东市永恒装潢公司到启东市化纤厂结算工程款人民币 1 939 989.64 元，实际领取人民币 1 929 989.64 元。数日后，原审被告人张昌祥应化纤厂要求将审计验证核定书盖章后的复印件交给化纤厂，化纤厂将此复印件在财务部门入账。案发后，启东市公安局委托中国建设银行启东市支行对该装潢工程造价进行鉴定，鉴定结论工程造价为人民币 1 033 144.32 元，但该行鉴于该工程实际情况，对鉴定结果作出了四点说明：

（1）工程量是在甲方基建人员指定的范围内取定，可能存在指定范围之外的，但确由乙方施工的部分工程，该部分造价无法予以考虑。

（2）装饰材料及物品价格的取定主要来自于指导价、评估价及我们所掌握的市场价，实际施工过程中，可能存在的但目前又无法计算的不确定因素有：① 由甲方提供或由甲方参与采购部分的材料价格；② 乙方采购但其价格征得甲方签证认可；③ 1995 年市场价格的不稳定因素导致个别材料及物品实际发生额同鉴定取定价存在的差额。

（3）油漆的遍数、隐蔽工程中钢、木龙骨的含量、防腐标准等施工工艺，根据甲方

---

① 江苏省南通市中级人民法院(2000)通中刑二终字第 37 号。案例选自《中国审判案例要览（2001 年刑事审判案例卷）》，中国人民大学出版社 2002 年版，第 198—203 页。

意见,假定在定额规定的工艺标准范围内,实际施工中超过或不足的部分暂未能予以计算。

(4) 确有发生的其他特殊情况而引发的费用。

江苏省启东市人民检察院指控两被告人行为均已构成中介组织人员出具证明文件重大失实罪。一审法院江苏省启东市人民法院经公开审理后判决被告人张昌祥、施建生无罪。一审法院判决后,公诉机关启东市人民检察院不服,提出抗诉。二审法院江苏省南通市中级人民法院经审理后裁定驳回抗诉,维持原判。

【法理分析】

处理本案涉及的主要问题在于:审计工作人员向委托方提供加盖公章的审计验证核定书复印件的行为是否构成中介组织人员出具证明文件重大失实罪?

根据《刑法》第 229 条第 3 款的规定,中介组织人员出具文件重大失实罪是指承担资产评估、验资、验证、会计、审计、法律服务等职责的中介组织的人员,严重不负责任,出具的证明文件有重大失实,造成严重后果的行为。该罪具有以下特征:其客体是国家中介服务市场的管理秩序;客观方面表现为严重不负责任,出具的中介服务文件内容有重大失实,并因此而造成严重后果的行为。"出具的证明文件有重大失实"是指出具的中介证明文件在内容上存在重大的不符合实际情况的失误。"造成严重后果",是本罪的构成要件之一,一般是指给国家、集体、个人造成严重损失或造成恶劣影响等情况;犯罪主体是特殊主体,即承担资产评估、验资、验证、会计、审计、法律服务等职责的中介组织或者其中的中介服务人员;主观方面为过失。在司法实践中,区分本罪罪与非罪的界限时应注意把握以下几个方面:① 出具的中介证明文件必须达到"重大失实"的程度才能构成本罪。重大失实,是指证明文件的实质内容与实际情况严重不符。如果是非实质内容上的差误或者细节上的瑕疵,则不能称之"重大失实"。② 是否造成"严重后果"。所谓"严重后果",具体是指造成公司、企业经营决策失误导致公司、企业重大经济损失,或者导致国有资产流失,由于出具证明文件的失实而导致公众和投资者判断失误,造成重大损失的,致使公众投资者财产遭受重大损失,等等。设若行为人仅有出具重大失实中介证明文件之行为,但并未造成严重后果的则不能以本罪论处。③ 造成的严重后果与行为人严重不负责任地出具重大失实证明文件的行为之间是否有因果关系。只有行为人严重不负责任地出具重大失实证明文件行为与造成的严重后果之间具有刑法上的因果关系,才能以本罪追究行为人的刑事责任。如果二者之间介入其他因素导致因果链条中断,则行为人的行为不构成本罪。④ 不能以中介从业人员在证明文件中是否查出错弊作为本罪定罪根据。中介组织人员在从事会计、审计等业务时,是否查出错弊,并不是决定其对委托单位负有责任的唯一因素,而关键在于未查出的错弊是否源自中介从业人员的过失。如果中介从业人员执业时严格遵循了专业标准,保持了职业谨慎的,则不能以本罪论处。设若中介人员虽有过失,但其过失并不是委托单位或者其他利害关系人受到损失的直接原因的,也不能以本罪追究行为人的刑事责任。

本案中二被告人的行为均不构成犯罪,这是因为:① 就被告人施建生而言,其虽作为中介组织临时聘用人员,在审计工作中根据委托方提供的审计资料进行审计,并形成核定意见由双方签字认可,但其对之后张昌祥将核定书复印件交给厂方的行为并不知晓,因此,施建生当然不应对张昌祥出具核定书复印件的行为以及出具行为所产生的后果承担责任。所以,本案中无论张昌祥的行为是否构成"中介组织人员出具证明文件重大失实罪",施建生的行为都不应以犯罪论。② 就张昌祥而言,其虽在审计工作中实施了擅自将核定书盖章后的复印件"出具"给委托方以此中止审计工作的行为,但其行为不具备"中介组织人员出具证明文件重大失实罪"的客观方面要件。"中介组织人员出具证明文件重大失实罪"的客观方面要件包括以下四个要素:① 行为人必须有出具行为;② 行为人所出具的必须是证明文件;③ 该证明文件内容重大失实;第四,造成严重后果,且该后果的产生与出具证明文件的行为之间有因果关系。而本案中张昌祥虽有"出具"行为,但不具备其他客观方面要件要素。首先,张昌祥出具的核定书复印件的内容是否重大失实不能确定。本案中,中国建设银行启东市支行作出的鉴定结论是原公诉机关指控和抗诉机关抗诉的重要依据,即他们凭此认为张昌祥出具的核定书复印件的内容重大失实。但事实上,中国建设银行启东市支行在作出该鉴定结论的同时还根据实际情况对鉴定结论作出了四点说明,表明了其所认定的价格具有不确定因素。由于该鉴定结论不具有确定性,因而张昌祥所出具的核定书复印件内容是否重大失实不能以此认定。其次,本案中的"严重后果"与张昌祥的出具行为无必然因果关系。根据查明的事实,厂方在核定书形成之前已预付极大部分工程款,在核定书形成之后即已按核定书核定金额与施工方结账。而此时张昌祥尚未将核定书复印件交给厂方,可见厂方此时结账依据显然不是由张昌祥出具的复印件。因此,本案中的"严重后果"与张昌祥的出具行为之间并无必然的因果关系。再次,张昌祥出具的盖章核定书复印件不是证明文件。根据国家审计署1990年发布的《社会审计工作规程》的规定,审计报告是审计事务所向委托方提交的反映审计结果的文件。编写审计报告的步骤有:对工作底稿进行检查,底稿所列事实不清的,重新审计,底稿不健全的,进一步完善;对审计证据进行审查,证据不足的需要重新取证;对工作底稿内容进行综合分析,确定需要纳入审计报告的内容;审计报告形成后,审计组应充分讨论,使报告得以完善。审计报告初稿应征求接受单位的意见。审计报告应包括下述内容:审计的内容、范围、方式、时间;基本情况和与审计事项有关的事实;存在的问题、评价和建议;所依据的政策、法律、法规、规定;附件。从该规定可以得出结论:只有审计报告才是反映审计结果的证明文件,而核定书只是审计事务所在审计过程中制作的内部记录,是审计工作底稿的组成部分,对外不具有法律效力,不是证明文件。因此本案中张昌祥出具的盖章的核定书复印件,虽起到了一定的证明作用,但却不属于"中介组织人员出具证明文件重大失实罪"中作为客观方面要件要素的"证明文件"。

综上可知,本案中二被告人的行为均不构成中介组织人员出具证明文件重大失实罪,一、二审的判决和裁定均是正确的。

【结　　论】

审计工作人员向委托方提供加盖公章的审计验证核定书复印件的行为不构成中介组织人员出具证明文件重大失实罪。

【相关链接】

相关的法律、法规

中华人民共和国刑法

第二百二十九条　承担资产评估、验资、验证、会计、审计、法律服务等职责的中介组织的人员故意提供虚假证明文件,情节严重的,处五年以下有期徒刑或者拘役,并处罚金。

前款规定的人员,索取他人财物或者非法收受他人财物,犯前款罪的,处五年以上十年以下有期徒刑,并处罚金。

第一款规定的人员,严重不负责任,出具的证明文件有重大失实,造成严重后果的,处三年以下有期徒刑或者拘役,并处或者单处罚金。

相关的司法解释与指导性意见

最高人民检察院、公安部关于经济犯罪案件追诉标准的规定(2001年4月18日)

七十三、中介组织人员出具证明文件重大失实案(刑法第229条第3款)

承担资产评估、验资、验证、会计、审计、法律服务等职责的中介组织的人员严重不负责任,出具的证明文件有重大失实,涉嫌下列情形之一的,应予追诉:

1. 给国家、公众或者其他投资者造成的直接经济损失数额在一百万元以上的;
2. 造成恶劣影响的。

(郭　健)

索　引

保险诈骗　222—224,227—231,369
持有假币罪　74,80—82,84—87,100,101
出售假币罪　75,85—88,94,95,97,98
串通投标　352—356
从旧兼从轻原则　31,32,154,155,207
贷款诈骗　147,187,189—192,194—199,
　　201,203,204,206,365,369
单位犯罪　2—7,23—30,32,37,41,56,107,
　　173,175,177,198,199,201,206,210,211,
　　213,223—226,230,233,237,238,260,261,
　　322,367,368
抵扣税款　41,260—264,267,268,270,271,
　　273—278
犯罪主体　2,29,36,37,43—46,57,104,108,
　　124,199,206,211,225—228,287,367,368,
　　390,393
非法拆借　140—146
非法出版物　290,292,308,309,315,318,
　　319,321—323,326,327,330,331,373,374,
　　376,382—384
非法出具金融票证罪　148—151
非法经营罪　179,183,186,188,286—288,
　　312—315,372—375,378—384
非法吸收公众存款罪　107—109,111—113,
　　181,183,186,187
非法制造注册商标标识　285,295,296,298
公司、企业人员受贿罪　43,44,47,50,51
购买假币罪　74,76,78,80,81,87,94,95,98
合同诈骗　62,114,195,197—203,357—
　　371,375
贿赂　43,44,46,47,50—53,57,67,297

集资诈骗罪　103,178—183,185—188
假冒注册商标　279—294,319,329,331
抗税　232,233,239,249,251—258
模拟证券交易　178,180—184
内幕交易　122—127
挪用资金　54,55,57—59,105,146
骗取出口退税罪　266—271
牵连犯　81,117,119,136,216,269—271,
　　278,287,288,390
强迫交易　388—391
侵犯著作权罪　307—310,317—319,321—
　　325,327,328,383
侵权复制品　308—310,313,314,321,
　　324,329
擅自设立金融机构罪　102—105,188
商业秘密　115,116,119,236,332—351
使用假币罪　80,81,94,97,98,100
溯及力　31,207,375
提供虚假财务会计报告　34,36—40,42
同类营业　64—68
偷税　232—243,245—251,255—258,264,
　　269—271,274—278
违法所得　3—6,23,27,56,127,135,138,
　　154,175,177,186,199,206,210,213,225,
　　226,275,289,290,292—294,297,298,301,
　　302,305,306,308—316,318—325,328—
　　331,349,375,376,384,389
伪造金融票证罪　116—119
销售侵权复制品罪　307—309,311—316
信用卡诈骗　119,166,205—209,211—213,
　　217,228

信用证诈骗 6,148—150,152,166,217
行为犯   71,81,86,88,104,105,116,144,
    145,276
虚报注册资本罪 28—32
虚开增值税专用发票 35,36,38,39,41,
    259—271,273,275—277
增值税专用发票 35,39,242,259—268,272,
    275—277
诈骗罪 60,72,102,103,117,129,150,154—
    157,159,162—177,182,187,192,195,199,
    200,203,204,207,209,214—220,270,360,
    368—370,372,375
职务侵占 43,45—47,105
重大失实 36,39—41,392—395
主观罪过 3,111,143—145
罪数 70,72,74,75,81,94,210,255,279,
    280,286,292,293,307,308,312,319,350,
    382,386